Antroponimia histórica hispana: desde la Edad Media a nuestros días

歴史人名学序説

中世から現在までの
イベリア半島を中心に

芝 紘子 著

名古屋大学出版会

本書は，一般財団法人名古屋大学出版会
学術図書刊行助成により出版された。

歴史人名学序説

目　次

地　　図　vi
凡　　例　viii

序　　章 …………………………………………………………………… 1

第 1 章　「命名革命」の初期現象 ………………………………………… 5

　　1　「革命」以前の状況　5
　　2　初期現象　7
　　3　イベリア半島北部西半分におけるストックの縮減　9
　　4　少数の名への集中　13
　　　　1）　中世盛期西欧におけるキリスト教系名の採用
　　　　2）　半島北部におけるキリスト教系名の広まり
　　　　3）　「新しい名」の採用・「古い名」の放棄
　　　　4）　半島北部西半分における少数の際立った名への集中
　　　　5）　半島北部東半分におけるストックと使用名
　　　　6）　名の集中における地方の特色
　　　　7）　父・祖父の名の継承
　　5　女性の名――地方による相違　49

第 2 章　新しい姓名システムの登場 …………………………………… 54

　　1　西欧における二要素姓名システムの出現理由　54
　　2　イベリア半島における補足命名　56
　　　　1）　命名の第二要素の採用
　　　　2）　アラブ命名法の採用――*ibn, filius*
　　　　3）　*filius* 型採用の背景
　　3　父称の登場と展開　62
　　　　1）　父称の登場と定義
　　　　2）　父称を形成するさまざまな接尾辞とその起源
　　　　3）　さまざまな接尾辞の父称の推移
　　　　4）　他国における父称の接尾辞・接頭辞
　　　　5）　父称の採用における社会的・地理的差異
　　　　6）　父称に込められたさまざまな意味合い

　　　　7）父称の形成例
　　　　8）主格父称——名使用との両立性
　　　　9）父称の「化石化」と家族名の誕生
　　　　10）母　称
　　4　地名姓　104
　　　　1）イベリア半島北部東半分
　　　　2）半島北部西半分
　　　　3）ほかの西欧諸地域
　　5　あだ名・職名による姓　113
　　　　1）あだ名姓
　　　　2）職　姓

第3章　単一命名から二要素命名へ……………………………120
　　1　二要素命名と初期現象との関係　120
　　2　二要素命名の展開における地方間の比較　122
　　　　1）二要素命名の勝利時期
　　　　2）二要素命名とストック縮減・集中との関係
　　3　女性の姓　129
　　　　1）名＋補足要素
　　　　2）名＋父称
　　　　3）既婚女性の姓のあり方

第4章　近世における命名の推移……………………………138
　　1　複合名の登場　138
　　2　18世紀中葉の12市町村における最頻名　145
　　3　近現代における代表的な名の推移とその背景　151
　　　　1）*Antonio*
　　　　2）*Joseph*
　　　　3）*Manuel*

第5章　現行法定姓の誕生……………………………169
　　1　現行の双系的結合姓の特異性　169

2　現行姓システム誕生についての仮説　171
　　3　中・近世交における複姓　174
　　4　近世における複姓　179
　　5　長子限嗣相続制――結合姓の起源　187
　　6　双系的結合姓の展開　191
　　　　1）　社会上層における結合姓の広まり
　　　　2）　民衆間での結合姓の広まり
　　7　双系的結合姓の本質　198

第6章　なぜスペインの姓は少ないのか……………………………202
　　1　スペインにおける姓の僅少性　202
　　2　姓が僅少である原因　206
　　　　1）　近親婚
　　　　2）　人口の過疎・孤立
　　　　3）　人的資源の喪失
　　　　4）　父称の絶対的優勢

終　章…………………………………………………………………251

　　あとがき　261
　　文献一覧　263
　　図表一覧　288
　　索　引　290

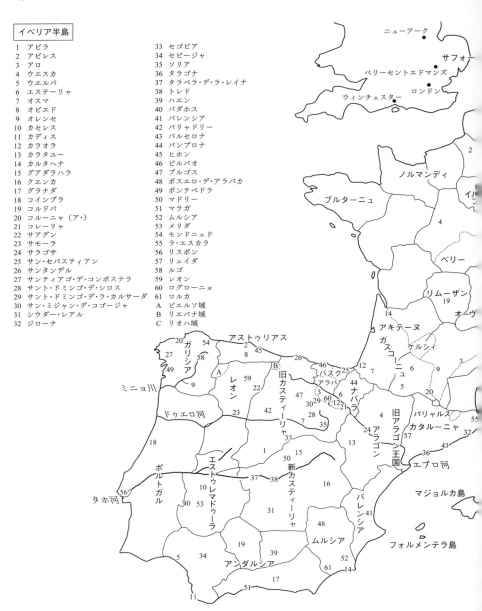

地図　イベリア半島およびフランス，

凡　例

1. 原語の姓名に各章の初出箇所でフリガナを付ける。ただし時代・地域により発音が異なっていたため，あくまでも読者が本書を通読する際の便宜のために，近代語読みとする。平仮名で示した部分にアクセントがある。
2. 地名はなるべく現地読みに近い表記を用いる。
3. 文献情報は，単一のばあい（煩雑でないかぎり）本文中に記し，複数文献および説明を要するばあいは脚注に記す。
4. 引用文中の［　］は引用者による補足を表す。

序　章

　自分や自分以外の人を名前で呼ぶことはすぐれて人間的な行為である。命名システムはほかの動物から人間を隔てる要素のひとつといえる。そもそも新生児に名を与えることが新たな成員として家族・社会が受け入れ，社会的空間に位置づけることを意味する[1]ように，家族から共同体，国にいたるあらゆるレヴェルで，人の生活が呼称システムを生み出す。名前は個人を取り囲むもろもろの事象が収斂する場でありうる。

　以前からこうした認識が広く共有されていたわけではない。名や命名法は伝統的には言語学の範疇であり，おもにその由来に焦点が当てられていた。その相対的に静的な状況が大きく変化したのは20世紀，ことに半ば以降である。世界中で人名・民族名・地名への関心が高まり，法律学，宗教学，民俗学，人類学などさまざまな分野から考察・研究されるようになった。とりわけ名前の意義・機能に関心が集まり，単に個人の特定という機能以外に，集団への帰属性の表明・確認という社会的機能，魔除けといった宗教的意味合いなども併せもつことが説かれた。なかでも人類学の貢献が大きい。名を社会的地位のシンボルとするラドクリフ＝ブラウン，名には集団帰属の確認と自由な創作による主観性の表現という二つの極があるとするレヴィ＝ストロースなどである[2]。

　同時期，こうした主に名そのものの意義を探究する研究とは異なり，姓の伝承性に関心を寄せたのが生物遺伝学であった。多くの社会では父方姓が規則的に男系で継承されるため，雄個体だけが有するY染色体を介して伝えられる

---

[1] Dupâquier, 1981 : 135 ; García Gallarín, 2010 : 57.
[2] レヴィ＝ストロース，1976 : 217 ; 上野，1996 : 5-12。

遺伝子の対立形質[3]と姓がまさに相似することに着目した。姓が同じならば，同じ遺伝子を共有する可能性があり，病気の罹患率検知などに応用された。この同姓性(アイソニミー)は，夫婦となる男女のばあい先祖を同じくする可能性を示し，血縁度（近交係数）の測定手段，さらには人口の移動・停滞・混淆を測る最適な手段ともなる[4]。この新たな方法論はある地域・地方・国の全体的特徴を捉える広角的視野を提供するものであり，さまざまな人口集団を比較して理解することを可能にする。膨大な量，ときには2千万件以上にもおよぶビッグデータを扱うこの手の研究は，ここ半世紀ほどで加速度的に進歩したコンピュータの恩恵に与っている。そのアイソニミー研究が近年あきらかにしたスペインの際立った特徴は，ほかの西欧諸国にくらべて姓が極端に少ないことである（この点については第6章で扱う）。

　姓名システムに遅ればせながら関心を寄せたもうひとつの分野が，歴史学である。19・20世紀を挟んだ数十年間に散発的に研究されはしたが，確固とした進展がみられたのは20世紀最後の20年である。命名への関心を促したのは，「全体史」の構築をめざすアナール派の新しい視点が浸透したことによろう。それまで見向きもされなかったような事象，たとえば日常生活，絵画，女性，レクリエーション，匂い，音，身体などが研究対象とされるようになった。そうした生活の部分はたとえ些末にみえても，真実は細部に宿るといわれるように，社会・経済・文化・政治の基盤，心性，時代の雰囲気，人間生活や社会生活などの大切なものを映し出す。姓名システムもその例に漏れず，人間生活全体の一部をなす。それゆえ姓名は，まさに時空間をとおした深淵な文化的相互浸透性を詳らかにしてくれる（Martínez Sopena, 1996 : 73）のである。

　西欧の近代的姓名システムが中世盛期にさかのぼることは経験的に知られてはいたが，具体的にどのように展開したのかは長らく不明であった。命名システムに大きな変革がおきたその中世盛期はまさに，西欧社会の基層自体に大変革がおこっていた時代にあたる。最盛期を迎えた封建制，「農業革命」，人口増加，領土の拡大，植民活動，都市化，キリスト教会の伸長，商工業の発展，家

---

[3] たとえば，耳のさまざまな形状やABO血液型などである。
[4] Valls, 1982 : 64 ; Scapoli et al., 1997 : 18 ; 2007 : 37, 41.

族形態と社会構造における変化，新たな文化潮流や心性，等々である。いかなる事象も歴史的環境のなかから生み出される以上，命名システムもこうしたさまざまな変化から必然的に影響を受けたはずである。姓名システムは家族にかんする，たとえばその構造・相続法・系譜意識などの情報ばかりか，中世盛期の西欧社会が経験したこうした変革や出来事をもあわせて伝えてくれる可能性を秘めている。

　姓名システムが豊かな情報を携えている可能性に気づいた西欧において，まず近代姓名の誕生時代を解明しようとする動きが湧き上ってきた。具体的には，モニク・ブーラン率いる「中世命名の歴史研究グループ Groupe de Recherches d'Histoire de l'Anthroponymie Médiéval」が 1980 年代に入り命名研究をスタートさせ，1986 年には最初の国際会議を開催して命名研究の最適な方法を探った。その最初の成果は論文集『近代命名法の中世における生成 I——中世命名研究』（1989 年）に結実し，以後幾度も国際会議が開催され，報告書が 2002 年までに数巻刊行された[5]。このヨーロッパ規模での新たな国際的潮流のなかで，スペインにおいてもフランス人研究者との活発な交流と協力により，教育科学省主催のもとで「近代命名法の中世における生成——イベリア半島とフランス南部」と題するプロジェクトがはじめられた。1991〜93 年に実施されたその最初の研究は，1995 年にパスクアル・マルティネス＝ソペナ編著『命名と社会——9〜13 世紀におけるイスパノ・キリスト教徒のアイデンティティ・システム』[6] として世に問われた。西のガリシア，萌芽期ポルトガルから東のカ

---

[5] *Genèse médiévale de l'anthroponymie moderne*, t. I : *Études d'anthroponymie médiévale*, 1989 ; t. II : *Persistances du nom unique*, v. 1 : *Le cas de la Bretagne, l'anthroponymie des clercs*, v. 2 : *Désignation et anthroponymie des femmes, méthodes statistiques pour l'anthroponymie*, 1992 ; t. III : *Enquêtes généalogiques et données prosopographiques*, 1995 ; t. IV : *Discours sur le nom : normes, usages, et imaginaire* (VIe-XVIe siècles), 1997 ; t. V : *Serfs et dépendants au Moyen Age* (VIIe-XIIe siècle), v. 1 : *Intégration et exclusión sociale, lectures anthroponymiques : sefs et dépendants au Moyen Âge* (VIIe-XIIe siècle), v. 2 : *Intégration et exclusión sociale, lectures anthronymiques : serfs et dépendants au Moyen Âge* (*le nouveau servage*), 2002.

[6] Martínez Sopena, Pascual (coord.), *Antroponimia y sociedad. Sistemas de identificación hispano-cristianos en los siglos IX a XIII*, Santiago de Compostela y Valladolid : Universidad de Valladolid, 1995. 同書収録の論文を複数引用するばあい，個々の著者を表記せず，同書の頁で略記する。

タルーニャにいたるイベリア半島北部帯状キリスト教圏の各地域・地方に対応する 16 本の論文を掲載する。本小書は同書の成果に依拠するところ大である。

　20 世紀最後の 20 年間の萌芽期ののち，21 世紀に入り研究は第二段階に入った感がある。姓名システムの研究方針として新世紀早々，家族というミクロ分析と社会集団というマクロ分析とを時空間の両軸でおこない，同時にそれらを総括すべきこと（Bourin, 2002 : 3），家族レヴェルでの変化をマクロ展開に結びつけること（Chareille, 2002 : 26）が付帯的ながら指摘された。しかし現在までの研究はおおむね，こうした研究方針に沿ってきたとは言いがたい状況にある。近代西欧の姓名システムがその誕生とその後の展開において社会のさまざまな事象を反映していると認識された以上，姓名システムに取り込まれた膨大な情報を読み解くという使命が人名学に課されたのであり，いまやその使命・研究方針を明確化し，実践する時期に来ているといえる。姓名システムをとおして，過去から現在にいたる社会を解析するのであれば，そうした研究には「歴史人名学」という新たなジャンル名が相応しい。姓名という切り口から社会を捉え直すことによって，これまで感知されなかった社会の諸事象間の意外な側面や関係性をあきらかにし，それらの事象自体の理解をより深化させる研究である。かつて統計に専念していた人口学が，文化・社会・経済などの文脈において分析する歴史的視点をあらたに獲得して歴史人口学という実り豊かな分野を切り拓いているように，人名学もそうした歴史的視点を加えることによって，もしくは歴史の視点から人名を見ることによって，過去・現在の社会のより深い理解に貢献することができるであろう。本書[7]は，装いを新たにしたその研究の第一歩として，イベリア半島における近代姓名システムの誕生から現在までの展開を，入手できた公刊史・資料を用いてできるだけつぶさに辿りつつ，それらが映し出すその時々の社会の諸事象がもつ意味合い・関係性をあきらかにしようとする試みである。ほかの地域についても同様の試みがなされ，歴史人名学が人間社会のより深い理解に貢献することを期待したい。

---

[7] 本書は相当部分を筆者のこれまでの一連の研究（1995 : 1-17 ; 2001 : 101-166 ; 2010 : 51-74 ; 2011 : 51-67 ; 2012 : 77-96）に依拠している。

第 1 章

「命名革命」の初期現象

1 「革命」以前の状況

　西欧における近代姓名システムの誕生前夜，人名はどのような状況だったのだろうか。すでにローマ帝国末期にはキリスト教の浸透にともない，Gaius Julius Caesar（GAIUS IULIUS CÆSAR）といったローマ式三連命名法 *tria nomina*，名 *praenomen* ＋氏族名 *nomen* ＋家名 *cognomen*（ローマ法では父方姓）は衰退していった。系譜や地位を示す要素が捨てられ，4 世紀からは家の名も消えていったからである。5，6 世紀のローマではキリスト教関連で記録された者の 95％は名しかもっていなかった。属州における単一名の使用は本国よりさらに早かった（Wilson, 1998 : 49, 58）。ゲルマン部族が占領したヨーロッパではその後幾世紀ものあいだ，リネージ集団を表す名もなかった。その輪郭が模糊としている一方，系譜は周知されていたので，わざわざ付ける必要がなかったのである（Bloch, 1973 : 129）。

　イベリア半島においても，人びとは単一名によって特定されつづけた。古代以来あまたの民族集団が半島に渡ってきたため，名の由来もローマ前の原住民，ローマの伝統，ゲルマン／西ゴート，アラブなどさまざまであり，それらの影響の程度で地方によって用いられる名に違いがあった。たとえば，半島北西部では 6 世紀末のスエヴィ族制圧後，西ゴート族が大挙して植民したため，人の名も土地の名も相当程度ゲルマン化した。ガリシアとポルトガルほどゲルマン化した地方はないともされる[1]。しかし，その後イスラーム支配を免れた北部

帯状地域では一般的に，ラテン名がほかの起源の名より優勢であった。たとえばカタルーニャの司法文書では 9 世紀でもラテン名がゲルマン名の 2，3 倍にのぼっていた (Wilson, 1998 : 66)。北部の人びとの命名が本格的にゲルマン化しはじめるのは 9 世紀であり，ゲルマン系の男性名がラテン系を凌駕するのはようやく 10 世紀末以降である[2]。

西ゴート時代，名の使用において社会階層間で違いがあった。平民はローマ名を使いつづけていたが，西ゴート族と婚姻関係を築いていった地元有力者は支配層のゲルマン名を採用しはじめた。とりわけ，王国がアリウス派から正統派キリスト教（アタナシウス派）に改宗した 589 年以降，この動きがみられた (Ayerbe Iriber, 1983 : 14)。改宗によって西ゴート族と地元民とのあいだにあった宗教的差異が解消されたからである。アストゥリアス王国，それを継いだレオン王国，ナバラ王国など，誕生間もないキリスト教諸王国では，国王や重臣の大方は *Rodrigo*（ロドリゴ），*Alfonso*（アルフォンソ），*Gonzalo*（ゴンサロ）などのゲルマン起源の名をもっていた。しかし国王のなかに *García*（ガルシア），*Ordoño*（オルドーニョ），*Iñigo*（イニゴ）[3] などの名があったことからすれば，地元の伝統への強い執着もあった。サラサール＝イ＝アチャによれば (1991 : 14-15)，ゲルマン名の採用は支配層が民族的に西ゴート族であるということではない。それは証明不能な不毛の議論になってしまう。そうではなく，ゲルマン名を有することが時代のエレガンスであったという。たしかに，中世前期の支配層にとって，ゲルマン名には特別な意味合いがあった。たとえ虚構だとしても，西ゴート人の末裔であることや，イスラームによって破壊された王国の再興を象徴していたのであろう。ムスリムが支配する領域を，ローマ時代に半

---

[1] Martínez Sopena, 1996 : 66, 79. ただし，Kremer は西ゴート人によって付けられた地名がイベリア半島にはひとつもないことはおおいにありうるとし，ガリシア，アストゥリアスにおけるゲルマンやラテンの地名の存在を疑う。唯一の例外は西ゴート語起源のロマンス語化地名 Sala のみとする (1998 : 263)。

[2] García de Cortázar et al., 1998 : 222 ; Kremer, 1998 : 266.

[3] *Ordoño*（*Ordonivs*）や *Iñigo*（*Ennego*）はローマ以前の名である (Ribas Quintas, 1991 : 47 ; Kremer, 1998 : 280)。*García* の起源についてはゲルマン，イベロ，バスクなど，さまざまな説がある。バスク説では "artza"（熊）とされる。Díez Melcón（以下 Díez）はバスク系統に傾いており (1957 : 125)，Rivas Quintas（以下 Rivas）はロマンス語名とする (1991 : 179)。

島全体を指した Spania(スパニア) という名称で呼んでいたことをみると，王国の喪失感の深さを感じ取ることができる。

2　初期現象

　中世前期，人びとはおもにラテン系，ゲルマン系，アラブ系の名からなる広いレパートリーから名を選んだ。名のストック量は 100 人が使用する名の数，あるいは名あたりの使用人数で測られる。ただし，技術的観点からすると，これら二方法はサンプル規模に影響される弱点がある[4]。そのため，それに代わるものとして，一人しか使わない名を算入しない指数も提案されている。またブーランはストックとして，使用 2 回以下の名も除外し，3 回以上使用される名の数が適当とする（1996: 183）。しかし本書では，サンプル数自体がさほど多くないうえ，これまでになされたイベリア半島研究の大半が一人ないし二人による使用名をも排除しない，従来の指標を採用しているので，比較上それを採用する。

　100 人にたいする名の数をストック指標とするならば，10 世紀以前は比較的豊富で，一般的に 80 ないし 90，ときには 100 にもなった。この状態が，ほとんどの西欧地域で 11〜13 世紀間におきた命名の大変革のなかで変化していく。その大変革ないし M・ブーランのいう「命名革命」において，さまざまな動向・変化が並行的に進行した。初期段階にみられた変化のひとつは，採用される名の動向にかかわる。ストックの縮減と使用される名の集中である。縮減は使用される名の数が減少していくことであり，集中は一定の少数の名を使用する人の割合が大きくなっていくことである。縮減と集中の関係がいまだ論議されていないとの指摘（Beech, 1996: 402）以降も，この関係に詳細な検討が加えられないまま，一般論として言及される傾向にある。たとえばパスカル・シャレイユによれば（2002: 21），このふたつの現象はそれぞれ独立しており，縮減は集中の原因とも結果ともなりうる。それゆえ，これらふたつの現象がかならず

---

[4] Chareille, 2002: 18. つまり，サンプルが多いほどストックは減少することになる。名のレパートリーは無限ではないからである（To Figueras, 1995: 380）。

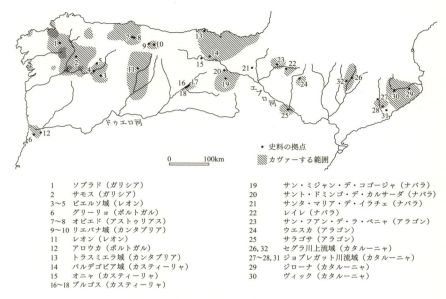

1	ソブラド（ガリシア）	19	サン・ミジャン・デ・コゴージャ（ナバラ）
2	サモス（ガリシア）	20	サント・ドミンゴ・デ・カルサーダ（ナバラ）
3～5	ビエルソ域（レオン）	21	サンタ・マリア・デ・イラチェ（ナバラ）
6	グリーリョ（ポルトガル）	22	レイレ（ナバラ）
7～8	オビエド（アストゥリアス）	23	サン・フアン・デ・ラ・ペニャ（アラゴン）
9～10	リエバナ域（カンタブリア）	24	ウエスカ（アラゴン）
11	レオン（レオン）	25	サラゴサ（アラゴン）
12	アロウカ（ポルトガル）	26, 32	セグラ川上流域（カタルーニャ）
13	トラスミエラ域（カンタブリア）	27～28, 31	ジョブレガット川流域（カタルーニャ）
14	バルデゴビア域（カスティーリャ）	29	ジローナ（カタルーニャ）
15	オニャ（カスティーリャ）	30	ヴィック（カタルーニャ）
16～18	ブルゴス（カスティーリャ）		

図1-1 史料の拠点とカヴァーする範囲

出典：Martínez Sopena, 1995：17 より作成。
注：括弧内は地方名。

しも並行して生じたと解釈すべきではないという。また，これらの現象が二要素命名システムの誕生をもたらしたのか否かという問題についても，研究者のあいだでいまだ一致をみていない。予断のない根気のいる作業によってのみ真実に近づくことができるであろう。

そのためにまず，ストックの縮減と名の集中を，序章で言及した先行研究を用いて分析することからはじめよう。それらは大聖堂や大部分は修道院に保管されていた史料にもとづいている（図1-1）。そのほとんどは12世紀末までで，「命名革命」の最終段階と目される13世紀の史料を欠いてはいるが，「革命」の動向は十分把握できる。イベリア半島北部帯状地域全体における変遷の把握を試みた数少ない研究者のひとりであるP・マルティネス＝ソペナが指摘する（1996）ように，そのさまざまな局面や特徴から，半島北部は西半分と東半分に大別できる。まず，その西半分の状態をみることから始めよう。

3　イベリア半島北部西半分におけるストックの縮減

　豊富なストックは中世盛期に劇的に減少していく。この過程について，地域間で比較的に考察されたことはほとんどない。規模は十分とはいえないかもしれないが，さきの資料を用いて命名変遷初期における各地のストック動向を追うことによって，各地域の特徴および全体的な流れが鮮明になるであろう。そのために好都合と思われる5地域——オビエド（図1-1　7〜8），レオン（同上11），ブルゴス属域（同上16〜18），バルデゴビア（同上14），それにポルトガル域ドゥエロ以南のアロウカ（同上12）——を選び，俗人男性名のストックの推移を示したのが表1-1である。

　オビエドでは10世紀のストックは69.6であり，一回のみの使用は使用名の85％にのぼる。優勢とみなせる名，つまり3％以上の人びとによって用いられる名はひとつもない（Suárez Beltrán, 1995：124）。しかし，この数値はストックの縮減がわずかながら生じていたことを示す[5]。ここで注意すべきは，縮減と集中を区別することである。ストックがかなり減少しても，集中がおこらないこともあるし，逆もしかり[6]。レオンのばあい，第一段の縮減はすでに10世紀の第2四半期にはじまっている。876〜925年から926〜50年の間にストックは94.6から73.1に，オビエドより多いとはいえ，23％近く減少した。アストゥリアス王国の首都オビエドがレオンより早く縮減を経験したとしても不思議ではない。914年に名称をレオン王国と改めてレオンが首都となったのち，想定される人口流入の影響でレオンのストックは一時的に80.7に増えるが，その後ふたたびオビエドと同レヴェル（69.0）に戻る。バルデゴビアも90.9から71.4へと，レオンと同程度の減少（21.5％）をみる。他方，ブルゴス属域での

---

[5]　同様に，10世紀のヴァンドモワ（フランス）でも，2％強を占める名が5つしかない（集中度は低い）ものの，ストックは79で，軽い縮減を示している（Barthélemy, 1989：51）。

[6]　1回使用のみの名の数の推移とストックの進展がつねに同じ歩調で進むとはかぎらない。たとえば，ヴァンドモワでは，10世紀と11世紀前半は1回使用名の割合は同じ（34.2％）であるが，ストックは79から50に急激に減少している（Ibid.）。

表 1-1 ストックとそれに占めるキリスト教系名の割合（％）

オビエド 時期	s.	c.	レオン 時期	s.	c.	ブルゴス属域 年	s.	c.	バルデゴビア s.	c.	アロウカ 時期	s.	c.
			876～925	94.6	*100**	875	—	—	—	—			
						900	100	—	90.9	—			
						925	100	25	90.9	8.3			
901～1000	69.6	—	926～950	73.1	62.5	950	26.3	28.2	71.4	21.0	901～1000	92	*1.5*
			951～975	80.7	31.6	975	28.6	21.8	43.5	21.1			
			976～1000	69.0	54.3	1000	34.5	20.7	35.7	20.0			
1001～1050	45.5	9.0	1001～1025	54.8	37.7	1025	47.6	28.1	41.7	22.7	1001～1050	100	
			1026～1050	49.2	55.3	1050	37.0		58.8	9.3			
1051～1100	15.1	*34.5*	1051～1075	52.2	60.5	1075	20.8	40.2	52.6	19.0	1051～1100	88	*13.0*
			1076～1100	33.3	86.3	1100	20.0	52.9	32.3	25.2			
1101～1125	17	36	1101～1125	36.7	81.8	1125	34.5	69.7	28.6	20.0	1101～1130	40	*17.0*
1126～1150	12.6		1126～1150	38.6	88.4	1150	21.3		66.7	21.7	1131～1160	29	*29.5*
1151～1175	12.9	36	1151～1175	27.0	79.7	1175	19.2	67.1	66.7	66.5	1161～1190	30	*33.5*
1176～1200	11.4		1176～1200	16.7	80.8	1200	11.6	69.8	14.9	70.7	1191～1220	18	*37.5*
											1221～1250	21	*47.5*
											1251～1280	36	*45.0*

出典：Martínez Sopena, 1995：120, 124, 132, 174, 220-221, 243-244 より作成。
注 1：s. はストック，c. はキリスト教系名の割合。
　 2：レオンの欄 875～925 年の 100％ は考慮外とする。サンプルは 3 件で，たまたますべてが *Felix* であることによる。
　 3：ブルゴス属域の 1025 年，1125 年，1150 年はサンプルが少ないため（それぞれ 55, 39, 52 件），1025 年と 1050 年，1125 年と 1150 年を合算。名当たり人数で表示されたストックを 100 人当たりの名数に変換。ブルゴス市は 12 世紀第 4 四半期まで件数がきわめて少なく，ストックも不明期間が多い (Ibid.：242) ため，本表では属域のみを分析。表 1-6，1-7 では市・属域が対象。
　 4：バルデゴビアの 876 年と 900 年はサンプル数が僅少（11, 5 件）のため省略。
　 5：アロウカ欄の 1251～80 年はグリーリョにおける数値。
　 6：ガリシアとバスクは資料が提示されておらず，ナバラ，アラゴン，カタルーニャの資料は少ない。

減少は著しい。10世紀の第1四半期までは100だったが，第2四半期には26.3に激減し，その低レヴェルを維持しつづける。マルティネス゠ソペナによれば（1996: 72, 81），ナバラとリオハ域での名の動向がカスティーリャに影響をもたらした。ピレネー域の人びとは狭い地峡にあって，きわめて早い時期から一定の少数名を用いていたため，ストックの縮減と後述する二要素命名法の採用が早期にもたらされたという。この仮説に従えば，カスティーリャの東端に位置するブルゴス地方は，ナバラとリオハ域から影響を強く受けたことになる。

　第二段の縮減とは，中世前期の通常値（80〜90）から突如，半減する段階である。オビエドとレオンは11世紀前半に経験し，それぞれストックは45.5, 52（平均）に減少する。一方，バルデゴビアでは早くも951〜75年に43.5となったが，これもやはりナバラとリオハ域の影響であろう。11世紀に入り一旦減少するものの，すぐに増加に転じ，中葉には平均55.7にもなる。この増加はカンタブリア地方からの再入植民やピレネー以北からの移民によろう。11世から巡礼者，商人，職人たちがコンポステラ巡礼路を通ってやって来たのである。半島に流入した大量の「フランコ」（フランス人・外国人）自身が町を創建することもあった。1090年に創られたエステーリャはその一例である。12世紀前半には巡礼者のさらなる大波が，なかでも南西フランスやとりわけトゥールーズ，ケルシィ，アルビジョワからやってきた（Wilson, 1998: 142）。バルデゴビアの史料はたしかに，バイヨンヌからビスカヤ湾沿いにサン・セバスティアンを通ってブルゴスに延びる巡礼路沿いの地域をカバーしている（図1-1）。ブルゴス属域でも50年のあいだにストックは975年の28.6から1025年の47.6へと66％増加した。なるほど，外国の地方名にちなむ補足命名が，半島のほかの地方名とともに数多くみられるという（García de Cortázar, 1995b: 245-246）。

　第三段の縮減はオビエドでは11世紀後半に生じて15.1となり，世紀前半の45.5のじつに3分の1に減少する。1176〜1200年にはさらに縮減し，第四段ともいえる極限レヴェルの11.4となる。この著しい縮減は，首都がレオンに移転したことによる人口減少と少数の名への集中（後述）との相乗効果によるものであろう。このオビエドでの加速度的な進展とは異なり，レオンとバルデゴビアでは11世紀後半以降の第三段の縮減後は，オビエドの2, 3倍のレヴェ

ル（それぞれ平均42.8，42.5）を維持し，以降の縮減は緩やかであり，後者では逆に増加する。この両地域がオビエドのレヴェルに縮減するのは100年後の12世紀第4四半期である。ブルゴス属域では先述のように，ストックはほかの地方と違い，当初からきわめて少なかった。1075年には世紀前半の平均42.3から20.8へと半減した。以来，ほかの地域と似たような展開となり，12世紀末にはオビエドと同レヴェル（11.6）まで減少する。こうした極端な縮減には，やはりナバラの影響が大きいのであろう。

　ドゥエロ河下流に位置する萌芽的ポルトガル域のアロウカにおいてストックは11世紀前半，100である。さまざまな地域，とりわけガリシアとフランスからの入植者を迎え入れたことを示す。再入植地特有のこうした状況によって，同世紀に縮減を経験することはなかった。しかし12世紀にはいるとストックは急激に半減し，その後は他地域とほぼ同じ歩調で縮減していく。この推移は，後衛地方での縮減動向に影響されたと解釈できる。

　5地方を比較して判明することは，つぎの諸点である。縮減の時期・程度はそれぞれの地方に固有の条件によって多様である。しかし一般的に，縮減には4つの段階がみとめられる。第一段は20％ほどの減少で，多くのばあい10世紀半ばにはじまる。第二段は数値が半減する急激な著しい減少である。第三段は漸次的減少であり，12世紀末の第四段で極限に達する。民の流入・流出がストックをそれぞれ増減させる。典型的には再入植地域において流入期に増加するが，12世紀以降は一挙に縮減を経験する。1200年以降の状態は史料の欠如により不明である。例外的に13世紀の状態を知ることができるポルトガル域では，アロウカのストックは1221～50年に21に増加し，グリーリョでは1251～80年に36に増える。しかし前者では12・13世紀交には北部の縮減動向に近づき，18にまで低下する。このポルトガルの状態から推測すると，ほかの4地方においても縮減は限界レヴェルを示した前世紀末以上には深刻化しなかったであろう。比較のために半島以外をみると，ローマでの1250年のストックは15～16である（Hubert, 1996 : 327）。これは12世紀末のオビエドやブルゴス属域より多いが，レオン，バルデゴビアとは同等であり，ヨーロッパ規模での縮減レヴェルを示唆している。

4　少数の名への集中

1）中世盛期西欧におけるキリスト教系名の採用

　前節でみた地域すべてにおいて，中世前期から盛期への変わり目以降，ストックの縮減を経験した。なぜそのような縮減が起きたのだろうか。この問いに答える手がかりのひとつは，名の使用における変化をみることである。当時は西欧においてキリスト教が民間に広まっていった時代にあたり，それとともに，ブーランのいう「名がキリスト教化したヨーロッパ」(1989b：245)，ないしマルティネス＝ソペナのいう「命名のカトリック化」(1996：68) がもたらされた。ストックの縮減とキリスト教化の関係をみるためには，ストックの量的変化だけでなく，質的変化も調べる必要がある。

　ストックにおける質的変化を分析するまえに，前提として，ヨーロッパ社会にキリスト教系名が導入された経緯をみておこう。西欧では中世前期をとおしてキリスト教系名はごく狭い宗教界の枠外ではほとんど使用されていなかった。教会は信徒の名に無頓着であり，信徒は異教の神々の名すら付けていた。さらに，改宗や洗礼時に名を変えることは良くないとも考えられていた[7]。3世紀に幼児洗礼が導入されはしたが，11，12世紀までは成人になってからしか洗礼を受けないのが一般的だった (Billy, 1995：171)。家族は通常，洗礼式のまえに家族の儀式として新生児に名付けをおこなっていた。洗礼は長いあいだ，命名行為と結びつけられていなかったのである (Krawutschke et al., 1995：153)。

　こうした状況が中世盛期に変化する。誕生後に遅かれ早かれ受ける洗礼時にキリスト教系名を命名する現象がヨーロッパ規模で，はじめて俗界でおこった[8]。ミヒャエル・ミッテラウアーによれば (1996：298, 310-311)，最初に聖人の

---

[7] Bourin, 1997：246；Wilson, 1998：59.
[8] 冒頭で述べたように，新生児への名付けが家族・共同体への受け入れを意味したため，死産の赤ん坊は洗礼後に埋葬されたが，洗礼名は与えられなかった。洗礼されることなく死亡した赤ん坊は人間とはみなされず，共同墓地への埋葬は拒絶された (Dupâquier, 1981：135)。

名を採用したのは国王であった。10世紀以降，すくなくともアルプス山系以北で王たちが採用するようになり，その後に平民に広まった。封建制の主従関係が聖なる力とその庇護に与りたいという考えをもたらしたからであるという。その背景には，リネージ集団はその範囲が曖昧で可変のうえ，内部に父系・母系という二重性があるため，相対的に脆弱だったことがある[9]。採用を促したもうひとつの要因は，グレゴリウス改革の原則がゆっくりと浸透していったことであろう。たとえば，イベリア半島には12世紀も末にようやく波及し，ローマ式典礼の採用，教皇権威の強化につながった（Rodríguez González et al., 1995：92）。しかし平民間に聖人名の採用を促したのはむしろ，魂の救済にかんする懸念と聖人崇敬という新たな心性と実践であった（Bourin, 1997：247）。この懸念は皮肉なことに，西欧の俗界社会にキリスト教が普及するにしたがって広まったものであり，13世紀にそれは煉獄という概念となって結実する。こうした状況下，宗教人は11, 12世紀に，ゲルマン系の名ではなく，旧約聖書に登場する名前を採用するよう人びとを説得することに成功したようだ（Krawutschke et al., 1995：152）。教会はおおやけには命名儀式に関与しなかったものの，11世紀からは命名と洗礼とのあいだに緊密な関係が生まれていく。第四回ラテラノ公会議が開かれた1215年以降は聖職者の仲介と圧力のもとで，命名は俗界から聖界の手に移ることになった（Postles, 2006：36-37）。

むろん，こうしたプロセスは国・地方によって異なる。イタリアでは内部に大きな違いがあり[10]，名の福音化はたとえばトスカーナでは13世紀末にようやく始まったにすぎない。翌世紀にはフランチェスコ修道会の伸長の影響をうけて広まり，15世紀初めに完了する。人口の半分がキリスト教に因む8つの名のどれかをもつまでになったのである[11]。イングランドでは俗人間でもキ

---

[9] Bloch, 1973：131. 逆に強力な男系集団が存続していた北海沿岸のドイツ地方やイングランドのケルト地方には，臣下制度・封土・領主所領は存在しなかった（Ibid.）。
[10] たとえば，教皇庁の直接的な影響力下にあったナポリ貴族のあいだでは，中世盛期のわずかなストックはすべてキリスト教系名で占められていた（Martin, 2002：113）。
[11] Pérol, 2004：224, 236, 238. フィレンツェでは人びとのあいだで宗教的覚醒が強まったのはようやく13世紀末から14世紀半ばである。托鉢修道士たちがキリスト教系名の普及に努めたことは疑いない。1260年の対シエナ戦向け徴兵リストによれば，宗教にか

リスト教系名が12世紀以前から採用されたが，その影響はJohn以外，限定的だった[12]。フランスとイングランドにおいて，ダンテの時代に教会の扉の前で子どもに名を付ける習慣が定まり，中・近世の交に洗礼と命名とが密接に結びついていく。命名は洗礼式の一部となり，そこで付けられる名はクリスチャン・ネームと呼ばれた（Wilson, 1998：227）。こうして，子どもたちは教会の直接的庇護の許に置かれることになったのである（Pérol, 2004：236）。

　西欧全域でキリスト教系名を採用する潮流にあって，それぞれの地方で地元聖人の名もいくつか使用された。とりわけイベリア半島では，地元聖人の名の採用はほかの西欧よりもずっと早くはじまっていた。9世紀中ごろのアンダルス（イスラーム支配下の半島地域）のモサラベ（アンダルスのキリスト教徒）の一部に自主殉教の風潮が高まったことがある。その時の殉教者であるPelayo（Pelagius）[13]，Felix（フェリックス），Servando（セルバンド），Angentia（アンヘンティア），Justa（フスタ）などの名をアストゥリアス王国の人びとが用いたのである。10世紀後半には，コルドバから遺骸が運ばれるにいたったPelayoの名，あるいは，見つからなかったJustaの遺骸の代わりにアンダルスから遺骸が戻ってきた聖Isidoro（イシドロ）の名を付けるのが流行った。また西ゴート教会が崇敬していた，Felix[14]や，Cipriano（シプリアノ）などの聖人たちの名も採

　　かわる名は20％で，最頻20名中キリスト教系は5にとどまった。しかし以後増えていき，1427年には18にたっする（Herlihy, 1998：74-75, 77；1995：335, 342）。トスカーナでは洗礼名を付けることは強制されず，しかも形式上付けただけのこともあり，日常的な呼び名，愛称，あだ名の優勢のまえにあって影が薄く，（もっていたとしても）忘れられる存在だった。14世紀末以降3,4個連なった名は珍しくなく，洗礼名はそうした一連の名の一部にすぎなかったからである（Klapisch-Zuber, 1996：475）。

[12] 俗人のあいだで一番広まった名がJohnだったとしても不思議ではない。「洗礼者Bautista」ヨハネは洗礼秘蹟の聖人だからである（Postles, 2006：35-36）。イタリアでも最初に採用されたキリスト教系名は，コルトーナにおける1261年の史料が示すように，Johannesであった（Pérol, 2004：223）。

[13] この名はギリシャ起源（García de Cortázar et al., 1998：219）。アストゥリアス王国創始者（718〜737年）の名でもある。ロマンス語は形成途上にあり，時代・地方によって発音が大きく異なったため，便宜上本書では近代スペイン語の発音とする。たとえばgやjで綴られる有声音は通常，英語のpleasure，弛緩によって無声化するとshameに等しい音ともなった（ラペサ，2004：402）。第4章注8も参照。

[14] Felixは西ゴート時代の聖人の名でもあり，イスラーム治下のセビージャとコルドバでの3名の殉教者の名でもある（The Roman Martyrology, 1937：419）。

用された（Martínez Sopena, 1995：160-161）。聖書に登場する名前も使用された。アラビア人は前イスラーム時代からそうした名を用いていたので，北部に移住したモサラベやムラディ（キリスト教王国に住むムスリム）たちはそうした名をロマンス語に直して用いていた。カタルーニャでも854年にアンダルスで斬首された *Felix* あるいは *Abundius*（アブンディウス）という殉教者の名が，半島北西部より少し遅い10世紀後半（962年）以降に登場したという[15]。北西ヨーロッパでは，ミッテラウアーの先の見解に沿えば，封建制がキリスト教系の名の登場をもたらしたが，イベリア半島北部ではアンダルスにおける殉教者への崇敬，つきつめれば，半島におけるイスラーム勢力の存在がその動機となったといえる。

2）半島北部におけるキリスト教系名の広まり

　このように，イベリア半島はキリスト教系名をきわめて早期に採用した。なるほど，いくつかの修道院の史料はすでに9世紀前半からこの系統の名が使われはじめていたことを示している。史料の一部はむろん宗教界にかかわるが，大半は土地の貸借・売買関連なので，俗界の動向を反映しているとみてよいであろう。表1-1はサンプルに占めるキリスト教系名の割合の推移も示している。オビエド史料（Suárez Beltrán, 1995：132）は1001〜1200年間の50年ごとの％を0〜3，3〜6，6〜9，9〜12，12〜15，15〜18とするため，判明するのはおおよその傾向である（それぞれ1.5，4.5，7.5，10.5，13.5，16.5として計算）。この表から，11世紀前半にキリスト教系名は9％しか占めていないにもかかわらず，ストック第二段の大きな縮減が生じ，ストックは69.6から45.5に減少したことが判明する。つまり，首都移転が原因と考えられるこのストックの減少は，キリスト教系名の普及より先行したことになる。しかし同世紀後半，ストックが15.1となる第三段の縮減は，キリスト教系名の9.0％から34.5％への突然の増加に呼応する。その後は，ストックとキリスト教系名は平行的に推移するが，王国のほかの地方のように，キリスト教系名は過半に達することはなかった。これは，かつての西ゴート王国の再興を夢みたアストゥリアス王国誕生の地で

---

[15] Oliver Pérez, 1992：223. ただし，900〜1200年間の最頻23名のリスト（To Figueras, 1995：393）にこれらの名はまったく登場しない。

あったことによるのであろう。そのため，*Garcia*(ガルシア)，*Munio*(ムニオ) などの伝統名のほか，*Gonzalo*(ゴンサロ)，*Rodrigo*(ロドリゴ)，*Alvaro*(あるバロ) などのゲルマン名が人気を博していたのである。

バルデゴビアではキリスト教系名は875年以降1150年まで20％前後を維持する。いくつか合わない部分があるが，サンプルが少ないためであろう[16]。975年の縮減第二段で，50年前の半分の43.5となったことは，1175年にキリスト教系名がサンプルの3分の2にまで急増する200年前に，すでに縮減が始まっていたことを示している。他方，1200年の急激な縮減（66.7から14.9へ）は1175年のキリスト教系名の急増（21.7％から66.5％へ）の明らかな結果とみなせる。ブルゴス属域でもストック縮減第一段はキリスト教系名がまだ低いレヴェルの時期に生じているので，両者に関連性は認められない。しかし12世紀第2四半期（21.3）以降のストック縮減は，70％に迫るキリスト教系名の著しい増加とあきらかに連動している。11世紀前半までのキリスト教系名の相対的な少なさは，おもにフランスからの移民によってゲルマン名が優勢だったためであろう。

萌芽的ポルトガル域のアロウカはほかの地方とは異なる状況を示す。13の名について資料は％を0～1，1～2，2～5，5～10，10～20と表示するため，それぞれ0.5，1.5，3.5，7.5，15％として計算する。11世紀前半までキリスト教系名は僅少である（1.5％）。同世紀後半以降1130年までわずかに増加するが，17％未満にとどまる。ゲルマン名は上述のように西ゴート時代にガリシアで強く根付いており，その後も西ゴート主義によってゲルマン名の採用が後押しされた。そのため，ガリシアからの移民が多いポルトガルはほかの半島地方よりもゲルマン化が強化されることになった[17]。たとえば *Gundisalvus*(グンディサルブス) は13世紀後半でも *Petrus*(ペトルス) と同等のレヴェルにあった（Durand, 1995b : 120）。その *Petrus* は1130年から，*Iohannes*(イオあんネス) とガリア伝道に捧げた4世紀のトゥール司教に因む名 *Martinus*(マルてぃヌス) は12世紀末から増えはじめる。しかしキリスト教系名はすくなくとも13世紀末まで半数を超えることはなかった。この「新しい」キリスト教

---

[16] サンプル数は900年5，925年12，1000年35，1050年43。
[17] そのため，ゲルマン部族による占領あるいは影響がなかったならば，ストックのキリスト教化は，ナポリのように完璧だっただろうとされる（Martin, 2002 : 113）。

系名の増加が後衛地方からの影響であることは疑いない。これらの3つの名はレオンではすでに10世紀から登場しはじめ，11世紀末には地位を確立し，ブルゴス属域では10世紀半ばに登場し，1200年には優勢となっていた。こうした北部地方で確立した文化的潮流が，より遅くに再入植されたポルトガル域に流れ込んだのである。ただし，ガリシア同様，西ゴート時代以来のラテン語表記であった。

　レオンの史料は聖職者と俗人を分けており，ほかの地方の史料では知ることがむずかしい，聖職者の動向を知らせてくれる。聖職者はきわめて早い時代からキリスト教系名を採用していた。875〜950年間にすでに55.6％にもなった[18]。家産を守るために聖界入りが誕生時に決められていたからなのか，あるいは成人になってから聖界入りした時点で名前を変えたためであろうか。いずれにしても聖職者たちは，俗人が使用しはじめる50〜100年まえの9世紀末から *Pedro*（ペドロ），*Juan*（フアン），*Domingo*（ドミンゴ）を，10世紀後半から *Miguel*（ミゲル）を採用していた（表1-2）。*Domingo* は俗人間で11世紀第2四半期以降に急増する。これについて，ガルシア＝デ＝コルタサル（1995b：245）はいくつかの可能性を指摘する。*Santo Domingo de Silos*（レロス）（1000年頃〜1073年）あるいは *Santo Domingo de la Calzada*（カルサーダ）（1019年頃〜1109年）の生涯への名声，ないしは，当時すでによく用いられる名だったことによるという[19]。前者への崇敬は1076年から広く普及したとされる[20]が，これはそれ以前から崇敬が始まっていたことを意味している。なるほどシロス修道院には寄進も多く，その財宝は修道院財政がすでに豊かだったことを物語っている。たとえば銀に金メッキした聖杯は11世紀第3四半期，院長みずからが院内の金銀細工工房で製作させたとされる。院長の死（1073年）によってさらに名声が広まったのであろう。1076年5月12日，エル・シッドと妻ヒメナはサンチョ国王から下賜された，修道院近くの二村の半分を魂

18　Martínez Sopena, 1997：177 の表より算出。
19　のちにこの著者はもう一人を追加して次のように述べる。この名がリオハ域およびアルランサ川とドゥエロ河に挟まれたカスティーリャ域からカスティーリャ王国全域に広がったのは，つづいて登場した3人の *Domingo*（*de Silos*, *de la Calzada*, *de Guzmán*）への崇敬に支えられたのであろう，と（García de Cortázar, 1998：219）。
20　*New Catholic Encyclopedia*, 2003：831.

表1-2　レオンにおける聖職者と俗人の使用名（876〜1200年）

名	時期	876〜925	926〜950	951〜975	976〜1000	1001〜1025	1026〜1050	1051〜1075	1076〜1100	1101〜1125	1126〜1150	1151〜1175	1176〜1200
Pedro	聖職者	11.1		11.8		4.3		20.0		3.7		29.2	
	俗人	0	9.4	0	2.3	0	5.3	18.6	21.6	16.9	25.6	25.6	24.1
Juan	聖職者	16.7		11.8		12.8		0		14.6		12.3	
	俗人	0	6.3	5.3	11.4	1.9	3.9	18.6	7.8	15.4	11.6	13.5	12.7
Domingo	聖職者	5.6		5.9		10.6		10.0		2.4		20.0	
	俗人	0	0	0	8.6	3.8	18.4	2.3	21.7	10.8	10.5	9.0	10.2
Miguel	聖職者	0		11.8		12.8		3.3		0		0	
	俗人	0	0	0	2.3	3.8	3.9	0	4.9	7.7	3.5	6.8	5.9
Salvador	聖職者	0		0		0		0		0		0	
	俗人	0	0	0	5.7	5.6	6.6	2.3	3.9	0	1.2	0	0
Pelayo	聖職者	5.6		0		0		16.7		9.8		3.1	
	俗人	0	0	0	5.7	3.8	6.6	7.0	6.9	0	15.1	9.0	7.4
Felix	聖職者	5.6		0		6.4		3.3		0		1.5	
	俗人	100	21.9	10.5	5.7	1.9	2.6	0	2.0	3.1	0	0	0
Fernando	聖職者	0		5.9		4.3		0		2.4		7.7	
	俗人	0	0	0	0	0	2.8	2.3	1.0	3.1	1.2	5.3	6.2
Froila	聖職者	5.6		17.6		10.6		3.3		0		0	
	俗人	0	9.4	10.1	5.7	1.9	2.6	4.7	2.9	0	2.3	0.8	0.3
Citi	聖職者	5.6		0		6.4		3.3		0		0	
	俗人	0	3.1	10.5	11.4	13.2	17.1	7.0	5.9	4.6	0	0	0

出典：Martínez Sopena, 1995：174, 177 より作成。

の救済のために修道院に寄進している（Elorza, 1995：28-29, 40-41）。他方この11世紀末は，もう一人の Domingo（de la Calzada）をアルフォンソ6世が称賛していた[21]時期にもあたる。道に迷ったり川渡りに苦労したりしている巡礼者の辛苦を軽減しようという博愛精神から，地域住民の抵抗に遭いながらも，リオハ域で巡礼路[22]をひとり開拓・整備することに生涯を捧げていた人物であ

---

[21] Ibid.
[22] ピレネー山脈のほぼ西端をフランスから入り，ロンセスバリェス，パンプロナを経由

る。このふたりの聖人が 11 世紀第 2・第 4 四半期における俗人間での突然の *Domingo* の増加（18.4％, 21.7％）に寄与したことは確かであろう。また 12 世紀後半，聖職者間で大きく増加した（20％）ことは，聖職者間での崇敬がさらに深まったことを示していよう。なるほど，シロス修道院に保管されている多数の財宝（磔刑十字架，枝付き燭台など）は同時期の製作である（Ibid.：48-65, 70-79）。また，この二聖人以前の 9, 10 世紀における使用は，3・4 世紀交のマクシミアン治世下のテッサロニカにおける古代の殉教者 *Domninus*（ドムニヌス）[23] に由来するのかもしれない。

聖職者によるキリスト教系名の早期の採用は，俗人の名付けにかならずや影響したであろう。聖職者は単に宗教上のみならず俗界の政治分野でも，国王諮問会議の枢密官のような重要な任務を果たしていたからである。そのためであろう，表 1-1 が示すように，ほかの地方よりずっと早期にかつ大量にキリスト教系名が俗人間で採用された。926〜50 年には 62.5％，976〜1000 年には 54.3％に達した。前者はストックが 20％前後の縮減（第一段）を経験した時期（926〜1000 年）とまさしく重なる。ということは，多少減少したストックのなかから，人口の半分以上がキリスト教系名を選択したことになる。951〜75 年間の一時的な減少（31.6％）は，914 年に王国の都となったのちに，他の系統の名をもつ人びとが流入した結果とみることができる。それはストックの増加（80.7）に表れている。同時期，アラブ名 31.6％，ゲルマン名 25.9％であり，ほぼ三系統が拮抗していた[24]。

1075 年までの 11 世紀，ストックは大体において平均 52 レヴェルを維持した。ただし，前世紀の同時期（80.7）とくらべれば，第二段の縮減によって減少していた。一方，キリスト教系名は 11 世紀第 2 四半期から一貫して増加傾向を示し，第 3 四半期には 60.5％を占めるまでになった。つまり，ほぼ一定のストックのなかからますます多くの人びとがキリスト教系名を採用していっ

　　する巡礼ルートを，ナヘラからロデシーリャまで開拓・整備した（第 2 章注 111 参照）。
[23]　*The Roman Martyrology*, 1937：269.
[24]　Martínez Sopena, 1995：174 より算出。1200 年ころ，外国人が人口の 20％にのぼった（Ibid.：173）ことからすると，移民の流入はつづいたようだ。

たことになる。これは上述のように，魂の救済への懸念と権力者への嘆願つまり聖人崇敬によるものであろう。1076年から12世紀前半の期間，ストックは第三段の縮減を迎え，52.2から33.3（1076～1100年）へ，36％の減少をみる。これと連動して，キリスト教系名は60.5％から86.3％（同時期）へと40％以上増加する。12世紀後半においてもストックのさらなる縮減（第四段）はキリスト教系名の高レヴェルの維持（80％）と連動し，極限の16.7にまでいたる。これほど高レヴェルにたっした地域はない。こうした状況は，教区教会の設立が進むにつれて，洗礼時に限られた数の聖人名のなかからどれかを付けることが当時常態となっていたことを示唆する。

　こうした命名行動は，洗礼の歩みとかかわっていよう。11, 12世紀までは，先述したように，成人してから洗礼を受けたので，洗礼は命名とはかかわらなかった。しかし，洗礼が救済の前提条件という考え（Bourin, 1997：244）に呼応して，12世紀ころに幼児洗礼が広まり（Billy, 1995：171），同世紀末からは命名が洗礼式の一部を構成するようになった（Krawutschke et al., 1995：153）。命名はいまや，教会の管理下に入ったのである。

　キリスト教系名は階層をこえて広く採用されたため，そのあおりを受けてラテン名は減り，忘却の彼方に追いやられた。地方によって違いはあるが，たとえばソブラドやビエルソ域ではラテン名は13世紀には完全に姿を消す[25]。リバス＝キンタス（以下リバスと略記）の資料には，*Damián*（ダミアン）, *Pascual*（パスクアル）, *Sebastián*（セバスティアン）, *Gabriel*（ガブリエル）, *Bartolomé*（バルトロメ）, *Cristóval*（クリストバル）, *Jerónimo*（ヘロニモ）, *Lucas*（るカス）, *Nicolaus*（ニコらウス）, *Francisco*（フランしスコ）といった名は10～13世紀にはわずかしか登場しない。だが後年，ルネサンス時代以降に再登場することになる。女性名は，ゲルマン名の *Todilde*（トでぃルデ）, *Egila*（えヒら）, *Goda*（ごダ）などとともに，*Vita*（ビタ）, *Mater*（マテル）といったラテン名も12世紀に突如減少する（Martínez Sopena, 1995：167）。これらはすべて，男性名とちがい，ふたたび登場することはなかった。

25　Portela et al., 1995：38 ; Rodríguez González et al., 1995：92.

3）「新しい名」の採用・「古い名」の放棄

　上述からあきらかになったことは，第一段と第二段の縮減は相当数のキリスト教系名の採用に先立ったこと，しかし第三段・極限の第四段の縮減とキリスト教系名の絶対的な優位とは疑いもなく連動し，ところによってはキリスト教系名の増加が縮減にあきらかに先立っていたことである。これらの推移をもっと正確に知るためには，使用名の質を問題にしなければならない。

　レオン資料は聖界・俗界おのおの 20, 21 の名を各 50 年，25 年間隔で記載しているので，この作業に好都合である。一定程度の頻度で用いられた名を載せているこれらのリストにラテン名はまったく登場しない。推移を知るうえで適当と思われるさまざまな系統の名をリストから選び，推移をみてみよう。*Pedro*, *Juan*, *Miguel*, *Domingo*, *Salvador*（サルバドル）, *Pelayo*, *Felix*, *Fernando*（フェルナンド）, *Froila*（フロイラ）, *Citi*（レティ） の 10 の名である。

　聖職者と俗人間で時期や程度の相違は一定程度あるが，11 世紀中ごろから 12 世紀にかけて潮流に大きな変化があったことを窺い知ることができる。当時は「新しい」キリスト教系名がヨーロッパ規模で増えていった時期にあたり，このリストにもその動向が映し出されている。イエスに洗礼を施した聖ヨハネに因む *Juan* と最初の使徒聖ペテロに因む *Pedro* は早くも 9 世紀末から聖界で一定程度採用されていたが，とりわけ *Pedro* の 11 世紀後半以降の伸張は著しく，典型的な展開をみせる。聖職者では 4.3％から 20.0％へ，俗人では 5.3％から 18.6％（1051～75 年間）へと突如上昇する。この急増はフランスでの動向から刺激を受けたのかもしれない。フランス各地の最頻 5 名リスト（Bourin, 1996：198）によれば，11 世紀前半 *Pierre* は中央南西部（リムーザンでは最頻名）と南西部（ガスコーニュ），それに低ラングドックで突如登場し，同世紀後半には後者地域のニーム，アグド，マグローヌでも最頻名となった[26]。中世盛期

---

[26] Bourin の 1190 年までのリストによれば，フランスの北半分（中北部のヴァンドモワ以北）では最頻 5 名に *Pierre* は登場しない。Beck によれば，中東部のブルゴーニュや南西部のガスコーニュでも 11 世紀前半までの使用は 0.5％未満，13 世紀前半まで 2～10％であり，同世紀後半にようやく 10～14％になったにすぎない（1989：68-69）。なるほど，マコン（ブルゴーニュ）において *Pierre* は 1000 年時点では存在せず，1100 年に「新しい名」として，105 人中 2 人が使用している（Duby, 1974：805-806）。ヴァンドモ

フランスにおける聖人名の突然の登場は，後述の君主名の普及とかかわる。すくなくともアルプス以北においては封建制の浸透によって国王名が民間で10世紀以降採用されるようになったのちに，聖人名が採用されたのである（Mitterauer, 1996 : 311）。

　Salvador（救済主の意）の推移は興味深い。予期に反して，聖職者は対象期間をつうじて，この名を採用しなかった。あまりにも畏れ多かったのであろう。俗人は10世紀末から使用しはじめた。人びとの間にキリスト教が浸透しはじめたことを示唆する。しかし，11世紀後半から減少しはじめ，12世紀からは姿を消す[27]。なぜなのか。地中海地域における古よりの大地母神信仰と関係しているのではないだろうか。古代においてキリスト教はむしろマリア信仰をとおして地中海地域に受容された。マリアは2世紀から「クリストコス（キリストの母）」と呼ばれるようになり，431年のエフェソスの宗教公会議において公式に「テオトコス（神の母）」と認定された。先のレオン資料によれば，10世紀後半から12世紀後半までの各50年間における *Maria* の使用件数と割合は，それぞれ1件（5％），4件（8.5％），7件（19.4％），19件（34.5％），19件（38.8％）である（Martínez Sopena, 1995 : 179）。サンプル数は少ない（各期間の総数はそれぞれ20, 47, 36, 55, 49）ものの，使用推移からすると，*Maria* は11世紀後半から増えはじめ，12世紀に突如著しく増加し，ほかの名を凌いでいったことがわかる。*Maria* の力強い増加と *Salvador* の減少と消滅，そのみごとなまでの時間的一致から推測できることは，キリスト教としてまず民衆に教化されたイエス信仰がマリア崇拝に取って代わられたことである。大地母神への古い潜在的信仰に結びつくマリア崇拝が民衆によって悦服されたであろうことは想像に難くない。この12世紀初頭に，イベリア半島におけるキリスト教の方

　　ワでは13世紀でもわずか4.5％，1355年には *Jean* が27.6％を占めたのにたいし，わずか7.2％だった（Barthélemy, 1989 : 49）。フランス全体としてみると，*Pierre* は12世紀後半以降ようやく使用されたのであり，しかもその大半が聖職者だったとする見解もある（Mora, 1997 : 68）。

[27]　この *Salvador* の展開は Rivas が集めた史料（1991 : 265）と一致する。10世紀に3件，11世紀に4件，12, 13世紀に各1件あり，その父称 *Salvatoris／Salvatorici／Salvadoriz* の動向（11世紀に9件，10, 12, 13世紀に各1件）とも相関する。

向性が固まったといえる。マリア崇拝の役割の重要性はますます強化されていく。その信仰の広まりに貢献したのは，12世紀半ばから半島のあちこちに設立されたシトー派修道院[28] や，とりわけカスティーリャ・レオン域につぎつぎに設立され，民衆の間に入って説教をした托鉢修道会[29] であった。なるほど，中世にイエス信仰はほとんど存在しなかったともいわれている。民間の宗教逸話のモチーフはその67％がマリア，12％が聖人たちであり（Carrol, 1992：11, 18），中世スペインにイエスを奉じる礼拝堂はひとつもなかった（Christian, 1989：89）。

これに関連して止目すべきは，名にかかわる資料にイエスの呼び名 *Jesús*（ヘスス）（神は救い主の意）も登場しないことである[30]。この不在は，聖職者たちがけっして *Salvador* と名乗らなかったことと通底しよう。人びとが神を直接呼ぶことになるのを避けた[31]，ないしはある種の畏れ，すくなくとも，ロマネスク美術が表している裁判官イエスに距離感を抱いていたことを示唆する。あるいは，超自然から無私の愛を与りたいと熱望する人びとにとって，他者への愛を求める他利主義の教えは心に響かなかったのかもしれない。

また，レコンキスタを推進する王国の守護聖人とされる聖ヤコブ *Santiago*（サンティアゴ），その変形 *Diego*（ディエゴ）[32] の推移も興味深い。この聖人についての従来の高い評価からすれば，レコンキスタ時代にこの名がきわめて人気を誇っていたであろうと想像する。たしかに，たとえばレオンでは後掲表1-3が示すように，10世紀後半には *Felix*，*Vermudo*（ベルムド），*Citi*，*Juan* などと第一位，第二位を分かち合っている。しかしながら11世紀には後退していき，同世紀第4四半期以降は最頻5名に登場しなくなる。マルティネス＝ソペナの資料（1995：174）によれば，1025年

---

[28] 半島最初のシトー派修道院は，ガリシアの上流貴族の保護をえて，1142年にソブラドに設立された（Alonso Alvarez, 2007：663, 692, 707）。
[29] Artola, 1993：897. 処女マリアと幼子，悲嘆する慈悲のマリアという二大表現を中心に，アッシジのフランチェスコ以後「小さき兄弟たち」によって説教された慈愛と劇性という新たなキリスト教の方向性が固まった（Menjot, 1982：15）。
[30] 唯一の例外的登場が885年にみられる（Díez, 1957：203）。
[31] たしかに，十戒の第二に「神の名をみだりに唱えてはならない」とある。
[32] ヘブライ語の *Ya`akov* → *Sant Yago/Iago* → *Sant Tiago* → *Tiago/Tyago* → *Diago* へと変形。

以降急減し，1176〜1200年間には2.5％を占めるにとどまる。同時期の *Pedro* (24.1％)，*Juan*（12.7％），*Martín*（11.8％），*Domingo*（10.2％）など，ほかの大聖人たちの伸張ぶりとは対照的である。同様に，カンタブリア（アストゥリアス〜サンタンデル）からエブロ河最上流域（ブルゴス，バルデゴビアなど）にいたる諸地方でも12世紀に入り急速に衰え，ほとんど登場しなくなる。ただしバスクではこれらの諸地方から遅れて11世紀後半に登場し，13世紀半ば以降も一定程度（7.5％）存続する[33]。他方，半島東半分のナバラ，アラゴン，カタルーニャでは *Santiago* も *Diego* も皆無である。

　このように，エブロ河上流域で10世紀，11世紀初めまで一定の人気があった *Diego/Santiago* が11世紀第4四半期から衰退していったことは意味深長である。当時はまさに，実質的なレコンキスタ[34]が始まった時期にあたり，またコンポステラ巡礼が活況を呈していた時期でもある。にもかかわらず，その11，12世紀に命名人気において地元や福音書のほかの聖人たちの後塵を拝していたのである[35]。むしろ半島以外で，たとえばトスカーナでは「地の果て」イスパニアへの巡礼熱によって，この名の人気は高かった。ピストリアでは1219年，1,157もの名のレパートリーのうち109が男性人口の半分を占めるという，きわめて低い集中度のなかで *Iacopo*（ヤコポ）は3％にもたっした。集中が進行し，11の名で人口の半分を占めるにいたった1407年，この名は *Antonio*（アントニオ）とならび，6.5％にものぼった（Herlihy, 1995：333）。聖ヤコブ人気は半島におけるより国外で高かったことはあきらかである。それはまさに，この巡礼の主体が半島の人びとではなく，ピレネー以北の人びとであったことを示している。その巡礼路が半島人のためではなく，外国人のためだったことは，「フランス人／

---

[33] Martínez Sopena, 1995：132, 214, 239, 244, 275.
[34] それまではドゥエロ河畔の無住地帯への入植だったが，11世紀からはイスラーム支配地域の再征服・再入植がはじまる。1085年のトレドの奪回はその象徴である。
[35] このことから，従来言われていたように，サンティアゴはイベリア半島にとって特別な聖人なのではなく，諸聖人の一人でしかないことが判明する。したがって，聖ヤコブに詣でるコンポステラ巡礼が半島においてもつとされる宗教上の影響はきわめて疑わしい。16世紀（1533〜99年）のサンティアゴ・デ・コンポステラにおいても，*Santiago/Jacobo* は全世帯主の2％を占めたにすぎない（Saavedra, 1990：327）。

外国人の路 camino francés」と呼ばれていたことにも如実に表れている[36]。

　こうした一連の大聖人の名の採用は，地元聖人の名には不利に働き，その大半は消滅していった。*Felix* の名は 10 世紀第 2 四半期には 21.9 ％もあったが，第 3，第 4 四半期には 10.5 ％，5.7 ％へと減少し，11 世紀には衰退の一途を辿り，12 世紀にはほとんど完全に消滅した。*Pelayo* のばあい，俗人間で 1200 年まで一定の使用はあったものの，聖職者間では 12 世紀から消滅にむかった。ただしアロウカではラテン形 *Pelagius* で 13 世紀前半まで採用されつづけ，リエバナ域では 11 世紀から逆に増加して，地元の修道院の守護聖人にもなった (Montenegro Valentín, 1995 : 193)。しかしこの名は，すくなくともリエバナ域以東の地方では最頻 20〜30 名のリストには登場しない。このことは，西ゴート人が多く居住した影響の残滓がゴート主義やアンダルスでの殉教の称賛というかたちで及んだ西の諸地方に，その名の採用が限られていたことを窺わせる。地方聖人の名が衰退・消滅していった背景には，教皇庁による典礼の「正常化」（ローマ化）の影響が否定できないという (Martínez Sopena, 1995 : 170)。地方殉教聖人の名は流行おくれと感じられ，福音伝道者などの大聖人の名の方が人びとにより魅力的に映るようになったのであろう。地方聖人が西欧共通の大聖人に打ち負かされるこの現象は，西欧全域で例外なく生じたという (Bourin, 1989b : 244)。

　ゲルマン名にもやはり相反する二つの流れがあった。西ゴート時代，名は社会階層によって異なっていた。西ゴート人はゲルマン名，地元民（イスパノ・ゴート人）はラテン名を使っていた。しかし不動産売買の史料 (Pérez de Tudela, 1983 : 56) によれば 9，10 世紀に平民もゲルマン名を用いるようになっていった。それにつれて名の階層区分は消滅していく。この流れの契機となったのは，10 世紀末に創設された平民騎士制であろう。軍馬・武具を整えられる平民を戦時に騎馬兵として徴用する制度である[37]。とりわけアンダルスとの実質的

---

[36] 地元民が外国人巡礼者をかならずしも快く思っていたわけではないことは，先述したように，*Domingo de la Calzada* による巡礼路の整備に反対していたことからも窺える。

[37] 平民騎士制はイベリア半島に封建制が根付かなかった重要な要因を成す。有力平民を準貴族待遇（一部免税特権付与）して徴兵することにより，タイファ小王国群から貢

な戦いが始まった11世紀以降，平民騎士が称賛の的となっていったことは想像に難くない。彼らは社会昇進を遂げて特権的集団となっていく。同世紀後半以降，軍馬を所有することが名声基準の要となる。下級貴族並みの免税特権にくわえ，13世紀半ばには毛皮の着用や華美な馬具など，一定の奢侈も認められ，その特権的地位が可視化された（芝，1988；2001）。かれらは平民にもかかわらず，ときおり騎乗姿で描かれた。西欧において貴族以外が乗馬姿で描かれた，唯一の例外である（Menéndez Pidal de Navascués, 1996：23, 27）。13世紀中ごろには，ゲルマン名の人気はすでに決定的であった。セビージャ

図1-2 古めかしい恰好をした騎馬槍試合時の平民騎士。1338年設立の平民騎士信心会（ブルゴス市）の名簿（Menéndez Pidal de Navascués, F., *Caballería medieval burgales. El libro de la cofradía de Santiago*, Madrid, 1996）より。

の土地分配台帳（González, 1951）からそれはあきらかである。歩兵の大半は貴族とまったく同じゲルマン名である。ゲルマン名の普及は平民の社会的昇進（貴族化）への希求を示すとともに，カスティーリャ社会のダイナミズムと階層間の開放的性格を反映しているのである。閉ざされた階層社会を形成していた，封建制下の西欧諸地域とは対照的だった。たしかに，特定の時期のある地域における名は民族や言語の系統というより，文化的流行が生むものなのであろう（García de Cortázar et al., 1998：220-221）。

　中世盛期のカスティーリャ・レオン地方で採用されたゲルマン名はロマンス

納金を得るとともに，土地を与えることなく国王は軍隊を組織できた。当初は軍馬・武具保有などの一定条件を有する任意の平民が対象であったが，のちに一定資産以上を有する全平民に強制される。この制度にくわえ，レコンキスタを推進する強力な国王権力，再入植当初の大量の自由小農民の存在も封建制確立への否定的要因となった。

語化されていった。名におけるロマンス語化は言語全体より先行したとされる (Molénat, 1996 : 115)。かつての *Raimundo*（ライムンド）, *Adephonsus*（アデフォンスス）, *Fredenandus*（フレデナンドゥス）, *Gundisalvo*（グンディサルボ）, *Rudericus*（ルデリクス）はそれぞれ *Ramón*（ラモン）, *Alfonso*, *Fernando*, *Gonzalo*, *Rodrigo* となった。前時代に使われた，*Hermenegildo*（エルメネヒルド）のような3音節以上の長い名はもはや用いられなくなった。たぶん，ロマンス語化しにくかったことと，ダイナミックな時代精神に合わなかったためであろう。「呼びやすい名」にするのは同化の一過程なのである（田中，1996 : 104）。

　Fernando のばあい，フェルナンド1世の即位（1032年）とレオン・カスティーリャ王国の合併（1037年）の直後から人びとが使いはじめたことは偶然ではないであろう。しかしバリェステロス＝ディアスが述べる（2004 : 36）ように，カスティーリャでは国王の名をつけることに政治的意味合いはない。一方，当時ポルトガルでは隣国の政治的覇権への反発があったため，この名はずっとあとになってからしか採用されなかった（Durand, 1995a : 49）。

　ここで，他のヨーロッパにおける国王名の普及動向をみることは比較のうえで興味深い。10世紀以前の西欧にあっては国王の名は王家 stirps regia が独占権をもち，貴族や平民にとって絶対的なタブーであった。しかし，家臣を疑似家族紐帯で結ぶ封建制の確立を契機として王の名が採用されていく。代父にあたる君主の名が疑似家族関係のシンボルとして10世紀以降広まっていったのである。封建君主の名を子に付けることは封建制の家族的性格を示している[38]。封建社会では封建的絆が家族の絆より優先する。それゆえ，次世代での紐帯を保証するために君主の名を長子に付けるのである[39]。フランドルでは *Baudouin*（ボードゥアン），フランスの中央部と北部では *Robert*（ロベール）, *Hugues*（ユーグ）, *Eudes*（エード）などの君主名が採用され，ノルマンディーでは *Guillaume*（ギヨーム）, *Robert*（ロベール）, *Richard*（リシャール） 南西部では

---

[38] 国王との疑似家族によって，従属する人口を貴族領地の枠を超えて統合し，一種の「封建的統合」がもたらされた。このことは，フランス封建制社会は言われてきたほどには細分化されていなかったことを示唆するという（Mitterauer, 1996 : 309）。

[39] Ibid. : 302, 308-309. ミッテラウアーによれば，君主や国王の名を臣下や人民が採用する慣習はさまざまあり，それらは封建制の地方的類型をあきらかにしてくれるという。たとえば，イタリアにおいて君侯の名が相対的に重要性に劣ることは，イングランドなどにくらべ封建的紐帯がより弱いことで説明がつくという（Ibid.: 302）。

Bernard, Raimond, Guillaume といった君侯（伯爵・地方貴族）の名への集中が
　　ベルナール　　レモン
著しかった[40]。ミッテラウアーによれば，西欧や中欧で主君の名が末端の下
層まで浸透したことは，封建制のもとで領主制が進展したことを示唆する。主
君の名にとどまらず，その近親の女性（妻・母・娘）の名も採り入れられた。
これは，封建制の紐帯が主君と臣下の家族間にまさしく（疑似）家族関係をも
たらしていたことを表している。封建制は家族外関係あるいは家族間関係の構
築に決定的役割を果たしたことになる。9世紀後半にはっきりした現象となっ
ていた，肉親の代父に因む命名が，いまや封建関係に帰着する精神的親族の名
に因む命名に移行したのである。対して，封建制が確立されなかった地中海地
方の大部分では，文字通りの家族外から代父が選ばれ，重要な家族外関係を構
築した[41]。

　封建関係を直截的に表象する名，たとえば「良臣」——南仏では *Bonusvas-
sallus*，ジェノヴァのような北イタリアでは *Buonvassallo*——も用いられた。
この名はジェノヴァでは13世紀に社会の上層で用いられた最頻名のひとつだ
った。また「良き息子 *Bonifilius*/*Bonfiliolus*」という名も長じて良き臣下とな
ることを願った命名である（Mitterauer, 1996：302, 305）。この意味で，イベリア半
島における国王の名の人気の薄さ（たとえば表1-2の *Fernando* の動向や，付ける
とすれば次男に命名するといった傾向）や主従関係を端的に表す「良臣」という
ような名の完全な欠如は，封建制が確固として確立しなかったことを証左す
る。唯一の例外は封建制が確立したカタルーニャであり，そこでは *Bonifilius* が
　　　　　　　　　　　　　　　　　　　　　　　　　　　　　　　　　ボニふぃリウス
10世紀後半から登場し，11世紀第2, 3四半期には最頻3名に入るほどであっ
た。女性名の *Bonadonna* も同趣旨であり，フランス君侯の妃・王女の名に因
　　　　　　　　ボナドニャ

---

[40] Bourin, 1989b：244；1996：195；Mitterauer, 1996：297. *Raimond, Guillaume* はそれぞれト
ゥールーズ家，アキテーヌ家が排他的継承権を有していた名である（木村, 1977：19）。
ノルマン起源の *Guillaume* は，征服後のイングランドで *William* となる。

[41] Mitterauer, 1996：304, 307-309. 地中海世界では代父母は有力者と一種の恩顧関係をつく
り，社会的・経済的に重要な手段として発達していった。代父母があまりにも広がり
すぎた（たとえば代父・代母それぞれ4, 5人）ため，トリエント公会議は一人の代父，
もしくは最大でも代父母一人ずつに限定したほどであった。それによって社会的・経
済的意味合いを排除し，洗礼本来の純粋に宗教的な役割——ほかの秘蹟を享受するた
めの唯一の入り口——を取り戻そうとした（Irigoyen López, 2012：74-76, 86）。

む *Ermengarda*(エルメンガルダ), *Adelaida*(アデライデ), *Guisla*(ギスラ)/*Guilla*(ギラ) なども最頻名リスト（To Figueras, 1995：393-394）に名を連ねる。イベリア半島の大半における君侯名の僅少さは，主従関係の末端における領主・農民間の個人的な保護・従属という人間的な絆の欠如を窺わせるものでもある。領主とは何事も自治共同体を介して接するという間接的関係にあったうえ，ミッテラウアーが指摘するように，地中海地域では借地契約が優勢だったためでもある（1996：309）。領主とはほとんど経済的関係にとどまっていた。

　ゲルマン名のテーマに戻ろう。*Froila* はゲルマン系ではあるが，あきらかに衰退の一途をたどり，12世紀後半にはほとんど消滅する。花 flor にも似た柔らかな響きのうえ，ロマンス語の語尾 -a の女性名詞の響きもあり，男性の勇猛さが志向された時代の雰囲気にそぐわないと感じられたのではないだろうか。最頻使用名リストの末尾にある *Citi* はアラブ名であり，10世紀以降に登場し13世紀には消滅するという，この系統に典型的な展開をみせる。半島北西部，とりわけガリシアとレオンに登場したアラブ名は西欧にあって独特の現象である。856～999 年間のサアグンの史料に数多くのアラブ名がみられる。カスティーリャに居住していたモサラベやベルベル人だけでなく，北部在来住民の末裔も鮮明な自己認知をもとめて，わざわざアラブ名を用いることもあったという（Oliver Pérez, 1992：228）。ガリシアのセラノバ修道院の10世紀の史料には，*Adalal*（933年），*Kazeme*（934年），*Sarracinus iben Sila*（947年），*Marvane*（954年），*Moysen cogn. Abdela*（963年）などのアラブ名が記されている。これらはムスリム捕虜であり（Rivas, 1991：322），奴隷人口の半分を占めるにいたったとされる（García Gallo, 1981：76-77）。アラブ名はレオン市では先述のように，10世紀後半には名全体の3分の1にもたっし，ガリシアとビエルソ域（レオン）では11，12世紀に10％を占めた[42]。

　こうしたアラブ名の存在は疑いもなく，モサラベ移民に由来する。命名も含め，生活様式をすっかりアラブ化させてはいたが，北のキリスト教圏への抑えがたい熱い思いによってこの移民は絶えることがなかった。また，11世紀後

---

[42] González Vázquez, 1995：63 ; Rodríguez González et al., 1995：92.

半にコルドバでおきた迫害ゆえに，それになによりも 12 世紀前半以降のレコンキスタの進展にともない，多くの集団が北にやってきた。アラブ名の増加はこれらモサラベの到来と時間的にぴったり一致する。しかし，そうしたアラブ名はガリシアでは 12 世紀に，ビエルソ域では 13 世紀に完全に消滅する。それは，半島北部の地元社会へのモサラベとムスリム解放奴隷の同化によるものであろう。後者は「召使 servi」「被解放者 liberti/mancipius」などと呼ばれたが，洗礼時に流行りの *Petrus/Pedro*, *Domingo* など「透明な」名前を得，名前から改宗者と知られることはもはやなくなる[43]。

レオン資料の以上の分析から判明することは，「新しい」キリスト教系名の採用は聖職者間では 9, 10 世紀にはじまり，俗人は数十年から 100 年遅れの 10 世紀末以降だったこと，*Pedro* や *Juan* への集中はとりわけ 11 世紀後半から著しいこと，「古い」殉教聖人名，アラブ名，時代の空気にそぐわないゲルマン名，それにラテン名は放棄されていったことなどである。他方，一部のゲルマン名は 11 世紀前期からあらたに人気を得ていく。祖父の名を，あたかも家族固有の名であるかのように孫に付けるという貴族の習慣も，名のストックが全面的にキリスト教化することへの幾分かの抵抗となった[44]。いずれにしても，11 世紀中葉から人気を高めた少数の名が 12 世紀初頭からその集中度を加速させていったあおりを受けて，その他のさまざまな系統の名が使用されなくなっていったのである。

---

43 奴隷の解放を示す史料が散見される。たとえば，1002 年に *Rudesindus* なる人物が奴隷の *Muzalh*a を解放した文書（Rivas, 1991：322），*Salvator Rudesindiz* なる人物はかつてモーロであったとする同世紀中ごろの文書（Kremer, 1998：272-273）など。こうした捕虜奴隷の解放は，11, 12 世紀における諸王国での奴隷身分の消滅という大きな潮流のなかに位置づけることができる。農奴や奴隷は再入植地に逃れて自由人となることができ，残った奴隷も，彼らが土地を放棄することを恐れた領主が処遇を改善するにつれて次第に自由を獲得していった。再入植がさかんだったレオンやカスティーリャでは完全な自由を獲得できたが，ガリシアではアラゴンやカタルーニャ同様，半自由しか得られなかった（Rodríguez González, 1995：92；García Gallo, 1981：15, 54, 82-84）。

44 これはトスカーナで起きたことでもある（Durand, 2002：85）。

4）半島北部西半分における少数の際立った名への集中

つぎに，ストックの縮減・名の変遷と集中度との相互関係を，最頻5名[45]の変遷（表1-3）を追うことによって詳細にみてみよう。

926～50年間，伝統的な名において集中はすでにはじまっている。最頻第一位の *Felix* は21.9％にたっし，*Cipriano* は15.6％，*Rodrigo* と *Froila* は9％以上である。当時はストックの第一段縮減（表1-1）にあたる。したがって，縮減と集中は相互に関連している。10世紀における伝統名のこの集中は，ほかの地方においても確認することができる[46]。しかしながら全般的に後年（12世紀第2四半期以降）ほど集中は著しくなく，さまざまな系統の名がほぼ併存していた。人びとの名付けの好みはいまだ緩やかに拡散していたのである。951～75年間と1001～25年間にアラブ名の *Vellite*（ベリテ）と *Citi* が例外的に第一位，第二位を占めるが，これはサンプル数の少なさ（おのおの19，53件）による偏りのためであろう。1001～75年間は，「新しい」名が「古い」名を凌駕していく転換期にあたる。「古い」キリスト教系名，ゲルマン名，アラブ名などの伝統名がまだ力を保持してはいたが，「新しい」キリスト教系名が伝統的なキリスト教系名や俗界の名に取って代わり，上位を占めていった。1076年以降は「新しい」名の *Pedro*, *Juan*, *Martín*, *Domingo* が常時上位を占めるまで伸張し，地元殉教者・聖人の名やアラブ名をほとんど排除していく。1076～1100年間におけるこの大きな変化は表1-1が示すように，ストックの縮減と時間的に一致する。当時，ストックは第二段の縮減によって33.3に減少し，同時にキリスト教系名は驚異的な増加によって86.3％までたっしていた。

以上から，大半の人びとが限られた「新しい」聖人の名を集中的に選んだ結果，ストックが減少したとみることができる。「新しい」名を選択的に使用し，

---

[45] 集中度はサンプルに占める上位名の割合であるが，その数についての統一見解はない。Bourin は最頻12名を基準とし（1996：182），García de Cortázar は7名とする（1995：292）が，Martínez Sopena（1998：402），Chareille（2002：17），Rowland（2008：20）は5名とする。本章でも，扱うサンプルの大半は数が多くないため，最頻5名とする。

[46] たとえば，ブルゴス（市と属域）で最頻名である *Muño/Nuño* は950年には15.2％，バルデゴビアでは950年に19.3％，975年に18.3％を占めた（García de Cortázar et al., 1995a：221；1995b：239）。

表 1-3 レオンにおける最頻 5 名の変遷（順位・割合）と集中度（％）

926〜950		951〜975		976〜1000		1001〜1025		1026〜1050		1051〜1075	
1	Felix 21.9	1	Vellite 21.1	1	Juan / Diego	1	Vellite 17.0	1	Domingo 18.4	1	Pedro / Juan 18.6
2	Cipriano 15.6	2	Felix / Diego / Vermudo / Munio / Citi 10.5	1	11.4	2	Citi 13.2	2	Citi 17.1	2	Monio 11.6
3	Pedro / Rodrigo / Froila 9.4				Vermudo 8.6	3	Diego 9.4	3	Salvador / Pelayo / Vellite 6.6	3	Diego / Vellite 9.3
				2	Garcia / Domingo		Gonzalo				
						4	Vermudo / Monio 7.5				
65.7		63.1		48.6		54.6		55.3		67.4	

1076〜1100		1101〜1125		1126〜1150		1151〜1175		1176〜1200	
1	Pedro / Domingo 21.6	1	Pedro 16.7	1	Pedro 25.6	1	Pedro 25.7	1	Pedro 24.1
3	Martín 12.7	2	Juan 15.1	2	Pelayo 15.1	2	Juan 13.5	2	Juan 12.7
4	Juan 7.8	3	Martín 13.6	3	Juan 11.6	3	Martín 9.8	3	Martín 11.8
5	Pelayo 6.9	4	Domingo 10.6	4	Domingo / Martín 10.5	4	Domingo / Pelayo 9.0	4	Domingo 10.2
		5	Miguel 7.6					5	Pelayo 7.4
70.6		63.6		73.3		67.0		66.2	

出典：Martínez Sopena, 1995：174 より作成。
注：最下段が集中度（同率の 6 人目は含まず）。

「古い」名を使わなくなったことが相乗して，ストックの極端な縮減とごくわずかな「新しい」キリスト教系名への絶対的な集中をもたらしたのである。ブーランによれば南仏は北部よりキリスト教系名が多いが，キリスト教系名は集中の動因とはならなかったとする（1996：187）。なるほど，すくなくとも先に引用したフランス各地の最頻 5 名リストには Pierre 以外，キリスト教系名は

(*Martín* さえも) まったく登場しない。こうしたフランスの状況と比較すれば、イベリア半島に 11, 12 世紀にかくも多くの「新しい」聖人名が登場・伸張し、集中度を高めていったことは、きわめて特徴的だったといえる。この大聖人への集中は、11 世紀末からアルモラビデ（ムラービト）が、12 世紀中葉からはアルモアデ（ムワッヒド）が北部のキリスト教諸王国を攻撃していた時期にあたる。当時、教区教会が整備されはじめていた影響下、人びとは大聖人たちの庇護を希求したのであろう。

5）半島北部東半分におけるストックと使用名

半島北の東部半分にあたるバスクからカタルーニャまでの地域では、ストックと使用される名のレパートリーに西部半分とはかなり異なる特徴があった。この東部地方はさらに、バスク・ナバラからアラゴンまでとカタルーニャとに分けられる。ナバラとアラゴンの命名における類似性はほとんど完全であり (Laliena Corbera, 1995 : 303)、カタルーニャは両者とはおおいに異なる特徴を有する。

アラゴンはバスクないし前ローマ起源の伝統名に強い執着を示していた。*García*, *Sancho*, *Iñigo/Enneco*, *Jimeno*, *Galindo* といった名である。前のふたつはガスコーニュ北部でもよく用いられていた (Ibid. : 302-303)。これら 5 つの名は 11 世紀をとおしてサンプルの 56％を占め、最頻 8 位までの名では 77％にものぼる[47]。ストックは 11 世紀にすでに極端に減少していた。1036～64 年には 8.75, 1062(sic)～1100 年には 13.1 である（表 1-4）。キリスト教系名は高（山地）アラゴンでは、すくなくとも史料の最終年である 1100 年まで現れない。

アラゴン王国で使徒の名をもつ最初の人物が国王 *Pedro* 1 世（1094～1104 年）であることは注目に価する。この事実は、ガルシア＝デ＝コルタサル他が推測する (1995c : 401) ように、教皇庁との直々の関係、および、イスラームとの戦いにたいする責任の引受を表していよう。父王 *Sancho Ramírez* は 1068 年に「聖ペテロの騎士 miles Sancti Petri」としてローマに赴き、自身と王国とを封臣

47　Laliena Corbera, 1995 : 324 より算出。

第 1 章　「命名革命」の初期現象　　35

表 1-4　半島北部東半分における名のストックの推移

カタルーニャ		アラゴン		ナバラ	
901〜925	G 69.3　V 83.7				
926〜950	G 89.3　V 76.8			920〜1000	L 38.5　S 41.7
951〜975	G 89.1　V 85.2				
976〜1000	G 81.6　V 72.1				
1001〜1025	B 74.6　C 43.9			1001〜1050	L 17.9　S 23.8
1026〜1050	B 58.0　C 33.8	1036〜1064	8.8		
1051〜1075	B 50.4　C 25.3	1062〜1100	13.1	1051〜1100	L 11.5　S 14.5
1076〜1100	B 40.7　C 19.1	1097〜1150	23.7		
1101〜1125	B 38.7　C 22.1			1101〜1130	L 13.3　S 47.6
1126〜1150	B 32.9　C 18.7	1125〜1150	27.6	1131〜1160	L 35.7　S 100
1151〜1175	B 28.1　C 11.8	1151〜1175	23.8		
1176〜1200	B 22.0　C 10.3	1176〜1200	18.9		

出典：Martínez Sopena (coord.), 1995：293, 302, 316, 318, 392-393 より作成。
注 1：カタルーニャの G, V, C はジローナ，ヴィック，サン・クガットの数値。1001 年以降の B はバルセロナ，ジローナ，オソナ諸伯領の 5 年毎の数値（To Figueras : 392, 表 9）の平均値。
　 2：ナバラの L はレイレ，S はサン・ミジャン・デ・コゴージャ。
　 3：アラゴンの 1036〜1100 年は高アラゴン（ピレネー域），1097〜1150 年はウエスカ市，1125〜1200 年はエブロ河中流域（サラゴサ）の数値。
　 4：ナバラとアラゴン（一部）のストックは，名当たり人数を 100 人当たりの名数に変換。

として教皇庁に奉納して，服従を誓ったのである。しかし，使徒かつ初代教皇ペテロへの国王の思い入れは同地方ではすぐには広まらなかった。上述のように，キリスト教系名は 1110 年まで最頻 13 名に登場しない。西半分ではすでにこの名が早くも 9 世紀から登場し，11 世紀後半には多くの地域で最頻名となっていた状況（表 1-2，後掲表 1-7）とはまったく異なったのである。一方，12 世紀前半に再征服されたエブロ河中流域（サラゴサは 1118 年）では，史料の当初（1125 年）から *Pedro* は *Juan, Domingo, Martín* などとともに登場し，13.6〜15.9％を占めて最頻名となる。上流域からの影響であることはあきらかである。ただしキリスト教系名はせいぜい 4 割（42％）にとどまった（表 1-5）。同時に，ロマンス語化された，オック語圏起源の *Guillermo / Guillen* と *Ramón*，北フランス起源の *Bernart* も最頻 10 名にはじめて登場する。11 世紀末に再征

表 1-5　バスク以東における名の集中度（％）とキリスト教系名の割合（％）

カタルーニャ		アラゴン		ナバラ		バスク	
951〜1000	58.3 (14.6)						
1001〜1025	42.6 (10.7)			1001〜1050	L 66.7 (0)		
1026〜1050	54.6 (3.8)	1036〜1064	A 56.5 (0)		SM 44.8 (10.0)		
1051〜1075	50.4 (8.9)			1051〜1100	L 58.5 (1.7)	1050〜1099	55.1 (6.5)
1076〜1100	59.5 (9.9)	1062〜1100	A 59.0 (0)		SM 45.5 (13.5)		
1101〜1125	75.0 (16.0)			1101〜1130	L 65.6 (3.5)	1100〜1149	64.2 (12.6)
1126〜1150	73.5 (21.6)		E 46.7 (33.2)				
1151〜1175	74.7 (24.3)		E 42.3 (27.6)			1150〜1199	63.6 (40.9)
1176〜1200	78.4 (17.5)		E 50.5 (42.0)				
						1200〜1249	70.7 (27.6)
						1250〜	61.2 (54.4)

出典：Martínez Sopena, 1995: 234-235, 275, 295, 393 より算出。集中度は最頻 5 名がサンプル全体に占める割合。括弧内はサンプル中のキリスト教系名割合。
注1：アラゴンのAは高アラゴン（ピレネー域），Eはエブロ河中流域。
　2：ナバラのLはレイレ，SMはサン・ミジャン・デ・コゴージャ。前者の1131〜60年，後者の1101年以降のサンプルは僅少のため省略。

服されたウエスカをはじめ，つぎつぎに再征服されたアラゴン諸都市（バルバストロ，サラゴサ，カラタユー，ダロカなど）に，12世紀初頭以降多数のフランス人が入植したためである。レコンキスタの進展にともない，使用名の変革が一世代にも満たないうちに，一気に進んだことになる（Laliena Cabrera, 1995: 310, 318, 325）。それにともない，同時期ストックは増加傾向を示す（表1-4）。

　ナバラでもやはり伝統名，*Sancius*（サンレウス），*García*, *Enneco*, *Lupus*（ルプス）, *Galindo* などが12世紀30年代まで優勢を維持した。たとえば中部山地のレイレではこれらの5名は11世紀前半にサンプルの57.1％，12世紀初めの30年間でも60.4％を占めた[48]。この少数名への早期の集中はストックの縮減と相関する。すでに10世紀にストックは38.5まで下がり，11世紀後半にはさらに11.5にまで減少する（表1-4）。同地ではキリスト教系名は *Johannes*, *Petrus* 以外登場せず，12世紀第1三半期でもこれらは3.5％を占めたにすぎない。女性の名 *María* も，西半分の多くの地で女性の3分の1を占めていた状況と異なり，1160年まで

---

[48]　García de Cortázar, 1995: 294 より算出。

第1章　「命名革命」の初期現象　37

の最頻10名のリスト（García de Cortázar, 1995 : 294）にまったく登場しない[49]。一方，南部のサン・ミジャン（リオハ域）は様相を異にした。*Dominicus* が10世紀から登場し，翌世紀には *Petrus, Iohannes, Salvator* も加わり，11世紀前半・後半にはそれぞれ10.0％，13.5％を占める（表1-5）。こうした多くの「新しい」キリスト教系名，その他の採用により，ストックは12世紀第1三半期に47.6，第2三半期には実に100まで増加する（表1-4）。まさにポルトガル域同様，入植地の初期の特徴を示している。*María* も11世紀前半から登場し，同世紀後半には最頻4名のひとつとなる（Ibid.: 295）。新しい名の導入は隣接する原初カスティーリャからの入植者の影響であることは間違いない。

バスク地方でもナバラやアラゴンと大部分を共有する伝統名（*García, Sancho, Monio, Lope, Enneco* など）が際立ち，そのため集中度も高い。11世紀後半には55.1％にものぼり，12世紀をとおして60％台を維持した（表1-5）。キリスト教系名は11世紀前半まで皆無であったが，後半以降徐々に増えていく。*Pedro* の浸透はきわめて遅く緩慢であり（12世紀前半5.7％），ようやく同世紀後半に伝統名 *Lope* とともに最頻名となる（16.7％）（後掲表1-7）。100年後の13世紀半ば以降，キリスト教系名は過半（54.4％）を占めるにいたる[50]。この新しいロマンス語の聖人名の採用は，やはりカスティーリャ域に影響されたのであろう。先述のように，隣接するブルゴス属域ではキリスト教系名は早10世紀半ばから登場し，1075年に40.2％，1125年以降は7割にもたっしていた（表1-1）。バスク地方はブルゴスから100年以上の時間差をもって，西半分に近い程度までキリスト教系名が伸張したことになる。こうした中間的推移は，西半分と東半分の中間に位置するという地理的条件に因るところが大きいであろう。

カタルーニャは上記の三地方とはきわめて異なる様相を呈した。9世紀まで

49　ただし，13世紀半ばには伝統名の *Sancha, Toda/Tota* と同程度に *María* が登場するようになる（Lacarra, 1930 : 247-254 のリストより）。17世紀半ばには完結名・複合名合わせて40％強を占めるまでになる（Zabalza Seguín, 2008 : 116）ので，中世後期以降増加の一途を辿ったのであろう。

50　Libano Zumalacárregui et al., 1995 : 275 より算出。女性の名でも，13世紀半ばには伝統名 *Sancha, Toda/Tota* とならんで *María* が登場する。

ラテン名がゲルマン名の2, 3倍使用されていたが，9世紀以降はゲルマン名が伸張する。ツィメルマンによれば（1995：354），フランク王国による征服が二段階をへて，ゲルマン名の採用に決定的な弾みをつけたという。第一段階は9世紀を通し，10世紀初めの30余年までの間。シャルルマーニュによるイスラーム勢力からの「解放」は，フランク史料のいう「ゴートの地」の人びとのあいだに，フランク王国への政治的従属にたいする反発[51]と「西ゴート意識の覚醒」をもたらしたため，アイデンティティの表明として西ゴート名が普及した。第二段階は，フランス世界に編入された10世紀末から11世紀。地元の支配層がフランス大貴族と接触をもち，かれらが取り入れたフランス系ゲルマン名が平民間にも広まっていったという。10世紀末（985年）のアルマンスールによるバルセロナ略奪時の座視および脆弱なカペー朝への移行（987年）を機に王国からの事実上の独立を果たした[52]カタルーニャ諸伯領は，多数の伯領によって構成されるフランス封建世界の一隅に佇むことになった。ブーランは地政学的条件からすればカタルーニャは半島タイプではなく，ラングドック地域に入れることができるとし，半島の一部とはみなさないとまで極言する（1989：237）。こうした状況下，最頻名リスト（To Figueras, 1995：393）によれば，南仏で11世紀に流布していた[53] *Raimundus*（ライムンドゥス）, *Guillelmus*（ギレルムス）, *Bernardus*（ベルナルドゥス）に加え，11世紀第1四半期までは *Guifredus*（ギフレドゥス）, *Seniofredus*（セニオフレドゥス）, 第2四半期からは *Miro*（ミロ）, *Bonifilius*（ボニふィリウス）, *Gernardus*（ゲルナルドゥス）などが上位を占めたのである。同時期，名のレパートリーはきわめて豊かとなり，伯領古文書館の目次には1,743もの名がみられるという（Zinmmermann, 1995：354）。10世紀末までジローナとヴィックにおけるストックは70～90である（表1-4）。導入されたこれらのフランス名によって，最頻5名（不動の3名は *Guillermus, Raimundus, Bernardus*）が占める割合（集中度）は10世紀後半ですでに58.3％にのぼり（表1-5），豊富なストックのもとで相

---

[51] 地元貴族のバルセロナ伯は824年にカロリング帝国に対抗するため，イスラーム勢力と手を組みさえした。
[52] Zimmermann, 1983：16-21；1995：354；García de Cortázar et al., 1995：402-403.
[53] 南仏で用いられた名はフランスの他地方とは異なっていた。たとえば，*Guillaume* は北部でも，東部でも，ベリのような中央部でも使用されていなかった（Bourin, 1996：188, 198）。

当程度の集中があったことを示している。先の不動の 3 名は 11 世紀第 2 四半期以降 1200 年までそれぞれ平均 16.2％，14.7％，12.4％を占めつづけ[54]，フランス名を中心に 75％ほどの高い集中度を維持する（表 1-5）。ストックは 11 世紀第 1 四半期までは相対的に豊富でありつづけ，バルセロナ，ジローナ，オソナ諸伯領では 12 世紀でさえ前半は平均 35.8，第 4 四半期でも 22 あった（表 1-4）。これは西半分の 1.5〜2 倍近くにあたる。ただし，より南方のサン・クガトでは常時（11 世紀以降）諸伯領の半分ほどのストックしかない。より南方であるため，その分フランスの影響が少なかったのかもしれない。

　キリスト教系は *Petrus* と *Iohannes* のみが 10 世紀前半から記録されるが，フランス系ゲルマン名の優勢下にあってつねに少数派にとどまった。11 世紀後半でもわずか 10％以下であり，1200 年までサンプルの 4 分の 1 を超えることはない（表 1-5）。南仏同様，農民が貴族や領主の俗人名を付けた（To Figueras, 1995：380-381, 393）からにちがいない。名のラテン語表記は無論，南仏の影響である[55] が，14 世紀までアラゴン王国（12 世紀半ばにカタルーニャ・アラゴン合併）ではラテン語が公用語だった[56] ことにも因ろう。

6）名の集中における地方の特色

　この節を終わるにあたり，北部帯状地域全体における少数名への集中の大きな特徴を再度確かめておこう。表 1-6 は，西半分における集中度の推移をレオン，リエバナ域，カンタブリア〜エブロ，ブルゴス（市と属域）について示したものである。集中度が 60％を超える時期をみると，レオンでは 11 世紀後半から，リエバナ域では 12 世紀第 1 四半期から（前時期はサンプル僅少のため不採用），ブルゴスでは同世紀第 2 四半期からである。カンタブリア〜エブロ河上流域は険しい山地の多い地形のためであろう，ブルゴスより遅い 12 世紀第

---

[54] To Figueras, 1995：393 より算出。
[55] 南仏，たとえばオーシュでは 13 世紀後半においても名前の 3 分の 1 は純粋のラテン語表記であった（Cursente, 1989：表 VI）。
[56] アラゴンでも同様にラテン語が公用語であり，エブロ河流域でも一部フランス名が採用されたが，*Guillermo*/*Guillen*, *Ramón* のようにロマンス語化された（Laliena Cobrera, 1995：325）。

表 1-6　半島北部西半分における集中度（％）の推移

時期	レオン	年	リエバナ域	カンタブリア〜エブロ	ブルゴス（市・属域）
925〜950	65.7	950	51.2	62.5	38.4
976〜1000	48.6	1000	—	63.0	42.4
1026〜1050	55.3	1050	53.2	44.6	41.6
1051〜1075	67.4	1075	54.6	40.0	43.8
1076〜1100	70.6	1100	—	30.5	54.4
1101〜1125	63.6	1125	60.7	48.2	58.5
1125〜1150	73.3	1150	68.3	49.6	67.2
1156〜1175	68.6	1175	72.9	68.6	71.9
1176〜1200	66.2	1200	65.4	63.2	71.3

出典：Martínez Sopena, 1995：174, 193, 214, 239 より作成。

3 四半期以降である。この集中度の高まりを，レオンとブルゴス属域についてキリスト教系名の割合の推移（表 1-1）と照合すると，両者はほぼ一致する。レオンでキリスト教系名の割合が急増するのは 11 世紀後半，ことに第 4 四半期（86.3％）である。当時以降「新しい」聖人名が上位 4〜5 を占めるようになる（表 1-3）。ブルゴス属域では 12 世紀第 1 四半期以降（69.7％）（表 1-1）である。つまり，キリスト教系名の伸張によって，おおむね西ほど早く集中度が高まったといえる。

　こうした動向を可視化するために，表 1-1・1-4 と同じ資料[57]を用いて，各地方における各期間の最頻第一位の名およびその名がサンプルに占める割合を表 1-7 で示す。この表から判明することは，ほとんどの地域で 11，12 世紀の間にキリスト教系名が優勢となり，地元・伝統名と入れ替わっていったこと，および，この入替りが西方ほど早期におこったことである（アロウカ以外，西→東は表では上→下）。また集中の度合いもブルゴス以西が高い。この動向をPedro の登場とその伸張度でみるとわかりやすい。この名への集中・最頻化は西方のレオンとリエバナ域でまさに 11 世紀後半からみられ，カンタブリア〜

---

[57]　ただし，ブルゴスは市と属域。

表 1-7 　11，12 世紀の各地方における最頻名とその割合（%）

	11 世紀前半	11 世紀後半	12 世紀前半	12 世紀後半
レオン	Citi （15.5）	**Pedro**（20.7）	**Pedro**（21.7）	**Pedro**（24.6）
リエバナ域*	Muño・**Pedro**（14.3）	**Pedro**（18.1）	**Pedro**（24.6）	**Pedro**（25.2）
カンタブリア〜エブロ*	Nuño（18.1）	Nuño（10.7）	**Pedro**（17.2）	**Pedro**（25.7）
ブルゴス（市・属域）	Gonzalo（9.3）	**Domingo**（13.6）	**Pedro**（29.2）	**Pedro**（25.7）
アロウカ	Gundisalvus（3.5）	Gundisalvus（7.5）	1101〜1130 Gundisalvus（7.5）	**Petrus**（15.0）
バスク	―	Garcia（12.7）	Garcia（21.4）	Lope・**Pedro**（各 16.7）
ナバラ	Sancius（12.2）SM	Sancius（16.4）L Sancius（13.5）SM	1101〜1130 Garcia（16.3）L	―
アラゴン	1036〜1064 Sancho（15.0）A	1062〜1100 Garcia（16.8）A	1125〜1150 **Pedro**（13.6）E	**Pedro**（14.8）E
カタルーニャ	Raimundus（10.5）	Raimundus（14.6）	Raimundus（20.5）	**Petrus**（18.0）

出典：Martínez Sopena (coord.), 1995：120, 174, 193, 214, 239, 275, 293-295, 303, 324-325, 393 から作成。ガリシアについては変遷資料が提示されていない。
　＊：世紀前半は 1025 年と 1050 年，1125 年と 1150 年の合算，世紀後半は 1075 年と 1100 年，1175 年と 1200 年の合算。
注 1：バスク地方については 11 世紀前半以前にはほとんど人名の記録がなく，300 年余（950 年以前〜1049 年）間のサンプル数はわずか 25 件にとどまる。
　 2：ナバラにおける 11 世紀前半のレイレ，12 世紀前半のサン・ミジャン・デ・コゴージャについてはサンプル数僅少のため省略。

エブロ地域およびブルゴス（市と属域）では 12 世紀前半に伝統名に取って替わり，最頻名として集中を高めた。この名の導入・人気が西方から東に伝播したことは明瞭である。ただし上述のように，12 世紀前半におけるブルゴス（市・属域）での割合（29.2％）はカンタブリア〜エブロ（17.2％）より高く，一歩早くブルゴス域でこの名が普及・最頻化したことを示している。

　伝統名は一般的にキリスト教系名ほどには集中が著しくない（表 1-3，1-7）ことからしても，「新しい」キリスト教系名の早期の導入が「古い」キリスト教系，ラテン系，一部のゲルマン系の名を犠牲にして，集中度を高めていったといえる。多くの地域で 70％ほどになり（表 1-6），それに呼応してストックは段階的に減少していったのである。

　ただし，バスク以東では様相を異にした。バスクからアラゴンにいたる地域

では12世紀までも地元固有の伝統名が根強く優勢を維持していた。ナバラとアラゴンのピレネー域では11世紀末までキリスト教系名は無視しうるほどである（表1-5）。狭い領域のなかで早期からストックが極度に縮減し，伝統名の集中度は相当高いが，一極集中ではなく，人気は分散している（表1-4, 1-7）。レコンキスタの進展により両地域のエブロ河流域入植地において，キリスト教系名が上流域のナバラでは11世紀から，中流域のアラゴンでは12世紀第2四半期から採用されはじめるが，西半分ほどには伸張せず（表1-5），史料のある12世紀末までにレパートリーのキリスト教化は成就しない。バスクでは12世紀前半でも伝統名数名に集中し，優勢であったが，その後何人もの聖人の名が導入されて伸張し，集中度はさらに高まる。13世紀後半にはキリスト教系の割合が西半分ほど高レヴェルでないにしても高まり，集中度も上がる。カタルーニャではアラゴンやナバラ，さらには西半分とは対照的に，はるかに豊かなレパートリーのなかで，3, 4のフランス系ゲルマン名への集中がはや11世紀前半から進行し，集中度が東半分ではもっとも高くなった（表1-4, 1-5, 1-7）。こうした状況下，キリスト教系名の伸びる余地は限られた[58]。

　中世盛期イベリア半島におけるレパートリーの変換は，西半分ではキリスト教聖人名への集中とともに11世紀後半から12世紀前半のうちに成就したのにたいし，東半分では伝統名の根強い存続により変換は遅延し，12世紀末まで成就しなかった。カタルーニャでは半島にあって例外的に，名の変換はフランス系ゲルマン名の採用をもってなされ，それへの高い集中を伴って，はや12世紀第2四半期に成就したといえる。そこにおいてキリスト教系名はつねに限定的存在にとどまった。

---

[58] ただし，現在においてはバルセロナの最頻5名は *Antonio, José, Francisco, Manuel, David*，ジローナでは *Jordi, José, Josep, Antonio, Joan* であり，キリスト教系が圧倒的となっている。中世後期から近現代の変遷の解明が待たれる。また12世紀前半までキリスト教系名が僅少であったナバラでも *Francisco Javier, Javier, Jesús, José Luis, José María* と，キリスト教系がほぼ独占する（INE, 2016）。

7）父・祖父の名の継承

　古代において，キリスト教会の司教は先祖の名を付けることを禁じていた。祖霊信仰は異教とかかわるとされたためである。しかし人びとは先祖の名を用いつづけていた。多くの家族が結婚の絆で結ばれる姻族集団を形成していた中世前期，父方・母方どちらかの卓越した先祖の名を子どもに付けたが，父の名を息子の一人に与えるという習慣はなかった（Beech, 1996：403）。たとえば，7世紀のフランク貴族が息子たちに父の名を付けることは皆無だった。両親の名に由来する二つのトーテム要素からなる名[59]全体を継承するのは，死者の名に限られた。しかしキリスト教の浸透とともに，8世紀以降，メロヴィング朝やアングロサクソンの王国では生存親族の名が採用されるようになった。前者では部分・全体のどちらも採用された[60]が，後者では部分採用が長くつづき，10世紀末以降にようやく全体が採用されるようになった。名の部分採用は中世前期のゲルマン社会を特徴づける双系親族制とうまく調和していた。とはいえ，ゲルマン親族の双系制は強い男系性向を内包していたため，命名も父方名の継承の方が母方名より多く，ジェンダーに中立的ではなかった。*Charles-Marie*, *Jean-Charles*, *Henri-Charles* のように名の部分要素を共有するばあい，それによって兄弟集団の団結が強調され，さらにはイトコ集団をも結びつける。こうした親族集団の団結を警戒したのであろうか，キリスト教会は名全体の継承を勧め，生存親族の名の採用にも力を貸すようになった。そのため，二要素からなる伝統的なゲルマン名のあり方は7世紀以前に絶えてしまう（Le Jan, 2002：33-34, 42-43）。この衰退はまた，次第にラテン化したフランク人が自分たち固有の言語を用いることを忘れていったため，かつて複合的に創作し無限だった固有名詞が貧弱になっていった（木村，1977：17）ことによっても，助長されたであろう。

---

[59] ゲルマン社会では，父か母の名を一部利用ないしはそれらを結合した名を子どもに付けた。たとえば，父 *Teudricus*，母 *Ermenberta* の子どもたちは，*Teut-hardus*, *Ermentarius*, *Teut-bertus* などである（Bloch, 1973：127）。

[60] フランク王国では8, 9世紀から父親の名前をそのまま襲名させる命名慣行ができ，人名は個人だけでなく，家族・親族を表すようになった（早川，1993：157）。

広い家族集団のなかから名を採用する習慣は中世盛期に変化する。採用される名はより直近の家族範囲に限定されていく。「要となる男性名 Stammname」が登場し，家産の継承者と目される息子一人ないし二人にその名が付けられた (Le Jan, 2002 : 37)。たとえばポワトーの貴族の大半は 4, 5 個の主要（要素）名を用いた (Krawutschke et al., 1995 : 150)。ポルトガルやトスカーナでも「馴染みの名」が家族の名として機能した (Durand, 2002 : 85)。ビスカヤ領主も 1043 年から 1289 年の長きにわたり，*Lope* と *Diego* を交互に用いた (Artola : 1993 : 1062)。しかしブーランによれば (2002 : 5, 9)，少数の名家を除き，特定の名の家産（無形財産）化はさほど確立しなかったという。イングランドでは 1066 年のノルマンによる征服以前，家族や親族の絆はほとんど強調されることはなかった (Mooers Christelow, 2006 : 342)。名の家産化はずっと後のことである。スペインでは長子限嗣相続制，イタリアやオック語圏のようなローマ法の国々では介立贈与[61]が特定の洗礼名の継承と結びついて以降である。それによって親族が強化され，あたかもその家門が永遠につづくかの印象をもたらした (Bresc, 1988 : 410)。いずれの場合も，特定の名の使用が，ある集団への帰属意識を個人に抱かせたことは確かである (Salinero, 2010b : 12)。その使用自体は家族構造とかかわらない (Bourin, 2002 : 9) にしても，使用名の制限は家族概念に大きな変化があったことを映し出している。新しい概念はほとんど常に父系制とかかわっていた (Beech, 1996 : 409) からである。ますます限定される名を垂直方向に単系継承することが確立していく。かつて水平的親族集団を形成していたヨーロッパ貴族は家産の垂直移転を旨とする男系リネージへと変貌していき，それが命名にも変化をもたらしていく[62]。

---

[61] fideicomisos. 一人ないし複数の人物が資産・現金・権利などの所有権を別の人物に渡す契約。受益者はその財産を管理・投資して，自分ないし第三者の利益を図る。一定の期間満了時ないしは一定条件下で，元の所有者ないし受益者ないしは第三者に移譲する。
[62] Bourin, 2002 : 5. 単系親族集団と名の関連はとくに緊密であり，名のストックが各集団のシンボルとなる。こうした「閉鎖的体系」をもつ社会が多く存在することは，名前の本質が個人の特定ではないことを示していると解釈し，上野は名と社会の関係において，名の最も重要な意義は社会的地位の表示にあるとする (1996 : 24)。

こうした潮流のなかから生まれた際立った習慣のひとつが，祖父の名を孫に付けることである[63]。いわば DNA のごとく，たがいに交わらない名前の「二重らせん構造」ができあがる（中林，1996：211-212）。イングランドでは貴族，ジェントリー，地主層にこの独特の習慣が根づいた。祖父の生存中，この習慣は直系家族構造の本質を表している。つまり父親は家族集団でも農場でも「主」として振る舞うことは叶わない。そのため父親の名を子に付けることができないのである（Wilson, 1998：222）。イベリア半島では祖父の名を長男に付けることは，もともとモサラベあるいはカスティーリャ王国に居住したベルベル人が用いていたアラブの習慣であった，とオリベル＝ペレスは家系図[64]を論拠に主張する。他方，カタルーニャでは封建制による男系制という観念的・文化的背景のもとで，農民家族には祖父が代父として最初の孫息子に自身の名を付ける習わしがあった。したがって，相続人の系譜には 2 つか 3 つの名が交互に世代から世代へと繰り返されていくことになる[65]。

特定の名を繰り返すことはまた，新生児を直近に亡くなった家族メンバーの「代り」ないしは「生まれ変わり」とみなす観念にも依っている。そのため，たとえばフランスでは家族のなかに生存中の人と同じ名をもつことは不適切と考えられていた[66]。死者の代りであることを強調することは拡大家族の構造とよく合致するという（Ibid.：222, 226）。寿命が短い時代にあって，孫は通常祖父の死後に生まれる。そのため，最初の孫息子に祖父の名が付けられることが頻繁に起きた。結果として先のばあい同様，2 世代毎に同じ名が繰り返される

---

[63] 現代の西欧社会においても，長男に父方祖父の名を付ける習慣が残っている。「おじいさんの名」を付けるのは義務的であり，また特定の人間に限られているので称号ともみなせるという（レヴィ＝ストロース，1976：227-228）。

[64] *Tajon ibn Abdalla*（祖父）– *Abadall ibn Tajon*（父）– *Tajon ibn Abadalla*（孫）（Oliver Pérez, 1992：236）。

[65] たとえば，*Solsonès*（ソルモネス）家の代々の長男の名前は *Josep-Joan-Josep-Silvestre-Josep-Silvestre-Silvestre-Josep-Jaume-Josep-Jaume* とつづく。したがって，カタルーニャでの代父制は「家の親族」からはじまる直近の親族集団の外枠を強化するものである。これは，親族の範囲を広げ，親族間の架け橋となるという地中海諸国の大半での代父機能とは逆である（Barrera González, 1990：249, 281-282）。

[66] フランス現行法も，同じ家族のなかですでに称している者がいる名は選名から外されるべきと規定する（木村，1977：135）。

ことになる[67]。祖父の名の採用はまた、幸運が戻ってきてほしいという願いも反映しているという (Herlihy, 1995 : 341)。まさに、「家」は生者と死者の共同体の様相を呈す (Zabalza Seguin, 2004 : 90)。イタリアでも、「再生 rifare」と称して、新生児に先祖ないしは最近亡くなった近親の名を付ける習慣があった。それは生きている者たちがその故人を忘れず、尊敬の念をもって復活させなければならないという義務感にも似た意識によるという。そのうえ、特定の名は一種の家産であり、それらを疎んじたり無くしたりしてはならないともされた[68]。そのため、夭折した子どもの名をその次に生まれた子に付けることはかなり頻繁にみられた。「あの子が亡くなったので、あの子を甦らせた」という1469/70年のフィレンツェの一文書がこの意識を表明している[69]。キョウダイが同名であるばあい、E・ショーターやL・ストーンが解釈するように個人の否定からきているのではなく、死亡率が高い時代にあって特定の家族の名を維持しようとする戦略である、とウィルソンは捉える (1998 : 230)。

---

[67] たとえばフィレンツェのサン・ジョヴァンニの洗礼簿によれば、1451年1月に洗礼を受けた89人中、15人は祖父の名で、父の名は一例のみであった (Pérol, 2004 : 231)。先祖の名を付けることを、Zabalzaは祖霊信仰の残滓かもしれないとする (1999 : 325)。

[68] Klapisch-Zuber, 1980 : 83, 92, 99, 100. 15世紀の最後の三半期と16世紀初頭には生存親族の名を子どもに付ける親がかなりいた。規範を犯しているという意識から解放されていたことになる。それは一般的に、新生児の名に付ける一番目の名である。二番目の名にはその子を守ってくれることになる聖人の名が付けられる。このイタリアの習慣にたいし、スペイン人の名はその大半が聖人名であり、同時に近親の名でもある。

[69] Herlihy, 1995 : 340. 15世紀のフィレンツェのいくつかの覚書 ricordanze によれば、女児の3分の1近くは亡くなった姉の名前をもっており、男児の13%は亡くなった兄の名前だった (Klapisch-Zuber, 1980 : 85)。出口によれば (1996 : 50)、最近死んだ子どもと同じ名を新生児に与える、この「代用」という慣行は18世紀末には廃れたという。子どもにはそれぞれ固有の個性があることがはじめて認識されたからとする。こうしたアリエス的解釈より、むしろ死亡率の低下といった人口学的変化の影響の方が大きいであろう。先駆的に18世紀後半から出生率を下げはじめたフランスでは、出生率の低下と死亡率の低下が同時におきていた (リグリィ, 1991 : 204)。1760年代前半から死亡率が低下しはじめ (Chesnais, 1992 : 556-560)、革命後の1790年代からはさらに経済発展、富のより公正な分配、生活条件の改善によって、ことに女性と乳児・15歳未満の子どもの死亡率が着実に低下した。この現象は当時のヨーロッパにあっては例外的だった。それによって寿命が1780年代から1820年代までに40%も延びた (Spagnoli, 1997 : 425-427, 429-431, 443, 447-448)。名の「代用」慣行は、こうした年少者の死亡率

死者の名のみを採用するこうした習慣は，スペインとは対照的である。スペインではルネサンス期に集団的アイデンティティが勝利し，一つの屋根の下に3人もが同じ名をもっていた（Salinero, 2004：12）。なるほど，17世紀前半のアオイス（ナバラ北部）でも3人の息子全員が *Pedro* という家族もあった。性・長幼の別なく跡継ぎを選ぶのが当時まで同地の慣習だったうえ，夭折したり跡継ぎとして不適格（無能・無責任）となる危険性もあるので，尊い祖父母の名を一人にのみ付けることはできないからだという。結婚契約書に *Martín mayor*, *Martín menor*, *Martín mínimo* などと長・幼を加えて記されたが，当人たちが用いたとは思われず，むしろ *Marianic* や *Miguelico* などと妹や弟を縮小形にして区別したのであろう[70]。サバルサによれば（Zabalza Seguín, 1999：325），こうしたキョウダイの同名は17世紀末，とりわけ18世紀に減るが，それは列聖聖人の名の広まりとかかわるという。現在，亡くなっていないならば，キョウダイに同じ名を付けることは法で禁じられている（1957年法54条）。ただし世代が異なる同名，たとえば祖母・母・娘がともに *María* という世帯もあり，名の共有・特定の名への選好・執着はつづいている。生者・死者を問わず名の共有が家族に一体感をもたらす。所属性・共属性という，名が有すこのもう一つの性格ゆえに，所属する共同体からの強い圧力がかかり，名は拡散するのではなく，収斂していく方向性がもたらされることになる（田中, 1996：77, 82）。

そのため，特定の名を繰り返すこうした習慣は家族の名も，名のレパートリー全体も減少させることになった。たとえば，フィレンツェでは1260年に27の名が人口の半分をカバーしていたが，1427年にはわずか12の名になった（Herlihy et al., 1978：543）。その結果，家族集団のなかに同名者が増えることになり，区別するために，自身の名に父の名，さらには祖父の名を付けくわえる必要に迫られた（Klapisch-Zuber, 1996：477）。この点については第2章第3節(6)でまたみることにしよう。

他方，父親の名も継承されるようになった。これは祖父の名の継承とは異なる状況下でおきた。*fils* を付したり父称にしたりして父の名を継承することは，

低下をうけて，フランスで18世紀末にむけて廃れていったのであろう。
70　Zabalza Seguín, 1999：320-321；2004：89-90.

父が有する権力に近づく権利を意味し，すぐれて封建秩序と結びついていた。ここから，不分割相続の慣習が誕生したのである（Beech, 1996 : 409）。当初，父の名を特定の息子に名付ける習慣はなく，次男に付けることも多かった[71]。しかし，きわめてゆっくりではあったが，兄弟に序列を付ける過程を経て，長子の特権的地位が確立されていくことになる。ラングドックでは1150年以降，長男に父の名を付ける慣習が確立していく。名の継承と家産の継承がつねに一致するとはかぎらなかったが，長男が父の名を継承することが13世紀に頻繁となり，それが家産の相続をも表すことになっていった（Bourin, 1995a : 209）。相続する封土の拡大が疑いの余地なく，長男の権利を強化していったのである（To Figueras, 1996 : 430）。たとえば，モンペリエ城主の *Guillems* 家では985～1204年間9世代にわたり同じ名が用いられ，アキテーヌ伯家では960～1137年間 *Guillaume* がやはり9世代繰り返され，パルマ伯家では1067～1152年間 *Umberto* が5世代続けて使用された[72]。

一方，中下層にあっては核家族や小家族に相応しく，名に系譜性はなく，父か母かの名が付けられた（Wilson, 1998 : 226）。またト＝フィゲラスによれば（1996 : 422 ; 2002b : 57），相続が土地を取得する唯一の手段でないばあい，名は系譜性をもたないという。イベリア半島ではたしかに，10世紀（900～93年）における土地の相続・寄贈・売買にかかわる235件の史料中，53.2％は購入か無主地の取得であり，相続は42.6％にとどまる。土地の所有者はつねに変わった。こうした状況は売買や交換を促す分割相続，レコンキスタによる領土の拡大，それに借地制度に起因していたといえる。

以上から，つぎの諸点が判明する。付ける名の選択対象である親族範囲が縮小しはじめた当初，名は家族構造とはなんのかかわりもなかった。しかし祖父または父の名を与えられた息子が家族の過去と将来を結びつける人物とみなされ（Postles, 2006 : 44），祖父・父の名をその権力および家産とともに相続する長男の特権的地位が確立していくにつれて，名は家族構造と密接に結びつくにいたる。典型的には，封建秩序が確立した地方において直系家族となって現れる。

---

71 Billy, 1995 : 185 ; Bourin, 1995a : 195.
72 Beech, 1996 : 405, 408 ; Wilson, 1998 : 163.

ト＝フィゲラスが明言するように（1996：421-430），命名と相続慣行が関わりあったことに疑いの余地はない。家産・政治的役割・職業・社会的名声と繋がった系譜性を表明するために名が用いられたのである。

5　女性の名──地方による相違

　女性の名については，男性よりもずっと史料が少ない。その上，史料に登場したとしても，家族共同体を代表する男性への付随的立場にあって，家族関係のみが記される匿名の存在に埋没しているばあいが多い。他者中心（オルター・セントリック）の命名法，つまり夫／亡夫・父・子などの名を用いた指名であり，そこでは固有名（オートニム）が欠如する（吉岡，1978：246）。たとえば，カタルーニャのサンプルでは3分の1強の女性は独立した個人として言及されていない（To Figueras, 1995：379）。それゆえ，ブーランは「女性の命名研究の困難さ」と題した論文を執筆したのである（1992）。しかし一連の研究からそれぞれの地域でよく使用された女性の名のレパートリーを垣間見ることはできる。少し挙げてみると，アストゥリアスでは *Bellida*（ベジダ）, *Nomina*（ノミナ）, *Dominica*（ドミニカ）, *Jimena*[73]（ヒメナ）, *Godina*（ゴディナ）, *Gota*（ゴタ）, *Vida*（ビダ）など，レオンでは *Egilo*（エヒロ）, *Auria*（アウリア）, *Xemena*（ヘメナ）, *Sendina*（センディナ）, *Goda*（ゴダ）, リエバナ域では *Justa*（フスタ）, *Teodilli*（テオディジ）, *Jimena*, *Muña*（ムニャ）, *Fronilde*（フロニルデ）, *Ailo*（アイロ）, カンタブリア～エブロでは *Guntroda*（グントロダ）, *Andereza*（アンデレサ）, ブルゴスでは *Eilo*（エイロ）, *Jimena*, *Ositia*（オレティア）, *Sancha*（サンチャ）, バスクでは *Toda*（トダ）, *Urraca*（ウラカ）, *Leguntia*（レグンティア）, ナバラで *Sancia*（サンシア）, *Urraca*, *Auria*（アウリア）, *Tota*（トタ）, アラゴンでは *Oria*（オリア）, *Sancha*, *Toda*, カタルーニャでは *Ermessendis*（エルメセンディス）, *Guisla*/*Guilla*, *Ermengarda*, *Arsendis*（アルセンディス）, *Auria*, *Doda*（ドダ）, *Ermilde*（エルミルデ）, *Elo*/*Eilone*（エロ／エイロネ）などである[74]。これらはほとんど，地元古来やゲルマン伝統の名である。あきらかなことは，キリスト教系名は，*Dominica* や *Justa* があったとはいえ，*María* 以外際立った名がまったく存在しなかったことである。諸聖人が並び立つ男性名とおおいに異なる点である。

　こうした状況下，女性のストックは男性よりもつねに豊富だった。アストゥ

73　Covarrubias は，*Jimena* をアラブの名とする（1611：1015）。
74　Martínez Sopena (coord.), 1995：132, 179, 195, 215, 240, 275, 294-295, 322-324, 384, 394.

リアスを例にとると，10世紀，11世紀前半，後半における男性名ストックが各69.6，45.5，15.1であるのにたいして，女性名ストックは88.9，78.5，34.3である（Suárez Beltrán, 1995 : 124）。この傾向は西欧全域に共通する。男児は多くのばあい，上述のように家族の限られた名のレパートリーから選択されたのにたいして，女児には伝統名を付けたいという執着心のうえ，その命名は家族にとって致命度が低いため，より多様で自由であった。男性の名は家族内での立場を表すが，女性の名は違う価値観，多くのばあい彼女が見習うべき道徳性が表された（Postles, 2006 : 45）。

半島西半分で顕著な事象は，*María*名の早期採用とその優勢であった。ブルゴスではもっとも早い10世紀半ばに登場し，11世紀第1四半期に勢いを増し，1200年には37.7％[75]を占めて最頻名となった。リエバナ域では10世紀末に登場し，11世紀末から増えはじめ，翌世紀には最頻名となり，35.2％[76]を占める。レオンでは11世紀前半から増えはじめ，12世紀前半に最頻名となり，24.5％[77]を占めた。アストゥリアスでは1040年ころに最初の記録があり，12世紀には女性の3分の1がこの名となった（Suárez Beltrán, 1991 : 68）。ガリシアでもこの名の採用は早く，また浸透も目覚ましかった。12世紀にはガリシア女性の5人に一人，13世紀には3人に一人が*María*であった（Portela Silva et al., 1995 : 41）。この浸透度の高さは，先述したガリシアでのシトー派修道院（Alonso Alvarez, 2007 : 663, 692, 707）の影響，カスティーリャやレオン域では托鉢修道会（Artola, 1993 : 897）の影響が大きいであろう。いずれもマリア崇敬を説いていた。半島西半分全域でのこうした*María*名の早期かつ絶対的な採用は疑いもなく，マリア信仰に対応しよう。それはロマネスク教会やゴシック教会に設置された聖図像が物語っている。

他方，バスク以東の半島東半分において*María*名の登場は一般的にきわめて遅い。ナバラ，アラゴンではすくなくとも12世紀までほとんど登場せず，カタルーニャでは一度もない。さきに挙げたように，伝統的な地元名が優勢だっ

---

[75] García de Cortázar et al., 1995b : 240 より算出。
[76] Montenegro Valentín, 1995 : 195 より算出。
[77] Martínez Sopena, 1995 : 179 より算出。

たためである。伝統名の存続という点は西半分と同じではあったが，Maria 名の採用において両者が大きく隔たっていたことは歴然としている。西半分に隣接するリオハ域（サン・ミジャン）でこの名が，いくつかの最頻名の一つでしかなかったとはいえ，それ以東より早い 11 世紀初頭以降に登場したことに注目したい。上述のように，はやくも 10 世紀半ばに Maria が登場していたブルゴスからの入植（第 2 章注 45 参照）によって影響を受けたにちがいない。アラゴンでは 12 世紀第 2 四半期に登場しはじめるが，ナバラ山地（レイレ）やカタルーニャではすくなくとも，それぞれ 1160 年，1200 年以前には登場しない[78]。

東半分で Maria 名の影が薄かったにせよ，たとえばカタルーニャにおける，イエスを腕に抱いたり膝に乗せたりした数多くのロマネスク聖母図像やいわゆる「黒いマリア」[79]信仰からすれば，マリア信仰の存在を疑う余地はない。この矛盾は，Maria 名をもつに価する人間は存在しえないとする考えからこの名を付けることがタブーだった，フランスやイタリア[80]の影響を受けたと解釈

---

[78] García de Cortázar, 1995 : 294 ; Laliena Cabrera, 1995 : 322-324 ; To Figueras, 1995 : 394.

[79] 聖母マリア信仰には古の大地母神（地中海世界でのイシスないしはアルテミス，ケルト世界での最高女神かつ処女ダナ Virgo paritura など）が無意識的に滑り込んだ側面があることは否定できないであろう。いわゆる「黒いマリア」はケルトの女神の像である可能性が高いとされる。その多くは，女神の具象化を許容するローマ文化の影響が濃厚な南ガリアで彫られた。カトリック教会は当初，土中や泉から掘り出された数多くのそうした彫像を拒絶していたが，民衆のマリアへの熱狂的な崇敬をまえにしぶしぶマリア像として受け入れざるをえなくなった（田中，1993）。

[80] Wilson, 1998 : 192. 例外的に，中世盛期ナポリの貴族女性は 4 人に一人以上の割合で Maria だった（Martin, 2002 : 113）が，中世イタリア全体として Maria は広まらなかったようだ。トスカーナ地方では 1349 年以前に埋葬された 244 人の女性中，Maria 名はわずか一人，ペスト後でも最頻名の第 22 位だった（Herlihy, 1995 : 349）。信徒を聖人の保護下に置こうとする説教師たちの影響で 14 世紀末以降，第二名を添付して複合名とするようになり，フィレンツェでは同世紀，最頻名 Margherita とならんで，Maria は第二の名として頻繁に付けられるようになった（Klapisch-Zuber, 1980 : 87）。Pérol によれば，「Maria の侵攻」は 17 世紀になってからであり，それは複合名が普及した時期にあたる。トリエント公会議がマリア崇敬を公式に推し進めたため，カトリック地域の諸所にあった，Maria 命名への強い忌避心が徐々に消されていったためであろう。たとえばトスカーナ地方東端のコルトーナでは 1518～32 年間と 1626～28 年間の洗礼名最頻 5 名に Maria は入っていなかったが，1710～12 年には突如洗礼者の 61.7％を占めた。ま

すれば解消できる。ただし，1266〜72年にムルシアで土地を分配供与された女性235人中19％が *María* であり，そのなかで出身地が判明する143人中105人がカタルーニャ出身だったこと（Martínez Martínez, 2000 : 40, 79-86）からすると，同世紀に同地で *María* が使用されはじめていた可能性は否定できない。*María* が半島西半分で圧倒的人気を誇っていたことが影響したにちがいない。もしそうであるならば，16世紀までフランスやイタリアに存在した忌避がスペインにもあり，その強い忌避ののちにスペインでも *María* が，多くは別称で急上昇したとし，また南イタリアにおける強い忌避は長期にわたるスペイン支配の影響とするウィルソン説（Wilson, 1998 : 192）は，半島西半分については史実と真逆であることはいうまでもないが，カタルーニャについても疑わしくなる。

　女性の名には男性名にはない独特の作り方があった。男性名の女性化である[81]。中世盛期ではすでに言及したように，*Muña, Sancha, Dominica* などが用いられた。しかし，男性名の女性化の大きな波は近世になってからである。15〜18世紀を網羅する異端審問所史料（Boix, 1983）において，15, 16世紀に *Juana*（フアナ）, *Antonia*（アントニア）, *Francisca*（フランシスカ）, 16世紀後半に *Angela*（アンヘラ）, *Jerónima*（ヘロニマ）, *Rafaela*（ラファエラ）, 17, 18世紀に *Felipa*（フェリパ）, *Josefa*（ホセファ）, *Paula*（パウラ）を見出すことができる。男性聖人名の女性名化は，母性にかかわる価値を重視する教会が反対していたにもかかわらず，17世紀後半に著しく増加したという（Poska, 1998 : 88）。この世俗的現象は，近世が進むにつれて加速していったスペイン社会における男性優位主義の強力な潮流

　　た，サウツェ村では18世紀までに女性は全員複合名をもつようになったが，その第一名は全員 *Maria* だった（Wilson, 1998 : 192 ; Pérol, 2004 : 239-240）。フランスでも *Marie* はようやく15世紀に登場するにすぎない（Moro, 1997 : 50-72）。ブルゴーニュでは1191〜1310年間に15％ほどを占めて最頻名だったが，その後14世紀をとおして50％以上までになる *Johanna* に圧され，*Marie* は姿を消した（Beck, 1992 : 99）。*Marie* が勢いを得るのは近世になってからである。たとえばリムーザンのユセルでは1640年にわずか8％だったが，1740年には22％にまで増えた（Wilson, 1998 : 191-192）。

[81] 唯一，女性名の男性化は *María* から派生した *Mariano* である。18世紀末までを網羅するコルドバの異端審問所史料（Boix, 1983）にこの名が見当たらないので，登場はおそらく19世紀であろう。ただし，篤いマリア信仰で知られるイタリア南部では，*María* の別名から *Rosario, Concetto, Nunzio* などの男性名が創られた（Wilson, 1998 : 192）。

を反映しているのかもしれない。また，父の名を女性化して，たとえば Antón アントン を Antona アントナ にして娘に付ける習慣があった（Aguilera Castro, 1994）こともそれを助長したであろう。こうした新たな名の採用はまた，ペストが大部分消滅したおかげで 18 世紀に人口が増加していった（Nadal, 1984：11-12）ため，名のストックの絶対数の不足に対処するものでもあったにちがいない。

　西欧のほかの地域では，イベリア半島と異なり，男性名の女性化名はずっと早くから用いられていた。フランスではすでに 12 世紀にこうした大きな潮流があった。Guillerma や Johanna などである。12・13 世紀交には低ラングドックのアグドでは全女性名のほとんど半分を占めるまでになり[82]，ブルゴーニュでは 1400 年に 44％にもたっした（Beck, 1992：97）。イングランドではたとえば，14 世紀初めのロンドンの遺産受取人に Benedicta, Philippa, Elicia といった男性名から派生した女性名が登場する[83]。イタリアでも 14 世紀，男性名から Jacoba や Guillelma といった女性名が創られた。ボローニャでは 1384 年の塩台帳において，女性聖人名や男性聖人名の女性化名が 4 分の 3 を占めた（Guyotijeannin, 1996：389）。トスカーナでも男性聖人名の女性名化が著しかった。15 世紀，人口の半分を占めた最頻 17 名中，15 が男性名の女性化名であり，うち，Antonia, Giovanna ジョヴァンナ, Francesca フランチェスカ, Piere ピエレ, Mattea マッテア, Iacopa ヤコパ などの男性聖人名の女性化名が 9 を占めた（Herlihy, 1995：343）。イベリア半島においてもカタルーニャでは南仏の影響を受け，Guillerma ギジェルマ, Raimunda ライムンダ, Berengaria ベレンガリア などがおもに 12 世紀に入ってから一定程度用いられたことが使用名リスト（To Figueras, 1995：394）から窺える。12 世紀以降のこうした男性名の女性名化はまさしく，封建制の確立によって父系制概念が確立し，男性中心に物事が考えられるようになった社会の風潮を映し出している。

---

[82] Bourin, 1992b：174, 184；2002：11.

[83] Postles, 2006：46. 中世アイルランド社会では男性にも女性にも使える，Flann, Cellach といったジェンダーフリーの名がいくつかあった（Ibid.: 47）。イベリア半島にそうした名が存在しない理由を考えることは興味深い。13 世紀には疑いもなく結実した名誉観念（芝，2001；2003；2009；2010）にもとづく男女のジェンダーに明確な境界があったことがそのひとつの理由かもしれない。現行法（Ley 40/1999, 54 条）でも性がまぎわらしい名を付けることが禁じられている（Fernández Pérez, 2015：214）。

第 2 章

新しい姓名システムの登場

1 西欧における二要素姓名システムの出現理由

「命名革命」における最大の出来事は命名の第二要素の出現であった。西欧では，ブーランによれば（1989b）ピカルディからポルトガルまで，中世盛期のかなり短い期間に，単一命名法から二要素命名法への展開がみられた。この展開の典型的なプロセスを大雑把に描けば，中世前期まで唯一の命名法だった単名の傍ら，まず家族関係など本人を説明する補足要素が添付され，ついで父称や地名，あだ名や職名などが第二要素として追加された。さらに，しばしば第三の要素（たいていは地名）も付け加えられた。ツィメルマンは，これは二要素命名法を豊かにする発展であると捉える（1995：367）。こうした新しい命名法の展開はけっして画一的でも直線的でもなく，地方・階層・社会集団・ジェンダーによってもさまざまな多様性を伴っていた。

二要素命名法の登場を説明するものとして，主要なふたつの要因が考えられる。ひとつは外因として社会と直接的にかかわるもの，もうひとつは内因として家族とかかわるものである。ただし両者は相互に密接に関係してはいる。外因は，当時あらゆる局面において西欧社会が経験していた大規模な変化と関係している。なかでも際立っているのが数多くの都市の誕生[1]や封建制の確立で

---

[1] 西欧における都市の数は 11～13 世紀のあいだに驚異的に増えた。ドイツ地方だけでも 11 世紀中ごろに 120，12 世紀に倍増し，13 世紀に 2,000 近く，中世末には 3,000 にもたっした（プレティヒャ，2002：26）。

ある。

　一連の新しい命名法——補足要素であれ二要素であれ——の登場が、まさに都市と文書の増殖期に当たっていたことは偶然ではない。10・11 世紀交以降、口頭契約から文書契約への移行 (Wilson, 1998 : 161) および複雑な人間関係の誕生につれて登場したのである。土地の売買・遺言・結婚契約といった私的文書のなかで、また裁判・係争などの証人といった複雑化する公的生活とのかかわりのなかで、個人を正確に特定することが求められた。さまざまな形態や起源をもつ二要素命名法はたしかに、ひとりの人間を個人として正確に特定するためのものであった (Klapisch-Zuber, 1996 : 478)。個々人の社会的存在を定めるこの二番目の要素がどんな類のものであれ、それによって真の社会的身分が個人に付与されることになる (Zimmermann, 1995 : 360-367)。

　聖・俗界の（封建）領主や都市は契約を文書でおこなうとともに、所領や都市・属域の管理体制の改善のために、名に第二要素を付けることを人びとに要求するようになった。その結果、新しい命名法が農民・都市民間に広まっていく。イタリアでは都市も教会も住民の名前の固定化を押し進めた。たとえば、ボローニャ市政府は 1288 年に「名と *cognomen*（呼称）」を有すべきことを、名前の変更への処罰規定とともに定めた[2]。この二要素命名法はすぐれて公共生活にかかわっていたため一般的に、女性よりも男性、農村より都市、宗教界より俗界、貧者や周縁者より支配層が早く用いた。その結果、単一名を使用しつづけたのは、社会的重要性に劣るか欠ける人びと——子ども、女性、宗教人、それに庶子、ユダヤ人、特定病の社会的周縁者やその子孫であった (Wilson, 1998 : 160-162)。

　第二要素の結晶化は、公共生活の論理と変化だけではなく、家族自体の内部史ともかかわる[3]。都市化同様、西欧社会を再組織化した封建制を機に、家族

2　Herlihy, 1995 : 345. この規定は *cognomen* の次世代への継承を義務づけてはいないので、個人を対象としていよう。集団的かつ永続的 *cognomen* ではなかったことになる。*cognomen* は 12 世紀末から家産上・宗教的・軍事的・政治的結束を表すために家産共同体成員間で固定化していったにしても、家族が共有して相続する命名が平民間ではじまるのは 13〜15 世紀である (Klapisch-Zuber, 1996b : 477-478)。*cognomen* については後述（第 5 節）。

は不可避的にその変化に対応した。中世前期にはほとんど存在しなかった男系リネージ意識が醸成され，その意識によって10世紀初めから11世紀半ばまでのあいだに親族構造が変化していった (Duby, 1977 : 181)。家産を盤石にしようとする，そうした男系意識を北フランスでは早くも1000年頃に看取することができる。家産の継承はその一体的保全のために11, 12世紀以降，父系原則に即しておこなわれはじめた。それとともに，女性は不動産相続から除外されるようになる。

命名法におけるリネージ意識の最初の顕現は，先述のように，各世代か隔世代で一つないし二つの特定名の採用においてであった。もうひとつの顕現は，補足要素，地名[4]，あだ名，父称などの第二要素の使用であり，その大部分は家産の保全・相続を確実なものにするためであった。その早期の例は *XZ filius YZ* という形で10世紀初頭にナポリで記録された。ローマ法が家産を保証していた同地では，上流社会層が権勢を誇っていたからである。命名法が表していたものは，現実の家族構造というより，家産にかかわる家族の意識であり (Martin, 2002 : 113, 117)，この意識とともに，長男による父の名と姓の継承が12世紀末以降，有力家族において徐々に確立していくことになる[5]。

2 イベリア半島における補足命名

1) 命名の第二要素の採用

イベリア半島では命名は具体的にどのように進展したのだろうか。中世前期から盛期への過渡期，命名の明確化を期し，単一名に補足要素が追加されはじめた。たとえば，「伯爵 *conde*」「修道院長 *abad*」といった地位・役割の名称，

---

[3] Bolch, 1932 : 69 ; Wilson, 1998 : 162.

[4] ブルゴーニュやロレーヌでは貴族は地名のみを用いた。それが13世紀末に平民間に広まっていった (Bourin, 1996 : 193)。カスティーリャでも，萌芽期にあった高位貴族はつねに地名を採用した。たとえば，*Haro* 家，*Castro* 家，*Lara* 家など。

[5] Bourin, 1995a : 199, 209-210 ; Bourin et al., 1995b : 240.

「禿 calvo」のようなあだ名,「仕立屋 sertor」のような職業,「息子 ibn/filius」のような家族関係,「de＋地名」(もしくは地名の形容詞)など[6]。ただしシステムとして定まった要素となるにはいたらなかった。

　この補足要素の誕生をめぐって,アラブ命名法の際立った貢献が多くの研究者によって指摘されている。たとえばディエス＝メルコン(以下ディエス)(1957：68)やオリベル＝ペレスである。後者は,アラブの命名慣習がイスパニアの姓の誕生に直接的に影響したと明言する。nasab(父称ナサブ),nisba(人種,部族,社会集団,出身地,派閥,職業を表す形容詞ニスバ),laqub(身体的特徴,年齢,あだ名ラカブ),kunya(尊称クンヤ)などをIsm(個人名イスム)に添付する命名法である。こうした新しい命名方式は,モサラベやベルベル人移民によってアラブの影響がより直接的だったレオンとカスティーリャ域に最初に登場したと結論づける(1992：215-234)。事実,先述したように,彼らの移住がアラブ名の登場をもたらしていた。

2) アラブ命名法の採用——ibn, filius

　うえで挙げた補足要素すべてがアラブ起源であるとは断言できないにしても,すくなくとも ibn(〜の息子)という語を用いて個人名を結び,父子関係を表す命名法については,アラブの影響は疑う余地がない。ibn はアラビア語そのものである。ディエス(1957：86)によれば,この命名法は8世紀中葉以降にアンダルスから来たモサラベと聖職者によってもたらされた。モサラベたちはガリシアのミニョ川の北部域,アストゥリアス西部,レオン北西のビエルソ域に入植するためであり,聖職者は修道院を創建するためであった。サアグン修道院はその折に創建された。レオンでは命名法のみならず,モサラベ美術・建築においてもアラブの影響は顕著である。

　なるほど,オリベル＝ペレスはサアグン修道院の外交文書集(857〜999年間の360文書)のなかに,名＋ibn/filius＋父の名(属格／主格)の例を数多く見出している(1992：233-239)。最初の記録としては ibn が920年,filius が924年

6　こうした補足要素を用いる方式は姓名システム研究では単一命名法の範疇に入る。

に，ともに証人の名として登場する。さらに何人かは，はじめ *ibn* を用いて署名した少しあとに *filius* を用いて署名している。また，同一人物が揺れ動いているばあいや，逆のばあい，つまりはじめ *filius*，のちに *ibn* という例 (*Velliti filius Musa*，のちに *Vellit-iben Musa*) や，同一文書のなかで *ibn*, *filius*, 父称 (後述) を用いている例さえある。ローマ式命名法はゲルマン諸部族の侵入後に完全に消滅してしまった (Díez, 1957：24) ので，*filius* はローマ起源ではありえない。*ibn* の採用は *filius* に先んじ，*ibn* がただちにラテン語 *filius* に翻訳されたとみるのが自然であろう。

リバスが蒐集した姓名記録を調べると，さきの諸例より早い，9世紀に *filius* / *prolis*[7] の使用例を 14 件見出すことができる。たとえば，*Adefonsus prolis Vermudi* (866 年)，*Joannes Filius Tratonis* (877 年)，*Stefanus Prolis Leo* (887 年) など (1991：323, 325, 328)。同時に，ディエスが蒐集した 10 世紀の史料のなかに，*ibn*, *iben*, *ben*, *aben* が名と一語に融合した例もいくつか見いだせる。*Adaulfus ibendavi* (937 年)，*Rapinautus Ibenconaza* (950 年) などである (1957：40-43)。以上の検証からすると，わずかな例外，たとえば *Beni Gómez* とか *Cid* (*Sayyid*) などの逸話的な例をのぞいては，アラブ命名法は半島北部のキリスト教徒の命名システムにいかなる影響も与えなかった，とするピエール・ギシャール説 (1996：110) には到底首肯できないことになる。

リバス資料[8]から 3 種の補足用法を拾い出し，世紀ごとに分類したのが表 2-1 である。この表から，9 世紀には *filius* が優勢，10 世紀には *ibn* / *ben* と *prolis* が増加，*ibn* / *ben* は中世末までもわずかながら存続したことがわかる。ディエス (1957：40, 43) によれば，*prolis* はほとんどがレオンとオビエドに限られ，その使用も 11 世紀末までである。*filius* はおもに 10 世紀から使用され，レオンで優勢だったが，それ以東での使用はきわめて少なく，中央部のベガ，東部

---

[7] 父親がすでに亡くなっているばあい，息子は *filius* ではなく，*X prolis quondam Y* とされた。*prolis* という語は *filius* のあとに登場した (Rivas, 1991：322)。*prolix* という語は貴族の女性のみに用いられたようだとする Suárez Beltrán の推測 (1991：64) は，ここに挙げた例のように男性にも使用されているので，修正の要がある。

[8] Díez は史料を大きく省略しているため，その資料を用いて数値化することができない。

の原初カスティーリャ域のオニャ，コバルビアスなどでは9〜12世紀間ほとんど皆無だった。*prolis*, *filius*の使用は西方地域に限られていたといえる。それはまさしくモサラベが移り住んだ地域と重なり，この補足要素が彼らによって持ち込まれたことを強く示唆する。この補足要

表2-1 3種の補足命名要素の使用状況

世紀	9	10	11	12	13	14	15
filius	12	2	5	0	0	0	0
prolis	2	10	17	5	0	0	0
ibn/*ben*	1	9	3	0	3	1	1
計71	15	21	25	5	3	1	1

出典：Rivas Quintas, 1991：322-328より作成。

素は北西部からはじまり，中央部の東方への伝播はわずかにとどまったのである。さらに，半島東半分に登場するには11世紀を待たなければならなかった。1020〜30年以降，それまでカタルーニャやログローニョでわずかだった*filius*の使用[9]が増えはじめる。ことにカタルーニャでの登場は封建制の大震動の開始時期とまさに一致する。当時私有化した財産（封土，城砦など）を父系相続したことを表すために，その新しい命名方式がもとめられたのであろう。*filius*の採用開始には西半分と東半分でほぼ2世紀もの大きな時間差があったことになる。このように*ibn*，その翻訳形*filius*/*prolis*の使用は地域や個人の嗜好によって著しく異なったが，文書がラテン語に代ってロマンス語で書かれるようになるにつれ消滅していった（Wilson, 1998：124）。

　ほかの西欧諸地域における*filius*型の採用をみると，イタリアはイベリア半島北西部にもまして例外的に早い8世紀前半以降にはじまる（Ibid.：129）。これは，東方貿易をつうじてイスラーム世界と接触があった影響であろう[10]。こうしたイタリアやイベリア半島での早期採用とは異なり，北西欧における*X filius Y*方式の登場はようやく11，12世紀以降である。フランスのヴァンドモワではこの方式は1030〜1100年間に一定程度流行り，17％（貴族間では21％）にたっしたが，11世紀前半からは地名の使用が支配的となっていったため，12世紀末にむけて下火になっていった。地名使用は1160〜1250年間には60％ほどにたっする（Barthélemy, 1989：42）。これは，土地との結びつきを強化する

9　Zimmermann, 1995：361；Díez, 1957：43.
10　ヴェネツィアはアドリア海を通じて東方諸国と結ばれていた。町のあちこちにムスリムの彫像があり，アラブ商人が大勢いたことが示唆される（陣内，2017：14, 25）。

封建制の確立によるものであろう。ブルターニュ地方ではロマンス語化した *fils* が 1050〜1250 年のあいだ非貴族間で使用されはじめた。ノルマンディではこの地方独特の *Fitz*（*fils de* の短縮形）も用いられはじめ，*X filius Y* 型の使用は人口の 70％にもたっした（Bourin, 1989：237）。他方，中央北部地方ピカルディでは地名姓が 30％近くにのぼったのにたいし，この方式は 10％少々にとどまった。またブルゴーニュやロレーヌといった中央東部や東部地方では，*filius* はいかなる形でもまったく使用されなかった[11]。

イングランドでは 1066 年以前に家族の絆はほとんど強調されることはなかったが，ノルマンディ貴族による征服後の 11 世紀末に *Fitz* と *filius* が持ち込まれた（Wilson, 1998：124-126）。地元のアングロサクソン人は出自を隠すために，この新しい命名方式を取り入れた[12]。その最初の例を *Robertus filius Willelmi*（1086 年），*Willelmus filius Roberti*（1086 年），*Akaris Fits-Bardolph*[13]（11〜12 世紀交）などに見ることができる。男子長子相続が普及するのにともない，*filius* は 11〜14 世紀，あらゆる階層に普及した（Ibid.：126）。*filius* と並行して，英語に翻訳された *X son of Y* も 12 世紀に使われた。ときには，小土地所有のフランス人，都市民の一部で *William son of Ralf son of Anschitill* といった重ね用法さえ見られた[14]。

以上から判明することは，アラブの影響を受けたイベリア半島北部中央以西とイタリア半島において，*ibn* とそのラテン語訳 *filius* がほかの西欧地域より飛びぬけて早く使用されはじめたことである。ここからつぎのように考えることは無謀ではないであろう。この補足命名法はイベリア半島北西部から同心円状に他の西欧地域に広がった。まず半島北東部へゆっくりと，そこからはただ

---

[11] Bourin, 1996：193；Barthélemy, 1989：53-56.

[12] しかしのちの 12 世紀半ばには自らの民族意識を取り戻していった（Mooers Christelow, 1998：342, 365-368）。

[13] *Bardolph* の息子の意。*Akaris* につづく世代は，*Hervey Fitz-Akaris* → *Henry Fitz-Hervey* → *Randolph Fitz-Henry* → *Huge Fitz-Randolph* → *Henry Fitz-Hugh* となった（木村，1980：17）。

[14] Mooers Christelow, 2006：370. 父，さらに祖父へ言及する連鎖用法は男系を示したいという願望の表れであろう。征服者の子孫であることを表明したかったのかもしれない。後述するイタリアでの父称の連鎖用法と酷似する。

ちにフランス北西中央部へ，その後ブルターニュとノルマンディへは同時に，さらにノルマンディから征服によってイングランドへ広がった，と。イタリアの影響も無視することはできない。そこでは *filius* 方式が 10，11 世紀にはほぼ全域でよく用いられ，1200 年までに名の並列方式とともに多数派となっていた（Klapisch-Zuber, 1996：476）。しかしながら，フランスで *filius* を用いた地域は，アルプス山脈と中央山塊で隔てられ，イタリアからはもっとも遠い西部地方に限定されていた。それにたいし，イスパニアと南仏は元来文化的相互浸透性があり，活発な交流があった 11 世紀当時[15]，カタルーニャは南仏の広い領域に組み込まれていた。*filius* の採用がカタルーニャと南仏でほぼ同時であったことは，うえに示した，イベリア半島北西部からの同心円的普及仮説を強く支持するものである。

3）*filius* 型採用の背景

　この補足要素が最初に登場したのが法律上の身分を明確に表すことがもとめられる証人の名前だったことから，同名者を弁別する手段だったと多くの研究者は想定している。それまで相対的に静的だった社会が変化しはじめ，新たに立ち現れた状況のなかで個々人を弁別する，より正確な命名法がもとめられたことになる。

　半島北部においてこの方式が採用されるようになった背景をみよう。元祖のアラブ命名法は父系制に根ざしており，*ibn* を挟みながら，*A iben B iben C iben D...* のように，幾世代にもわたって父系の系譜を辿るものである。したがってアラブ・イスラーム人名には，厳密な意味での「姓」の概念は存在しない（梅田，2016：34）。それにたいし，イベリア半島北部のキリスト教世界では有力者ですらリネージという概念自体をもっていなかった。11 世紀に時折用いられた「某 casata(カサータ)」という表現は，双系子孫を漠然と表したにすぎない。11 世紀に城塞や修道院を拠点として誕生した有力者自身，貴族という明確な概念をもちあわせていなかった。彼らはまた，きわめて流動的な社会にあって定まった住

---

[15] ガスコーニュへのイベリア半島の文化的影響が顕著だったことは，11 世紀後半，*Beato de Liébana* の作品が同地で写本された（Cursente, 1996：60）ことによっても証左される。

居をもたず，祖父母以上に遠い先祖に言及することもなかった。アンダルスの年代記はこうした半島北部の偽リネージ集団を，カスティーリャ伯家は *Ibn Fernand*, カリオン伯は *Ibn Gómez* ないし *Beni Gómez* などと記述していた。北部諸王国ではこうした表現をそのまま借用し，ラテン語文書において *Benigómez* などと記したのである。まさに，(男系)リネージ概念およびその表現がイスラーム世界から当時はじめて導入されたことを示している[16]。

しかし半島北部における *ibn/filius* 方式は，アラブ人あるいはイタリア都市貴族とは異なる家族構造に適用された。大方の家族は，西ゴート伝統に忠実な均分相続制度に由来する双系的親族構造であり，この新たな補足命名要素は女性にも用いられた。既婚女性は「X, Y の妻 *X, mulier de Y*」，娘は「X, Y の娘 *X qui sum filia Y*」などと記された。さらに，両親に言及することもときにあった。「*Casta, Leovini* と *Retrie* の娘 *Casta qui sum filia Leovini et Retrie*」(962年)，「*Scementa, Ariulfi* と *Codina* の娘 *Scementa, filia Ariulfi et Codina*」(1028年) (Suárez Beltrán, 1991 : 64) など。両親に言及するこれらの例は，本来父系の方式を採用しているにもかかわらず，オリジナルのアラブ父系家族意識とは異なる意識をもって双系家族に適用していたことを示しており，それに疑念を挟む余地はない。人名はたしかに，家族のあり方と意識を映し出す社会的側面を有している。半島北部での *filius* 採用の動機は，双系的親族構造が維持されたままの状態で，社会状況の変化に対応するものだったといえる。

3　父称の登場と展開

1) 父称の登場と定義

「何某の息子」という補足要素型から，より短い形の父称が生み出される。一言でその意味を含有する，典型的には属格の父の名である。それを息子自身の名のうしろに付す。ここに，二要素による新しい命名法の誕生をみる。父称

---

[16]　Salazar, 1991 : 21 ; Beceiro et al., 1990 : 41-49. *ibn/filius* 方式，ひいては父称自体にアラブの父系バイアスが内包されていることになる。

の使用はたしかに，人名システム全体のなかの神髄をなす（Durand, 2002 : 79）。ウィルソンは形態面から父称の登場をつぎのように説明する。イタリアでは*filius*を省くようになり，名＋父の名（属格）という形が 10, 11 世紀に支配的となる。フランスでは*fils/fille*を省き，二つの名をともに主格で並置し，父の名に接頭辞も接尾辞もつけない，と（1998 : 124-125, 129）。

しかしながら，この「二つの名の並置」（ディエス）の第二要素を父称として扱うべきか否かについては研究者間でいまだ合意がみられていない[17]。ツィメルマンは新しい命名法は二要素形式を普及させることにあるから，第二要素をカテゴリー分けする必要はないという（1995 : 364）。ビリーは父称を留保なしでは扱えないとしながらも（1995 : 195），トゥールーズでは主格使用の割合が属格使用よりずっと多かったとして，真の父称は属格としながらも，主格での父の名も父称として認める（2002 ; 185-186）。しかしながら，主格の第二の名を父称とみなすと問題が生じることはたしかである。カロリング初期，第二の要素は名として用いられており，9, 10 世紀にもそのように用いられることがよくあったからである（Wilson, 1998 : 123）。ブーランも，留保なしで父称とみなすことはできないとする。二つの名の並置は同一の名をもつ兄弟や親子を区別するためにも用いられることがあった。たとえば，弟は*Guillaume*，兄は*Guillaume Bernard*など。このばあい，姓は付けない（1995a : 195-196）。ガスコーニュでは第二要素として用いられていた主格父称は，父称が廃れたのちに複合名の一部と化して，中世末まで存続した。しかも第二の名は，父の名とはかぎらなかった。フランスでは父の名が陳腐なばあい，差異化のために頻度の低い別の名を付けることがあったのである（Wilson, 1998 : 124-125）。イタリアにおいても，15 世紀の史料（1427 年のトスカーナのカタスト）でさえ，ともに主格の二つの名が複名なのか，二番目の名が父称として使われていたかを見極めるのはきわめて難しいという（Herlihy et al., 1978 : 538）。このように，主格の第二要素には複名，世代毎に変わる父称，（固定）姓，家族の系譜名と多様な使用法があったため，ハーリヒ（1976 : 17），リバス（1991 : 322），ウィルソン（1998 : 154, 163）

---

[17] アラブ世界においても，*ibn*を省いて父の名を付すだけのことも多い（Oliver Pérez, 1992 : 235）。

表 2-2　半島北西部における父の名の主格使用

世紀	8	9	10	11	12	13	14	15	16	17	18
件数	1	9	22	22	28	33	19	9	4	1	1

出典：Rivas Quintas, 1991：650-666 より作成。

表 2-3　ナバラにおける父称の属格・主格の使用状況

	920～1000		1001～1050		1051～1100		1101～1130		1131～1160	
	L.	S. M.	L.	S. M.	L.	S. M.	L.	S. M.	L.	S. M.
属格	82.9 %	92.9 %	94.7 %	89.9 %	94.7 %	85.2 %	98.0 %	91.7 %	—	83.3 %
主格	17.1 %	7.1 %	5.3 %	10.1 %	5.3 %	14.8 %	2.0 %	8.3 %	—	16.7 %

出典：García de Cortázar, 1995：287-290 より算出。
注：L. はレイレ，S. M. はサン・ミジャン・デ・コゴージャ。

は属格のみを父称とみなし，「真の父称」と形容する。

　イベリア半島においても，ともに主格の名を二つ並置するばあいがあった。中央諸地方についてディエスが作成した主格使用の表によれば (1957：116)，11～13世紀に増加し，33件の史料中15％で5％弱，42％の史料で6～10％，3分の1の史料で11～15％，9％の史料で20％以上（最大30％）[18]を占める。第二要素が父の名なのか，差異化のための添え名なのかを断定することはできないが，ともかく件数としては第二要素が父の名であることが多いという (Ibid.：87-88)。北西部について，リバス資料からこの型を拾い出し，その頻度の推移を表にしてみると（表2-2），10世紀から増加し，13世紀にピークを迎え，14世紀まで維持され，近世にはほとんど消滅傾向にあったことが判明する。この地域においても，後述の属格用法（後掲表2-4が示す892件）とくらべ，主格用法ははるかに少ない（149件，父称全体の14％）。

　属格使用の強い傾向は半島西半分にとどまらない。ナバラでは属格父称は10～12世紀をつうじて圧倒的であった。それは，レイレとサン・ミジャン・

---

[18] 20％以上を挙げると，セゴビア，アビラ，オスマでは20.5～21％，バルボネラ（原始カスティーリャ域東部）では30％。またガルシア＝デ＝コルタサルによれば（1995：257），ブルゴスでは主格が通常使われていたが，1200年からは接尾辞 -ez を用いた属格が使われるようになったという。

デ・コゴージャにおける920～1160年間の父称の属格・主格の使用割合を示す表2-3 からもあきらかである。表2-2 と2-3 から判明することは，カタルーニャを除くイベリア半島北部全体として，ときに主格父称が用いられたにしても，通常使用されたのは属格父称だったことである。したがって，半島においては属格父称を本来の父称とみなすのが適切と思われる。

2）父称を形成するさまざまな接尾辞とその起源

半島北部域には父の名に接尾辞を付して属格にする，さまざまな綴り・型があった。ディエス資料（オビエド，レオン，サンタンデル，それにとりわけブルゴスを網羅）とリバス資料（北西部をカバー）をみてみよう。最も古い父称は *Gutierris*（840年），*Menendici*（844年），*Suarici*（844年）など，840年代にみられる[19]。また，*filius/prolis* もしくは *ibn/ben* を添付し，さらに父称を付す重複用法も9世紀から12世紀まで多く用いられた。たとえば，*Aloitus filius Ermegildi*（877年），*Adefonsus prolips Vermudi*（886年），*Zacarias iben Egriz*（1012年）など。それぞれの父の名 *Ermegildo*，*Vermudo*，*Agericus* に接尾辞 *-i/-iz* をつけて属格にしてある[20]。表2-1で示したように，*filius*, *prolis*, *iben* を用いた71例中，こうした重複用法は42例にものぼる。9, 10, 11世紀に多く，それぞれ12, 12, 14例ある。ということは，*X filius Y*（主格父称）→ *X filius Y-i*（属格父称）→ *X Y-i* という展開の方が，*X filius Y* → *X Y-i* より多かったことになる。単一命名システムから二要素命名システムへの展開はけっして一直線的なものではなく，多様だったのである。

ディエスとリバスによれば，父の名を属格にする接尾辞 *-i* が *-ici* となり，のちに *-iz*, *-ez* に変わっていったという。ただし，ガリシアとナバラでは *-z* や

---

[19] Rivas, 1991: 349, 353, 365. ほかの早期の例としては，*Periz*（886年），*Muniz*（899年），*Gonzalez*（911年），*Fortuniz*（912年），*Nunizi*（912年），*Gundisalvez*（916年），*Velasquiz*（927年），*Ruderici*（929年），*Frinandez*（931年），*Garceiz*（946年），*Rodriguez*（950年），*Victoriz*（953年），*Zanoniz*（953年），*Iohanniz*（965年），*Alvarez*（972年），*Manualdiz*（1019年），*Salvatoriz*（1053年），*Miguelez*（1065年），*Isidoriz*（1093年），*Domenguez*（1076年）など（Ibid.: passim）。

[20] Rivas, 1991: 323-328. トスカーナでもこうした重複用法は多かった（Durand, 1996: 417）。

-ez は, X filius Y という補足命名の出現後まもない 9 世紀にはやくも登場している[21]。両者の資料に接尾辞 -i, -ci, -z, -ez のつく父称をそれぞれ 572 件 (ディエス), 750 件 (リバス) 見出すことができる。これらのほかにもさまざまな接尾辞がある。たとえば, -az, -oz/-uz はそれぞれの資料中に 46 件, 108 件ある。リバスによれば, この型は吝嗇 codo からの Codaz, オオカミ lobo からの Lobaz, 活力 vida からの Vidad など, 気質を示すのに使われたという[22]。ほかにも -des 型 (-ades, -ides), -nis 型 (-anis, -onis) があり, それぞれの資料に 50 件, 41 件見出すことができる。

　こうしたさまざまな接尾辞のなかでも, -i が「何某の息子」の意を表していることにおいてスペイン内外の研究者の見解は一致している。ただし, その起源をめぐっては 1920 年以来さまざまな仮説が提出されてきた。ラテン語, バスク語, ゴート語, ケルト語, イベロ語, アラビア語などが起源として挙げられているが, どの説も他説を論駁できるほどの決定力をもちあわせるにいたっていないという (Díez, 1957 : 136)。しかし, ラテン語の属格 -i がその起源と考える研究者は多く, リバス (1991 : 322) やウィルソン (1998 : 126) もそのなかに入る。他方, オリベル＝ペレスはアラブ起源の仮説を唱え, 論拠として, Jalid の息子ないし子孫の al-Jalidī, Utman の息子の Utmānī, Abd Allah の息子の al-Abdalī, AbūBark の息子の Bakrī などの実例を挙げる (1992 : 219)。なるほど, アラビア語には名詞 (とくに固有名詞) を形容詞化 (「ニスバ形容詞」) して由来・出自を示す, 接尾辞 -ī が存在する (梅田, 2016 : 41, 152)。スペイン言語学の第一人者ラファエル・ラペサによれば, -ī はアラビア語源の形容詞の構成要素として, またとりわけ地名やアラビア語の固有名詞からの派生語に付ける接尾辞として, スペイン語に入ったという。セム語系でない人名に -ī を付して派生語が作られた 13 世紀の例としてゲルマン名の Alfonso → alfonsi を挙げる[23]。

---

[21] Díez, 1957 : 68, 130-136, 211 ; Rivas, 1991 : 322.
[22] ただし, 人の名 Petrus から派生した Petrias の例がある (Rivas, 1991 : 378) ので, 一定の留保が必要であろう。
[23] 2016 (1981) : 137. -i はアラブ起源の接尾辞であると明記する語源辞書もある (Alonso, 1982 : 2331)。

この *alfonsi* は *Munius Adefonsi*（924 年），*Sancia regina prolis Adefonsi, principis*（1048 年），*Urraka Adefonsi*（1153 年），*Petrus Alfonsi*（1158 年）など，まさしく父称として史料に登場する[24]。イベリア半島北部における父称の接尾辞 -i がアラビア語起源である可能性はきわめて高い。

　父称が展開しはじめた当初，一つの名にたいしてさまざまな父称形が創られた。たとえば，*Gundisalvo/Gonzalo* の父称には 11〜13 世紀間，北西部で *Gundisalbizi, Gunsalvici, Gunsalviz, Gusalvez, Gonzalez* など，中央部で *Gontesalviz, Goncaluiz, Guntsalbiz, Gunzalviz* など，*Sancho* の父称には北西部で *Sancid, Santizi, Sanchis, Sancxiz, Sanguici, Sangi* など，中央部で *Sansiz, Sanctiz, Sanciz, Sanxiz* など，エブロ河上流域で *Sangit, Sangiz, Sanchiz* などがみられる[25]。同じ人物が同一文書のなかで異なる接尾辞・名の綴りで記されることもあった。たとえば *Ferrando Uilliz* と *Fernando Uillez*（1100 年）[26]。

　このように大量かつ多様に父称が存在したことは，ポルトガル域で一番純粋におこなわれた（Bourin, 1986b : 242）ように，当初低頻度名にも父称が形成されたこと，および接尾辞の選択・綴りは個々人の裁量・好みに任されていたことを示唆する。事実，カンタブリアからエブロ域にいたる史料に登場する父称のうち，1 回しか登場しないものが 30％，2〜5 回の登場もさらに 30％にものぼる（García de Cortázar et al., 1995a : 223）。

3）さまざまな接尾辞の父称の推移

　個々の接尾辞がどのように推移したかについて，きわめて大まかな説明はあるにしても，今日まで系統だって検証されたことはない。さいわい，リバスは父称を 4 型に分類している。その資料は中世期の半島北西部における 180 件の歴史的書籍，教区簿冊などから集めたものである。むろん，存在したであろうすべての父称を網羅しているわけではない。さらに，それらを分析して得られ

---

[24] Díez, 1957 : 41, 44 ; Rivas, 1991 : 306. また，同じ用法で *Sarracini*（サラセン人）という父称も存在する（921 年，978 年，1076 年）（Díez, ibid.: 52）。
[25] Díez, 1957 : 178, 187-188 ; Rivas, 1991 : 349, 363.
[26] Díez, 1957 : 225 ; Oliver Pérez, 1992 : 226.

表 2-4　北西部における父称の各種接尾辞の推移

接尾辞の型＼世紀	8	9	10	11	12	13	14	15	16	17	計
a：-i	0	16	92	20	43	33	8	8	0	1	221
b：-ici/-iz/-ez, etc.	5	12	176	218	69	31	5	4	2	1	523
c：-az, -oz, -uz, etc.	0	2	31	43	11	16	3	0	0	0	106
d：-ades/-ides, -anis, -onis, etc.	0	2	4	4	29	0	1	2	0	0	42
計	5	32	303	285	152	80	17	14	2	2	892
b が占める割合（％）	100	37.5	58.1	76.5	45.4	38.8	29.4	28.6	100	50	58.6

出典：Rivas Quintas, 1991：329-370 より作成。

たものが自動的に他地域にも当てはまるわけでもない。すくなくとも初期の何百年かのあいだ，つまりストックの縮減・少数名への集中が本格的にはじまる以前にあっては，地域で異なる名の使用頻度が忠実に父称の頻度の違いとなったからである。たとえば，先の *Sanctius/Sancho* は北西部ではごくわずかしか使われなかったが，バスク・ナバラ地方では最頻名の一つであった。それゆえリバスは，北西部以外ではこの父称は大量にあったと記す（1991：363）。こうした留保つきではあるが，北西部での多種の接尾辞の推移を分析することによって，北部全体の推移の一端を知ることはできる。表 2-4 はリバス資料にある接尾辞 4 型を世紀毎に分類した結果である。

この表からつぎの諸点があきらかになる。

1. 父称は接尾辞 *-i* からはじまったとされ，ディエスがレオン方言とする *-ici*（1957：211）は，その *-i* から派生したとされる。表によれば，*-ici* の使用が *-i* より先行さえしているので，*-ici* 型は *-i* 型のすぐあとにつづいて登場したと解釈すべきであろう。当初 *-i* の使用頻度と b グループ（*-ici, -iz/-ez* など）の頻度は同程度であるが，10 世紀以降は b グループが圧倒的に優勢となる（10 世紀に 58.1 ％，11 世紀に 76.5 ％）。他方 *-i* は 30.4 ％から 7.0 ％へと急減する。

2. 9, 10 世紀に c グループ（*-az, -oz, -uz* など）と d グループ（*-ades/-ides, -anis/-onis* など）が登場する。c グループは 10 世紀以降増えるが，d グループは 12 世紀をのぞき，わずかに留まる。

表 2-5　北西部における接尾辞 b グループ 3 型の父称の推移

型＼世紀	8	9	10	11	12	13	14	15	16	17	計
1) -ici	1	4	31	31	5	1	0	0	0	0	73
2) -iz	4	7	139	176	52	22	2	0	0	1	403
3) -ez	0	1	6	11	12	8	3	4	2	0	47
計	5	12	176	218	69	31	5	4	2	1	523

出典：Rivas Quintas, 1991 : 329-370 より作成。

3．最盛期は -i が 10 世紀，b グループは 10，11 世紀，c グループは 11 世紀，d グループは 12 世紀である。

4．父称の形成は 10～12 世紀，ことに 10，11 世紀がもっとも活発であり，この時期の形成は全父称の 3 分の 2 にのぼる。したがって，この 200 年はすぐれて社会自体が父称を生み出す熱気に溢れていた時代だったといえる。14 世紀以降に生成された父称の数は大幅に少なく，収集された父称全体の 3.9％に留まる。中・近世の交に復活した名が，ラテン名であれ，大部分のキリスト教系名であれ，父称をほとんどもたないのはこのためである。また，既存の少数名への集中および後述する父称の化石化のために，新たな父称を生成する動機がなくなってしまったためでもある。

では，b グループをさらに 3 つに分類しよう。1) -ici, -izi, 2) -iz, -iç, -is/z, -it, -ice, 3) -ez, -et, -es, -eth とし，それぞれの推移を世紀ごとに表したのが表 2-5 である。

この表によれば，-ici と -iz が -ez より早期に現れたことはあきらかである[27]。-ez はこのグループ全体のわずか 8.8％を占めるにすぎない。-ez が今日絶対的に優位である状況からすると，その少なさにはおおいに意外の念を抱かざるをえない。この不一致は，これらの接尾辞 3 型の形成時期に一部由来していると思われる。先述したように，父称は当初いかに低頻度であっても，名のほとんどすべてにたいして形成された。そのうえ 10，11 世紀は，第一段の縮減が始

---

[27]　それゆえ，接尾辞 -ez を父称の最初の形と捉える Oliver Pérez の見解（1992：215）は根拠を欠くことになる。-z は英語の th [θ] の発音。

表 2-6 北西部において *-ici*/*-iz* 型から *-ez* 型に変化した時期

世紀	9	10	11	12	13	14	15
父称の数	1	6	9	14	24	4	6

出典：Rivas Quintas, 1991: 329-370 より作成。

まっていたとはいえ，名のストックはいまだ豊富だった（表 1-1 参照）。そのため，カンタブリアからエブロ河上流域にいたる地方だけでも形成された父称は 1,514 にものぼるという[28]。属格 *-is* が *-es* に展開していき，*-ez* は遅れて形成されたとするディエス説（1957：79, 225）にしたがえば，接尾辞 *-ici* と *-iz* は *-i* とともに，時間の経過にしたがい *-ez* に変化していったのであろう。この変化はまさにストックの最大縮減期に生じた。その結果，ほとんどすべての名にたいして形成された初期の接尾辞の父称にくらべ，*-ez* 型父称の数が極端に限られることになった。初期型 *-iz* 父称の件数が *-ez* 型よりはるかに多い理由であり，今日の父称のほとんどが表 2-4・2-5 における接尾辞 b グループの最終型 *-ez* である理由でもある。

では，何世紀に *-i*, *-ici*, *-iz* 型父称は *-ez* に変化していったのだろうか。また，この変化にはどれくらい時間がかかったのだろうか。こうした問いに答えるために，*-iz*/*-ici* 型の最初の使用年と *-ez* 型の最初の登場が判明する 64 の父称をリバス資料から拾い出してみた。表 2-6 は，はじめ *-ici* ないし *-iz* 型で現れた父称が *-ez* 型に変化した世紀を示している。

ここから判明することは，変化のピークは 12, 13 世紀であることである。たとえば，10 世紀に *-iz* 型ではじめて登場した 30 の父称のうち，同じ世紀に *-ez* 型に変わったのは 5 個，11 世紀は 7 個，12 世紀は 4 個，13 世紀は 14 個である。13 世紀はまさしく，一番多く *-ez* 型父称を生み出した世紀なのである。ロマンス語の発達は 12 世紀最後の 30 年間とされる（Gross, 2004：163）ので，それに伴う現象なのかもしれない。こうした全般的傾向にもかかわらず，逆の事

---

[28] García de Cortázar et al., 1995a：222. Herlihy はイベリア半島全体では 19,000 にものぼったと推測する（1976：16）。この数値は，さきに言及したように，西欧のどの地域よりも忠実に父称が創られたポルトガル域を含む。半島北部でもラテン系・地元伝統名が優勢だった当初の段階では名という名に父称が創られたため，ラテン系・地元系父称がほかの系統の父称より数としては多い。しかし中世盛期にはラテン名を押しのけて，ゲルマン系・キリスト教系の名の使用が多かったために，それ以降は化石化現象も加わって，ゲルマン系・キリスト教系父称の使用頻度の方が高いことになった。

表 2-7 カンタブリア〜エブロ河上流域の接尾辞 -iz, -oz/-az, -ez/-es の推移

	925	950	975	1000	1025	1050	1075	1100	1125	1150	1175	1200	計
-iz						1(3)	1(4)	1(18)	1(3)		1(2)		30
-oz, -az	1(1)	3(6)	4(7)	3(8)	3(14)	4(13)	5(22)	5(61)	3(14)	5(17)	5(30)	4(29)	222
-ez, -es[a]	1(3)	4(5)	2(2)	6(8)	6(18)	9(40)	11(55)	10(146)	10(45)	10(50)	11(60)	12(143)	575
%[b]	75	45.5	22.2	50.0	56.3	71.4	67.9	70.5	76.3	74.6	65.2	83.1	69.5

出典：García de Cortázar et al., 1995a：223 より作成。
注：この表区分に該当しない García, Alfonso, 一括分類されている Muñoz/Nuñez は対象から省いた。数値は父称の種類の数、括弧内数値は件数を示す。
　a：-ez/-es カテゴリーのなかで、Iohannes が唯一の -es。
　b：-ez/-es 型父称が占める割合。

例もある。つまり、接尾辞 -iz よりも -ez が先行しているばあいである。その例は、はや862年に登場した Albarez と873年の Alvariz である (Rivas, 1991：331)。このことは、一般的に -iz 型はより早期に登場したとはいえ、いくつかの -ez 型父称はほとんど同時に現れたことを示唆する。

　では、半島北部の中央部、カンタブリアからエブロ河上流域にいたる地域はどのような様相だったのだろうか。ガルシア＝デ＝コルタサル他が集めた父称リスト (1995a：223) で分析すると、北西部と異なり、-iz はより遅く、きわめて少ないことが判明する。925〜1200年間の長いあいだ、わずかに2.9％を占めただけである。他方、-oz/-az と -ez は絶対的多数を占めた。ことに -ez/-es は優勢になっていき、1025年以降は -oz/-az 型を抜き、1200年には資料の83.1％にもたっする。表2-7が示すように、1025年以降、中央部における -ez 型父称は豊富で、一貫して優勢を保つ。この状況は、-iz 型の優勢をまえに中世盛期をとおして -ez がきわめて脆弱だった北西部 (表2-5) と対照的である。こうした中央部における早期の -ez 普及・優勢をまえにしては、-ez は -iz とともに北西部が起源とするディエスの見解 (1957：329) に疑問を抱かざるをえない。上述のガリシアにおける Albarez (862年) よりさらに半世紀以上も早い例 (Peidrez, 804年、レオン地方オテロ・デ・ラス・ドゥエニャス) さえみられる (Ibid.：185) のである。

　この半島北部3分の1の中央部 (図2-1) の様相をより詳しく把握するために、ディエスが作成した33件の史料別・世紀別の -iz, -ez の推移リスト

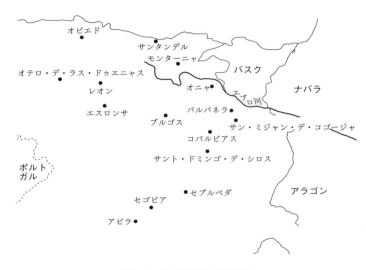

図 2-1　半島北部中央部地図

(Ibid.: 206, 212) をみてみよう。まずこの地域全体としてみると，-iz は 10 世紀に登場しはじめ，11，12 世紀にピークを迎え，傾向としては表 2-7 とほぼ一致する。他方，-ez は早くも 10 世紀に 33 史料の 3 分の 1 に登場し，12 世紀にはその半数において -iz 型を上回り，13 世紀には史料のほとんどすべてにおいて優勢となる。さらに各地の -i，-iz，-ez の登場時期を拾い出してみると，おおむね -iz が -ez に先行して登場する。しかしエブロ河上流域（東部）では同時（コバルビアス）ないしは逆に -ez が先行するところ（バルバネラ）もある。また，-i の登場が逆に -ez より遅いところも少なくない（サン・ミジャン・デ・コゴージャ，バルバネラ，オニャ）。他方，中央部とガリシアに近い西部では，ほぼ -i →-iz →-ez の順で登場する。たとえば，オビエドでは最初の登場はそれぞれ 905 年→ 978 年→ 1048 年，オテロ・デ・ラス・ドゥエニャスでは 922 年→ 1008 年→ 1210 年である。

　半島北部中央部のなかでも，東部のエブロ河最上流部に位置する原初カスティーリャ域はきわめて特徴的な展開を示す。この地域の大半では -iz と -ez はほぼ同時に 10 世紀から登場し，12 世紀には -ez が -iz を凌駕し，13 世紀には

-*ez* が絶対的優位を確立する。13 世紀の -*iz*, -*ez* の件数は，オニャでは 64 vs 526，コバルビアスでは 12 vs 107，シロスでは 16 vs 192 である。東部における -*ez* の早期の登場と優勢は，王家がすでに 8 世紀後半から -*ez* 父称を使用しはじめていた，隣国ナバラから導入したことを強く示唆する[29]。バスク人頭領 *Enneco/Iñigo*（780〜85 年に死亡）の息子 *Iñigo Iñiguez* は *Iñigo Arista* の名で初代ナバラ国王を名乗ったとされる。その後の歴代王 *García Iñiguez*（851/852〜70 年），*Fortún Garcés*（870〜905 年）も -*ez* 父称である。ナバラにおけるこうした早期の -*ez* 型形成は，この地域についての詳細な史料がないため確認できないが，後述するように，エブロ河中流域を支配していたイスラーム勢力との親密な関係から，早期に導入した -*i* から短期間に変化したものと推測できる。原初カスティーリャ域ではナバラより少し遅れた 8・9 世紀交から -*ez* 父称が使用されはじめる。同域を治める人物として 824 年にはじめて史料に登場する *Munio Nuñez*，アストゥリアス王国初代カスティーリャ伯 *Rodrigo* の跡継ぎ *Diego Rodriguez*，その死後（873 年頃）に三分割された同地の伯たち *Munio Núñez*, *Gonzalo Téllez*, *Gonzalo Fernández*（Valdeavellano, 1968：124-126, 610），かれらはすべて -*ez* 父称をもつ。

原初カスティーリャ域はさきに言及したように *filius* 型はほとんど採用せず，-*i*, -*iz* 型から早期に -*ez* に展開し，あるいは東の隣接地から直接 -*ez* を導入することにより，以西の地域より早く -*ez* が出現・普及したのである。言語学者ラペサによれば[30]，カスティーリャはその地理的位置により半島のさまざまな話しことばの合流点となり，隣接地域から入り込んでくる主要な革新的現象を採り入れ，独自の特徴づけをした。原初カスティーリャ語にはさまざまな発展段階の形・発音が混在していたが，形成期のカスティーリャ語はさまざまな音声・綴りの選定において当を得て果断であったという。この指摘は，主格父称も含め，-*i*, -*iz*, -*ez*, -*az* などさまざまな接尾辞の父称が混在するなか，-*ez* 父称を早期に選定したことにも当てはまるであろう。

---

[29] Martínez Sopena も，ナバラ・リオハ域の先駆的動向（ストックの縮減・二要素命名法の採用）がカスティーリャに早期に伝播したとする（1996：72）。

[30] Lapesa, 2004：157, 175-176, 178.

-ez は東部のエブロ河上流域（原初カスティーリャ域）ではほぼどこでも 10 世紀（早いところでは 912 年）に登場するが，中央部では 11, 12 世紀，西部では 11〜13 世紀がほとんどである。この登場のずれは，ディエスが作成した，各史料中に -ez 型が占める割合の地図（1957: 209-210）からも確かめられる。東部では早くも 10 世紀に 15〜25％，11 世紀に多いところでは 35〜40％に達したが，西部では 10, 11 世紀においても大半はゼロないし 1％未満であり，12 世紀に 10〜25％のところが多くなり，13 世紀にようやく 20〜40％が多数を占める。この事実は，北西部の動向を示す表 2-5 において -ez の存在が希薄であり，12 世紀がそのピークであることを説明する。これにたいし，-iz 型は逆の展開である。10, 11 世紀に西部の多数の所で 55〜70％を占めるが，東部ではようやく 11 世紀に多くで 15〜30％になるものの，13 世紀にはすべて 5％以下に減少する（Ibid.: 215-216）。-iz 型が西から東に伝わったにしても，東部における存在は脆弱であり，すぐに -ez 型に凌駕されたのである。半島中央部全体としてみれば，西にいくほどガリシアの影響，東ほどナバラの影響が強かったことになる。

　ここで代表的な -ez 型父称の登場年を，この中央部全体と北西部とで比較してみよう。いくつかはほとんど同時に登場する。*Gutierrez* は北西部で 922 年，中央部で 932 年，*Gundisalvez*/*Gonzalez* はそれぞれ 916 年，911 年，*Sanchez*/*Saggez* はそれぞれ 983 年，979 年，*Suarez* は両地方でともに 1073 年。しかしこれら以外の -ez 型父称は中央部の方が北西部よりずっと早い。*Domenguez* は 1076 年（北西部では 1104 年に *Dominiquez*），*Frinandez* は 931 年（同，1020 年），*Jannez* は 952 年（同，1273 年に *Iohannez*），*Martinez* は 1027 年（同，1290 年に *Martinez*），*Menendez* は 955 年（同，1332 年に *Meendez*），*Miguelez* は 1065 年（同，1273 年に *Migeez*），*Peidrez*/*Pedrez* はそれぞれ 804 年，1072 年（同，1254 年に *Perez*），*Rodriguez* は 950 年（同，1253 年に *Roderiguez*）など[31]。多くにおいて，200〜300 年ほどの差がある。むろん，資料が形成された父称をすべて収集しているわけではないので，これらの年号は絶対的なものではないが，中央部が

31　Rivas, 1991: 339, 343, 348-350, 352-353, 358, 362-363, 365 ; Díez, 1957: 147, 149, 151, 153-155, 157, 159.

第 2 章　新しい姓名システムの登場　75

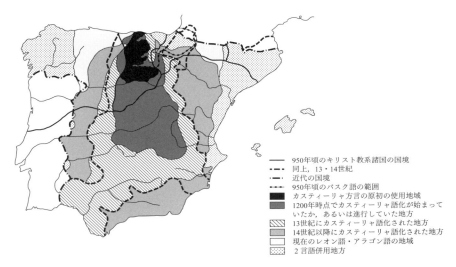

図 2-2　カスティーリャ語の広まり

出典：ラペサ，2004：175-176（図と文言を一部変更）．

-ez 型父称の普及において北西部に先行したことはあきらかである。

　さらには，中央部のなかでも東部が先行し，そこから西部へ伝播していった全体的様相はさきにみたが，具体的にいくつかの父称でそれを跡づけよう。東部シロスで 1076 年に記録される *Domenguez* が中央部エスロンサに登場するのは 1122 年である。*Fernandez* は東部サン・ミジャンで 943 年，中央部エスロンサで 1144 年（*Hernandez*），北西のオビエドでは 1289 年（*Ferrandes*）。*Gonzalvez* は東部サン・ミジャンで 1035 年，中北部モンターニャで 1191 年（*Goncalvez*），北西のオビエドで 1289 年（*Gonsales*）である（Díez, 1957：147, 149, 151）。またレコンキスタの進展にともない，南方への伝播も判明する。中央部南方のセプルベダでは，-ez は 11 世紀の登場当初から -iz にたいして優勢であり（28 vs 3），さらに南西方のセゴビア，アビラでは，その登場当初の 13 世紀から圧倒していたのである（42 vs 2）（Ibid.：206, 212）。

　-ez が原初カスティーリャ域でより早い時期に普及が進み，その後西方と南方に伝播していったことは，俗語（カスティーリャ語）と関係しよう。接尾辞

-ez は，ラテン語より短縮している萌芽的カスティーリャ語との相性がいい。そのため，カスティーリャ語の広がりが *-iz* の *-ez* への変換を促し，*-ez* の普及に貢献したのではないだろうか。この型の西方・南方へのゆっくりとした広がりはカスティーリャ語自体の広がりとおおむね一致する（図 2-2 参照）。

4）他国における父称の接尾辞・接頭辞

　イベリア半島では上でみてきたように，父称には多種多様の接尾辞があった。フランスにはまったく存在しない[32]が，ヨーロッパの大半の国では接尾辞か接頭辞が父称の生成に使われた。たとえばイングランドには，古い土着のアングロサクソン系や新たに取り込まれたものなどきわめて多く存在した。古い接尾辞としては，王族が最初に使用した，地名につける *-ing* が最古で，8〜12 世紀間用いられた（たとえば Cufa に *-ing* をつけた *Wulfric Cufing*）。*-en* は *Odo / Otto* につけて *Otten*，*-son* はアングロサクソン語の *suna / sune / sunu* から 7 世紀に派生し，職名やあだ名とも融合した。当初貧民層で用いられたが，一般化したのは 14, 15 世紀である。また，新しい接尾辞も多数ある。*-i*（たとえば，先にみた *Willelmi* や *Roberti*）の使用はロンドン北東のサフォークに限定され，とりわけ 12, 13 世紀に用いられた。*-kin* はたぶんフランドルから導入され，13 世紀以降 *David → Daukin / Dokin* のように使用された。*-cock* は *Richard → Hitchcock* ように 13 世紀中葉以降使われた。*-s* は *Willames* のように用いられ，12 世紀末，13 世紀は少なかったが，14 世紀末以降，社会の下層から広まった。接頭辞としては，さきに言及した，ノルマン征服後に導入されたノルマン語の *Fitz* がある。そのほか，ゲーリック語の *Mac*（*Mc, Mhic, Vic, Vc*）[33] は *Dolfinus mach Adam*（1160 年）や *Madnokard*（鍛冶屋の息子）のように使用された。アイルランド語からは *Mac, O, ni* が導入され，*ni* は *Maire ni Ó Briain* のように娘に用いられた。ウェールズでは 13 世紀末，*mab, ab* が納税者の半数以上で用いら

---

[32]　フランス語に存在しないのは，発音によるのであろう。多くの言葉は最後の文字を発音しないため，接尾辞は付けにくい。

[33]　このゲーリック語接頭辞 *Mac* は，父親の名よりも職名に付けて用いられることが多かった（Wilson, 1998：148）。

れていた。これらの接尾辞・接頭辞のなかでも，-son と -s が支配的になっていった。イタリアでは俗語文書で *Pietro di Andrea* や *Iohannes de Stephano* のように父の名の前に *de* か *di* をつける形が10世紀末から用いられ，接尾辞 -i は11世紀から *filius* を省いて登場した[34]。

ここであらためて確認したいことは，接尾辞 -i がイベリア半島以外ではイタリアとイングランドでしか用いられなかったことである。イタリアでは地域差・階級差が大きい。モデナでは10, 11世紀，*Liuzo Loperti*，*Bonizo Lupi* のように *filius* を用いない，名＋属格 -i 型父称が優勢となり，トスカーナ，ウンブリアでも11世紀初めからこの型を採用し，*Alberti*，*Medici*，*Strozzi* など，この地域のエリートとなる姓が生まれた。しかし早くも8世紀から採用された *filius* 型が中世後期まで使用されつづけたり，*de/di* ＋父の名型もことに中下層で15, 16世紀まで用いられたりしたため，-i で終わる近代の姓がエリート層を真似て，社会全体に広がったのは近世に入ってからである[35]。-i が社会的・地理的にきわめて限定された使用であり，かつ，その普及がきわめて遅れたことからすると，接尾辞 -i をラテン語起源とすることに懐疑的とならざるをえない。

こうしたイタリアの状況とは異なり，イベリア半島では表2-4でみたように，接尾辞 -i やその派生語 -ici，-iz などはずっと早期に，9世紀，さらには8世紀から使われ，平民間でもすでに中世盛期にきわめて広く普及していた。アラビア語起源の単語を2,500以上，地名を1,500以上言語に取り入れた[36]半島北部，とりわけ中央以西地域にとって，アンダルスはその習俗を真似し，取り入れる

---

34 Klapisch-Zuber, 1996 : 476 ; Wilson, 1998 : 125-131.
35 Wilson, 1998 : 129-130. さらに Klapisch-Zuber によれば，トスカーナ地方で -i が使用されたといっても，ほとんどはその西部域に限定されていた（1996 : 476）。イベリア半島にはない類の父称としては，*ser*（公証人の敬称）＋ *Nino*（*Bernardino* の略称）から *Sernini*，*ser* ＋ *Angelo* から *Serangeli* や，あだ名に -i を付した姓 *Pecci*（*Peccia* から），*Corazzi*（*Corazza* から）などがある（Pérol, 2004 : 228）。イタリアのあだ名姓については第6章注102も参照。*Mitus/Midus*（*Mito* のラテン語化）から派生したと思われる著名な姓 *Médici/Médicis* は，イベリア半島にもあり，その名から父称がきわめて早く登場している——*Midiz* が846年（Díez, 1957 : 182），*Medez* が1337年（Rivas, 1991 : 353）。
36 ラペサ, 2004 : 123-128 ; ヴァルテール, 2006 : 213.

に値する魅力的な世界であった。先に言及したように，-i のアラビア語起源を唱えるオリベル＝ペレスは，アラブ習慣の摂取には命名法も含まれたとする。ibn の導入同様，ニスバ形容詞を作るアラビア語の接尾辞 -ī の導入はむしろ自然だったであろう。

　イングランドでは北海に面している南東部だけで -i が用いられた。とすると，イベリア半島の北部沿岸から直接導入された可能性がある。filius と違い，いかなる接尾辞もまったく用いられなかったフランス[37]を経由するはずもない。南東部とウェールズに広まった接尾辞 -s についても，-kin がフランドルから導入されたであろうように，イベリア半島の接尾辞 -es / -ez が海を介して直接伝わったという可能性を全否定することはできないであろう。接尾辞 -az については，南仏，イタリア，それにスイスに存在する（Rivas, 1991：371）。これも，イベリア半島固有のその接尾辞が直接導入された可能性も否定できない。オリベル＝ペレスによれば，-z 型父称は西欧ではイベリア半島以外には存在しない（1992：247）からである。ピレネーの北側，ポー川河畔の町 Orthez（オルテーズ）の名も半島の影響かもしれない。サンティアゴ巡礼路の南仏における起点のひとつだったことからすると，おおいにありうる（巡礼路図は本章注 111 にあり）。

5）父称の採用における社会的・地理的差異

　半島北部における父称の登場と普及には地方により，また社会グループにより違いがあった。国王については先述したように，半島ではじめて早くも 8 世紀後半に父称を採用したのはナバラであった。エブロ河中流域まで勢力を拡大させていたムラディ家門バヌ・カシ家[38]が治めるイスラーム世界と密接な関係をもっていたこととかかわるであろう。初代国王 Íñigo (Íñiguez) Arista が生活様式をアラビア化し，その直親がバヌ・カシ家と幾重にも婚姻関係を結んでいたこと[39]は，父称のイスラーム世界からの導入を強く暗示する。カスティー

---

[37] フランスでは，イングランドで使われた -son や Mac- といった接尾辞・接頭辞を用いる用法は存在しなかった（Wilson, 1998：125）。
[38] 西ゴート伯 Casius がイスラームに改宗した家門。ムラディとは改宗ムスリムを指す。
[39] Valdeavellano, 1968a：440；Oliver Pérez, 1992：227.

リャ域にしてもナバラからの間接的影響にとどまらず，バヌ・カシ家が治める領域とエブロ河・ドゥエロ河を介して容易に直接，交流することができた (Valdeavellano, 1968b：129)。他方，バルセロナ伯家は（主格）父称を 10 世紀末から採用しはじめた。Borrell 2 世を継いだ Raimond Borrell（ボレル）（ライモンド）（992〜1017 年）である。国王や伯たちがこれほど早期に父称を採用した理由は，伯領を国として固める時期にあって，その統治権を継承する正統性を表明するためだったことに疑いの余地はない。

しかしカスティーリャ国王は 11 世紀前半に，ナバラ国王は同世紀後半に，またバルセロナ伯も 12 世紀第 2 三半期に父称の使用をやめる。以降，国王は名しかもたないことが伝統となる[40]。対照的に，レオン国王は一度も父称を用いなかった。これは，国王も王国もその系譜に確固たる自信があり，その直系尊属にわざわざ言及する必要がなかったことによろう。あるいはもしかして，いわゆるゴート主義が，西ゴート伝統の国王選出制を否定し，かつ相続制王座の象徴となる，父称を忌避させたのかもしれない。他方，レオン国王諮問院のメンバーたる有力者たちは，9 世紀末から父称を用いた。「何某の息子」と表明することは特別な意味をもったであろう。国王から下賜された権力行使の特権が相続によって得られるからである（Salazar, 1991：18）。

ナバラでは，父称はすでに 10 世紀に勝利していた。貴族は 11 世紀をとおして父称を用いたが，12 世紀にはその使用は減少する。使用するばあいはほとんどつねに属格であり（表 2-3），サン・ミジャンでは例外はなかったという (García de Cortázar, 1995：287-290)。バスク地方では父称の普及に時間がかかったが，11 世紀後半に急速に増えた[41]。

アラゴンでも父称は貴族や自由人によって，たぶん 9 世紀に採用され，11 世紀に優勢となっていった。同世紀第 2 三半期以降，40％前後を占めるまで

---

[40] 国王自身はリネージ名をもつにしても，姓をもたない。日本の天皇も，皇権は臣下に名と姓を下賜する最高の存在であるという伝統的概念ゆえに姓・リネージ名ともにもたない。

[41] Líbano Zumalacárregui et al., 1995：270. ただし，これは地名姓を含む二要素命名全体として示される推移のため，父称単独の推移は不明である。

になる[42]。ナバラとともに，アラゴンでのこうした早期の採用は，ラリエナ＝カブレラ (1995：306) によれば，社会の変化によるのではなく，従来からの親族構造とリネージに付された重要性ゆえであるという。マルティネス＝ソペナは，ある私的集団に限定された集団的特権や機能を個人が主張したのであろうと敷衍する (1996：84)。またト＝フィゲラスは，親族ネットワークにおいて遠戚よりも直近の系譜を強調する手段であったと説明する (2002：61)。他方，ガルシア＝デ＝コルタサル他は別の見解を表す (1995c：403)。アラゴン地方をその過去から真に断絶させたのはレコンキスタであり，それによって（残留した）ムスリムとあらたに入植してきたキリスト教徒にたいして封建秩序が敷かれたことに由来するという。有り体にいえば，農民を所領に取り込む所領化に父称の採用をもとめるこの解釈は説得的である。こうした状況下，父称は貴族には所領の継承を，農民には土地の保有を表明するのに役立ったであろう。社会における変化と家族・親族における変化が相互にかかわり合いながら進行し，それが父称の採用に反映されたのである。

　カタルーニャにおける父称の採用は11世紀前半に生じた社会的大激震ともいうべき歴史的事件と関係づけなければならない。同世紀以降の父称の「発明」は，ツィメルマン (1995：364) が指摘するように，人名ストックの貧弱さという技術的な結果ではなく，新たな社会的関係がもたらしたものである。個人は相続人として認知されるがゆえに，父称は社会的身分の獲得に匹敵する。たしかに，バルセロナ伯 *Raimond Borrell* の死（1017年）以降，公権力は存在しないに等しい状態となった。公共財産が私的財産に変えられたのである。1020年から1050年の間に国境地域の城塞という城塞は事実上独立してしまい，1045年から数年のうちにカタルーニャは封土だらけになった。伯の死後わずか1，2世代で，貴族と伯権力の関係に劇的な変化が生じ，かつてのカロリング諸伯領は封建国家に変貌したのである。この公権力の崩壊と「新貴族」の登場という長いプロセスはキリスト教圏ヨーロッパの多くの地方で9世紀から，南仏では1000年以前から生じていた。そのプロセスがカタルーニャではわず

---

[42] Laliena Corbera, 1995：306 より算出。

表 2-8　カタルーニャ伯領における父称の変遷

時期	1001～1025	1026～1050	1051～1075	1075～1100	1101～1125	1126～1150	1151～1175	1176～1200
父称（％）	1.2	33.2	57.3	72.9	66.3	38.8	19.8	14.2

出典：To Figueras, 1995：391.
注：％は二要素命名総数に占める父称の割合。

　か一世代のうちに，ほとんど革命的に成就されたのであり，それが社会構造に劇的変化を生み出したのである[43]。この「封建的変更」により，ますます数を増していく新貴族たちは所領の系譜性と相続，および私有化したばかりのバン権力を強調すべく，父称を用いたのである（To Figueras, 1996：426-427）。

　表 2-8 はカタルーニャ伯領における父称の変遷を示している。名＋父称型は 11 世紀第 2 四半期から突如増加し，同世紀後半に加速していく。ト＝フィグラスが提示するさらに詳しい別表（1995：391）によって 1026～50 年間に注目すると，1026～30 年の 5 年間はわずか 2.3％だったが，つぎの 5 年間（1031～35 年）には突然 36.6％になり，1036～40 年には 45.9％にもたっした。つまり，1031～35 年以降父称は突如増加し，10 年間のうちにごくありふれたものになったのである（Zimmermann, 1995：355, 368）。カタルーニャでの父称は，歴代の伯や，南仏，たとえばガスコーニュ（Wilson, 1998：1124）同様，通常主格で使用された。これは，さきに言及したほかの側面同様，カタルーニャは半島の他地方よりもフランスの地方との関係の方がより緊密だったことを示している。

　農民による父称の採用には，社会上層部での動機とは異なる意味合いがあった。いくつかの地方ではかなり早くから使用された。リオハ域とナバラでは上述のように，国王につづいて農民間でいち早く父称が登場した。9・10 世紀交から使用されはじめ，920～1000 年のあいだですでに優勢となったが，逆に，貴族間での使用はきわめて少なかった（レイレではわずか 1 例，サン・ミジャン・デ・コゴージャで 2 例）。10 世紀のサン・ミジャンではあらゆる種類の第二要素中，属格父称が 65％を占め，主格父称も加えると父称は 70％にもたっした（表 2-9）。

---

[43]　Bonnassie, 1976：554-574, 646-646.

表 2-9　ナバラの非貴族が用いた属格・主格父称が二要素命名総数に占める割合（％）

父称	920〜1000		1001〜1050		1051〜1100		1101〜1130		1131〜1160	
	L.	S. M.	L.	S. M.	L.	S. M.	L.	S. M.	L.	S. M.
属格	46.0	65.0	56.2	42.6	49.0	45.5	35.2	47.8	34.1	38.4
主格	9.5	5.0	3.1	4.7	2.7	7.9	0.7	4.3	0	7.6
計	55.5	70.0	59.3	47.3	51.7	53.4	35.9	52.1	34.1	46.0

出典：García de Cortázar, 1995：287-290 より作成。
注：L. はレイレ，S. M. はサン・ミジャン・デ・コゴージャ。

　ガリシアでも二要素命名法の採用は早かった。11世紀には農民の3分の1が採用した。レオンのビエルソ域でも1075年以前に60％，12世紀には95％にもたっした。これらの地方では，最初からほとんどの第二要素は父称だった。ガリシアではサンプルの94％，ビエルソ域では90％前後，時期によってはほとんど100％を占めた（Rivas, 1991：329）。半島北西部の農民間にこれほど早期かつ広範囲に父称が普及したことは，同地方で所領化（ほとんどは聖界）が進んだ結果であろう。長期借地制[44]の安定化のために領主は借地人の系譜を重視した。父称はなににもまして，次世代への継承を容易に確認できる手段であった。
　カタルーニャでは農民間での父称の使用は11世紀初頭に広まり，先述したバルセロナ伯の死につづく激震のなか，1030年代には当たり前になった（Zimmermann, 1995：364, 368）。まさにその時期，城主たちは自由人農民への支配を主張していき，彼らをバン体制下に置くようになった（Bonnassie, 1976：642）。ここでも父称は新しい封建貴族の意向を反映している。農業経営の安定のために，農民の世代間継承が正統におこなわれることを重視した。領主たちによる土地の集積・囲い込みは，相続以外の方法で農民が土地を取得することをできなくさせた。そのことが，ト＝フィゲラスが指摘するように（1996：431），11世紀末に一子相続と父方居住，つまり直系家族を北東カタルーニャに生み出すこと

44　当初三世代ないし国王三治世間であったが，12, 13世紀から永代に変わっていった。

になったのである。なるほど，ブーラン（2002:12-13）が述べるように，ラングドックでもカタルーニャでもほとんど社会全体で二要素命名法が早期かつ広汎に採用された時期は，封建化と完全に時を同じくしている。この現象はイタリアと著しい対照をなす。ことに封建制の影響が一番少なかったピサでは長期にわたって補足命名が存続しつづけ，二要素命名法への移行はゆっくりだった。他方，シチリアではノルマンディ出身の封建貴族が当初から家族姓を採用し，聖・俗領主は所領の農民にたいして世襲姓をつけることを強要した（Martin, 2002:115-116）。

　カンタブリアからエブロ河上流にいたる広範な地域においても，農民は10世紀から父称を採用しはじめ，11世紀に普及していった（García de Cortázar et al., 1995:223）。当地域における農民間でのこうした早期の父称採用は，支配層やガリシア，カタルーニャ地方における動機とは異なり，入植活動を介して複合家族から解放されて核家族が形成されたことと関係づけなければならないであろう。二世代の家族共同体意識の形成と強まりを示唆する。それは，エブロ河・ドゥエロ河上流域の広大な無人地帯への絶えざる入植活動による[45]。父称はまた，耕作によって獲得した土地を次世代が相続するという表明でもあり，隣人同士で同名異人を弁別するのにも役立ったにちがいない。

　他方，アストゥリアス，リエバナ域，レオンといった後衛地では，相当規模の世襲地を有する地主の子どもたちは，親が単一名であっても9世紀，10世紀はじめに二要素命名法を用いはじめた。この現象をマルティネス＝ソペナは自由人における差異化プロセスと解釈し，父称がある種の社会的条件として働いたとみる（1996:83-84）。それは家産を次世代に確実に相続させるという意識の萌芽に連なるものであろう。

　いくつかの地方では国王や貴族の家系が農民家族に先んじて父称を採用したが，イベリア半島北部全体としてはむしろ農民家族が名＋父称という命名法採用の率先者だった[46]。農民のあいだで急速に広まったことからすれば，命名革命は支配者間ではじまり，その後平民に広まったと一概には言えないとするブーランの見解（1989b:240）はもっともといえる。父称は再入植後の核家族の形成，あるいは領主制への編入を契機として半島の農民層にすみやかに普及し

たのである。同じことはポルトガル域についてもいえる。同地では全域にわたり、わずか25年（一世代）のうちに父称が支配的となった（Durand, 2002：78）。半島北西部の動向に同調した動きではあるが、社会階層や性差にかかわりなく父称が用いられたからである。国境域にあって、男女平等の核家族が形成されたことを映し出している。

　以上から言えることは、半島北部は父称の登場・普及においてほかの西欧より先行していたことである。なかでも、ナバラとアラゴンは早かった。西半分においても入植活動や領主所領化によって農民の採用は早期かつ広汎であった。カタルーニャでは南仏同様に封建化を契機として、11世紀初頭以降に農民のほとんどすべてに広まった。一方、イングランドでは遅く、ようやく12世紀末ないしは13世紀初めにいくつかの父称が採用されたにすぎない。イタリアでは地域差・階級差が大きく、きわめて限られた北部地方において支配者たちが中世盛期に用いたが、平民間に広まるのはようやく近世になってからである。

45　再入植の伸張地図（Artola, 1993：871）。破線はカスティーリャ、実線はレオンの入植経路を示す。

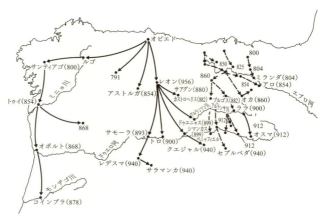

46　González Vázquez et al., 1995：60, 68；Durany et al., 1995：102；Montenegro, 1995：188.

6）父称に込められたさまざまな意味合い

　ヨーロッパの大半の地方において，父称は分節された二世代関係を明確にするために採用された。この意味で，10，11世紀のガリシアにおける奴隷たちが父称をもたなかったことはきわめて明示的である。その従属的状態によって家族を作ることができなかったからである（Portela et al., 1995 : 46）。聖職者も似たような状況にあった（Durany et al., 1995 : 102）。たとえば，920〜1160年間のレイレとサン・ミジャン・デ・コゴージャの史料に登場する聖職者（García de Cortázar, 1995 : 287-290）に父称をもつ者は一人もいない。また，ユダヤ人もムスリムも同様であった[47]。たぶん，これらの民族は，連綿と世代を連ねる家系から二世代だけを切り離すという概念は受け入れがたかったのであろう。こうしてみると，共通の先祖をもつ大きな親族集団のなかにあって，父称はまさしく，夫婦家族の確立を体現しているといえる。人びとの尊属への記憶は，父の父称を介してせいぜい祖父に遡るにとどまる。父称の採用は，親族集団に生じた変化を象徴しているのである[48]。

　さらに，父称は相続権ともかかわる。だれが父称を用いるかは，地方により多様である。半島中央部と西部では息子も娘も父称をもち，女性は結婚後もその父称をもちつづけ（夫婦別姓となる），生家のアイデンティティと相続権を保持した。ここでの父称は水平方向の家族関係を表し，「世代の名」である。父称は純粋な双系家族と両立する，否，その核心と結びついている[49]。父

47　García de Cortázar et al., 1995a : 223-224. こうした一般的傾向とは逆に，Menjotによれば，ムルシアではユダヤ人はみな父称をもっていたという（1981 : 15）。

48　García de Cortázar, 1995 : 284, 290 ; García de Cortázar et al., 1995c : 402 ; Durand, 1996 : 419.

49　Durand, 1996 : 413-418 ; 2002 : 77. たしかに，レオンとカスティーリャのベエトリア（住民が領主を選定する所領）は11世紀に双系親族によって組織されており，両親の財産はすべての子どもに均分しなければならないという西ゴート法の原則を堅持していた（Martínez Sopena, 1987 : 62）。一方，Durandは同じ父称をもつ父方・母方集団は利害・責任・家族の名誉を共有していたとする。その根拠として，12世紀のレオン域エストゥレマドゥーラにおいて家族の名誉を汚したメンバーを殺害する親族の権利を挙げる（2002 : 82）。ただし，国王フエロが殺害権を夫に限定したため，二親等以上の親族はこの殺害権を13世紀半ば以降失ったことに留意する必要がある。この限定は1348年のアルカラの布告によってカスティーリャ全土に効力をもつようになり，以降，家族の名誉を毀損した家族成員の報復殺害は核家族の成員に限定される（芝，2003 ; 2009 ;

称はまた，父と息子の共同体意識にも供した。父の名を息子，とりわけ長男につける習慣があり，*Nuño Nuñez*（882年），*Frenandus Frenandici*（1058年），*Lope Lopiz*（1073年，1131年），*Lupus Lupi*（1184年），*Rodrigo Rodriguez*（1219年，1254年），*Rodrigo Rodriget*（1225年）[50] などのように，名と父称が同根となる。同様に *Petrus Petri* などがみられたポルトガルでも，父称は相続システムと（すくなくとも13世紀末まで）かかわり，息子は父と同じ地位にあった（Durand, 2002：78-84）。

他方，カタルーニャやアラゴンでは女性による父称の採用は遅れた。これらの地ではローマの嫁資の導入によって女性が相続から排除され，権利が著しく阻害されていた。12世紀最後の30年間でさえ，90％の女性は名しかもっていなかった（To Figueras, 2002：62）。オック語圏では土地を相続するとみなされる息子だけが父称を得た[51]。イタリアでは息子全員が世代変化する父称をもったが，娘は外された。父称はまさに，姉妹を除外し，兄弟のみで家産のすくなくとも一部を共有する consorteria[52]（コンソルテリア）を反映している。

以上から，父称は家族集団における相続権を忠実に反映していることがわかる。姓と相続の関係は，15世紀トスカーナで折半小作よりも小土地所有農間で姓が普及したという事実にもみることができる。姓の広がり具合は（直接的には）不動産の保有形態，それゆえ相続に，さらには居住のあり方，政治形態，言語，文化にも影響されたことになる（Bizzocchi, 2010：28）。コンソルテリアについていえば，実際に家産共同体の形成が叶わないときには，同じ姓を用いることによって一族の団結が表明され，道徳的・文化的紐帯の強化がめざされたという（Wilson, 1998：167）。

2010）。したがって，同じ父称をもつからといって，利害・責任・名誉を核家族以上に広げることはできない。

[50] Díez, 1957：153, 155, 180；Rivas, 1991：314, 343.

[51] Bourin, 1995a：209；Durand, 1996：415.

[52] この男系家族集団は1000年ころに現れ，都市のみならず農村地域にも広がり，12世紀には優勢となった。その男系主義は政治的・経済的権力の維持・増大を図った都市貴族の家族的団結に由来するという（Hughes, 1975：5-8, 22）。女性が物心両面において家から排除されていた状況を，大黒は，家名を継ぐことができないのは「こころ」の面での排除，相続にあずかりえないのは「もの」の面での排除と形容する（1993：28）。

西欧の大半の地方では父称に家族の記憶を永続化しようという意識は含まれていなかった。デュランは，人びとが家族の記憶に興味を示さなかった地方では長期にわたり父称が用いられたとし，イベリア半島の中央部・西部をその例とする。他方，人びとが「家族の名」を望むところでは世代毎に変わる父称はすぐに使われなくなったとして，オック語圏，カタルーニャ，ナポリを挙げる（1996：414）。後述するように，後者地域では世代父称が家族の名としてすぐに世襲父称となっていった。

　とはいえ，世代父称も時に，家系意識を内包することがあった。イタリアにおける父称の連鎖使用である。さきに言及したイングランドでの *son of* の連鎖法に似る。イタリアのエリートはそうした連鎖法を 11 世紀から使用しはじめた。それはまさに，リネージの出現時期にあたる[53]。特定の名を家産化してレパートリーを減少させたため，家族集団のなかに何人もの同名者が生まれた。そのため，父の名，さらには祖父の名を鎖状に付け加えて弁別しようとした。命名の第一要素（名）に先祖の重みが増すにつれ，第二要素としてさらなる先祖を登場させて，（同名異人の増加という）マイナス側面を緩和する（Klapisch-Zuber, 1996：477）。きわめて少ない家族名が限りなく繰り返されることで集団内に生じる混乱を避ける手立てであった[54]。エリート層におけるこうした名の連鎖は，その目的が弁別だったにしても，結果的に系譜性を強調することに連なり，形態・意識においてまさにアラブ命名法に酷似する。そのため，リネージの団結が強まっていった 13 世紀からトスカーナの大商人や銀行家のあいだ

---

[53] たとえばトスカーナにおけるリネージの出現は 10 世紀末か 11 世紀初頭である（Herlihy et al., 1978：532）。アマルフィでは貴族のなかにはリネージの古さを誇示するために，先祖の名を 10 個も並べ立てる者が 13 世紀までみられた。それは家産の統合とも関係したのであろう（Martin, 2002：112）。トスカーナの大商人や銀行家は 13 世紀以降，リネージの団結を強めていった（Klapisch-Zuber, 1980：78）からである。

[54] Klapisch-Zuber, 1980：80；Pérol, 2008：229-230. Klapisch-Zuber が模式図で示すように，父称を 4 つ数珠つなぎにすれば，すくなくとも同一世代に同名異人はいなくなる。現代の西欧社会においては，親族内に同名者がいると，名のあとに姓をつけて区別する。そのばあい姓は添え名となり，名と姓の役割が逆転する（レヴィ・ストロース，1976：225）。中世のガスコーニュで主格父称が複合名の一部と化した（上述）のには，こうした背景があったのであろう。

で広まり，平民間でも 14 世紀から使われはじめ，16 世紀まで用いられた。*Giovanni di Bartolomeo di Bernardo*（Klapisch-Zuber, 1980：78-79）のように，*di* を付けて名を主格で繋いだり，*Marcus Johanni Marci Angeli* のように属格，いうなれば本来の父称を繋ぎあわせたりした[55]。後者は大半が 14 世紀以降である。たしかに，イタリアはすでに中世前期に父系意識がエリート間で醸成された国であり，その意識は盛期・後期にますます強まっていった。それによって，上述のように，最初は *filius* の早期出現が，10，11 世紀には -*i* 型父称接尾辞がもたらされたのである。このエリート層での強烈な父系意識はとりわけ都市社会や土地所有農民間に広まったであろう。

7）父称の形成例

ここで，父称の形成を跡づけてみよう。その最大の形成期は 10～12 世紀であり（表 2-4），そのため当時用いられていた名から父称が大量に作られた。前章で述べたように，名のゲルマン化は地方によって早晩はあるものの 9，10，11 世紀以降に進行し，それとほぼ並行してキリスト教系名の受容も進んだ。この二つの動きは，ラテン名の犠牲のもとでおこなわれた。父称の形成はこうした複雑な流れに対応していた。いくつかを例に挙げてみよう。

まず，ゲルマン系では *Gonzalo* と *Rodrigo* の父称が際立つ。元のラテン形は *Gundisalvo*，*Rudericus* である。双方の名の人気を反映して，それぞれ 50 ほど[56]

---

[55] たとえば，コルトーナ（トスカーナ地方）では 1261 年に市参事会員 125 名中ダブル父称はわずか 5 名（4 ％）だったが，1309 年には納税者の 22 ％が父と祖父の父称をもち，1402 年には戸主の 24 ％が第三の父称ないしはさらに長い「名の列」をもち，1429 年には戸主の 56 ％が父称を二つ付けていた。フィレンツェでも 15 世紀前半に下層民はしばしば父と祖父の父称を付けて呼称され，中流以上の市民も長大な父称の連なりで家の古さを誇ろうとした。1530～40 年には変化しない *cognomen*，つまり固定家族名を相続しなければならないことが規定されたが，その後でさえ，鎖状の世代父称は使用されつづけた。1569 年にはコルトーナの納税者の大半は，洗礼名＋二つの父称＋リネージ（家族）名を付けていた（Pérol, 2004：222-224, 227, 229, 244；Herlihy et al., 1978：542-543；大黒，1993：28）。ローマ市とその近郊のコローナでは，1250 年に連鎖父称は二要素以上の全サンプル中，それぞれ 24 ％，22.5 ％にたっした（Hubert, 1996：327 より算出）。Durand によれば，サンプルによってはそうした連鎖が 85 ％を占めることもあるという（1996：418）。

もさまざまな綴りの父称が形成された。*Gonzalo* の父称は大半の地方で 10 世紀から形成されたが，バスク地方では遅れた。*Rodrigo* の父称は *Gonzalo* の父称より少し遅れて登場した。前者の最初の記録は中央部で例外的に早い 844 年の *Gunsalviz*，北西部では 916 年の *Gundisalvez*，後者は *Rodriz* が中央部で 913 年，*Ruderici* が北西部で 929 年である。この 2 つの名の父称は多種多様で，10 世紀だけでもそれぞれ 16 種，9 種が記録されている。これらの父称の豊かさは，名のゲルマン化が遅くても 9・10 世紀交には広範に始まっていたことを示している。先述のように，こんにちの *Gonzalez* という綴りは西部で 1283 年，*Rodriguez* は中央部で 950 年に登場した。通常ひとつの綴りに 1 例，せいぜい 2，3 例しか記録されないところを，中央部ではこの *Rodriguez* がさまざまな時代に 7 例も存在する。このことから判断すると，まずこの地域でこの綴りが定まっていったのであろう。先にみた中央部（ことに原初カスティーリャ）での -*ez* 父称の早期確立を傍証する。

　名のゲルマン化とほぼ同時期に受容された，いくつかのキリスト教系名にたいしても父称が形成された。その早期の形成のなかで際立つのは，*Petrus* と *Iohannes* の父称である。*Petri* の最初の登場はアストゥリアス王国の外交文書における 804 年（Díez, 1957 : 154），北西部では 844 年である（Rivas, 1991 : 316）。リエバナ域では 10 世紀最後の三半期，バスクとブルゴス地方では 11 世紀後半である[57]。こうした登場時期のずれは第 1 章でみた *Petrus*／*Pedro* 名の西から東への伝播につれて，その父称も西から東へと広まっていった時間的経過に呼応している。他方，*Iohannes* の父称はほぼ同時に登場したようだ。*Jannez* が中央部で 952 年に（Díez, 1957 : 159），*Iohannz* が北西部で 965 年に現れる（Rivas, 1991 : 350）。このふたつの名は使用頻度が高かったため，きわめて多様な父称形が誕生した。*Petriz*／*Petrici*／*Petiz*／*Petriaz*／*Petrides*／*Petret*／*Petriez*／*Petrit*／*Peid-*

---

[56] たとえば，*Gontesalviz*（946 年），*Condissalviz*（1024 年），*Sabariquizi*（1028 年，1049 年），*Gusalvez*（1071 年），*Gunzalviz*（1100 年），*Goçalviz*（1106 年）など。*Ruderi*（972 年），*Ruderigiz*（1005 年），*Roderiquici*（1074 年），*Rodrici*（1111 年），*Roderiqui*（1143 年），*Rodriget*（1225 年），*Ruyz*（1245 年）など（Díez, 1957 : 52, 56, 162, 164, 178, 187, 198 ; Rivas, 1991 : 348, 361-362）。

[57] Martínez Sopena, 1995a : 196, 223, 279.

ret / Peidreç / Peirez など，Johanniz / Iuannez / Iohannes / Jannez / Joañez / Juanez / Bañez / Ibañez / Yanes / Yañez / Janes / Eanes / Annes など。今日の Perez という綴りは中央部で 1145 年，西部で 1220 年に登場し，Ibanez はオビエドで 1113 年に，西部では Anes という形で 1252 年に現れる[58]。

しかし，ほかのキリスト教系名の大半は 12 ないし 13 世紀になってから使用されはじめた。Bartolomé, Lucas, Gabriel, Jacobus, Michael などの聖書に登場する名や Cristóbal, Nicolás, Pascual, Sebastián などの聖人名である。そのため，かならずしも父称は作られず，Bartolomé, Gabriel, Lucas には父称はまったく形成されなかった。父称が作られた[59]ばあいも，多くはしばらく後に使用されなくなった。元の名自体の使用が少なかったからである。Francus（ローマ時代，フランク族奴隷を指した）がラテン語化した Francisco も中世盛期にはほとんど使用されなかった。広く普及したのは聖フランチェスコ（1181 年頃～1226 年）以降であり，1258 年にはじめて父称 Francisci[60] が登場する。しかし，たぶん発音しにくかったためであろう，これが父称の唯一の記録である。

8 世紀から 10 世紀のあいだ使用されていたラテン名は，中世盛期にゲルマン名とキリスト教系名が増加していくにつれて使用されなくなっていった。その時代はまさに父称の形成期だったため，ラテン名にはごくわずかな父称しか形成されないことになった。たとえば，Antonius / Antonio。中世盛期にこの名は例外的にしか登場しない[61]。にもかかわらず，父称が 5 種，11 件記録され

---

[58] Díez, 1957 : 51, 154, 159, 164, 185 ; Rivas, 1991 : 316, 350, 358-359.

[59] *Iacobizi*（994 年），*Yaguez*（1196 年，1209 年），*Jaquez*（1219 年），*Santiagues*（1266 年），*Jaguez*（1278 年）など。*Micaelis*（1122 年），*Michaelis*（1184 年），*Migeez*（1273 年），*Miguelles*（1293 年），*Migelez*（1309 年）など。*Christobalez*（1066 年），*Christobaleç*（1072 年），*Cristovalez*（1160 年，1210 年，1234 年）など。*Nicholaz*（1165 年），*Nicholaz*（1165 年，1171 年，1233 年），*Nicholai*（1191 年），*Nicolai*（1206 年）など。*Pasqualiz*（947 年，1269 年），*Pascualez*（998 年），*Pascualiz*（1154 年），*Pascaliz*（1092 年，1203 年），*Paschaliz*（1154 年，1176 年）など。*Sebastianiz*（1068 年，1075 年，1122 年，1192 年，1232 年），*Sebastiani*（1135 年，1141 年，1184 年），*Sebaschanes*（1295 年）など（Díez, 1957 : 45, 50, 52, 89, 104, 106, 141, 147, 152, 156, 159, 163, 188, 194-195, 202, 300 ; Rivas, 1991 : 202, 349, 354, 358, 363）。*Joacobus / Santiago* はその縮小形 *Diego* の方が多く使われ，それから父称 *Díez / Díaz* が作られた。

[60] Díez, 1957 : 89 ; Rivas, 1991 : 173, 310.

た[62]ところをみると，名は13世紀中ごろまで散発的には使用されたのであろう。しかしそれ以降，父称は完全に姿を消す。名自体が忘れ去られ，もはや使用されなくなったことを意味する。第4章でみるように，*Antonio*は14世紀後半以降に再登場する。近世に入り急速に浸透していき，今日では大人気を博す，最頻名となるにいたっている。

　以上から判明することは，父称の使用は一世代遅れで名の後を追うため，元の名自体が使用されつづけなければ，父称も存続できなかったことである。それは父称が化石（固定）化していく以前にあって，不可避的な現象であった。父称が大量に形成された10～12世紀当時，わずかしか使用されていなかったラテン名や多くのキリスト教系名は当然ながら，ほとんど父称が形成されなかったのである。たとえ，中・近世の交以降に再登場ないしは増加したとしても。

8）主格父称——名使用との両立性

　イベリア半島北部地帯においては，ナバラについて表2-3と2-9でみたように，主格父称の使用は属格父称の優勢をまえに少数にとどまったが，使用されなかったわけではない。上述のように，主格父称は11世紀と13世紀に（11世紀の方が多い）オビエド，レオン，サンタンデル，とりわけブルゴス，それに表2-2が示すように北西部でもみられたのである。聖書系，聖人系，ラテン系，ゲルマン系，前ローマ系がときには並置法で使用された。ことに，先述のように属格父称がまったく形成されなかった*Bartolomé*，*Gabriel*，*Lucas*などは名としての使用とともに，主格父称としても用いられた。一方，*Miguel*, *Cristóbal*, *Nicolás*, *Pascual*, *Alfonso*, *Gomez*, *Martín*などには属格父称（注59参照）が形成されたが，同時に主格父称としても使用された。いずれのグループもともに名と姓の両方で使用されたことになるが，時代が進むにつれて，名と

61　わずかに北西部で10世紀に2例，12，13世紀に各1例記録される（Rivas, 1991 : 105）が，中央部では一例もない。第二要素（主格父称）としても，北西・中央の両地方で3例あるのみ（*Antonius, Antonio, Anton*）（Ibid.: 652；Díez, 1957 : 59, 89）。

62　*Antoniz*（991年，1043年，1079年），*Antulizi*（1090年），*Antoliniz*（1129年，1140年），*Antolinez*（1149年，1191年，1257年，1267年），*Antolinet*（1232年）（Díez, 1957 : 145, 168；Rivas, 1991 : 332）。

してのみ用いられるようになる。ただし今日, *Pascual, Miguel, Bartolomé, Alfonso*[63] は少数ながら姓としても用いられており, *Martín* にいたっては属格父称 *Martínez* とともに最頻10姓に入っている[64]。

これらと逆方向の展開を示すのが *García* である。伝統的には名として用いられ, 属格父称も作られた。最古の例である先述のナバラ王 *Fortún Garcés*(870～905年)につづき, レオンでも *Garseani, Garceiz* が946年に記録され (Rivas, 1991 : 311), 北西部でも中央部でもきわめて多種の父称の綴りがあった。*Garciazi / Garciez / Garciz / Garzez / Garces / Garsez / Garcet / Garsiet / Gartieiz / Garceiç / Garceyz / Arceyz / Gartianiz / Garceiz / Garsiz / Karcezi / Karcez* など[65]。しかしこれらの父称は13世紀末から使用されなくなる。1289年の *Arçeyz* (Díez, 1991 : 166) を最後に, それ以降, 属格父称はまったく姿を消す[66]。たぶん属格父称の発音が煩わしいためであろう。逆に並置使用, つまり主格父称として使われるようになる。早期の例はカスティーリャ伯 *Sancho García* (995～1017年)。この使用法は13世紀に増えていき[67], 姓としての用法が多くなるが, 個人の名としても並行して使用されつづけた。その最後の例を15世紀末 (1489年) (Rivas, 1991 : 179) にみいだすことができるが, ブルゴスのサンティアゴ信心会の名簿

63　たとえばゲルマン系名 *Adefonso / Alfonso / Afon / Afonso* の属格父称には *Alfonsi / Adefonsiz / Allefonsis / Alfonsiz / Adefonsiz* など20種みいだせる。10世紀に5件 (最初は *Adefonsi*, 924年), 11世紀6件, 12世紀3件, 13世紀5件, 14, 15世紀0件, 16世紀1件 (*Alfonsin*)。この時間的分布からすると, 属格父称は中世末期に衰退の一途を辿った。
　　一方, 主格父称も10世紀から *Alfonso / Alffons / Affonso / Afonso* など様々な形で使われはじめた。姓と名として機能したことになる (Díez, 1957 : 44, 107, 167 ; Rivas, 1991 : 306, 330)。今日でも, 名としても姓としても使われるが, *Alfonso* は名として, *Alonso* は姓として使用される傾向が強い。サンティアゴ信心会の名簿 (Menéndez Pidal de Navascués, 1996) では16世紀前半まで名として *Alonso* が登場し, また同世紀後半生まれの画家 *Alonso Cano* の存在からすると, そうした使い分け傾向が生じたのは早くても17世紀以降であろう。
64　第6章の表6-3を参照。
65　Díez, 1957 : 137, 143, 166 ; Rivas, 1991 : 179, 311, 345.
66　*Sancho Garces* IV (1054～76年) はナバラ国王が用いた父称の最後の例である。*García* に属格父称はないとする誤解が時折みられる (たとえば, Durand, 2002 : 79)。
67　Díez の資料 (1957 : 87, 125) によれば, 並置使用は13世紀に突然増加した。9世紀に1例, 10, 11, 12世紀に各3例。ところが, 13世紀には7件に増える。

(Menéndez Pidal de Navascués, 1996 : 55-67) では，14 世紀前半にはもはや，めったにみられなくなっている。この動向は，名としての使用が14世紀初めに消滅したとするバリェステロス＝ディアスの見解（2010：655）と符号する。姓としての使用，つまり並置使用は中世後期が進むにつれて増えていき，名としての使用は押しのけられていった。15・16世紀交以降，姓としてのみの使用が固定され，現在にいたったのであろう。

　同様のことが *Gómez* にも生じた。もともとは「男」の意のゴート起源の名 *Goma/Guma/Gomiz/Gumez* であり，名として 15 世紀末まで使用された。ディエスとリバスの資料集には *Gomiç/Gomisi/Gomeze/Gumet* など，さまざまな綴りの属格父称が 1248 年まで見られる。しかし，*-iz* を用いた *Gomiz/Comiz*，*-ez* を用いた *Gomez/Gumez*[68] が元の名と類似しているためであろう，姓としての使用が固定していった。ただし今日でも，稀に名として用いられることはある。

9）父称の「化石化」と家族名の誕生

　父称はいくつかの地方や社会集団において，より早期に変化することをやめる，つまり「化石化」（Barthélemy, 1989：44）していった。父の名に由来する新たな父称を作ることなく，父が使っていた既存の父称を継承する現象である。その時点で，父称は継承される家族の名と化す[69]。西欧では家族の名の固定は一般的に 16 世紀以前に実現したとされる。しかし時期的にも地理的にも断片的な史料しかないため，いつ父称が固定化したかを正確に把握することはむずかしく，間接的な状況証拠によって，大雑把にしか知ることができない。

　半島で化石化を最初に経験した地方はカタルーニャだった。ツィメルマンは父称が世襲となった時期を特定することはきわめてむずかしいとしながらも，

68　Díez, 1957：143, 166 ; Rivas, 1991：189.
69　Durand は化石化を家族研究にとって否定的に捉える。化石化することで家族の構造がもはや反映されなくなるとし，人名は家族研究の史料となることをやめたという（1996：419-420）。この見解は悲観的すぎるのではないだろうか。たとえば，第 6 章でみるように，姓の継承性によって結婚戦略や血縁度，居住地間の結婚関係などを知ることができる。

カタルーニャ語での署名が家系名の定着を示すものであるならば，すでに1070年代には世襲姓として固定化したという。1030年以降に採用されたばかりの世代父称は，わずか1世代かせいぜい2世代しかつづかなかったと推測する（1995：356-368）。もしそうであるならば，この展開の原因をやはりカタルーニャの動乱に求めなければならないであろう。まえに述べたように，公権力と公共財産の急速かつ徹底した私有化ののちに，その主役たちの跡継ぎはその財産の相続人であることを示すために父称を採用した。その相続人の子どもや孫たちは，そうした財産の所有権を宣言した主役の名に由来する最初の父称をもつことがもっともよく自身を特定し，その子孫であることを顕然と示して権威づけしてくれると感じたにちがいない。カタルーニャの影響下にあるマジョルカ島でも，父称は早くも13世紀には変化するのをやめたという（Porqueres, 2010：44）。

こうしたカタルーニャでの展開は，父称が短期間に世襲化した南仏の広い地域での動向と軌を一にしている。ヴァンドモワやアグドでは父称はその登場からわずか2世代もしないうちに固定化する傾向にあった。11世紀にフランスのあらゆる社会層で醸成されたリネージ意識は，同世紀末には父の名ではなく先祖の名に由来する姓を出現させていた。ヴァンドモワでは1075～1100年世代が名祖となった。プロヴァンスでは父称は12世紀初頭から世襲となり，その化石化父称は重要性を保持しつづける。13世紀，多くの貴族は名＋父称＋領地名という形で，固定した父称を採用したのである[70]。したがって，カタルーニャとフランス，とりわけオック語圏における父称の化石化は，最盛期の封建社会独特の特徴であるとともに，リネージ意識の表明であることは疑いの余地がない（Bourin, 1989b：243）。この意識自体，封建制度とかかわっている。

他方，カタルーニャや南仏とは対照的に，家族の記憶を持続することに否定的な地方では，世代毎に変わる父称が長期間使われつづけ，父称の化石化は遅

---

[70] Barthélemy, 1989：42-43；Bourin, 1989b：237, 243；1996：194. この命名法の一例にオーシュの貴族 *Guillelmus Raimundi de Pinibus*（1258年）が挙げられる（Cursente, 1989：162）。一方，13世紀に，たとえばトゥールーズにおいて単名が存在したことは，社会全体としては家族名がまだ確立していなかったことを示している（Billy, 1995：185）。

れた。さきに述べたように，中世盛期に誕生したばかりの貴族において，リネージ意識が欠如していたからにほかならない。化石化がいつ始まったかについてはさまざまな意見がある。マルティネス゠ソペナによれば（2002：72），12世紀末と13世紀にガリシアやカスティーリャの中位貴族およびカスティーリャ・レオンの大貴族間で化石化が起こったという。他方モレナによれば（1996：174），トレドにおける化石化は大貴族と少数エリート間で13・14世紀交以降にはじまり，一般の貴族に普及したのは，貴族位が公的に世襲化した14世紀後半になってからにすぎないとみる。

　つまり，父称の化石化はリネージ名の登場と歩を一にしているのである。リネージ名はその大半が統治する地名，所領や出身の地名，あるいは外国の地名のように王国では珍しい名などに由来した（Salazar, 1991：39）。化石化とリネージ名の登場が時期的に大きく違わないのであれば，リネージ名がいつ登場したかを知ることは，父称が世代変化しなくなった時期を推定するのに有効であろう。

　リネージのいくつか，*Lara*家（ラ　ラ），*Haro*家（ア　ロ），*Castro*家（カストロ）などは例外的に早期に，11・12世紀交に登場したが，一般的にリネージ意識はきわめて遅くにしか醸成されなかったため，貴族全般に普及したのはきわめて遅い。これは直接的には，強力な王権のもとで有力者が領地を安定的に所有することができなかったことに由来し，究極的には封建体制が安定的に確立していなかったことに原因がある。レオンやガリシアの有力者は11世紀でも平民同様，均分相続制を維持していた。リネージ名は13世紀後半ないしは14世紀半ばに世襲不動産が決定的にリネージに結びついて以降，ようやく確立しはじめる。それは，男系意識の最大の表出であるマヨラスゴに結晶化する。リネージ意識がマヨラスゴを生み，そのマヨラスゴが今度はリネージ意識を強化していく（Beceiro et al., 1990：18, 20）。半島北部中央と西部においてマヨラスゴは13世紀末に弱々しく始まり，14世紀70年代以降に大貴族間でようやく増殖したにすぎない[71]。当時は王家の異母兄弟ペドロとエンリケ間の内戦後にあたり，新しい貴族が古い貴族

---

[71]　たとえば，中世後期の主要家門のひとつであり，カスティーリャ総司令官（コンデスタブレ）を輩出していた*Velasco*家（ベラスコ）の最初のマヨラスゴは1371年である（Jular Pérez-Alfaro, 1997：68）。

に取って代わっていった時代であった。しかし，貴族間にマヨラスゴが完全に浸透するのは，貴族リネージがようやく確立する 15, 16 世紀までさらに待たなければならなかった[72]。M-C・ジェルベのエストゥレマドゥーラ貴族の研究によれば (1983: 260-261, 275), 1477 年以前にマヨラスゴを設定した中位貴族はごくわずかであり，小貴族はカトリック両王治世以降にようやく設定できたにすぎない。こうしたリネージ意識醸成の遅れ[73]は，リネージ名登場の遅れ同様，父称の化石化も遅らせたであろう。大貴族・中位貴族間で父称が世代変化しなくなるのは 15 世紀初めとされ[74]，化石化した父称はもう一つの姓の前に置かれるか，消滅していった。こうしてセビージャの都市貴族間で世代父称は同世紀末にはごくわずかしかみられなくなったという (Beceiro et al., 1990: 102-103)。近代スペインの命名システムは 16 世紀初めに貴族間で登場したとするモレナの言 (1986: 692) は，この父称の固定化を指しているのであろう。対照的に，ほかのヨーロッパ地域においてマヨラスゴに相当する制度は早いとこ

---

[72] Beceiro et al., 1990: 88-90. 貴族のリネージが決定的に確立する近世への移行期を過ぎると，皮肉なことに，リネージ名は姓と同義と扱われていった (Salazar, 1991: 39)。平民間で少ないながらも用いられていた複姓 (世代父称ないし化石化父称＋地名など) と形態上何ら違いがなかったうえ，16 世紀以降の長子相続の一般化，およびマヨラスゴの広まりによって，リネージが消滅した (Chacón, 2011: 341) ことによる。敷衍すれば，マヨラスゴに由来する姓を継承することにより，それまでおおむね家門全体が用いてきたリネージ名が使用されなくなり，そのぶんリネージ意識が弱まったといえる。近世カスティーリャ支配層の基本的目的がリネージの永続だったにしても，マドリー市の統治役たちはリネージのためよりも自分の子ども一人ひとりの行末に心を砕いた (Mauro Hernández, 2001: 75)。

[73] リネージ意識の表出である「家門史」の編纂は，北フランス・中世ドイツでは 10 世紀半ばからはじまり，12 世紀には頻繁にみられたのにたいし，カスティーリャ王国ではようやく 14 世紀にはじまり，盛んとなるのは 15 世紀半ば以降であった (Beceiro Pita et al., 1990: 16, 35, 45, 50-51, 54；早川，1993: 150)。14 世紀前半にイングランドとフランスから導入されるまで，紋章が半島には存在しなかった所以でもある。姓がまだ定まっていなかった当時，紋章はまず個人を特定するために用いられた。紋章が継承され固定化していく過程でリネージ概念自体が形成されたとみられる。カスティーリャでは女性も紋章を継承したため，混成紋章が登場し，ヨーロッパ全体に伝播していった (Menéndez Pidal de Navascués, 1996: 21, 26, 45)。混成紋章は後代の双系的結合姓の予兆といえるかもしれない。なるほど，姓の継承が確立していなかった 15 世紀初頭に，はやくも双系的結合姓の例 (*Juan de la Mota*・*Toda Iñiguez de San Vicente* 夫妻の娘 *doña*

ろでは10世紀，フランスでは12世紀に登場しており，先述のように，それが父称の化石化をもたらしたのである。

マヨラスゴ制度自体，一連の要件[75]とともに，代々受け継がれてきた武器および姓の継承をマヨラスゴ継承者に義務づけた。いくつものマヨラスゴを相続するばあいには通常，父方・母方を問わずもっとも栄光ある姓が選ばれた[76]。つまり，リネージ意識の誕生，マヨラスゴの出現，それに父称の化石化はたがいに密接に連動しながら，ほとんど同時に現出したのである。

イベリア半島中央〜西部地方での化石化の遅れはまた，貴族における男系主義と長子相続の優越性がさほど強くなかったことにも起因していよう。ほかのヨーロッパ地域よりも母方先祖重視の傾向が強いため，親族すべてが同一のリネージ名を名乗るとはかぎらなかった。レオンの騎士や領主は15世紀においてさえ，母方リネージ名を採用していた（Beceiro et al., 1990 : 38, 103）。こうした採用は，母方も重視するゲルマン伝統の残滓であろうし，社会的昇進が一般的には上位層の女性との婚姻をとおしておこなわれた（Werner, 1977 : 27）ことからすれば，カスティーリャ社会の流動性をも象徴していよう。16世紀のエストゥレマドゥーラでみられたように，昇進を果たしたのち，夫は妻のリネージ名を自分の姓に付け加えるなり，自分の姓を別のもっと古いものと取り換えるかしたのである（Altman, 1992 : 172-173）。

究極的には，カスティーリャ王国における不動産資産とリネージの結びつきの決定的な欠如こそが貴族におけるリネージ意識の醸成，ひいてはリネージ名

Catalina Iñiguez de la Mota）を混成紋章付き名簿（Ibid. : 47）にみいだすことができる。

74 注71で言及したVelasco家は黒死病直後の領主の権利状況調査書（Libro Becerro de las Behetrías, 1352年）によれば，その時点でまだ世代父称を用いていた（Sancho Sánchez → Fernando Sánchez → Pedro Fernández de Velasco）（Jular Pérez-Alfaro, 1997 : 70）。

75 マヨラスゴ資産目録の作成，マヨラスゴの主要な土地での居住，しかるべき人物との結婚などである（Clavero, 1974 : 255-256）。

76 1870年の法規以前にあっては姓を追加・変更するのは自由だったので，なかには「系譜を鼻にかける linajudos」と言われる人たちは19個もの名を並べ立てた（Salazar, 1991 : 39）。親族の姓から際立った姓を取り入れるという慣習は，医者・弁護士・薬剤師といった社会経済的上層の人びとが低頻度姓をもつという今日の傾向にもつながっている（Collado et al., 2008 : 279）。

の登場，そして父称の化石化を遅らせたのである。より一般的にいえば，E・トッドが指摘するように (1992：164-166)，直系家族は貴族に先行し，その増殖と相互に作用する。直系家族の形成の遅れ，それこそがリネージ名の出現を遅らせたのである。封建制が直系家族の形成を促す最大の動因だったことからすれば，半島中央～西部では社会の基層において家族・親族組織を直系化させるほどには封建体制は確立しなかったことになる。家族名誕生の説明には，家族自体の内的歴史をみなければならないという，さきに引用したブロックの言はリネージ名についても該当しよう。その誕生は家族構造の歴史において枢要な一段階を画するものであり，個人を家族や家族の関心事に従属させる (Wilson, 1998：162, 337) 側面も有する。

　低位の社会層にかんしては，いつ父称が化石化したのかを示してくれる秩序だった史料はさらにない。世代ごとに変わる父称は幾世紀もつづいたようなので，父称の化石化もきわめて遅かったであろう。そのことを，すくなくとも一部について知る糸口はある。父称が名の変遷を一世代遅れで追いつづけているのであれば，化石化はその時点ではまだ起こっていないことになる。*Munno/Nunno* を例にとってみよう。この名は広く普及しており，リエバナ域では9世紀の第4四半期から11世紀前半まで，カンタブリアからエブロ域までは11世紀末から1125年まで，支配的であった。その父称 *Munoz/Núñez* は早くも10世紀第3四半期に登場しており，1200年までに，それぞれの地域で第三，第一の地位を占めた。後者の地域では父称全体の8％にもたっした。しかし12世紀前半以降，この名の使用が減少していくのにつれて，父称も減少していったことが資料 (Martínez Sopena, 1995：passim) から判明する。ということは，広範な地域において，当時はまだ化石化が起こっていなかったことになる。R・ドュランがいうように (1989：223)，ことに半島北西4分の1地方（当時のキリスト教圏の西半分）においては1200年以前に（相続される）家族の名は存在しなかったのである。さらに，先に言及した *Antonio* の父称がこの名の廃れにともなって13世紀半ば以降消滅したことは，中世後期においても化石化がまだ生じていなかったことを示している。

　しかしながら，中世末期に少なくとも一部では父称は化石化していった。地

名やあだ名のような別タイプの姓の世襲化に影響されたり，家族内部でなんらかの動機が生じたりしたためであろう。何人かの研究者は，固定化は15世紀以降に生じたとみる[77]。モレナによれば（1996：175），トレド市では父称の固定化は社会の下層で15世紀にひろまり，世代父称はまれになったという。しかし地方によって著しい差があったようだ。サラサールによれば，ラ・マンチャやとりわけトレド地方では父称は名＋世代父称＋地名という形で，世代ごとに父称が作られつづけた。一方，バスク地方では世代父称は16世紀前半に完全に消滅したという[78]。この動向は，同地方で16世紀初めの6, 70年間にマヨラスゴを介して数多くの旧家や新しい家がその基盤を固めたとするアチョン＝インサウスティの見解（2001：127）と時代的にほぼ合致する。とりわけ同地方北側半分の湿潤バスクにおいては，自給農場に設定されたマヨラスゴを介して，直系家族・バセリア・その名称である家名（屋号）が緊密に結びついていったためであろう。世代父称ではこの結びつきが失われると感じられたにちがいない。ナバラ北部アオイスでは1540〜1725年間に，町から遠い地域の母系的家族に家名（*Iri-*［集落の意］を付けて地理的位置を表す *Irigoyen*, *Iribarren* など）が早期に形成され，1660年以降は父系名に因む家名（バスク語の属格語尾 *-ena* をつけた *Juanotena*, *Beltranena* などの固定父称）がおそらくカスティーリャの文化的・言語的影響により，父系相続の広まりとともに，急速に増えていったことが史料（結婚契約書）から判明している（Moreno Almárcegui et al., 1997：118-122）。

　化石化が中世後期に進行していたことが窺われる地方もある。農民間に父称がはやくから普及していたガリシアでは，化石化もかなり早い時期に生じていた。すでに14世紀半ばに，永代借地の継承者はその最初の契約者と同じ姓を用いるという慣習があった（Pastor, 1987：11）。この慣習[79]が父称の化石化を条件

77　Beceiro et al., 1990：59-79 ; Salazar, 1991：28.
78　Salazar, 1991：28. ただし16世紀後半に世代父称の例がある。*Martín Fernández de Ugarte* の息子で1566年に洗礼を受けた *Juan Martínez de la Quadra Ugarte* である（父の名 *Martín* が属格父称 *Martínez* に変化）。*de la Quadra* は母方姓（Vidal-Abarca y López, 1993：108）。
79　こうしたガリシアの状態は，全員が世襲姓をもっていた，サレルノ近くのカヴァ修道院領の農民の状況に似る。すくなくとも1件については，それが修道院側の指導によ

づけたことは確かであろう。こうした慣習が形成されるには相当時間がかかったはずなので，化石化は14世紀前半，さらにはそれ以前に生じていたといえよう。

　平民間での化石化の広がりや地方間の違いについて，一貫した史料がないとはいえ，一般的傾向として，家族の系譜を示そうという内的・外的動機を有する家族や地方において，父称の化石化が早期に成就したということはできる。系譜を家族の姓という形で顕現させていったことは，16世紀末以降のカスティーリャ社会における，より広範で重要な現象とも呼応していよう。それは社会的差異の「言語化」であり，その一例を敬称 *Don* の過剰使用[80]にみることができる。それを用いることで特権者の伝統的価値が強化されるのである（Thompson, 1991 : 70）。

　しかし留意すべきは，貴族や典型的には北部帯状地帯にみられる直系家族とは異なり，いわゆる「核(家族)スペイン」の平民間では父称の家族名（姓）化（父称の化石化）が，家族・リネージの名を守るという系譜意識に依拠していなかったことである。とりわけカタルーニャにおける家族名の喪失にたいする恐怖心[81]とは対照的に，同一世代のなかでさえ姓が定まっていないことがよくあった。系譜意識の欠如を如実に表している。たとえば，さきに言及したガリシアのフォロのばあい，*Elvira* という名の女性は同一の修道院文書において父

　　　るものだったことが判明している（Martin, 2002 : 116）。
[80] *Don*（*Dom*）はもともと，領主の称号 *dominus* の省略形である（Wilson, 1998 : 178）。クエンカでのイダルゴについての研究によると，*don* という称号をもつ人物の割合は17世紀に加速度的に増え，1575年に5.8％，1597年に12.3％，1598～1612年に28％，1613～27年に52％，1628～42年に61.7％に増えた（Carrasco, 1989 : 174）。18世紀半ばでの平民による *Don/Doña* の使用をカタストロ・デ・エンセナーダの住民台帳（*Santiago de Compostela*, 1990 : 85-171 ; *Talavera de La Reina*, 1991 : 70-105, 108-113 ; *Jumilla*, 1990 : 89-117 ; *Carmona*, 1990 : 83-131）でみると，サンティアゴでは3％，タラベラ（トレド県）では8.8％，フミーリャ（ムルシア県）では15.4％，南部のカルモナでは7.7％である。どの町でも市役職者・弁護士・医者などに付けられているが，カルモナでは家畜商人や仕立屋などにも付けられている。敬称の大衆化，換言すれば，階層社会から階級社会への移行の端緒をここにみることができる。北の社会は南半分より保守的だったようだ。
[81] Barrera, 1990 : 246. 半島北部帯状地域に広がる直系家族については別稿で考察した（芝，2007 : 1-56）。

方姓の *Anes* と，フォロ契約者である母方姓[82] の *Pérez* の両方で言及されている。また，キョウダイのある者は父の姓を，別の者は母の姓を継ぐこともよくあった。こうした状況はすぐれて双系家族の精神を映し出している。その結果，キョウダイ全員が違う姓をもつことは珍しくなかった。たとえば，*Ferrand González de la Cruz* の子どもたちの姓は，*de la Cruz*, *de Toledo*, *Nuñez* であった（Molénat, 1996 : 176）。15世紀末のコルドバでは844件中，その4分の1はキョウダイが違う姓を名乗ったという（Aguilera Castro, 1994）。以上の情報は，イベリア半島中央・西部地方では16世紀まで姓の固定化はおこらなかったとするデュランの指摘（1996 : 414）と符合する。

他の西欧地域でも，姓の固定化はまずエリートでおこり，その後にほかの社会層へと波及した。フランスでは早くも11世紀に貴族間ではじまり，南部から北部へ，都市地域から農村地域へと広まっていった。命名の第二要素（父称・地名・あだ名など）の大半は14世紀末以前にフランス全土で固定化した。ウィルソンによれば，イタリアでも，ジェノヴァ，トスカーナ，ウンブリアなどの都市エリートや貴族間では12世紀末からはやくも固定化していった。他方，南部や島嶼の孤立した地方において固定化はずっと遅れた。ローマで固定化が広まったのは17世紀中葉である。コルス島でも固定化は17世紀にはじまったが，完了するまでに150年を要したという（Wilson, 1998 : 155-156）。トスカーナでは1400年頃，確実にリネージに名声が宿るようになったが，15世紀に家族名をもっていたのはほんの一握りだった（Herlihy et al., 1978 : 538, 542）。ようやく16世紀になって，たいていは先祖に由来する名が家族の名として定まっていった[83]。その一方，さきに言及したように，世代父称の連鎖も使用されつづけていた。イングランドでは，職姓やとりわけ *-son* 父称の大半が1350～1450年間に固定化したが，地名やあだ名の固定姓化より遅かった。た

---

82 ことにガリシア西部のリアス式海岸地域では女性がフォロを継承することがよくあるので，父称の化石化はかならずしも男系相続の優勢を示すものではない。

83 1550年のフィレンツェでは家長の31％は固定姓をもっていた（Wilson, 1998 : 242）。1569年のコルトーナ（トスカーナ）では担税民の半数以上（1,077人中577人）が家族姓をもっていた（Pérol, 2004 : 227）。

とえばヨークシャーでは地名・あだ名姓は1250年以前から固定化しはじめていたのにたいし，父親の洗礼名から作る世代父称は1852年でさえ広い地域で下層の人びとによって用いられていた（Wilson, 1998：154-155, 243）。

10）母　称

母称 *nomen maternum* は，父称のように特定の接頭辞・接尾辞を付けて形成するのではなく，母の名・姓を補足要素・姓として取り入れるものである。父称よりはるかに少数ではあったが，父称のかたわらで用いられていた。西欧の多くの地方でみられたが，北欧より南欧の方がより多く，また早期に用いられた。もともと母称は奴隷の子どもを母親で特定するために使われていたが，10世紀中葉以降，自由人のあいだでも採用されはじめた。とりわけ南仏では10世紀から使われはじめ，11世紀には12％に達した。イタリアでも10世紀第2四半期から登場し，11世紀には10〜12％にもなった。これは男系システムが強固になっていくなかにあって例外的なことだった。その多くは高位社会層に属した。950年以降のこの母称の増加は，ニコライズム（聖職者の妻帯）と騎士階層での頻繁な婚外関係とにある程度由来していた。父方非嫡出であることを隠蔽するために母称が用いられたのである。しかし12世紀はじめの30年以降減少していった[84]。それは強まっていく男系思潮，それにおそらくグレゴリウス改革の影響によろう。ただし，下層の人びとは依然としてその後も母称を用いた。イタリア中北部のペルーゼにおける動・不動産の見積を記録した1285年の税政簿によると，母称の使用は市人口の4.5％，郊外では8.1％あり，使用者の資産はおのおのの領域における平均より少ない（Hubert, 1996：334）。同じ13世紀，ボローニャの奴隷たちは母称を34％，父称を52％用いていた（Guyotjeannin, 1996：395）。こうした状況のためであろうか，イタリア北部や中央部において母称は次第に非嫡出性や周縁性を示すものとなり，強烈な侮蔑の対象になるにいたったという（Klapisch-Zuber, 1996：480）。

このような展開はあるものの，一時期母称がかなり採用されたことは，軍事

---

[84] Herlihy, 1976：21-22；Durand, 1996：417.

遠征が頻繁な時代にあって，女性が家産の処理・管理権をもって家政に責任を負っていた[85]ことにも一因がある。そうした経済的権限のほか，母系相続や女性の名声・気高さによっても母称が採用された。そのためときに，国王でさえ母称されたのである。「ルイ，ブランシュの息子 Louis, fils de Blanche」や「アルフォンソ7世，ウラカの息子 Alfonso VII, hijo de Urraca」など。フランス南東部やイベリア半島のアラゴン，カタルーニャなどの封建領主や貴族においても同様であった。南仏では，支配的な男系主義にもかかわらず，各世代内の人物を特定するために母称を用いた（Herlihy, 1976 : 21-22）。H・ブレスクによると（1988 : 406），別の動機としては四親等以内の結婚を禁じた1215年の教会規定が挙げられるという。この規定によって母方親族が見直されて，双系性が強化されることにもなった。メッツの貴族たちは姓を父方と母方のなかから選び，ストラスブールの都市貴族は，男系傾向が強いにもかかわらず，分家は母方姓を採用したという。1250年代のボローニャでは父方姓52％にたいし，母方姓は32％にもなった（Wilson, 1998 : 176-177）。

　イベリア半島においても，北東部の封建貴族は母方姓を使用した。バスク地方では母称は伝統であり[86]，すくなくともナバラ域バスクの一部では1600年ころまで母系的規範に従う傾向は支配的だった（Zabalza, 2004 : 76-78）。また，ほかの旧カスティーリャ王国地域においても，さきにみたように，リネージ名における母方重視傾向は根強かった。グラナダのエリートは近世初期や16世紀の大半においても母方姓を採用し，多くの次男坊も母方姓を採用した（Soria Mesa, 2004 : 11）。このグラナダのばあい，母の名を姓としたアンダルスの伝統（Guichard, 1971 : 84）の影響が幾分かあったのかもしれない。第5章でみるように近世をとおして，母方姓は父方姓より少ないとはいえ，一定程度使用されていた。こうした母称（母方姓）の使用が近世の姓に混沌状態をもたらした一因と

---

[85] 女性に好意的な西ゴート法およびブルグント法のもとで，イベリア半島や南仏で不動産を所有する女性の割合が相当程度あった（第3章注23で言及）にもかかわらず，それが母称の採用には反映されなかったようだとHerlihyはみる（1976 : 16-31）。この見解は現行法定結合姓に母方姓が用いられているスペインには当てはめがたい。
[86] バスクでは大商人間でも長女にマヨラスゴを設定することがきわめて頻繁だった（Azcona Guerra, 1996 : 271）。

する見解もある (Soria Mesa, 2004 : 11)。

　このように，母称・母方姓は母系・双系制，相続，経済・政治権力などさまざまな意味合いを内包するが，中・近世交にむかい父称の優位性と化石化が進行していき，さらに近世をとおして男系主義が強化されていくなかで，あきらかに父称の後塵を拝していく。しかし，女性が一生をとおして生家の姓を保持するというゆるぎない夫婦別姓の伝統のなかで，母方姓の重要性は失われることなく，第5章でみるように，今日では父方姓とほぼ対等の地位を築きつつある。

4　地名姓

　中世前期の西欧では地名が家族の名になることはなかった。貴族は所領間を移動して住居が固定していなかったことにくわえ，不動産が散在したことと均分相続に因る。世襲財産が散らばった状態では，地名を使うことはできない。西欧全体では土地と不動産の保有権が確立されたとき，すなわち封建制の確立にともない，地名が第二・第三の命名要素として用いられることになったのである (Wilson, 1998 : 135, 138)。

　イベリア半島北部での地名姓の採用はどのような動機に因ったのだろうか。西半分と東半分とでは，地名姓の採用の仕方とその含意に明瞭な相違があった。大雑把にいえば，西半分では出身地を指すが，東半分ではむしろ居住地を示す。この違いは社会の組織化の違いに由来する。

1）イベリア半島北部東半分

　東半分，とりわけカタルーニャにおける地名姓の推移は，ト゠フィゲラスが述べるように (1995 : 386)，11，12世紀にカタルーニャ社会を揺り動かした歴史的事件とかかわる。二要素命名法を採用した初段階の11世紀第1四半期，地名姓は13.6％と相対的に高い割合となる（表2-10）。同世紀10年代から伯を取り巻く高位貴族が地名を用いはじめたためである。しかし1017年の*Borrell*伯の死後，状況は一変し，伯の後継者が未成年のうちに彼らの姿は表舞

表 2-10　カタルーニャにおける父称・地名姓・複姓（父称＋地名姓）の推移（％）

	1001〜1025	1026〜1050	1051〜1075	1076〜1100	1101〜1125	1126〜1150	1151〜1175	1176〜1200
父称	1.2	33.2	57.3	72.9	66.3	38.8	19.8	14.2
地名姓	13.6	4.1	1.7	1.4	1.1	19.2	52.0	62.9
父称＋地名姓		0.2	1.4	4.6	8.9	12.7	4.6	1.4

出典：To Figueras, 1995：390，表 4。ただし表 6（Ibid.：391）の数値によって調整。

台から消える。正規の許可なくして封土が私有化され、多数の城塞・城が建設されて、封土と臣下の関係が増殖していく。そのため次世代（1030〜50 年）の貴族たちは、さきにみたように、そうした財産の相続が権力の源泉となるため、父称を採用する。さらに当時、複姓（父称＋地名）がはじめて登場し、その使用はほとんど貴族に限られた。彼らの領地とリネージの結びつきがいまだ十分に周知されていない過渡的状況にあったことを示している。その状況は 11 世紀第 4 四半期から 12 世紀半ばまでの時期に該当する。この一時的な複姓の出現はカタルーニャの特徴である。

　展開最終段階の 12 世紀第 2 四半期、厳密にいえば 1119〜36 年に（Zimmermann, 1995：367）地名姓が急増し、13 世紀にむかって全面的に勝利していく。1186〜90 年の 15 年間には 81.5％ にもたっする。たいして父称はわずか 9.2％ を占めるにすぎなくなる（To Figueras, 1995：391）。父称と地名姓の逆転であり、これをト＝フィゲラスは「第二の命名革命」と呼ぶ。ツィメルマンによれば、この地名姓への移行・勝利はリネージ意識における家族の歴史から家産の地理への移行に関係するとみる[87]。有り体にいえば、リネージと領地・城塞との結びつきが強固に認知されるにいたったため、父称は不要かつ余分なものと感じられるようになったのであろう。封建制フランス貴族の命名である、名＋ de ＋領地名と同類である。父称から地名姓へのこの移行は、ルゼやオーシュのようなガスコーニュ北部でもおきていた。そこでは封建制を確固たるものにすべく、貴族たちは 11 世紀初頭に父称に代えて、封土もしくはそれにかかわる地名を付けるようになり、地名姓が勝利したのである（Bourin, 1996：193）。カ

---

[87] 1995：367. 一方、名＋父称から名＋地名への移行について、To Figueras はその社会的背景が明確でないと述べる（1995：386）。

タルーニャの動向はこのガスコーニュへの参入を示しており，カタルーニャはまさにイベリア圏から抜け出したのである（Zimmermann, 1995 : 369）。

　北東カタルーニャの領主たちは 11 世紀末から，明確な形においては 12 世紀半ばから農地契約において，父系での一子相続を農民に義務づけはじめ，農地における居住を強要した（To Figueras, 1996 : 430-431）。こうした農民たちはカタルーニャ人口の 4 分の 1，15,000〜20,000 世帯を占めるまでになり，のちに「レメンサ農民」[88]（パイェセス・デ・レメンサ）と呼ばれることになる。12 世紀以降，この農民たちは居住地の名，つまり耕作するマスの名を姓[89]とした。この時期は，フランスでおきたように，自由農民が封建領主所領にがっちりと取り込まれていった，まさにその時期と重なる（To Figueras, 1995 : 377-387）。またカタルーニャにおける地名姓には別の意味合いもあったことを，ト＝フィゲラスは家族内戦略の観点から指摘する。父称では兄弟間の序列が表せないため，跡継ぎの一子に地名姓を付けた，と。また，離家した次三男は出身地を示すものとして生家の地名姓を名乗ったが，みずからマスを保有するようになると，その新しいマス名に姓を替えたという（1996 : 433；2002 : 66）。

　アラゴンでも地名姓が増えていき，エブロ河流域では 12 世紀第 2，第 3，第 4 四半期に 19.6 ％，30.8 ％，32.7 ％にたっした。逆に，父称は各期間，18.1 ％，11.2 ％，6.3 ％へと減少していく（Laliena Corbera, 1995 : 326）。地名姓と父称の相反するこの推移は，程度の差はあるが，カタルーニャの動向に類似していたことを示唆する。他方，父称＋地名姓という複姓はきわめてわずかだった。アラゴンの特徴は命名法がきわめて多様で，特定の優勢な傾向がなかったことである。

　ナバラ・バスク地方の特徴は前述したように，父称が早期に普及したこととならんで，父称＋地名姓の複姓がさかんに使用されたことである。貴族間でも非貴族間でも用いられ，この型の複姓がこれほど多用された地方は他にはない[90]。ガルシア＝デ＝コルタサルによれば（1995 : 290-292），これは時空間座標

88　土地を離れる際の身請け金支払いなど，数種の封建領主悪税（マロス・ウソス）で自由を束縛された農民。
89　保有地名を命名に用いるのは自然の成り行きである（Willson, 1998 : 138）。
90　García de Cortázar, 1995 : 290. しかし近世に入り，何世紀間かはこの地方に複姓の習慣は見いだせないという（Zabalza Seguín, 2010 : 78）。

表 2-11　ナバラにおける父称・地名姓・複姓（父称＋地名姓）の推移（％）

	920〜1000		1001〜1050		1051〜1100		1101〜1130		1131〜1160	
	L.	S. M.	L.	S. M.	L.	S. M.	L.	S. M.	L.	S. M.
父称	55.5	70.0	59.3	47.3	51.7	53.4	35.9	52.1	34.1	46.0
地名姓	1.5	3.3	1.0	8.8	6.4	7.5	8.0	2.1	12.1	15.2
父称＋地名姓	3.1	1.6	23.9	6.2	28.3	10.6	38.6	21.7	34.1	7.6

出典：García de Cortázar, 1995：287-290.
注 1：L. はレイレ，S. M. はサン・ミジャン・デ・コゴージャ．
　 2：父称は属格・主格の合計．

の漸次支配を証明しているという。時間軸は家族・リネージの記憶保持を，空間軸は地名の命名への組み入れを示す。とりわけ山地ナバラでは，表 2-11 のレイレにみられるように，11 世紀初頭から突然増加し，12 世紀には父称と並ぶか凌駕さえした。11 世紀後半のあらゆる型の命名型サンプル 651 件中この複姓は 188 件（28.9％），内 127 件が貴族，61 件が非貴族，1101〜30 年間の 272 件中では 105 件（38.6％），内 61 件が貴族，44 件が非貴族である（Ibid.：288）。記録限度の 12 世紀第 2 三半期までも高い割合を維持しており，この点，すぐに地名姓が優勢となったカタルーニャの動向と異なる。当地方は伝統的に男女・長幼を問わない一子相続慣行のため，父称のみでは家産の連続性が示しにくい。貴族間で複姓がより多く用いられたことは，領地と家族・リネージとの紐帯を表明したい願望がより強かった表れであろう。また非貴族での複姓は，中世後期以降と想定される，村と一体化していた親族集団の夫婦家族への分裂（Moreno Almárcegui et al., 1997：112）が一部でより早期におきていたためかもしれない。その小家族を特定する第二要素が付け加えられたのであろう。

　地名姓は居住する土地・村の名に因む。したがって，母方居住のばあいには夫の姓が変わり，子どもの姓は母の姓となる。これはバイヨンヌにも共通する慣習であった[91]。住居地が変われば，姓も変わる。地名姓は，居住地を示すばあい，個人を特定する重要な役割を果たすのである（Zabalza Seguín, 2010：

91　Lafourcad, 1988：223. しかし，居住地によって変わる名は 1580〜1610 年のあいだに廃れ，家父長傾向の強まりとともに固定姓に取って代わられた（Moreno Almárcequi et al., 1997：115；Zabalza, 2004：83-84）。

75-76)。しかしながらリオハ域では，中小土地所有農民からなる山地の旧ナバラ同様に，地名姓が居住地を指したかは疑わしい。同地域が再入植地であることからすると，むしろ，出身地を指していると捉える方がよいであろう。12世紀第2三半期に名のストックが100にたっしている（表1-4）こともそれを証左する。表2-11が示すように，リオハ域（サン・ミジャン）における父称の一貫した優勢，および複姓の少ない傾向はメセタ地域と類似する。

バスク地方でも父称＋地名姓はレイレ同様，きわめて早い時期から大きな割合を占めた。11世紀後半にはすでに，540件という十分な数のサンプル中，このタイプの複姓は28.9％にもたっし，12世紀前半も203件中22.7％を占めた[92]。中世盛期における動向は不明ではあるが，イダルゴ上流層[93]では代々世襲された自給農場(バセリア)の名を追加したであろう。さきにみたように，世代ごとに変化する父称だけでは系譜が知られなくなる恐れがあったからである。当地方の領主でもある国王が1273年にマヨラスゴ設定の特別許可を領民に下賜した直後から一子相続制が中小イダルゴ農民のあいだで広まったという（García Gallo, 1986：91）。エリート・イダルゴ間ではたぶん，それ以前に直系家族と家産はすでに結びついていたであろう。二要素命名（名＋父称／地名姓／あだ名など）は11世紀後半以降の50年ごとに40.4％，64.5％，58.7％，69.5％へと増加していく[94]。父称と地名姓の個別の推移は不明であるが，先述のように，世代父称が近世にむけて消滅していったのであれば，地元人口の相当部分を占めるイダルゴ全体でも名＋地名姓が増えていったことになる。

ナバラ・バスクは11世紀半ばまで *Sancho*, *García* など共通名の使用，父称＋地名姓の優勢，バスク・ラテン語源の父称の優勢，という諸点でガスコーニュと共通点をもっていた。しかし12世紀末には，ナバラがこの複姓を維持したのにたいし，ガスコーニュは名＋地名姓に移行する。この型はレイレではわずか20％だったが，ガスコーニュでは80％にもなった。かくしてガスコーニュはイベリアと袂を分かったのである（Cursente, 1996：57-58）。

---

[92] Líbano Zumalacárregui et al., 1995：270 より算出。
[93] 近世にはおよそ250家族によって構成されていた（Borja, 1994：19）。
[94] Líbano Zumalacárregi et al., 1995：270 より算出。

2）半島北部西半分

　原初カスティーリャ域の貴族は最初に父称を採用し，のちに地名姓を付け加えたが，父称はそのまま残した。ここが東半分，典型的にはカタルーニャと違う点である。この違いは政治的状態と関係していよう。10世紀以前，歴代の国王は家臣に論功行賞あるいは融和策として土地を下賜するのが常だった。多くは完全所有権を与えた。そのため，二要素の新しい命名法が10世紀に誕生したとき，有力者たちは地名ではなく，父の名に言及した。相続を強調するためだったのであろう。ただし，その領地は不安定でありつづけた。国王は家臣に下賜した資産を剥奪することができたからである。また，10世紀末以降は土地を家臣に与えるにしても，用益権のみに限定するようになった。強力な王権ゆえであり，フランス国王と違い，土地に窮することはまったくなかったからである[95]。国王は公職への任命権を保持しつづけ，めったに世襲としなかった。しかし11，12世紀になると，状況がすこし変わる。当時はまだ単名が大多数を占めていたが，上流社会層の名に多く*domini*/*dominae*（領主の称号）が単名への補足要素として付くようになる。11世紀末，ことに12世紀末からは父称と地名が加わり，複姓を採用する[96]。この状況は，領地とリネージが一定程度結びついており，さきに言及したカタルーニャの過渡的状況に似るが，フランスや最終段階のカタルーニャにおけるほど確固とした結びつきにはならなかったことを示唆する。事実，「古い」貴族は14世紀後半，領地の剥奪を被ることになる。カスティーリャ貴族の命名法は，すぐれて国王と貴族の関係を物語るものであり，半島の大半において封建制が確立しなかったという事実を反映している。

　平民間において，地名姓は12世紀以降に広まった。カンタブリアからエブロ河上流域までの地名姓サンプルの90％以上は1085年以降，とりわけ1120年以降のものである[97]。地名姓の広まりと，トレド奪還（1085年）以降のドゥ

---

[95] レコンキスタのおかげで臣下に下賜する土地に窮しなかったことは，イベリア半島の大部分に封建制を確固として根づかせなかった大きな要因のひとつである。
[96] García de Cortázar et al., 1995a : 210, 229.
[97] Montenegro Valentín, 1995 : 198 ; García de Cortázar et al., 1995a : 226.

エロ河・タホ河間のメセタ北部への再入植，ことにアルモラビデの弱体化による1120年以降のドゥエロ河右岸流域への本格的な再入植活動とが時間的にぴったり一致することはけっして偶然ではない。9, 10世紀の個人主導の再入植と異なり，12世紀には数多くの地域共同体——パレンシア，バリャドリー，ソリア，セゴビア，アビラ，グアダラハラなど——の主導のもとで，国王によって気前よく下賜された各コンセホ領域（市域と属域）への再入植がおこなわれた。さらに，当時は名のストックがますます縮減していった時期にあたる。たとえば，ブルゴス属域における当時（1125年）の名のストックは34.5（表1-1）。これは10人いたら3人は同名という状態である。そのため，新しい共同体でしばしば生じる同名異人を弁別するために，名に出身地名を付け加えることはきわめて有用だったであろう。カスティーリャが中世盛期・後期の幾世紀にもわたって絶え間ない再入植や移民・移動の国だったことからすると，大方の地名姓はすぐれて出身地を指したといえる。たとえば15・16世紀交の半島南東端アルメリアへの入植者はその3分の2が第二・第三要素として地名姓をもっていた。王国中の地名にとどまらず，諸外国の名も散見される[98]。16世紀初頭のメリダ（エストゥレマドゥーラ）もカスティーリャ・レオンの北メセタ地域のさまざまな土地に由来する地名姓で溢れ，アンダルシア諸所の地名由来の姓もみられたのである[99]。

こうしたメセタの再入植地方とは違い，アストゥリアス，リエバナ域，レオンといった後衛地方における地名姓には異なる意味合いがあった。単名でかな

---

[98] 名＋de＋地名（ないし形容詞）が363件（58.3％），名＋父称（属格・主格）＋地名が42件（6.7％），合わせて地名姓は405件（65.0％）にのぼる（Segura Graiño, 1982 : 529-537の「土地分配帳」のキリスト教徒入植者リストより算出）。国外の地名では，ポルトガル，ブルターニュ，オランダ，イングランド，シチリア，ナポリ，ヨルダンの出身を示す *Portugués*, *Bretón*, *Holanda*, *Inglés*, *Çiçiliano*, *Napoletano*, *Jordano* などが姓としてみられる。

[99] Ballesteros Díez, 2001 : 659. 出身地を示す姓が多いことは，はや中世盛期に父称が優越していた後衛地の半島北部の状況と異なる。注98のアルメリアも含め，中・近世交における半島南部の新入植地に，地元で土地を所有・継承できなかった人びとが多くやって来て，出身地を姓にしたことを窺わせる。あるいは，父称をもっていたにしても，新天地では意味を失ったので，出身地名に取り換えたのかもしれない。

りの規模の土地を所有する農民を親にもつ子どもたちは，はや9世紀，10世紀初頭に名＋地名という二要素命名法を採用しはじめた（Martínez Sopena, 1996：83）。これらの地方に多いイダルゴたちであろう。イダルゴはアストゥリアス人口の75％，王国のイダルゴ人口の18％を占め，レオンでも1591年に人口の3分の1にたった[100]。所有地の名称が家族と結びつきはじめたといえる。

一方，複姓（典型的には父称＋地名）[101] はカスティーリャ，レオン，アストゥリアス，ポルトガルでは12世紀中葉までわずかにしかみられず，同世紀末に多少増えた程度だった。たとえば，ブルゴス市と属域で6％，レオン司教区で7％，アストゥリアスで10％，コインブラ域で3％未満だった[102]。別の研究によれば，1200年以前のカンタブリア〜エブロ河上流域間では平民の複姓使用は4％，貴族でも10％にとどまっていたという[103]。ディエス資料（1957：240-245）でも，地名姓を含む複姓は10〜13世紀間に190件（10世紀6件，11世紀35件，12世紀60件，13世紀89件）にとどまる。このように，複姓が西半分で少ないことは，均分相続に由来する，保有・所有地の散在にも起因していよう。ウィルソンが指摘するように，土地が極端に分散している社会においては地名によって個人を特定することはできない（1998：138）からである。これは，バセリア名あるいは屋号によって個人が特定される[104] バスクのような直系家族が優勢な地方，あるいは先述した封建制カタルーニャなどとは対照的である。

3）ほかの西欧諸地域

ほかの西欧諸地域においても，地名は姓となった。イタリア北部・中部では

---

[100] Sánchez Vicente, 1986：126 ; Bennassar Perillier, 2003：54-57.
[101] きわめて僅少ではあるが，べつの組合せもないことはない。父称＋職名，父称＋家族にかかわるもの，職名＋地名，あだ名＋地名など。
[102] Durand, 1995b：110-118 ; Martínez Sopena, 1995：175 ; 1996：71.
[103] García de Cortázar et al., 1995a：228. 11世紀後半の有力貴族における複姓の一例を *Rodrigo Díaz de Vivar*（*El Cid*）にみることができる。
[104] 今日でもフランス国境に近いナバラ最北山地のバスタン域などのいくつかの地域では，電話帳は世代毎に変わる姓ではなく，屋号で編集されている。住民同士は姓ではなく屋号で通じ合っており，互いの姓を知らないからである（Zabalza Seguín, 2010：79）。

封土の名が 10・11 世紀交以降に姓となった。フランスでの地名姓はそのほとんどが貴族に限られた。父称よりも高い名声を有する，領地の丘や城塞，あるいは村の名に由来した (Bourin, 1989b : 240, 243)。ノルマンディでは主だった所領の名が 11 世紀半ば以前から姓となった。ラングドックでは 12 世紀初頭以降 *R. de Castro*[105] のように村の城塞名が姓に採用された。そうした姓は父称を凌駕して驚異的に増加し，貴族の 90～100％にもたっした。居住地が変われば一族の姓も変わるため，地名姓は命名の第二もしくは第三要素として用いられ，リネージを特徴づけるものとなった (Durando, 1996 : 419)。イングランドにおける地名姓の採用は補足要素 *filius* 同様，ノルマンディの影響を受ける 11 世紀以降である。大土地所有者やナイトは 12, 13 世紀に地名姓を採用した。たとえば東部では 1166 年，ナイトの 58％は地名姓だった (Wilson, 1998 : 132-134)。

　フランスでは 12 世紀以降，領主制に編入されていった農民は居住地あるいは用益地の名称を姓とするようになる。ヴァンドモワでは 1220～50 年，平民の 61.5％は地名姓で，その多くは所領名だった (Barthélemy, 1989 : 38)。ラングドックでは地名姓は 12 世紀初頭～1250 年に城下町 castrum に居住した住民の 50～70％にたっした。居住地名を姓とすることは，放浪生活をやめて，ある村に住処を固定したことを意味するという (Bourin, 1989b : 198, 243)。たしかに，中世フランスの農民はどこでも，耕作している保有地やマンス名で特定されるようになったのである (Wilson, 1998 : 138)。それゆえブーラン (1989b : 243-245) は，フランスにおける地名姓の勝利は領主と家臣間の主従関係の成立を象徴するとみる。それはまた，団結という水平的関係網への個人の組入れ，あるいは少なくとも，放浪生活後の人びとの定住，換言すれば，共同社会の誕生を示唆するともいう。地元の地名に由来する姓は，共同体の一員であるという意識を醸成することに資したであろう。それは地元を離れたときにとりわけ強く感じられる。ただし地名姓はイベリア半島同様に出身地を指すこともあった。12 世紀以降，南部で多数建設された新都市では，移住民が出身地名を姓とする傾向がとりわけ強かったのである (木村, 1977 : 28)。

---

[105]　Bourin, 1989a : 198-199. イニシャルの *R* については，第 4 章で言及する。

5 あだ名・職名による姓

1）あだ名姓

　あだ名も姓になる。身体的特徴，気質，振る舞い，服装，住む場所などに合わせて，共同体が個人に与えるものであり，同名異人を見分ける有効な手段であった。描写的に付けられるあだ名は，意味のない固有名詞を対象にあわせて意味のある記号にとりかえる方法（田中，1996：70）でもある。あだ名を姓にすることが元来「ラカブ」と称されるアラブの習慣である（Oliver Pérez, 1992 : 242）ならば，それは都市的空間に暮らす伝統的文化にもとづくものであろう。あだ名は，一定程度の大きさに到達した共同体が個人を批判的かつ匿名的に評価するものだからである。それゆえ，あだ名姓の出現は共同体そのものの形成を象徴しており，都市化の指標ともなる。

　しかし，あだ名姓は突然登場したのではなく，一連の命名展開を経た。*cognomentum* ということばの使用が，ツィメルマンが指摘するように（1995：358），あだ名の存在を示唆し，また，*cognoment* が *qui dicunt / qui vocant*（～と呼ばれる）という表現に由来する（Suárez Beltrán, 1991 : 65）のであれば，*A cognoment B* という形は，*X filius Y* が父称に変わる蛹だったように，あだ名が姓に変わるための蛹だったことになる。オリベル＝ペレスはまさしく，*cognomen* は姓の初期形態であると断言する（1992：228）。

　この形態をリバスの資料から拾い出して，世紀ごとにその件数を示したのが表 2-12 である。そこから判明するのは，この形が 9 世紀に登場し，10 世紀に著しく増加し，11 世紀に衰退し，13 世紀には完全に消滅したことである。この時間的推移は，*cognoment* があだ名姓の起源であり，姓に転化していったとする上記の見方の論拠となりうる。この要素ははじめ補足的であったが，世襲されるにつれて，あだ名姓に変わっていったといえる。

　この表が示す推移は，あだ名に由来する姓はイベリア半島では 12 世紀以前は存在しなかったというオリベル＝ペレスの見解（Ibid.：242）とほぼ合致する[106]。そうであるならば，*Vistragildus cognomento Gotinus*（842 年），*Froritum*

表 2-12 *A cognoment B* という命名形態の推移

世紀	9	10	11	12	13
件数	5	23	15	2	0

出典：Rivas Quintas, 1991：650-666 より作成。

cognomento Abderahaman（911 年），*Arili cognomento Bona*（1077 年）[107] などにみられる *A cognoment B* があだ名姓に変貌していったのは 12 世紀だったと想定しうる。

　通常，あだ名は男性に付けられた。たとえば，禿 *Calvo*，赤毛 *Rubio*，髭 *Barba*，痩せっぽっち *Delgado*，太っちょ *Gordo*，陽気者 *Alegría*，良き人 *Bueno*，情け深い人 *Misericors*，腿当て *Quijote*，（フード付）マント *Albornoz* など。これらは，実情と合わないにしても子孫に継承され，家族姓となっていった。女性があだ名姓を相続する時には，女性形に変えられた。たとえば，*Juan Moreno*（浅黒）の娘は *María Morena* となる，もしくは *María la Morena* のように補足的に呼称された（Salazar, 1991：30）。ロマンス語が優勢になるにつれて，あだ名は活況を呈した。あだ名の最活況とロマンス語の勝利とは合致するという（Díez, 1957：263）。あだ名姓は平民によるロマンス語での最初の示威行為であり，姓名をロマンス語化するのに何よりも早く貢献したのであろう。こうした動向はすくなくともガスコーニュと軌を一にしていた。たとえばオーシュでは，俗語名の使用は 1130 年から 1220 年のあいだにラテン語名の使用を凌駕したという（Cursente, 1989：161）。

　では，あだ名に由来する姓はどの程度使用されたのだろうか。さまざまな研究によると，あだ名姓は 12 世紀末までは命名全体のなかでは少数に留まっていた。ガリシアのソブラド修道院史料では 13 ％であるが，サモス修道院史料ではわずか 2 ％，ビエルソ域では 3 ％である。リエバナ域では 1126 年から 1200 年までの 25 年ごとの推移は 2.3 ％，2.8 ％，11.7 ％であった[108]。中央部に

---

[106] Martínez Sopena は，あだ名姓の登場は 13 世紀以降に生じた父称の化石化を契機とすると推定する（1995：162, 172）。化石化はまた，個人を特定するために第三の要素——あだ名，世代父称，地名——を複姓という形でもたらしたともいう（2002：72）。

[107] Rivas, 1991：651, 654, 658. 2 番目の *Abderahaman*（10 世紀のコルドバ最盛期の初代カリフの名）は「寛容の僕」の意として用いられている（Ibid.: 651）。当時，半島北部の人びとが隣国イスラームの為政者にたいして偏見を抱くどころか，肯定的に捉えていたことを示している。

おいても，ディエス資料（1957 : 264-282）の9〜13世紀間に見いだせるあだ名姓は314姓（510件）ときわめて少ない（9世紀1件，10世紀5件，11世紀24件，12世紀150件，13世紀330件）。資料全体（約25,500姓）のわずか1.2％にすぎない。一方，ピレネー地方ではあだ名姓は北西部の地方よりも普及していたようだ。パリャルスでは12世紀最後の30年間には8.2％，サラゴサなど諸都市があるエブロ河域アラゴンでは1126年以降の25年ごとの推移は9.5％，8％，12.9％と増加傾向にあった。カタルーニャでもあだ名姓は12世紀後半，都市と市場が発展するにつれて職姓とともに登場した[109]。

西欧のほかの地方では，むろん地域差はあるが，あだ名由来の姓の割合はずっと高かった。フランスでは個人名に付すsurnomに，あだ名・地名・父子関係・職名などが用いられたが，狭義にはあだ名を指し，平民間ではエスプリの表現として広く用いられた（木村，1977 : 26-30）。たとえばベリーやニヴェルネではすでに11世紀前半，22.1％にたっした（Michaud, 1989 : 105）。ローマ周辺地域では1250年に9％だったが，市内では25％にものぼった（Hubert, 2002 : 327）。ボローニャでは1288年，先に言及したように，住民全員に「名とcognomenをもつ」ことが義務づけられた。

これらの情報は，あだ名姓がすぐれて都市化によってもたらされる現象であることを伝えている。したがって，イベリア半島，とりわけ西半分でのその使用の少なさは，まさしく都市化があまり進んでいなかったことを物語っている。

2）職　姓

職姓については，通常子どもが父親の職業を継ぐ時代にあって，職名が家族の姓となったことに不思議はない。表2-13は半島北西部の史料に最初に登場した職姓の数を世紀ごとに集計したものである。11世紀まで職業に由来する姓がきわめてわずかだったことは一目瞭然である。しかも，それらはすべて公

---

[108] Portel Silva et al., 1995 : 34 ; González et al., 1995 : 60 ; Durany et al., 1995 : 88, 98 ; Montenegro Valentín, 1995 : 188.
[109] García de Cortázar, 1995 : 287-290 ; Laliena Corbera, 1995 : 326 ; Martínez II Teixido, 1995 : 341 ; To Figueras, 1995 : 387.

表 2-13　職姓の推移

世紀	9	10	11	12	13	14	15	16	17	18
件数	2	7	1	17	49	16	42	5	2	1

出典：Rivas Quintas, 1991：477-498 より作成。

職や聖界役職関係である。唯一の例外は 10 世紀に登場した sertor（仕立屋，12 世紀には Alfayat）である。12 世紀に増えはじめ，13 世紀に著しく増加し，14 世紀に落ち込んだあと，15 世紀にふたたび増えていった。しかし 15 世紀においてさえ，大半は公職・教会関係や貴族・軍事関係の職であった。数少ない，本来の商業・手職・工業を挙げれば，12 世紀では Canteirus 石工，Carpentario 大工，Fabricius 作り屋，Ferrarius 鍛冶屋，13 世紀では Cambeador 両替商，Zapateiro 靴屋，Barreiro 陶工，Boleiro/Forneiro パン焼き職人，Cocineiro 料理人，Merchán 商人，Sellarius 椅子職人である。

　13 世紀に職姓が増殖したこと自体は北西欧に共通する現象である（Bourin, 1989b：240）が，上述したように，イベリア半島では本来の商業・手職や工業に由来する姓はきわめて少なく，しかもその登場は遅い。15 世紀にようやく Barbeiro 床屋，Carboneiro 炭焼き，Cardeiro 梳毛職人，Carniceiro 肉屋，Cubeiro 樽屋，Farneiro 篩職人，Moleiro 粉挽，Tendeyro 小売商が登場する。ガリシアでは，職姓の占める割合はわずか 1 ％[110] であり，まさに都市人口自体に相当する少なさであった。中世イベリア半島の社会・経済において商手工業がいかに低調だったかを，これ以上雄弁に語るものはない。半島中央部においては，10〜13 世紀間の職姓は 10 世紀 3 姓，11 世紀 6 姓，12 世紀 20 姓，13 世紀 44 姓であり（Díez, 1957：258-262），北西部とほぼ同様の傾向を示す。10 世紀に仕立屋，鍛冶屋，11 世紀に機織り，鍋職人，鍛冶屋などが登場するものの，きわめて少ないことは否めない。たとえばブルゴスは南仏から延びる幾筋かのサンティアゴ巡礼路[111] が合流する町だったにもかかわらず，ある程度の種類の職姓が揃うのはようやく 12 世紀後半だった。13 世紀後半に七部法典（Libro

---

[110]　Portela et al., 1995：34；García de Cortázar, 1995b：252. ポルトガルでも職業由来の姓はひとつもなかった（Monteiro, 2008：52）。

II - Título X - Ley II）が商人・手職人を市民の範疇に入れなかった状況，14世紀でさえ王族で著述家の *Don Juan Manuel* がかれらを農民の範疇に入れた（1974 : 193）状況が，表2-13から見て取れるというものである。14世紀のトレドにおいても職姓は相対的に珍しく，15世紀でも同一個人が「商人 *mercader*」「古着屋 *trapero*」などと呼ばれ，呼称が姓としてまだ定まっていなかった。十分に専業化していなかったこうした状況では世襲姓は確立しえない。モレナによれば（1996 : 173, 176），15世紀のトレド史料に職業由来の姓はひとつもみいだせないという。15・16世紀交のアルメリアの入植者リストにも，職姓はあだ名姓同様，ごくわずかしかみいだせない[112]。

カタルーニャでは，10世紀第2三半期にわずかに登場した職姓は941〜1000年間に約10姓，1001〜35年間には急増して28姓となった。後者のなかには *Poeta* 詩人，*Aurifex* 金細工師などがある（Zimmermann, 1995 : 360）。こうした生活必需以外の職に因む姓が早期に成立したのは経済的発展によるのではなく，社会の限られた人びとが奢侈に暮らすことを可能にする封建社会の誕生を物語る。当時はまさにカタルーニャに封建制が誕生した時期であった。いずれにしても，職姓は12世紀前半まではあらゆる種の命名法の0.6〜1.1％であり，同世紀最後の四半期に3.9％に増えた（To Figueras, 1995 : 390）にすぎない。アラゴンにおいては2.5〜4.1％だった（Laliena Corbera, 1995 : 326）。

こうしたイベリア半島の状況とは異なり，ほかの西欧地域ではずっと早くか

111　サンティアゴ巡礼路図（Artola, 1993 : 878）。

112　職姓は *Montero* 勢子，*Pastor* 牧人，*Ferrer*／*Herrera* 鍛冶屋のみ，あだ名姓は *Delgadillo* 痩せっぽっちのみ（Segura Graiño, 1982 : 529-537）。

らきわめて多種の職姓が存在した。フランスの都市では非貴族のあいだで職姓が支配的であり（Bourin, 1989b : 240），たとえばヴァンドモワではすでに11世紀前半に8％を占めた（Barthélemy, 1989 : 54）。イングランドやイタリアでは仕事が極端に細分化・専業化していたため，著しく多様な職姓があった。11世紀のウィンチェスターにおけるアングロ・ノルマン人間の職姓は37.5％，12世紀末のニューアークのイングランド人では59％にのぼった。イングランドには繊維業関連だけで約165もの姓があり，1319年における担税民の10％を占めた女性の大半は，従事している職由来の姓をもっていた（Wilson, 1998 : 144-148）。ローマにおいても13世紀に職姓は17％にたっした（Hubert, 2002 : 327）。

しかし，西欧諸地域では職姓のこうした大量の早期採用にもかかわらず，その固定化，つまり世代継承化は地名姓やあだ名姓より遅かった。たとえば，イングランドではようやく1350～1450年である。職姓と現実の仕事との不一致は12世紀もかなり入ってからはじまったが，頻繁になったのは13世紀，とりわけ14世紀だった。フランスでは13, 14世紀に，たとえばパリ，ピカルディ，ブルグンディ，フォレで不一致があきらかになった。こうした不一致はその職姓が家族の名，つまり姓として固定化した証拠にほかならない（Wilson, 1998 : 155, 157-158）。その背景には大量の専業職の確立，それと同時に，分節化した広汎な職種のなかから選択する流動性があった。中世社会でよくあったように，ある個人が複数の仕事に従事している状況でそれらの職のひとつを姓に選んだとしても，子どもはそれらの中の別の仕事を，あるいはまったく違う職を選ぶことによって，父親から受け継いだ職姓と従事する仕事が異なることになる。不一致はまた，ライフサイクルサーヴァント制度にも依っていよう。若者たちは家を離れて他家の徒弟・労働者となるが，父親とは違う仕事のことも多くあった[113]。

イングランドでは，前章で言及したように，名以外に，職名に接頭辞 *Mac* をつけて父称とすることがあった。*Macnokard* 鍛冶屋の息子，*Mackaig* 詩人の

---

[113] ただし，イベリア半島では徒弟制が制度として確立していなかったため，息子は親の仕事を受け継ぐのが常だった。にもかかわらず専業化・姓化が遅れ，さらにその固定化も遅れたのである。

息子などである[114]。イベリア半島にはこのように職名に接頭辞をつけて姓とする使用法はまったくない。南イタリアやシチリアでもイベリア半島と同様に，また北イタリアとは異なり，仕事由来の職姓は名由来の父称の優勢のもとで，きわめて僅少だった。職姓が手職人の間でよくみられるようになったのはようやく14世紀であった（Martin, 2002 : 115）。

　以上みたように，イベリア半島では優勢な父称のもとで職姓の登場は遅く，ごくわずかに存在したにすぎない。これはひとつには，先述のように1120年代までドゥエロ河右岸流域に「都市」を建設することができなかったという事実に負っている。さらに南方のドゥエロ河・タホ河間の地域はいうまでもない。また，北西欧諸地域における都市が商手工業者主体で創建されたのにたいし，これらの「都市」への入植は農民が主体であり，「市民」の大半は耕作に従事するのが常だった。この都市の成り立ちの違いは職姓にとって決定的であった。さらにその農業にしても，半島では一連の歴史的・自然環境上の否定的要因によって，三圃農法に象徴される「農業革命」が実現しえなかった。その結果，農業の低生産性，希薄な人口密度，貧弱な交通網などによって商業・手工業の発展とその専業化が阻害された。都市の成り立ち，「市民」の生業，および中世の基幹産業である農業の脆弱性が職業由来の姓の少なさに忠実に反映されているのである。

---

[114] Wilson, 1998 : 144, 148-149, 155-156.

第3章

単一命名から二要素命名へ

1 二要素命名と初期現象との関係

　西欧社会が経験していた新しい状況のなかから，命名の新しい形態が出現した。第1章でストックの縮減と少数名への集中の関係についてみたが，本章ではこれらの初期諸現象と第2章で扱った二要素命名法の登場との関係についてみることとしよう。この関係についても，いまだ統一的見解はない。ストックの縮減と同名異人の増加が二要素命名形態の出現をもたらしたと考えるのは，ディエス（1957:34-37），ベック（1992:97），ハーリヒ（1995:342）などである。マルティネス＝ソペナも同見解を示し（1996:81），その根拠として，早期に著しい縮減を経験したナバラやアラゴンにおいても，またこれらの地方とは異なりムスリムとの接触がなかったガスコーニュにおいても，二要素命名法がきわめて早期に採用されたことを挙げる。ミッテラウアーも（1996:310），中欧・西欧における国王の名と聖人の名の並行的採用が名のストックを著しく減少させ，それがヨーロッパの命名法を劇的に変えたとみる。

　逆に，新しい命名形態がストック縮減の結果として登場したことを否定する意見も少なくない。ツィメルマンは，そうした見解は大部分が「幻想」であるとし，二要素の登場こそがストック減少をもたらしたと断言する。その証拠に，カタルーニャでの変化はストック減という状況下ではなく，ストックの増加局面で生じたとし，ストックの縮減と二要素命名法の登場は原因・結果の関係ではなく，むしろ前者は後者の影響で生じたとする[1]。ト＝フィゲラスも同様に

(1995:382, 385)，二要素命名法が漸次普及したことが名の著しいストック減少を引き起こしたとする。ポルテラ＝シルバと他の研究者たちも同意見である（1995:37）。スアレス＝ベルトランも（1991:61, 68），命名の複雑化にともなってストックが減少したが，二つの現象は並行してはいるものの独立的であるという。ブーランも類似の見解を示す（2002:5）。姓の登場によって多くの個人が評価の高い名を分かち合うことができたという側面があるので，同名異人の増加を新しい命名形態の出現の，すくなくとも主因と捉えることは誤りである。むしろ二つの現象を並行的に進展する螺旋状プロセスとして解釈すべき，とする。マルティンにとっても（2002:117），個人名の減少と家族名の増加の関係はあきらかでない。もしなんらか関係があるとすれば，間接的なものでしかない。イタリアでの第二命名要素の早期の登場，あるいはナポリでの家族姓の早期の登場は，ストック縮減と姓の進展との直接的関係をむしろ強化することになったであろうとみる。ウィルソンは双方向の影響を指摘する（1998:160, 336）。11世紀以降に増えた文書において同名異人を見分けるために，私的に第二の名を使用するようになる一方，中世盛期の第二要素の導入および14世紀ころからのその固定化がストックを著しく減少させ，集中を促進させたとみる。たしかに，縮減・集中と第二要素の登場のあいだには地方や社会層によっても相反する関係があったことが想定され，それが一般化を困難にしていることは確かである。

　しかしながら，うえで紹介したさまざまな意見のほとんどは，系統だった論拠を示してはいるわけではない。そこで，イベリア半島について具体的データのより詳しい分析を試みよう。それによって，すくなくとも半島での名における動向と新しい二要素システムの登場・普及との関係をある程度あきらかにすることができよう。

1　Zimmermann, 1995:355, 358, 362；1996:302. カタルーニャのサン・リョレンツ・デル・ムントとサン・クガットの史料において新しい命名法が登場した10世紀後半は名のストックが豊富な時期にあたるという。さらに，最頻名が第二要素をもたない一方，低頻度名や珍しい名に第二要素があるとも指摘し（Ibid.: 358, 362），二要素がストック減・同名異人の多発によってもたらされたのではない根拠とする。

2 二要素命名の展開における地方間の比較

1) 二要素命名の勝利時期

　さまざまな地方を比較するためには，二要素命名の普及度を測る共通の基準を設ける必要がある。二要素命名の優勢は，それが単一命名を凌駕する時点，つまり，両者が均衡点に達した時点と一般的に考えられている。しかし，別の基準も提示されている。単一命名が 20％に下落した時点である[2]。そのため，前者を均衡期，後者を二要素命名の確立期として，両方の基準を採用してみよう（表 3-1）。

　この表から，東部（表の下方）では一般的に均衡期・確立期に到達するのが西半分より早期だったことがわかる。バスク，ナバラ，アラゴンでは 9, 10 世紀に早くも均衡期を迎えたとみられ，後者 2 地方では 11 世紀中葉にもっとも早く確立期を迎える。第 1 章でみたように，狭い空間においてストックが著しく減少したためである。ピレネー中央域では古い親族構造に起因するのかもしれないし，農奴が多かったために尊属への関心がより高かったのかもしれないとされる。ことにアラゴンでは，社会の急速な封建化によって系譜が重要視され，移入民がない孤立状態がつづいたためという（Laliena Corbera, 1995 : 307, 310）。カタルーニャではこの展開は先述の政治的騒擾と密接に関係する。1030 年まで単一命名が 3 分の 2 を占めていたが，1035 年以降，二要素命名が常態となり（Zimmermann, 1995 : 361），1031〜35 年間に単一命名と拮抗し，ト＝フィゲラスのグラフ（1995 : 388）によると同世紀中葉にさらに増加していく[3]。当時はまさに，サン・リョレンツ・デル・ムントの史料でカタルーニャ語文書が増加していた時期にあたる。文書自体がラテン語で書かれていても，カタルーニャ語

---

　[2]　Bourin, 1989 : 236 ; Suárez Beltrán, 1995 : 124. この基準について，ブーランは一貫しているとは言いがたい。別のところで，人口の半分が二要素命名法を採用したとき，その命名法が勝利したといえるとする（1996 : 191）。
　[3]　他方，Zimmermann は新しい命名法は 1200 年ころ 40〜50％にたっしたとする（1995 : 362）が，図表は提示していない。

表 3-1 二要素命名の発展における均衡期・確立期

地方／地域	均衡期	確立期
ソブラド	1075	1150〜75
サモス	1100	(1200 以降)
ビエルソ域	1050	1225〜50
オビエド	980 年代	1051〜75
レオン	1050	1075〜1100
リエバナ域	1075〜1100	1175〜1200
エブロ河左岸	1150	(1200 以降)
ブルゴス	1140	(1200 以降)
ポルトガル	1101〜30	1250〜80
バスク	9 世紀	1149
ナバラ	9 世紀（リオハ域） 10 世紀（レイレ）	1050（レイレ） 1120（リオハ域）
アラゴン	9 世紀	11 世紀半ば
カタルーニャ	1031〜35	1076〜1100

出典：Martínez Sopena (coord.), 1995：31, 62, 119, 131, 176, 187, 227, 251, 280, 291, 306, 326, 388 より作成。

で署名した証人たちの名前はすべて二要素だった（Zimmermann, 1995：366）。単一命名は減少し，11 世紀第 4 四半期には 20％以下となる（To Figueras, 1995：388）。東半分において，わずか半世紀という短期間に確立期に達した地方はカタルーニャを措いてはない。それは，先にも述べた政治的であると同時に社会的でもある事態に起因する意図的な採用があったためである。カタルーニャとラングドックのほとんど全人口に及ぶ二要素命名の急速な普及は，封建化の時期と完全に一致したとブーランは推察する[4]。

　西半分において，一番早く経験した地方は政治・文化の中心であるオビエドとレオン，およびその近くのビエルソ域であった。オビエドでは早くも 10 世紀半ばに 20％ほどにたっした二要素命名は 980 年頃には均衡期に入り，1051〜75 年には確立した（Suárez Beltrán, 1995：131 の図2）。914 年に（アストゥリ

---

[4] 逆に，ピサで補足要素命名が長らく存続したことを，ブーランは封建制に感化されなかった兆候として捉える（2002：13）。

ス）王国の都ではなくなったものの，オビエド市はアビレス港との商業関係において経済的役割を維持しつづけた。そのため1100〜1230年間，とりわけフランス人移民の流入が絶えなかった。流入のピークは1200年前後であり，13世紀にはフランス人が市人口の20％を占めるにいたった[5]。こうした活発な経済活動がきわめて早期に二要素命名の勝利をもたらしたのであろう。

　新しく（レオン）王国の都となったレオンも，早期に均衡・確立期を迎えた。オビエドより四半世紀から半世紀遅れたが，半島西半分のほかの地方よりは早かった。ソブラドは均衡期・確立期に比較的早く達した。ひとつには，ルゴとコンポステラを結ぶサンティアゴ巡礼路近くに位置したこと，もうひとつには，はやくも1142年にシトー派修道院が創設されたことが挙げられる。他方，サモスは山脈裾野の人里離れた場所にあり，新しい命名法が確立するのに100年以上を要した。ブルゴス市は隣接するリオハ域からの影響によって，二要素命名は900年には20％を越えた（García de Cortáz et al., 1995b : 251）が，エブロ河左岸地域とともに均衡期に入るのは一番遅く，その後の進展も緩やかで，確立期にいたるのはずっと遅れた。むしろ属域では二要素命名への移行は10世紀半ば以降で，市より100年ほど早い[6]。ブルゴス地域全体としてはエブロ河左岸やサモスとともに，史料の最終年1200年以前に単一命名が20％に下落しなかったため，正確な確立期は不明である。ただし，カスティーリャにおいて新しい命名法は1200年頃に優勢となったとされる（Martínez Sopena, 1996 : 72）ので，13世紀初頭にはこのポイントまで下がったであろう。

　ポルトガル域は一番遅くに再入植された地方であるため，とりわけ確立期にいたるのが遅い。たとえば1064年，1093年にそれぞれ最終的にレコンキスタされたコインブラ，リスボンでは，同世紀末には早くも父称が使用されはじめ，わずか25年のうちに普及し，二要素命名が単一命名を凌駕したとみられてい

---

[5] Ruiz de la Peña Solar, 1995 : 135, 143-147.
[6] García de Cortázar et al., 1995b : 247-248. この現象の理由はよくわかっていない。それはイタリアについてHubertが推測していることと逆である。ローマ市は郊外よりも2, 3世代先行していたという（1996 : 325-327）。あまり商工業が発達していない段階では，農地の相続の表明や領主の要求といった土地にかかわる事情の方が二要素命名法をより早期に招来したということなのかもしれない。

る（Durand, 2002 : 78）。なるほど，均衡期は1101〜30年間である。これほど短期間に普及したことは，すでにガリシアで広まっていた二要素命名法を導入したことによる[7]。ただしその後の展開は他地域同様に時間がかかり，確立期にいたるのは一番遅い1250〜80年間である。ポルトガルが際立っていることは，前章で言及したように，西欧においては例外的に，父称の採用に性差がなかったこと（Durand, 1995a : 46 ; 2002 : 80）であり，それは国境地帯に特徴的な性差のない均分相続に由来していよう。

以上から，半島北部には二要素命名法の震源地が二つあったことが判明する。ひとつはピレネー域，もうひとつはレオン王国の中心部である。ピレネー域，とりわけナバラとアラゴンは二要素命名法の採用はより早期であった。前述のように，狭い空間と家族構造に由来し，かつストックの縮減と少数名への集中において，ガスコーニュのオーシュで早くも900年以前にみられた（Bourin, 1996 : 191）ように，ピレネーの両側に類似する傾向が存在したことによる。西半分について地理的観点から大雑把にいえば，新しい命名法はオビエドとレオンから東西両方向に広がっていき，確立していった。ウィルソンが指摘するように（1998 : 161），二要素命名はひとたび始まると，地理的・社会的に広まっていったのである。

比較の意味で，他の西欧諸地方の状態をみてみよう。人口の70％以上が二要素をもつにいたったのは，ガスコーニュでは1160年だったが，地中海地方ではさらに早い11世紀末だった。南欧で早期の採用を促したのは領主の意向であろうとブーランは推測する（1996 : 192）。ブルターニュでは単一・二要素命名の均衡期はもっと遅い1250年ころである。パリやリヨンなど，いくつかの都市では1300年までにほとんどすべての史料で二要素命名となった。アミアンでは納税者および大司教区の小作はすべて二要素だった（Wilson, 1998 : 116）。

イングランドでは二要素命名法は12世紀にエリート間でも平民間でも普及した。たとえばウィンチェスターでは，ノルマン征服以前は住民の55％は単

---

[7] Kremerはこの現象に注目し，北部のキリスト教諸王国で「仕上がった」と呼べるような段階にたっしていたストックと命名法が，半島の中央と（ポルトガルのある）南に伝えられたとする（1998 : 267）（鉤括弧は筆者）。

一名だったが，1100～50年間にはおおよそ70％が二要素となった。確立期は12世紀後半であろう。さして大きい町ではないニューアークでは12世紀末以前に男の75％，女の60％が二要素であり，ベリーではセント・エドマンズ修道院の小作の69％が1200年ころに二要素だった（Ibid.: 115-116）。ここでも，小作をより正確に把握しようとする修道院側の意向が感じられる。

　イタリアには二つの潮流があった。ラテン伝統の強いビザンティン・イタリアのナポリやヴェネツィアでは，命名の第二要素の使用は部分的には世襲ですらあり，後者では著しく早い8世紀であった。他方，南部の非ビザンティン・イタリアのバーリ，カラブリア，シチリアにおける二要素システムの勝利ははるかに遅れた。*X filius YZ*, *X filius Y*, *X de Y* などとさまざまな中間的（補足的）形態を同一人物が用い，命名法が定まらなかったためである。中部のフィレンツェやトスカーナでは12世紀中葉以前にほとんどすべてのエリートは二要素をもっていた。ただし著名人のなかには，たとえば*Giotto*（ジョット）（1261～1337年）のように，14世紀になっても単一名の者がいた。ペルージャではすでに1285年，納税者すべてが父称をもっていたが，ピエモンテ，ニッツァ，トレンティーノなどの北部地方で二要素システムが流布するのはようやく13, 14世紀もかなり入ってからである[8]。

　概観すれば，イベリア半島，とりわけピレネー域と西半分において，二要素システムの均衡点と確立点に達したのは南仏より早かった。その南仏は，イングランドやフランス北西部より先行した。他方，イタリアには二要素命名が優勢となることにおいて，時期的にも社会層の点でも大きな差異が存在した。いくつかの都市のエリート間ではイベリア半島にもまして例外的に早期だったが，ほかの都市や平民間ではフランス北西部以上に遅かったのである。

2）二要素命名とストック縮減・集中との関係

　ここで，二要素命名法への移行と名の動向（ストック縮減と集中）との関係をみることにしよう。

8　Wilson, 1998 : 117 ; Martin, 2002 : 113.

ナバラとアラゴンでは二要素命名は半島で一番早く，すでに9世紀に単一命名との均衡期に達する。これは，同世紀の命名史料を欠くものの，翌世紀のストックの少なさ（920～1000年のレイレでは38.5）から判断すれば，ストックの僅少さとかかわっていることはあきらかである。11世紀に確立期にたっしたことは，とりわけ同世紀後半のストックのきわめて低い数値（レイレで11.5）と呼応する。アラゴンについては均衡期にたっした9世紀のストックは不明である。しかし11世紀の確立期のストックは，1036～64年に8.8，1062～1100年に13.1（表1-4）と縮減が著しく，集中も同世紀には60％近くまで進行していた（表1-5）。とはいえ，半島北部のほかの地方とは異なり，1100年までの高アラゴンでは伝統名が優勢であり，キリスト教系名はひとつもない[9]。こうした状況から判明することは，均衡期と確立期はストックの僅少さ，および，より軽度ながら名への集中ともかかわっていることである。ただし，詳細な情報に欠けるため，どちらが原因か結果かを特定することはできない。

　カタルーニャ（バルセロナ，ジローナ，オソナ諸伯領）については，均衡期（1031～35年）はストックの縮減（55）および1026～50年間の集中（54.6％，内3個の名で35.0％）に対応し，確立期（1076～1100年）は1世紀前のほとんど半分にまで縮減したストック（40.7）および少数名へのさらなる集中（59.5％，内，南仏からもたらされた*Raimundus, Guillelmus, Bernardus*で42.7％）の時期にあたる。当地方での二要素命名法の採用は前章でみたように，政治的・社会的理由にもとづいていたので，こうした縮減・集中は新しい命名形態の採用の結果といえる。それは，確立期到達から25年の遅れをもって，1101～25年間に集中が驚異的に高まった（75.0％，内上記3名で55.1％）事実からも証明できる[10]。

　一方，半島の西半分をみると，ブルゴスでの単一・二要素間の均衡期（1140年代）は，まさにストック縮減の第三段（1150年に21.3），キリスト教系名の突然の増加（サンプルの69.7％），および，強度の集中（67.2％）と一致する（表1-1, 1-6）。サモスでの均衡期（1100年）はストックの第三段縮減（44から30

---

[9]　最頻13名にキリスト教系名は全く登場しない（Laliena Corbera, 1995: 324）。
[10]　1031～35年のストックはTo Figueras, 1995: 392の表9より，3名による集中はIbid.: 393の表11より算出。ほかのストックは本書表1-4，集中は表1-5より。

へ）と一致する（González et al., 1995 : 61）。ソブラドでの均衡期（1075年）も突然の集中（22％から50％へ）（Portela et al., 1995 : 36）と一致する。リエバナ域での均衡期（1075〜1100年）は，*Pedro* がはじめて最頻名となり，サンプルの18.4％[11] を占めた時期にあたる。

　レオンの均衡期（1050年）は俗人間で *Domingo* が最頻名として18.4％（1026〜50年）を占めた時期であり，ストック第二段の縮減（49.2）にも当たる（表1-1, 1-2）。さらに，確立期（1076〜1100年）は第三段縮減（33.3）と集中の高まり（70.6％）と合致し，*Pedro, Domingo, Martín, Juan* などの「新しい」聖人名の急激な驚異的勝利（前者3名で56％）[12] とも重なる（表1-1, 1-3, 1-6）。エブロ河左岸地域では，1125年に *Pedro* がはじめて第一位となった1世代のちに均衡期（1150年）を迎える。同年から *Lope, Gonzalo, Rodrigo* などの伝統名を押しのけて，*Martín* が第二位にあがる。1175年には30.7％を占める *Pedro* を筆頭に，聖人名への集中がさらに進み（68.6％）[13]，それから1世代ほどのちの13世紀早々に二要素命名法が確立することになる。

　以上から，カスティーリャとレオン地方においては，ストックが以前の半分，ないしは30以下に劇的に減少し，同時に少数の「新しい」聖人名に集中した時点で新しい命名法が均衡期に達したこと，およびその確立期はこれらのキリスト教系名の絶対的優勢期に当たったことが判明する。ことにエブロ河左岸地域においては，聖人名への集中が均衡期より1世代先行し，聖人名の絶対的優勢の1世代のちに二要素命名法が確立したのである。したがって，前に引用したブーランの言にあるように，同名異人の増加と二要素命名の登場は螺旋状の並行的展開であるにしても，少数の大聖人名への集中が新しい命名法の登場の動因となったといえる。他方カタルーニャでは，二要素命名が縮減・集中より先行していたことはあきらかである。ただし，これはイベリア半島にあっては例外的現象である，封建制の確立に起因しているので，（狭義の）封建制が確立するにはいたらなかった他地方にこの先行を当てはめることは難しい。

---

[11]　Montenegro Valentín, 1995 : 193 より算出。
[12]　Martínez Sopena, 1995 : 174 より算出。
[13]　García de Cortázar et al., 1995a : 214 より算出。

ポルトガル域のアロウカでは，均衡期（1101〜30年）はまさに縮減の第二段にあたる（ストックは88から40へ減少：表1-1）。同時期に生じたからには密接な関係があるはずである。このことからすると，同名異人の増加と新しい二要素命名の登場は原因・結果の関係にはないとする，コインブラ研究[14]にもとづくドゥランの見解（1989：222-223）は，ポルトガル域内においても適用しがたいことになる。さらに詳細な史料が因果関係をあきらかにしてくれるであろう。

3　女性の姓

1）名＋補足要素

　西欧においては通常，女性の命名が辿った道は男性とは異なった。女性は世帯においても社会においても，男性とは異なる役割を担っていたからである。命名法の変革の時代，イベリア半島の女性はどのように命名されていたのだろうか。それはまた，何を意味するのだろうか。ただし利用できるサンプルが十分でないため，新しい命名法の普及や勝利の時期・度合を統計上で明確にすることはできず，大まかにしか捉えられない。

　男性が新しい二要素命名法で登場している時代，女性の大部分は単名であり，多くのばあい家族，ことに父や夫のあとに言及され，彼らとの関係を示す補足要素が名の前後に付けられた。独身女性は単に *María*，ないしは「マリア，ヌニョの娘 *María, hija de Nuño*」[15]，既婚のばあい，3人に一人の割合で「わたしの妻 X *uxor mea, X*」「マリア，ペドロの妻 *María, mujer de Pedro*」と表現さ

---

[14] コインブラでは同時期，ストックは当初の45から33に減少した。Durandによれば，同地での均衡期は1125年ころ，確立期は1160年であり，きわめて短期間に進展したことを示している（1989：222）。コインブラはアロウカよりレコンキスタ（1064年）も再入植も遅かったにもかかわらず，その好立地によって主要都市となり，急速に二要素命名法に移行したのである。自然の進展に従ったのではなく，後衛地方ですでに存在した動向が導入されたことは明白である。

[15] 10世紀には中央部と北部の諸地方では「何某の娘 *filia q. talis*」という形式が用いられた（Guyotjeannin, 1996：391）。

れた。こうした記載は 1050 年以前の史料では 38％，それ以降も 28.5％にのぼる[16]。たとえ父や夫，また彼女自身が第二の要素をもっていたとしてそれは記録されなかった。あだ名のばあい同様，夫や父の名を女性形にした名が定冠詞とともに付けくわえられることもあった。たとえば，ラモンの妻のイネスは *Inés la Ramona*[17]。また 16 世紀のメリダでは父 *Alonso Hidalgo* の姓を女性化した娘 *María Hidalga*，*Pedro Picón Galindo* の娘 *María Rodríguez la Picona*，17 世紀のナバラにおいて *Martín Angel* の娘 *Catalina Angela* などの例もみられた[18]。

2）名＋父称

　女性が新しい二要素命名で登場するのが遅れたもうひとつの理由は，男性より証人として登場する機会がずっと少なかったことである。新しい命名法は最初に証人に現れたからである。証人は法文書において法律上の身分を正確に表明することが求められた（Zimmermann, 1995：365）。

　半島の女性のこうした影の薄い存在は中世西欧社会において例外ではない。女性が姓をもつことから遠ざけられたのは，姓自体が内包する権力の意味合いにあるとブーランはみる。領主権を行使するのは妻ではなく夫だからである（1992：176）。低ラングドックでもブルゴーニュでも女性は領主権を欠いた。ブルゴーニュでは，新たな社会構造が 11 世紀の文書において命名の変化を男性に迫ったのにたいし，そうした社会的・文化的圧力が女性に及んだのは 2 世紀ものちであった。中世をつうじて通常，女性は姓をもたなかったのである。14

---

[16] Martínez Sopena, 1995：168. また，近世前半のイベリア半島では住民台帳において，世帯主となっている寡婦は「何某（亡夫の名）の妻 *la de tal*」というネクロニム（死者の名による指名）で記載されるのが常だった。

[17] 中・近世交のエンリケ 4 世（俗称「不能者」）の王女 *Juana* は重臣 *Beltrán de la Cueva* の子との噂により，*Juana la Bertraneja* と俗称されることになる。フランスでも父や夫の女性形が第二命名要素として用いられた（Beck, 2006：145）。

[18] Ballesteros Díez, 2010：61；Zabalza, 1999：327. 同様の習慣は，あまり一般的ではなかったが，イタリアにもあった――たとえば，*Vanzin* の妻，*Margherita detta La Vanzina*（1504 年）（Wilson, 1998：174）。逆に，母の姓を男性化して息子に付けることもあった。たとえば *Juana Hernández Carrera* の息子は *Antonio Carrero*（Ballesteros, 2010：62）。

世紀後半でさえ，60～80％の女性は名＋補足要素で名称されていた（Beck, 1992：90-91, 98)。フィレンツェでも，1550年時点で姓をもつ女性はわずか5％にすぎなかった（Wilson, 1998：242)。

史料に現れる影の薄い姿とは裏腹に，隠された現実があったと憶測されてはいるが，女性が公的生活の第一線で行動する男性の後方にいたという一般的現実は否定しえない。女性は第二の命名要素で個人を特定される必要性が少なかったのである。カタルーニャでも性差は歴然としていた。12世紀第4四半期に男性の90％が二要素以上の命名形態をもっていたのにたいし，女性は同程度（87.5％）が単一名であった。こうした状態は，ローマの嫁資dosの導入によって女性が相続権を喪失したことを象徴している[19]。

しかし，イベリア半島のほかの地方では性差ははるかに少なかった。ただし，女性における変化は男性より50年から100年遅れてはいた。たとえば，ブルゴスでは単一命名・二要素命名の均衡は1200年以前には達成されなかった[20]。他方，ガリシアやポルトガル域では，新しい命名法の採用同様，12世紀におけるその勝利においても男女に時間的差異はなかった。これはヨーロッパにあってはむしろ例外的である（Durand, 2002：80)。なるほど，ガリシアを中心とするリバス資料において，絶対的多数は男性であるにしても，女性も10世紀末から二要素命名で登場しており，法人格を有していたと考えられる。ディエス資料にも同様に11世紀以降にみられる。ほとんどのばあい，父称である[21]。

3）既婚女性の姓のあり方

女性が姓をもっているばあい，結婚時にその姓が変わるか否かという大きな問題がある。半島では東北地方，ことにカタルーニャをのぞいて，この点にか

---

[19] To Figueras, 1995：390-391；1996：428；2002b：62.
[20] González Vázquez et al., 1995：64；Martínez Sopena, 1995：180；Montenegro Valentín, 1995：187；García de Cortázar et al., 1995b：253.
[21] たとえば，*Fafila Olaliz*（998年），*Auria Bretriz*（1093年），*Gudina Enniguiz*（1114年），*Urraca Estefanez*（1237年），*Sancha Domingues*（1358年）（Rivas, 1991：336, 339-341）；*Anna Jabelitit*（1063年），*Sancia Remondi*（1129年），*Urraka Adefonsi*（1153年），*Maria Jordani*（1215年）など（Díez, 1957：44, 48, 52, 289)。

んして迷いはまったくなかった。貴族においても平民においても，既婚女性は夫の姓ではなく，つねに生家の姓を有していた[22]。それゆえ単一命名法から二要素命名法への移行は当初から，父称自体が父系バイアスを内包していたにもかかわらず，その男性原理は夫婦に同一姓を与えることにはならなかったのである。いわゆる夫婦別姓である。半島の既婚女性が生家の姓を保持しつづけたことは，ト=フィゲラスが指摘するように（2002：62），結婚以後も相続の請求権を女性が喪失しなかったという事実を象徴するものにほかならない。それはすべての兄弟・姉妹間で均分するという西ゴート伝統に則っている。たしかに，いわゆる「核（家族）スペイン」では，嫁資は不動産を含む家産を相続することから女性を排除することを意味しなかった。多くのばあい，結婚時に相続の一部を受け取り，両親の死後に残りを受け取った。あるいは嫁資自体が相続すべき両親の財産の一部を成していた。それゆえチャコン=ヒメネスは，嫁資の存在理由は均分相続を遂行することにあったとさえいう（1987a：341-344）。実際，カスティーリャ・レオンの女性が中世前期・盛期において大陸ヨーロッパのほかの地域よりも多く不動産を相続していたことが確認されている。中世盛期・後期の半島では隣接地の所有者として史料に登場する女性はヨーロッパのほかの地域，たとえば北フランスやイタリアより多い（10世紀には17％，11世紀には13％）[23]。カスティーリャ王国ではすくなくとも中世をとおして，女性が生家から持参した不動産と夫から寄贈された婚資（不動産を含む）[24]を自由処

---

[22] Salazar y Acha, 1991：30；Martínez Sopena, 1995：167. こうした伝統にもとづき，トリエント公会議後の16世紀末から洗礼簿に母親の姓を記載するようになった（Martín, 1981：297）。

[23] イタリアではロンバルディア伝統および封建制の伝統によって女性は家長あるいは家産管理者としてほとんど認められず，中世盛期以降は不動産を相続することもできなかった。北フランスでは隣接地所有者の2〜4％，イタリアでは3％にとどまった。たいして，女性に好意的な西ゴート法・ブルグント法のもとで南仏やとりわけイベリア半島の女性は自分の財産の処分権・取得財産共有権を享受していた（Herlihy, 1976：27）。低ラングドックのアグドでは400人の男性にたいし，50人（11％相当）の女性が隣接地所有者として土地台帳に登場する（Bourin, 1992：154）。

[24] 近世に入っても社会の下層や庶民レヴェルでは婚資は一定の重要性をもちつづけていた。マラガではときには嫁資と同等かそれ以上にもなり（Derasse Parra, 1988：51-58），新カスティーリャのポスエロ・デ・アラバカでは新家庭の経済的基盤の7，80％に達す

分できた（芝，1994：236-241）。こうした状況が，結婚後も独立した法人格として，女性に生家の姓を維持させた。生家の姓の保持はまさしく既婚女性の財産権を象徴しているといえる。たぶん近世になってであろう，新しい習慣が登場した。夫がなんらかの社会的高位にあるばあい，公式の場で女性自身の姓名のあとに「de＋夫の姓」を付けくわえる呼称である。近世は父系原理と父権・夫権が強化していった時代であった。にもかかわらず，女性は二要素命名法の採用当初以来，生家の姓を確固として維持しつづけ現在にいたっている[25]。

ほかの西欧諸地域ではカタルーニャも含め，こうしたカスティーリャの状況と対照的だった。そこでは既婚女性は生家の姓を失い，夫の姓をつけ，寡婦となっても亡夫の姓を維持した[26]。こうした女性の姓のあり方は多かれ少なかれ父系バイアスに対応するものであり，この父系傾向は多くの西欧社会で11, 12世紀に確立した封建制によって促された。具体的には，家産を分割することなく保全するための家族の団結意識によって醸成された。イタリアにおいて，この意識は1000年頃以降に形成されたコンソルテリアに結晶化された。娘たちはそれに参加することはできず，先述のように，父称さえもつことができなかった。女性はあらゆる面で男性に従属していた。この意味で，ホーリーが述べるように（1989：121），夫の姓を付けることは象徴的に父・兄弟のコントロール下から夫のコントロール下への移行を表している。彼女はいまや夫の姓を付け，夫のコントロール下に入るのである。この父系原理によって両親の財産を

　　ることも少なくなかった（Barbazza, 1992：62-66）。
[25]　15世紀末のコルドバで既婚女性の25.61％が夫の姓をもっていたとする研究（Aguilera Castro, 1994）がある。しかし偶然夫の姓と同じだったのか，あるいは結婚による変更なのかを確かめる史料に欠ける。県古文書館に残る同世紀後半の姓の約6割が8つの父称で占められていたことからすると，偶然の一致の可能性が大きい。ポルトガルでも，貴族以外，女性が夫の姓に変えない伝統が長かったが，夫の姓を採用する習慣がたぶん19世紀にはじまったという（Monteiro, 2008：47, 50-51）。既婚女性は母方姓を夫の姓に取り替えることが多かった。そのため，父方姓＋夫の姓となる（Calllier-Boisvert, 1968：90）。BourinとChareille（1995：236）によれば，基本的にポルトガルとフランスにおいて，女性が生家の姓を維持するにしても，次世代には継承されないことでは一致する（ただし男性側の昇婚のばあいは除く）。
[26]　ただし，バルセロナ司教は既婚女性が（夫の姓のうしろに）生家の姓を付けくわえることを認めた（García Cárcel, 1985：197）。

相続する権利や（亡）夫の財産を所有／用益する権利が剥奪されていく。ジェノヴァ市政府は1143年，生活の糧としている寡婦以外，夫の財産の3分の1を所有することを禁じ，夫側から妻への贈与である婚姻前贈与に100リブラの上限を設けた。同様の措置はヴォルテッラ（1200年），フィレンツェ（1253年），ロンバルディアなど，イタリア中に増殖した。イングランドでは，寡婦の用益権の縮小ないし剥奪がおこり，婚資にたいする寡婦の権利を縮小しようとする亡夫の親族と寡婦との間で係争が増えていった[27]。イベリア半島でも類似の措置がアラゴン王国で規定された。マジョルカでは1316年，婚資は嫁資の半分から4分の1に削減され，婚資にたいする寡婦の所有権は生涯用益権に縮小された。カタルーニャでも，再婚せずに貞淑に生きているかぎり亡夫の全財産を享受できた生涯用益権が，1351年からは嫁資の償還までの期間に短縮された（Hinojosa, 1955：372-377）。バレンシアでは女性は法定遺留分を嫁資として受け取ったが，それは不動産の代償であり，不動産相続からの排除を意味した（Garrido Arce, 1992：93）。また，イタリアで早期にはじまった女性の相続からの排除は13世紀に南フランスにも広まった（Hughes, 1975：15）。相続からの排除が姓の継承からの排除とも密接にかかわっていたことは，ブルゴーニュ地方における貴族家族の「覚書」（1452年）によく現れている。それには，「家産も姓も娘たちに相続させるべきものにあらず」とある（Wilson, 1998：175）。女性への相続を勧めていた教会はこうした男系主義に反対していたが，強力な家族戦略のまえにその禁制は力をもたなかった。

　こうした潮流にあって，夫の姓を採用することが中世末からますます通常のこととなっていった。イタリアでは1600年から女性の名と夫の第二要素を単

---

[27] Senderowitz Leongard, 1985：247, 254； Herlihy, 1995：92-93, 98-99； Hughes, 1975：15； 1978：276-277. イタリアについては一定の留保が必要であろう。ジェノヴァ市規定の100リブラは設定当初は相当の大金であり，おそらくかなりの人びとにとって，夫の財産の3分の1以上に相当したとされる。同市の16世紀の法は寡婦の権利として，亡夫の財産から婚姻前贈与として設定された分を受け取る，設定がなければ，嫁資200リブラ以下ではその半額，200リブラ以上では100リブラを上限に規定する。この金額は中世後期以降の嫁資高騰によって相対的に価値が下がっていった（山辺，1993：293-294, 310）。

に並置することが普通になった。時代が下った1860年，民法典によって既婚女性は夫の姓を用いることが規定された。イングランドでは既婚女性を夫の第二要素で呼称することが当たり前となり，1400年以降は規範とさえなった。法令によって命名形態を定める伝統はないが，社会の慣習によって強要され，17世紀初頭には既婚女性が夫の姓をつけるのが習慣となった。1992年では89％の女性が結婚に際して姓を変えた。さらに，既婚女性がまったくの匿名の存在になることもある。公共の場で，夫の名前で Mrs. John Smith などと呼ばれるばあいである（Ibid.: 174-175, 257）。他者を介して人物特定されるこの命名法（テクノニム）を妻自身が手紙で用いることが今日でもあり，自身の名は完全に伏せられる。

　フランスでは既婚女性の状態はもっと曖昧で混沌としていた。ウィルソンによれば，エリート層ではイタリアやウェールズ同様，既婚女性は男系概念ゆえに生家の姓を維持した。またオート・プロヴァンスでも16世紀，女性の大半は父・兄弟の家族に帰属するという概念に沿って，生家の姓を保持していたという[28]。ここでの夫婦別姓は女性の独立性というよりむしろ，同地方を特徴づける家父長制のもとで，生家との従属的な結びつきを表している。他方，ブーランは逆の見解を示す。既婚女性の両親の姓を史料で確認できることはめったにない[29]が，通常は夫の姓を採用したと思われるという。こうした相反する見解からすると，地域や社会階層によって女性の姓のあり方が違っていたようだ。北部慣習法地域では夫婦財産共有制下，女性（寡婦）の利益がますます保護されるようになったが，それは妻が共通財産を管理する夫に依存する「無能力」な存在とみなされたためとも推測されている。また後得財産が夫に帰属した南部成文法地域でも，妻の財産はすべて夫の手中にあった（フォーヴ＝シャ

---

[28] Wilson, 1998 : 173-174. 女性が結婚後も父の名を維持することは，女性が生家の男性の系譜に組み入れられつづけていることを明白に示していると Holy はいう（1989 : 124）。しかし，イベリア半島のばあいはむろん異なる。生家ないし夫の姓の使用が何を意味するかは，グディが述べるように（1990 : 364），社会的文脈において検証する必要がある。

[29] Bourin, 1992 : 174. この点，スペインは異端審問所史料のおかげで，第5章でみるように，親子の姓を相当数確かめることができることは，歴史の皮肉である。

ム，2009b: 301, 304-305)。こうした女性の従属的存在観が妻による夫姓の採用を促したのであろう。夫の姓を称する慣習自体は地方によっては古くからあったが，全国的に広まったのは18世紀とみられている。ただし，法令化にはいたらなかった。既婚女性を法的に無能力と化したナポレオン法典（1804年）自体に姓名規定はなく，前年の1803年に定められた姓名制度の基本的事項にも結婚を機とする姓の変更にかんする直接的言及はない。そのため，明確でない妻の姓をどのように位置づけるかが議論された。判例にもとづく学説上の通説によれば，妻は結婚によって生来の姓を失わない，夫の姓を使用することはできる（使用権あり），しかし夫の姓を取得するものではない（所有権なし）と解釈すれば，夫の姓を使用することと，生来の姓を失わないことは矛盾なく両立する。したがって1893年規定にあるように，離婚（1816年から禁止されたが，1884年に復活）のばあい妻は生来の姓を回復できることになる（木村, 1977: 88-92)。

　姓における父系主義が直面する問題は，直系家族において家産とともに姓を継承すべき息子に欠けるばあいである。そのばあいフランス農民間では，入り婿が義父の姓に替える習慣がはや13世紀に広まっていった（Wilson, 1998: 175-176)。イングランドでも「父系修復 patriline repair」と称して，婿は妻側の姓に替えた（Barrera, 1990: 247)。父系を維持するために，兄弟のいない跡取り娘の母方居住結婚，グディのいう「娘中心の結婚 filiacentric union」は多産多死社会においてはかなり数が多かった（1973: 43-44)。カタルーニャではマスの跡取り娘と結婚した男は，マスの名である妻の姓に替えるか，もしくは連続性を強調するために「またの名」として妻の姓を追加した（To Figueras, 2002: 153)。もうひとつの問題は，父親が姓を変えないばあい，子どもたちがどちらの姓を採るかである。カタルーニャでは19世紀まで子どもたちは母親の姓を頻繁に採ったという（Barrera, 1990: 247)。しかし子どもたちが父親の姓を採るばあい，家のアイデンティティが失われる心配が出てくる（Poska, 2005: 238)。家門の名には家・家産・家系・家族の名声が結びついているので，その喪失はアイデンティティの一角を失うに等しく，その世代はいわば「空位期間」と感じられる。旧家はそのため，孫の姓を母の姓に替えることを当局に願い出たり，法定結合

姓制度（第5章で扱う）以降は姓の順序を変更したりした（Barrera, 1990 : 247-249 ; 1991 : 180）。マジョルカでは，祖父の財産を継ぐことになる孫（娘の息子）もしくは姉妹の息子は姓を祖父の姓に替えなければならないと具体的に指示する遺言状が何通かみつかっている（Porqueres, 2010 : 45）。姓が相続権と緊密に結びついていることは自明である。

　他方，母系的伝統の地方では母の姓は優位に維持された。ナバラのすくなくとも一部では1600年ころまで母系制が優勢であり，跡継ぎ娘は生家の名，つまり母の姓を継いだ。入り婿の姓は出身地名のままであるが，姓は（生まれた）村・集落の名と一致するので，母方居住では子どもは母の姓となる（Zabalza Seguín, 2010 : 77, 84）。フランス・バスクのエスパロでも，跡継ぎ娘の子どもたちは母親の姓を継いだという。また入り婿は地域ではすくなくとも社会的に屋号や家の名で呼称され，実家の姓を失う（Fauve-Chamoux, 1984 : 515 ; フォーヴ＝シャム，2009a : 43）も同然となる。

第4章

近世における命名の推移

スペインは現在，法によって名と姓の形態がともに定められている。本章では名に焦点を当て，次章では法定姓を検討することにしょう。

1 複合名の登場

現行法により，個人は二つの要素・二つの名から成る複合名をもつことができる。単名を二つ並べる，あるいは二つの名それぞれを大文字で始めてハイフンで繋いで複合名とする[1]。この複合名はイベリア半島では，ピレネー域とカタルーニャをのぞき，中世には実質的に存在しなかった。では，いつから登場したのだろうか。

その起源を知るためには，何世紀にもわたる史料が望まれる。その条件に合うきわめて少ないもののひとつが，15世紀末から18世紀末までを網羅する，コルドバで開催されたアウト・デ・フェ（異端糾弾式典）[2]を記録する異端審問所史料（Boix, 1983）である。この史料中，複合名を16世紀後半以降に40種，44人見出すことができる。表4-1は世紀ごとに集計したその推移を示す。こ

---

[1] 王令193/2000 192条。1932年の令は3つまで名を付けることができるとしたが，1958年の法規以降2つに限定された（Fernández Pérez, 2015: 208-218)。
[2] 町の中心広場で開かれる異端糾弾の公開式典。異端審問官・世俗権威が出席し，異端者の罪状読み上げ，ミトラを被り罪人服（サンベニート）を着た罪人の行進，説教，罪人の世俗権威への引き渡し，などの一連の要素からなる。

表 4-1　複合名の登場時期

	16世紀前半	16世紀後半	17世紀	18世紀前半	計
女性名	0	1	1	10 (11)	12 (13)
男性名	0	5 (6)	7 (8)	16 (17)	28 (31)
計	0	6 (7)	8 (9)	26 (28)	40 (44)

出典：Boix, 1983 より作成。数値は複合名の種類，括弧内は件数。

の表から，複合名は 16 世紀後半にはじまり[3]，17 世紀にわずかに増加したのち，18 世紀前半に突如増加したことが判明する。複合名は近世，それもすぐれて 18 世紀の現象といえる。この検証結果は，複合名の登場を 17・18 世紀間とするリバス (1991 : 650)，17 世紀後半とするサバルサ[4]，および 17 世紀第 4 四半期とするポスカ (1998 : 90) とおおむね一致する。

男性名としては，組合せが 28 種ある。そのうち，*Antonio*（アントニオ）との複合名が 8 種，*Juan*（フアン）が 7 種，*José*（ホセ）と *Manuel*（マヌエル）はともに 6 種である。*Antonio* は第 2 章で言及したように，中世盛期にはほとんど使用されなかったが，中世末から再登場し，現代では最頻の複合名となっている。*María* あるいはその別名は男性名と組み合わせて男性名になる。たとえば，*José María*, *Manuel Dolores*（ドローレス）, *Manuel María de los Dolores*[5] など。女性名のばあい，*María* との複合名がサンプルの過半 (12 中 7) を占める。ナバラには，他地方にはない一風変わった習慣がある。*María* の後に男性名，たとえば *Martín*（マルティン）, *Juan*, *Miguel*（ミゲル）などをつけ，女性の複合名とするものである[6]。18 世紀まで *María* は完結（単一）名としても複合名の

---

[3] ほとんど同じ状況がストラスブールでもみられた。16 世紀末以降に複合名が採用されたという (Kintz, 1984 : 237)。

[4] Zabalza, 2004 : 95. 複合名が 10% を超えるのは，女性名が 1660 年以降であるのにたいし，男性名は 1720 年以降である。これは，*María* への集中が 1630 年以降 40% にもたっし，集中度がより高かった (Ibid., 2008 : 116, 118-119) ためであろう。

[5] *Manuel Dolores* は 19 世紀中葉，トゥイ司教区のアンセウ教区にみられた (González Lopo, 1992 : 170)。近代フランスでも *Marie* を洗礼名として男児に付けた (Dupâquier, 1981 : 138)。

[6] Zabalza, 2004 : 92-93. *María* を女性のみならず男性の複合名にも採用することはキリスト教の遥かな伝統である両性具有的信仰，あるいは，より直接的には常軌を逸するまでのマリア信仰の高まりに起源があるのであろう。その熱狂は，スペイン人自身が，イエスを差し置いてまでマリアを崇敬していることに気づいて驚愕するほどであった

要素としても唯一の形であった。María の別称——Carmen（カルメン）, (los) Dolores, Pilar（ピラル）, Peregrina（ペレグリナ）, Esperanza（エスペランサ） など[7]——は上記史料には登場しないので，これらを用いて複合名を作るのが一般化していくのは，19世紀初頭以降であろう。

近世に入って一連の新しい名が採用され，ストックは増えていった。上記の異端審問所史料から拾ってみると，男性名としては Carlos（カルロス）, Melchor（メルチョール）, Simón（シモン）, Mateo（マテオ）, Joseph（ホセフ）[8] が 16 世紀後半に，Rafael（ラファエル）は 17 世紀に，Eugenio（エウヘニオ）と Félix（ふぇリックス）[9] は 18 世紀に登場（後者は再登場）する。女性名としては上述の男性名を女性化した名やキリスト教にかかわる名などが導入された。Juana（フアナ）（← Juan），Antonia（アントニア）（← Antonio），Francisca（フランシスカ）（← Francisco）は 15，16 世紀，Ángela（あンヘラ）（← Ángel），

(Kany, 1970 : 382)。度を越したマリア崇敬は，教会によって教化された「父なる」神が，双系家族の長い伝統と，無意識レヴェルで大地母神信仰に通底する信仰とをもつ人びとにとって受け入れにくかったことを間接的に示しているのかもしれない。

[7] Zabarza, 2004, 179-180。Pilar は柱（大理石柱の上に聖母が顕現したという言い伝えに因む），Peregrina は巡礼者，Esperanza は希望，(los) Dolores は嘆きの意。イタリアにおいても，別称の登場は 19 世紀以降である。16 世紀のシエナに登場した Virginia（Pérol, 2004 : 239）はあきらかにトリエント公会議の直接的影響といえるが，ほかの別名が登場するのはずっと遅い。コルトーナ（トスカーナ）の洗礼簿では 1818〜20 年に最頻 5 名中に Annunziata，1910〜12 年に Assunta がともにはじめて登場する（Ibid.: 240）。南部ではこのほか，Carmela, Concetta, Immacolata がみられる。Wilson はこうした別名を，María 名を忌避して別名を用いたスペインの慣習の影響とする (1998 : 192)が，そうした忌避の存在はイベリア半島における史実に反する（第 1 章第 4 節(8)を参照されたい）。

[8] ホセフの「ホ」の発音には少々説明が必要である。近代スペイン語では強いのど音（軟口蓋音）で発音される。かつてはアラビア語の音素を直接導入したとされたが，今日では音素の類似は偶然であり，スペイン語がアラビア語の音素を直接的に取り入れたことはまったくないと，言語学の第一人者であるラペサは断言する。g や j は [ǧ]（英語の gentle）か [ž]（英語の pleasure）という有声破擦（後者は有声摩擦）前部硬口蓋音で発音されていた。その [ž] は弛緩によって破擦の名残が消失して無声化していき，英語の shame に等しい摩擦音 [š]（無声摩擦前部硬口蓋音）に替わっていった。地域言語によって展開は異なるが，カスティーリャ語では，歯茎歯擦音（quijo 'quiso', vigitar 'visitar', relisión 'religión' 後者は現代語）との混同を避ける必要から，前部硬口蓋音はその調音点を口腔の後部に後退させ，ドイツ語の ich のような音素（中部硬口蓋音）になった。さらに後退させ軟口蓋化し，喉音の無声摩擦音 [X]（軟口蓋音）となった。この硬口蓋音から軟口蓋音への音声変化には長いせめぎ合いがあった。17 世紀初頭でさえ変化途上にあり，1605 年出版の Don Quixote はフランス語で Don Quichotte，イタリア語で Chisciotto と綴られるような発音だったのである。こうした音声変化は

Jerónima（← Jerónimo），Llorante（悲しみ），Antona（← Antón[10]），Juliana（← Julián），Luisa（← Luis），Rafaela（← Rafael），Florentina（← Florentino）は16世紀後半，Felipa（← Felipe），Susana（← Susano），Anastasia（← Anastasio），Josepha / Josefa（← Joseph / José），Paula（← Paulo），Rosa（薔薇）などが17, 18世紀に登場する。

　しかしこうした新たな名の採用にもかかわらず，少数の名への集中傾向はさらに強まり，同名異人が増えていく。中世の集中が伝統への強い執着や聖人崇敬などに由来していたのにたいし，近世における集中は対抗宗教改革の影響に起因した。1543〜44年のオレンセ宗教会議において，高位聖職者は主任司祭

　1450〜1620年のあいだに生じ，17世紀最初の30余年が終わるころに完了する（ラペサ，2004：134, 170, 197, 291, 402-403）。

　Joseph の名がスペインで広まりはじめたのはまさしく，軟口蓋音[X]の発音が完了したその時期にあたる。この名は導入当初から，英仏語の発音（ジョウゼフ・ジョゼフ）とはまったく異なる，軟口蓋音（強いのど音）で「ホセフ」と発音されたことになる。ヴァルテールによれば軟口蓋音への音素変化は，1561年に首都に選定されたマドリーに北部の人びとが大量にやってきて，新しい社会階層が台頭し，かれらの発音が一般に受け入れられるようになったためとし，まさに革命的と形容する（2006：234-236）。なるほど，アストゥリアス東部とレオン北東部には無声軟口蓋摩擦音が存在した。語頭の f- が非常に古い時期に気音[h]から[X]に移行したものという（ラペサ，2004：527；ヴァルテール，2006：231）。

　ちなみに，すくなくとも17世紀初頭までjが独立したアルファベットとして存在していなかったことは興味深い。「長い i」と呼ばれる母音であり，別の母音 a o u の前で子音の役割をするとされていた（単一言語としての最初の大辞典である Sebastián de Covarrubias, *Tesoro de la Lengua Castellana o Española*, 1611：709）。「オランダの i」（Alonso, 1982：729）とも称された j がスペインの辞書にはじめて独立したアルファベットとして登場するのは1732年である。この段階で，j はつねに子音として働き，その発音は軟口蓋音であると明記される（*Diccionario de Autoridades*, 1732：315）。

9　*Félix* は「復活」である。ガリシアの史料に早くも8世紀に登場する古いラテン名であるが，たとえばレオンにおいても証明される（表1-2参照）ように，12世紀前半以降ほぼ完全に姿を消した。

10　（異教徒，ことにユダヤ人の血が混じっていない）純血が疑わしい人にたいして，（改宗者やその子孫ではない純血を誇る）旧キリスト教徒が差別的に *Antonio* に代えて呼んだ名。これは，新世界の現地人にたいするスペイン人の差別的態度と同じである（インディオには *Antonio* や *Antonia* はいない。男だったら *Antón* となった）（García Gallarín, 2010：68-69）。なるほど，1480年代にはじまるシウダー・レアル異端審問所史料のインデックスには5人の *Antonio* にたいし15人の *Antón* がみられる（Beinart, 1985：

にたいし「天におわす聖人男女の名を新生児に付けるよう」命じた（Saavedra, 1994：322）。スペイン人司教たちがたびたび主導したトリエント公会議（1545〜63年）は，新生児の洗礼を制度化し，洗礼名として聖人や天使の名，ことに（誕生日や洗礼日の）聖人の名を採用することを指導した[11]。公会議決議をそのまま翌年に国法としたスペインにおいて，人びとは「信徒共同体」と化し（Lisón Tolosana, 1966：260），そこにおいて，そうした命名が普及するは当然である。かててくわえて，聖人名の採用に強い偏りがあり，きわめて少ない名に集中した。上述のコルドバの異端審問所史料でいえば，男女の完結名はそれぞれ100, 61記録されるが，男女とも最頻名は十指に満たず，同名異人を数多く生み出していた。こうした状況からすると，人を弁別するという名本来の役割が弱まるにつれて，二つの名を組み合わせるようになったと解釈できる。同史料には男性に28，女性に12の複合名が登場し，それぞれ名全体の21.9％，16.4％を占める。大都市コルドバはこれほどまで高い複合名割合を示すが，同名異人がより少ないと思われる小さな町では低い割合だったであろう。なるほど，人口1,500弱のランハロンでは1752年の住民台帳における複合名は0.9％，人口750未満のセルベラ・デ・ピスエルガでは4.1％に留まる（表4-5, 4-13）。

　以上のように，複合名の採用がスペインでは近世後期だったのにたいし，イタリアやフランスのいくつかの地域では，はるかに早かった。第1章（注80）で述べたように，フィレンツェでは14世紀に*María*を第二要素とする複合名が使用されるようになり，15世紀末までにはペルージャ，ヴェネツィア，ローマのエリート間でも，家族固有の名＋聖人名という複合名が広まった。フィレンツェではこの第二の名は半数が誕生日か洗礼日に該当する聖人の名だった。複合名はストックの少なさによる多数の同名異人を弁別するためや聖人の守護や執り成しを得るためという理由のほか，社会的優越性を誇示する意味合いも

553-631）。
[11] トリエントの公教要理は，神への信心と忠誠に秀でた聖人の名に似せることは信心においても似せる動機づけとなり，また魂と身体の救済のためにその聖人が保護者となるためであるとして，聖人の名を付けることを義務づけ，異教の名や不信心の名を付けることを咎めた（Aliende et al., 2005：307；Cid Abasolo, 2010：11）。

あり，名の鎖が11世紀末から用いられるようになる。ナポリやアマルフィのエリートたちは13世紀が終わりを告げるまでに，秀でた先祖の名を数個，ときには10個，極端な例では25個も連ねるようになった。彼らの地位が法に則ったものでなかったため，家系の古さを誇示する必要があったからとされる[12]。こうした複合名は15世紀以降，平民間にも普及していく。つねに聖人の名が採用され，ほとんどは *Michelangelo*（ミケランジェロ）, *Pierfrancesco*（ピエルフランチェスコ）, *Giambattista*（ジャンバティスタ）, *Francescomaria*（フランチェスコマリア）のように二つの名が融合した形で用いられた。ただし，女性名ではこうした形態は少ない（Herlihy, 1995 : 346）。

フランスで最初に複合名が登場したのは南仏である。ガスコーニュでは11, 12世紀に（主格）父称が独立した名と化して，複合名を構成した[13]。一方，ラングドックでは複合名は13世紀もかなり進んでから用いられるようになった。第2章第3節(1)で言及したように，息子のひとり（たいていは次男）が父親と同じ名であるばあい，あるいは二人の兄弟が同じ名のばあい，どちらかに名をもうひとつ加えることで区別した。こうした習慣は，家族内で決まった名しか使わないという嗜好や家族の系譜意識に由来していよう。この名付け動向が南仏・オック語圏にきわめて顕著な名の集中をもたらすことになった。たとえばアグドでは12世紀，わずか5つの名が男性人口の4分の3を占め，同世紀中葉には女性も4つの名が4分の1を占めた。*Guillaume*（ギューム）, *Raimund*（レモン）, *Bernard*（ベルナール）, *Pierre*（ピエール）の4つの名は南仏全域に共通し，使用頻度がきわめて高かった。そのため，最初の文字 G，R，B，Pだけでその名が知られる。5個目の最頻名には各地方固有の名――南部ブロックでは *Hugues*（ユーグ），セプティマニアでは *Pons*（ポンス），ガスコーニュでは *Arnaud*（アルノー）――が入る[14]。こうした状況から，たぶんイニシャルが考案されたのであろう。大文字も1200年前後から使用されはじめた。大文字には第二要素（姓）を強調する効果があるとされるので（Willson, 1998 : 158-159），

12　Wilson, 1998 : 215-219 ; Martin, 2002 : 112.
13　そのため，第2章第3節(8)で述べたように，主格父称がフランスでは名であるのか姓であるのかを見極めるのはむずかしい（García Gallarín, 2010 : 68）。
14　Bourin, 1992b : 161, 175 ; Cursente, 1996 : 45, 52, 55. 中央東部ブルゴーニュのマコンでは1100年に最頻5名がサンプルの半数（105人中49人）を占め（Duby, 1974 : 805），集中度はある程度高まっていたが，南仏ほどではなかった。

イニシャルの使用に対応するものだったかもしれない。他方，名の集中度がきわめて低い北フランスでイニシャルが使われはじめたのはようやく14世紀以降である (Bourin, 1996：187)。複合家族が優勢な南部と異なり，パリ盆地を中心とする北部は核家族が多く，系譜意識が弱いゆえに，特定の名を用いることが少なかったためであろう。

複合名がフランス全体に広まったのは近世である。16世紀にエリート間で複合名が流行りはじめるが，それは社会的優越性を示すためだった。リムーザンでは17, 18世紀に貴族・ブルジョワ間で慣行となる。18, 19世紀にはフランス中の貴族間で名の鎖が流行り，5つ以上の名も珍しくなかった。複合名は代父母制を介して社会上層から平民にも伝わり，17世紀末ころからは「ばか気た虚栄心から」(Aliende et al., 2005：311) 平民も使うようになった。現行法においても名の数に制限がないため[15]，二つ以上の複合名をもつ人も多い[16]。また，名の集中が複合名をもたらした例としてマニーを挙げることができる。わずか10の名が女性人口の81％を占めた1640年代当時，はやくも複合名が11種，三複合名が1種存在した (Dupâquier, 1981：137-138)。

他方，イングランドでは近世初期まで複合名は広まらなかった。プロテスタントが聖人の執り成しを糾弾したため，その採用が控えられ，遅れたからである。17世紀か18世紀以降，洗礼名とともにミドルネームが用いられるようになり，それによって個人を弁別しやすくなったという (Wilson, 1998：218-220, 336)。

---

[15] ただし，選名範囲には制限がある。革命直後の1794年に完全自由としたが，あまりの混乱ぶりに，1803年に法律で選名範囲を制限した。各種の暦（主にカトリック暦）に記される名や歴史上の有名人物の名に限ると規定され，現在もこの規定に沿って実用的に編まれた選名辞典に収録された500ほどの名から選ぶ（木村，1977：131-131, 201）。『新スタンダード仏和辞典』（大修館書店）の巻末付録に収録されている500弱の名はそれに相応するものと思われる。

[16] Durand, 1996：418；Wilson, 1998：220；木村，1977：45, 127.

2 18世紀中葉の 12 市町村における最頻名

　どのような名が人気を博したかを把握することは，近世スペインにおける文化的潮流や心性を知るうえでひとつの有効な方法である。この意味で，ポスカがガリシア地方南部のオレンセの教区洗礼簿を用いて作成した，17 世紀の名リスト (1998 : 86) は興味深い。そこから使用頻度順位の推移を知ることができる。リストから 7 つの名を取り出して示したのが表 4-2 である。12 世紀末に最頻名だった地方聖人 *Pelayo* や *Martín* などは完全に姿を消し，福音記者・使徒の名が上位を占める。再登場した *Antonio* が近世の進行とともに人気を高めていったことも表から窺える。一番目を引くのは，*Manuel* と *Joseph* の登場とその躍進ぶりである。17 世紀前半まで *Manuel* はごくわずかしか使われず，*Joseph* はほとんど使われなかったにもかかわらず，同世紀後半には両者とも急速に上位を占めるようになる。当時から本格的な採用がはじまったのである。ほかの地方では *Joseph* は外来語綴りのままであるが，唯一オレンセでは最初から *Josef* と書かれた。これは，オレンセの人びとがフランス語をガリシア・ポルトガル語に適合させてきた長い習慣ゆえなのであろう。女性の名にしても，*Josepha* ではなく *Josefa* が用いられた。ガリシア南部はこの聖人の名をスペイン（カスティーリャ）語化する過程において，王国のほかの地域より先んじていたのである。

　この 17 世紀の傾向は翌世紀も続くのだろうか。その展開を捕捉するには，18 世紀中葉のカタストロ・デ・エンセナーダ[17]の住民情報を利用するのが最適である。これまでに刊行された 75 冊のうち住民台帳ないしそれに代替する住民リストが掲載されているなかから，さらに地理的分布と町の規模が偏らな

17　財務長官ラ・エンセナーダ侯爵のもとで，唯 一 税（ウニカ・コントゥリブシオン）による課税の一本化を目指して，旧カスティーリャ王国の 22 県 14,500 市町村で 1750～56 年に実施された人口調査。その一部である悉皆住民調査報告を以下の分析で用いる（芝，2011 : 51-67 を増補）。旧アラゴン王国にたいしては，ブルボン朝の王国統合政策のもとで 1716 年からこの税が課されていた。ただし，その目的で実施された 1715 年のカタストロ（*Catastro de Cataluña* [*de Patiño*]）の住民台帳は現在まで公刊されていない。

表 4-2 17世紀のオレンセ（ガリシア）における最頻諸名の順位

	1600〜1620	1621〜1649	1650〜1674	1675〜1699
Domingo	1	2	3	6
Juan	3	1	5	4
Francisco	4	4	2	1
Pedro	5	3	4	2
Antonio	6	9	1	3
Josef	25	32	10	8
Manuel	―	22	6	5

出典：Poska, 1998：86 より作成。

図 4-1 最頻 5 名を採集した 12 市町村
注：◎は人口 10,000 以上，　○は 5,000〜10,000，　●は 2,000〜5,000，　▲は 2,000 以下。

いように 12 市町村を選んだ。北部ではサンティアゴ・デ・コンポステラ，トゥイ，セルベラ・デ・ピスエルガ，ポサ・デ・ラ・サル，メセタ北部ではバリャドリー，中央部ではサン・セバスティアン・デ・ロス・レイエス，タラベ

第 4 章　近世における命名の推移　　147

表 4-3　サンティアゴ・デ・コンポステラ（1752 年）における最頻 5 名

順位	完結名	完結名人数（％）	+	複合名人数[a]（種類）	=	合計人数（％）
1	Francisco	257 (8.7)	+	17 (7)	=	274 (9.3)
2	Domingo	222 (7.5)	+	31 (3)	=	253 (8.6)
3	Juan	221 (7.5)	+	51 (12)	=	272 (9.2)
4	Joseph/Josef	214 + 1 = 215 (7.3)	+	15 (7)	=	230 (7.8)
5	Antonio	181 (6.1)	+	143 (27)	=	324 (11.0)
総計	127 種	2,748 (93.0)[b]	+	206 (68) (7.0)[c]	=	2,954 (100)

出典：*Lista de oficios públicos y empleados de Santiago de Compostela*「サンティアゴ・デ・コンポステラの公職と勤労者のリスト」, 1990：85-171 より作成。
a：複合名はたがいに重複して形成されるため，実数（206 人）よりその人数は多くなる。
b：完結名が全体に占める割合（％）。以下の表も同じ。
c：複合名が全体に占める割合（％）。以下の表も同じ。

表 4-4　トゥイ（1753 年）における最頻 5 名

順位	完結名	完結名人数（％）	+	複合名人数（種類）	=	合計人数（％）
1	Francisco	46 (11.1)	+	4 (3)	=	50 (12.1)
2	Juan	42 (10.1)	+	13 (3)	=	55 (13.3)
3	Joseph	35 (8.5)	+	4 (1)	=	39 (9.4)
4	Pedro	31 (7.5)	+	4 (3)	=	35 (8.5)
5	Manuel	30 (7.2)	+	4 (3)	=	33 (8.0)
総計	52 種	377 (91.1)	+	37 (17) (8.9)	=	414 (100)

出典：*Lista y relación jurada correspondiente a la Ciudad de Tuy*「トゥイ市に該当する台帳と誓約報告」, 1990：98-120 より作成。ただし，同一人物が重複する水車所有者欄を除く。

表 4-5　セルベラ・デ・ピスエルガ（1752 年）における最頻 5 名

順位	完結名	完結名人数（％）	+	複合名人数（種類）	=	合計人数（％）
1	Manuel	78 (22.9)	+	5 (2)	=	83 (24.3)
2	Joseph	33 (9.6)	+	0	=	33 (9.6)
3	Francisco	21 (6.1)	+	3 (2)	=	24 (7.0)
4	Antonio	19 (5.6)	+	7 (4)	=	26 (7.6)
5	Juan	16 (4.7)	+	6 (4)	=	22 (6.4)
総計	65 種	328 (95.9)	+	14 (8) (4.1)	=	342 (100)

出典：*Libro de Vecindario*「住民台帳」, 1993：35-129 より作成。

表 4-6 ポサ・デ・ラ・サル（1752 年）における最頻 5 名

順位	完結名	完結名人数（%）	+	複合名人数（種類）	=	合計人数（%）
1	Juan	52 (11.6)	+	8 (4)	=	60 (13.4)
2	Francisco	44 (9.8)	+	0	=	44 (9.8)
3	Joseph	40 (8.9)	+	3 (2)	=	43 (9.6)
4	Manuel	39 (8.7)	+	4 (2)	=	43 (9.6)
5	Pedro	23 (5.1)	+	0	=	23 (5.1)
総計	59 種	436 (97.5)	+	11 (5) (2.5)	=	447 (100)

出典：*Libro de Vecindario*「住民台帳」, 1991：115-143 より作成。

表 4-7 バリャドリー（1752 年）における最頻 5 名

順位	完結名	完結名人数（%）	+	複合名人数（種類）	=	合計人数（%）
1	Manuel	260 (18.6)	+	4 (4)	=	264 (18.9)
2	Joseph	152 (10.9)	+	0	=	152 (10.9)
3	Francisco	131 (9.3)	+	3 (3)	=	134 (9.6)
4	Juan	122 (8.7)	+	8 (2)	=	130 (9.3)
5	Antonio	67 (4.8)	+	9 (3)	=	76 (5.4)
総計	97 種	1,383 (98.9)	+	16 (10) (1.1)	=	1,399 (100)

出典：*Respuestas Generales*「総括回答書」, 33（手工業者の項）, 1990：168-248 より作成。

表 4-8 サン・セバスティアン・デ・ロス・レイエス（1751 年）における最頻 5 名

順位	完結名	完結名人数（%）	+	複合名人数（種類）	=	合計人数（%）
1	Manuel	47 (16.5)	+	1 (1)	=	48 (16.9)
2	Francisco	32 (11.3)	+	0	=	32 (11.3)
3	Juan	31 (10.9)	+	2 (2)	=	33 (11.6)
4	Joseph	30 (10.6)	+	0	=	30 (10.6)
5	Pedro	16 (5.6)	+	0	=	16 (5.6)
総計	56 種	281 (98.9)	+	3 (3) (1.1)	=	284 (100)

出典：*Libro de los cabezas de casa de legos*「俗人世主台帳」, 1994：105-122 より作成。

第4章　近世における命名の推移　149

表4-9　タラベラ・デ・ラ・レイナ（1753年）における最頻5名

順位	完結名	完結名人数（％）	+	複合名人数（種類）	=	合計人数（％）
1	*Joseph*	95 (13.4)	+	4 (4)	=	99 (14.0)
2	*Francisco*	94 (13.3)	+	8 (6)	=	102 (14.4)
3	*Juan*	84 (11.9)	+	14 (5)	=	98 (13.9)
4	*Manuel*	69 (9.8)	+	2 (2)	=	71 (10.0)
5	*Pedro*	45 (6.4)	+	2 (1)	=	47 (6.6)
総計	74種	678 (95.9)	+	29 (18) (4.1)	=	707 (100)

出典：*Respuestas Generales*「総括回答書」, 32〜34（農民を除く, さまざまな職に就く人の項）, 1991：70-105, 108-113 より作成。

表4-10　フミーリャ（1755年）における最頻5名

順位	完結名	完結名人数（％）	+	複合名人数（種類）	=	合計人数（％）
1	*Juan*	84 (11.3)	+	13 (10)	=	97 (13.0)
2	*Joseph*	74 (9.9)	+	10 (7)	=	84 (11.3)
3	*Pedro*	68 (9.1)	+	8 (5)	=	76 (10.2)
4	*Francisco*	61 (8.2)	+	6 (4)	=	67 (9.0)
5	*Miguel*	35 (4.7)	+	2 (2)	=	37 (5.0)
総計	62種	679 (91.3)	+	65 (50) (8.7)	=	744 (100)

出典：*Individuos hacendados en Jumilla del estado lego*「フミーリャにおける俗人土地所有者」, 1990：89-117 より作成。

表4-11　ムルシア（1756年）における最頻5名

順位	完結名	完結名人数（％）	+	複合名人数（種類）	=	合計人数（％）
1	*Joseph*	487 (15.4)	+	10 (7)	=	497 (15.8)
2	*Francisco*	356 (11.3)	+	12 (5)	=	368 (11.7)
3	*Juan*	332 (10.5)	+	30 (11)	=	362 (11.5)
4	*Antonio*	273 (8.7)	+	26 (7)	=	299 (9.5)
5	*Pedro*	201 (6.4)	+	6 (4)	=	207 (6.6)
総計	116種	3,091 (98.0)	+	62 (31) (2.0)	=	3,153 (100)

出典：*Libro de legos*「俗人台帳」, 1993：91-297 より作成。

表 4-12　カルモナ（1751 年）における最頻 5 名

順位	完結名	完結名人数（％）	+	複合名人数（種類）	=	合計人数（％）
1	Juan	604 (22.0)	+	40 (21)	=	644 (23.4)
2	Francisco	417 (15.2)	+	18 (6)	=	435 (15.8)
3	Joseph / José*	250 + 16 = 266 (9.7)	+	25 (14)	=	291 (10.6)
4	Manuel	218 (7.9)	+	9 (6)	=	227 (8.3)
5	Antonio	217 (7.9)	+	22 (9)	=	239 (8.7)
総計	104 種	2,652 (96.5)	+	96 (60) (3.5)	=	2,748 (100)

出典：*Libro de los cabezas de casa de Carmona*「カルモナの世主台帳」, 1990：83-131 より作成。
注：はじめて *José* という形が出現。

表 4-13　ランハロン（1752 年）における最頻 5 名

順位	完結名	完結名人数（％）	+	複合名人数（種類）	=	合計人数（％）
1	Francisco	98 (13.2)	+	2 (2)	=	100 (13.5)
2	Antonio	96 (13.0)	+	2 (2)	=	98 (13.2)
3	Joseph	91 (12.3)	+	3 (3)	=	94 (12.7)
4	Manuel	62 (8.4)	+	0	=	62 (8.4)
5	Juan	59 (8.0)	+	2 (2)	=	61 (8.2)
総計	62 種	734 (99.1)	+	7 (7) (0.9)	=	741 (100)

出典：*Libro de vecindario*「住民台帳」, 1992：65-95 より作成。

表 4-14　グラサレマ（1752 年）における最頻 5 名

順位	完結名	完結名人数（％）	+	複合名人数（種類）	=	合計人数（％）
1	Juan	445 (14.9)	+	33 (16)	=	478 (16.0)
2	Francisco	360 (12.0)	+	20 (14)	=	380 (12.7)
3	Joseph	354 (11.8)	+	38 (19)	=	392 (13.1)
4	Antonio	185 (6.2)	+	19 (7)	=	204 (6.8)
5	Pedro	172 (5.8)	+	7 (6)	=	179 (6.0)
総計	79 種	2,882 (96.4)	+	109 (70) (3.6)	=	2,991 (100)

出典：*Libro de los cabezas de casa de legos*「世俗世主台帳」, 1996：127-252 より作成。

ラ・デ・ラ・レイナ，南東部ではフミーリャ，ムルシア，南部ではカルモナ，グラサレマ，ランハロンである。人口規模では 1 万以上がサンティアゴ，バリャドリー，カルモナ，5,000〜10,000 がタラベラ，ムルシア，グラサレマ，2,000〜5,000 がトゥイ，ポサ・デ・ラ・サル，フミーリャ，2,000 以下はセルベラ，サン・セバスティアン，ランハロンである。これらの市町村の住民リストから完結名最頻 5 名を集計し，その名を含む複合名の使用人数・種類・割合を表したのが図 4-1 および表 4-3〜4-14 である。

表 4-3〜4-14 によれば最頻 5 名の大半は順位の違いはあるが，おおむねどの町も同じである[18]。キリスト教系名が，使徒であれ後代の聖人であれ，すべて最上位を占める。*Francisco* と *Juan* はつねに高位である。*Juan* は 4 か所で第一位，1 か所で第二位，3 か所で第三位，*Francisco* は 3 か所で第一位，5 か所で第二位，2 か所で第三位である。*Juan* は *Pedro* 同様，中世盛期以前から用いられていたが，*Francisco* は新しい名で，13 世紀以降フランチェスコ修道会の活動によって普及した。他方，*Pedro* は第三位，第四位をそれぞれ 1 か所で，第五位を 5 か所で占める。これは，中世盛期には 4 人に一人が *Pedro* であったほどの大人気が著しく凋落したことを示している。17 世紀にはまだ高い人気を維持していた（表 4-2）が，18 世紀に急速に後退し，あまたいる聖人の一人になってしまったのである。*Domingo* もまた，17 世紀が進むにつれて人気が薄れ，上記の諸表が示すように，18 世紀半ばにはサンティアゴ・デ・コンポステラ以外，最頻 5 名から姿を消した。半島最北西端のガリシアは時代の流れに適応するのが遅れたようだ。ほかの地方よりも伝統名への執着心がより強かったためであろう。

3　近現代における代表的な名の推移とその背景

近世に際立っていく「新しい」名，*Antonio*，*Joseph*，*Manuel* の推移を詳細

---

[18] アルメリア県でも，最頻 5 名はグラサレマとほぼ同じである（*Juan*, *Francisco*, *José*, *Pedro*, *Antonio*）（Equipo OLTA, 2017 : 36）。ただし綴りが *José* か *Joseph* かは不明。

にみることとしよう。

1）*Antonio*

　ラテン起源の名，*Antonio* は中世末に復活する。イタリアでのその再登場についてD・ハーリヒはその名が *Antonio de Padua*（〜1231 年）に由来していると確信する。聖フランチェスコの追随者のひとりで，数多くの奇蹟をおこなったことで名を馳せた人物である。また，打ちつづくペスト，とりわけ「黒死病」に苛まされていた 14, 15 世紀，悲嘆にくれた人びとのあいだに，古代ローマにおける殉教諸聖人たち——*Bartolomeo, Sebastiano, Lorenzo, Nicolo*——の名も広まっていったとも述べる。彼らに嘆願することで救いと秘蹟を熱望したのである（1998：78）。そうであるならば，再登場した *Antonio* もこれらの諸聖人とともにローマの殉教者として名を連ねた *Antonine*[19] に因んでいるともいえる。これらの聖人はいずれも地獄のような拷問に耐えて永遠の勝利を勝ち取った人たちである。たとえばイタリアではペスト除けの守護聖人として聖セバスティアヌスが崇敬されていたが，ルネサンス美術の隆盛とともに，目に見える図像を介して崇敬されるようになる。15 世紀以降，全身に無数の矢が刺さっているか矢を手にした，この聖人の絵画や彫像が大量に制作された。そうした図像の教会における所蔵率は，ペストが多発した地方ほど高いことが 602 か所におよぶ地道な実地調査からあきらかになっている[20]。

　イベリア半島でも *Antonio* は第 2 章で言及したように，北西部では 11 世紀から 300 年間ほとんど姿を消し，中央部でもほぼ皆無だった。それが，まさに黒死病直後の 14 世紀後半に再登場し（1360 年，1374 年の例あり）（Rivas, 1991：105），中・近世交以降，加速度的に人気を得ていった。たとえばコルドバでは 15 世紀後半，すでにサンプルの 8.26 % を占めた（Aguilera Castro, 1994）。ポルト

---

[19]　*The Roman Martyrology*, 1937：224.
[20]　15 世紀から 1657 年までに 26 回ペストを経験した北イタリアでの所蔵率は 34 %，22 回の中部では 25 %，13 回の南部では 15 %，8 回の島嶼部では 10 % である。15 世紀以降に制作されたセバスティアヌスの絵画は数千点にのぼるとみられている。そうした絵画の制作・設置は，疫病を免れるためや免れたことへの感謝としてコムーネで決議された（石坂，2016：233-236, 253, 256-259；2017：671-693）。

ガルでも人気があり，リスボン異端審問所の被告史料では，16世紀に9.8％（社会の最上級層では17.1％），17世紀に10.8％（同14.9％），18,19世紀には13.5％（同14.1％）にのぼった（Rowland, 2008：24, 26）。

18世紀半ばのサンティアゴ・デ・コンポステラでは（表4-3），完結名（単一名）としては第五位であるが，複合名がほかの名より断然多い。当時（1752年）15,000の人口を擁し，商工業で繁栄していた同市では同名異人が多かったためにちがいない。弁別のため，他の名と組み合わせやすく，明るい音調の*Antonio* が好まれたと思われる。際立っているのは，第一要素より第二要素として多く用いられたことである[21]。前者の4種5人にたいし，第二要素としては23種138人を数える[22]。そのため，完結名を合わせれば，使用者は324人にたっし，最頻名第一位となる。12か所全体としては，7か所で最頻5名入りしている（1か所で第二位，3か所で第四位，3か所で第五位）。最頻5名に入らない5か所でも，4か所は第六位で，4.7％以上を占める。なかでもトゥイは複合名（9種26人）が完結名（20人）を上まわり，合計では最頻第三位となる。*Antonio* の複合名が多いサンティアゴ・デ・コンポステラの影響であろう。最少はポサ・デ・ラ・サルの3.6％である[23]。傾向としては，ガリシア以外，南半分での使用が多い。

今日の使用状況をみると（INE：01/01/2016），*Antonio* は完結名としては1,000人あたり30.8人で第一位を誇る。複合名を含めると64.1人の頻度で，*José* に次ぐ第二位である。最頻第一，二位を占めるのは18世紀半ば同様，半島南半分（新カスティーリャ，エストゥレマドゥーラ，アンダルシア）と南東部，それにアラゴン，カタルーニャなどの多くの県である[24]。他方，ガリシア，メセタ

---

[21] アルメリアでもやはり，古い名＋新しい名が際立っていた（Equipo OLTA, 2017：38）。
[22] *Antonio* を第二名に取る第一名の最多は *Domingo Antonio* という形で *Domingo*（44件），ついで *Juan*（35），*Francisco, Joseph*（各11），*Pedro*（7），*Manuel, Gregorio, Andrés*（各4），*Gabriel, Luis, Vicente*（各2），他12名が各1件。*Antonio* を第一名とする第二名は *Joseph*（2），*Pascual, Ventura, Lorenzo*（各1）。
[23] 他方，ナバラでの *Antonio* の使用は少ない。たとえば，北部山地に位置するアオイスの公証人史料において，1720〜39年間ではわずか0.63％を占めたにすぎない（Zabalza Seguín, 2008：121）。
[24] 第一位はアルバセテ，カセレス，グアダラハラ，マドリー，シウダー・レアル，ウエ

北部，アストゥリアス，カンタブリア，ナバラ・バスクでは第四〜十二位にとどまる。250年以上まえの各地方における名の選好傾向がほぼそのまま現代までも維持されている。心性の長期持続性の一端をここにみることができる。

2) *Joseph*

Antonio の再登場のあとで，二つの名があらたに採用された。キリスト教最重要の *Manuel*，それに *Joseph* である。*Joseph* が近世になってようやく登場した背景を理解するために，キリスト教史における聖ヨセフの盛衰を振り返ってみる必要がある。4世紀末に新約聖書正典が一応確定された段階から，聖母の夫の姿は周到に排除されてきた。しかし14世紀末にはじめて，その正当な評価をもとめるキャンペーンがフランスとイタリアではじまった[25]。この潮流のなかで，教皇庁は1481年，ヨセフの祝日（3月19日）を定めた。これを受け，その名がフィレンツェで16世紀初頭に登場しはじめる（Wilson, 1998 : 192）。同世紀半ばのトリエント公会議は終了間際の1563年末に聖人崇敬とマリア崇拝を促し，教会にその図像の設置を義務づける決議をした。聖人崇敬を拒絶し，聖画像崇拝を禁じた宗教改革に対抗するためである。当時は，北西欧で1517年からはじまった聖像破壊運動が繰り広げられていた最中だった。時を移さず公会議規定を国法としたスペインではヨセフ崇敬がまず宗教界に浸透していき，テレサ・デ＝アビラをはじめとする多数の宗教人や道徳者がマリア崇敬とともにヨセフの重要性を喧伝し（芝，2010 : 152, 159），その崇敬の普及に努めた。養父としてイエスにもっとも近く，神によって一番愛された人物であり，夫としてマリアに一番近い人物でもある。また，ほかの聖人たちがそれぞれの専門分

スカ，サラゴサ，バルセロナ，アリカンテ，ムルシア，アルメリア，コルドバ，グラナダ，ハエン，マラガ。第二位はアビラ，バダホス，トレド，クエンカ，ウエルバ，セビージャ，カディス（半島部のみ）。カタストロ・デ・エンセナーダは旧カスティーリャ王国（バスクをのぞく）を対象としたため，ナバラ，アラゴン，カタルーニャについて同様の史料はない。

[25] Civil, 1995 : 21. このキャンペーンで，パリ大学総長のジェーン・ジェルソンとシエナのベルナルディーノは，マリアと釣り合わせるために，また中世後期に男性聖人がいない状態を正すために，ヨセフの祝祭日を設けることを求めたという（Herlihy, 1987 : 13-14）。

野をもち[26]，人びとの具体的な願いに応えるのとは異なり，ヨセフは信徒のいかなる嘆願にも対応できる，並ぶ者なき「万能の聖人」である，と。

こうした教化の流れのなかで，ヨセフの名がトリエント公会議後のスペインにはじめて登場する。ただし当初，ヨセフ崇敬は宗教界にとどまっていたため，きわめて微々たる使用だった。メリダのサンタ・マリア教区洗礼簿における1550〜1600年間の使用頻度は第二十六位，0.4％を占めたにすぎず（Ballesteros Díez, 2004：41），オレンセの6教区では1600〜20年間第二十五位（表4-2），ナバラでも1600〜29年にはじめて登場した（3人，0.47％）[27]。17世紀初頭には神への仲介をより多く必要とする孤児たちに，その名が教会主導で付けられた（Villaseñor Black, 1995：12）。さらに，ヨセフが1621年に列聖され，キリスト教徒すべてが祝うべき聖人とされて以降はその名は聖界から溢れ出し，同世紀後半からは俗界にもすこしずつ広まっていった。オレンセでは*Josef*は1650〜74年の1.2％（最頻名第十位）から1675〜99年には5.7％（同八位）へと増加する[28]。このゆっくりとした広まりとは対照的に，異様なまでの急増をみることもあった。バリャドリーのサルバドール教区では1650年に男性信徒の4人に一人が*Joseph*であり，1670年代末には実に70％にものぼった。教区主任司祭による命名へのあきらかな介入が読み取れるという（Rodríguez Martínez et al., 1985：246-247）。ほかの国々でも，反宗教改革の教会は*Joseph*名を奨励していた

---

[26] 聖人の「分業化」（ご利益の分担化）は，苦難が多発する中世後期以降，いっそう顕著になったとみられている（石坂，2016：227）。

[27] Zabalza Seguín, 2008：115. 1530〜1739年を6期に分けて*José*名の推移を示す（Ibid.: 129）。

[28] Poska, 1998：86の表より算出。ユダヤ人のあいだでは*Jusuf*はきわめて人気のある名だった。たとえば，1407年のムルシア市におけるユダヤ人街の職人58人中10人がこの名であり，一番頻度が高かった（Menjot, 1981：15）。近世ではカルタヘナのジェノヴァ人のあいだに*Iusepa*（1590年）や*Iusepe*（1614年）がみられた（Montojo Montojo, 1991：80, 90）。イタリアではスペインのキリスト教徒間よりも早くからこの名は大人気を博していたからである。ポルトガル，たとえばアベイロでは，*Joseph*は1624〜38年間に9.2％にものぼり（Abreu-Fereira, 2009：18），スペインよりも高い。これは，ポルトガルにフダイサンテ（隠れユダヤ教徒）の大集団が残存していたためであろう。ただし，奇妙なことに，この名はリスボン異端審問所の被告人の名前の，少なくとも最頻名10位までに入っていない（Rowland, 2008：24）。

とされる（Wilson, 1998 : 191）ので，オレンセでの17世紀後半の不自然な急上昇（表4-2）も，教会主導とみなせる。

一般の人びとが自発的にこの聖人の名を頻繁に採用するようになったのは，17・18世紀交以降と思われる。18世紀はじめの25年間に広まり，中葉には優勢となったとするサバルサの推定（2004 : 88）は，先にみた18世紀半ばのエンセナーダの住民台帳（表4-3〜4-14）によって立証できる。採用まもなかったことは，複合名が少ないことに表れる。1752年のサンティアゴ（表4-3）では*Joseph*との複合名は7種で15人の使用にとどまったが，中・近世交に復活した*Antonio*は上述のように27種，143人が使用，中世来の*Juan*は12種，51人が使用していた。さらに，*Joseph*との複合名がゼロのところさえある（セルベラ・デ・ピスエルガ，サン・セバスティアン・デ・ロス・レイエス，バリャドリー）。

18世紀前半に*Joseph*が急速に広まり躍進したことは，同世紀半ばの住民台帳によって確かめられる。*Joseph*は上述の12か所すべてで採用され，着実に高い割合を占めていた（2か所で第一位，3か所で第二位，5か所で第三位，2か所で第四位）。とりわけムルシアでは6.3人に一人が*Joseph*だった。中央部から南部まですべて，12％以上である（ムルシア15.8％，タラベラ14.0％，グラサレマ13.1％，ランハロン12.7％）。一方，サンティアゴでは，12か所中最低値の7.8％である。北部のほかの町もすべて10％以下である（トゥイ9.4％，ポサとセルベラともに9.6％）。これは命名において北部が保守的だった，あるいは宗教界によるヨセフ崇敬の教化活動が弱かったことを示唆する。ことにガリシアでは，ヨセフ崇敬は聖職者とイダルゴ層によって奉じられ，後者は私用の祭室や祈禱室をヨセフに献じたほどであったが，そうしたエリート的性格ゆえに，ヨセフ崇敬は一般信徒に広まらなかったという[29]。

この聖人名の使用頻度の地方格差はヨセフ崇敬の広がりに応じているとみてよいであろう。それはまた直接的には，トリエント公会議決議に沿った，16世紀後半以降におけるこの聖人図像の広がりと密接に関係していよう。この事

---

[29] 聖ヨセフに捧げられた祭室は1650年時点では1つだったが，1791年には19に増えた（Saavedra, 1994 : 328-329）。

情を理解するために，スペインにおけるヨセフ図像の推移[30]をここで概略しておきたい。ヨセフ評価キャンペーンがはじまった中世末，ヨセフはキリスト教史上はじめて絵画に登場する。薄暗い後景か隅に佇む，皺深い顔に白髪か禿頭の老人として描かれるのが常であった。しかし，公会議後の16世紀最後の四半期以降，ヨセフは黒々とした髪で，ときにはイエスの面影をも宿す，30歳少々の強健な姿で表舞台に登場する。その地位を徐々に上げ，とりわけ1621年の列聖以後の17世紀にはマリアと同等の重要人物，さらには主役を演じるまでになる。典型的にはムリーリョの描いた「(地上の)聖家族」(図4-2)におけるように，ヨセフはマリアを凌駕するにいたる。枢要なことは，この「図像上の革命」(Civil, 1995)がスペインのみで生じたことである。こうした革命的な絵画群は半島の南半分，主として，マドリーの宮廷とアンダルシア（ことにセビージャとグラナダ）の2つの画家集団によって制作されたことが知られている[31]。しかし，これら以外の地でも制作されていたことも判明している。筆者はムルシア市において，これまで言及されたことがない数点の「革命的」絵画に巡り合うことができた。なかでも重要な絵は，マドリーやセビージャの画家集団に先駆けて，16世紀後半（1570～1600年）にマリアとほぼ対等な立場でヨセフを描いた「聖家族」(図4-3)である[32]。18世紀においても半島の南部と南東部では，母のような仕草で幼児イエスを抱きしめる「主夫ヨセフ」の姿[33]で，あるいは道すがら少年イエスの手を引く養父ヨセフ[34]として，イエスとの親密さを喧伝する絵画・立像が数多く制作されていた。たいして，半島北半分においてはこうした「革命的」ヨセフ図像が知られていなかった可能性がある[35]。

---

30 このテーマについては別の機会に検討した（芝，2010 ; Shiba, 2014）。
31 Villaseñor Black, 1995 ; Civil, 1995 ; 宮澤，2000.
32 芝，2010 : 151 ; Shiba, 2014 : 666.
33 たとえば，José Risueño 制作（1693～1712年）の「ヨセフと幼児イエス José y el Niño」（コルドバの聖ヨハネと諸聖人教会 La Iglesia de San Juan y Todos los Santos 蔵）(Shiba, 2014 : 684)。
34 この像は大聖堂や教会の入口を入ってすぐの場所に設置されていることが多い。
35 この意味で，教会内のヨセフ図像の設置状況をスペイン全土について調査することは興味深いであろう。

図 4-2 バルトロメ゠エステバン・ムリーリョ「聖家族」(俗称「小鳥の聖家族」), 1650 年頃, プラド美術館

図 4-3 アルトゥス・ティルソン「聖家族」, 1570～1600 年, ムルシア美術館

　エンセナーダ住民台帳で Joseph が最頻名上位を占めた地域が, ヨセフを主役とする「革命的」図像が多数制作されて教会に設置された, 中央以南・南東部だったことは偶然ではありえない。ヨセフの重要性が視覚化され, 日常的に目にされる地方においてその崇敬が早期にかつ深く浸透するのは自然の成り行きといえる。図像による視覚イメージは文盲にとっての聖書であり, 宗教教義の伝達という言葉本来の意味での「教化」を意味する (バーク, 2007: 62) からである。図像を媒介とする, 公会議のいう「無知なる民」への教化策が功を奏したのである。ウィルソンが指摘するように (1998: 192), Joseph 名は対抗宗教改革のトリエント公会議に端を発する, まさしく近世の名なのである。導入当

初は教化を介した教会主導であったヨセフ崇敬が着実に浸透していくにつれ，人びとは自身の意志でその名を採用していった。スペインにおける聖ヨセフの聖遺物はすべて19, 20世紀に端を発しているという (Rodríguez Martínez et al., 1984 : 232)。その時点でヨセフ崇敬は沸点に達したのであろう。

18世紀中葉，*Joseph* という綴りで用いられていたことは，その名が外来であることをいみじくも示している。ただしサンティアゴでは214

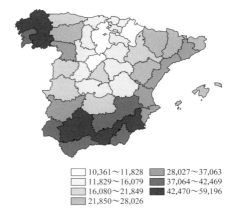

図 4-4　地方毎の *José* の使用頻度地図 (2016年)
出典：INE : 01/01/2016.

人の *Joseph* にたいして，*Josef* 綴りが1人いる（表 4-3）。まさしくこの綴りは，先に示した17世紀のオレンセのリストにすでに登場しており，このガリシア南部の影響がごくわずかながらも北部のサンティアゴに波及したことになる。さらに現在使用されている *José* がはじめて確認されるのもエンセナーダ住民台帳である。南部のカルモナでは250人の *Joseph* にたいし，16人の *José* を見いだせる（表 4-12）[36]。最後の子音を飲み込んでしまうアンダルシアの発音習慣[37]がこの省略形を生み出したのかもしれない。他の市町村ではまったく見られないことからすると，この新しい省略形が全国的に普及するのはそれ以後，おそらく18・19世紀交あたり以降ではないだろうか。

現在，*José* は一番人気が高い。INEによれば，高頻度県がガリシア，アンダルシア，それに南東部であることは興味深い（図 4-4）[38]。後者2地方は18世

---

[36] Saavedraによれば，オレンセでも *José* は1750年のカタストロ・デ・エンセナーダの俗人間で14.6%にのぼり，第一位であった（1994 : 326）という。しかし，この *José* という形がもともとの綴りであるのか否かは確かではない。

[37] 南部では語中の有声子音の弛緩が激しい（ラペサ，2004 : 544）。

[38] 最頻‰を誇るのはルゴ (57.7)，続いてオレンセ (55.5)，コルドバ (47.1)，ムルシア (45.6)，グラナダ (44.6)，ア・コルーニャ (43.0)，ハエン (41.9)，セビージャ (41.5),

紀半ばの時点でも頻度が高かったところであり，主役としての聖ヨセフの図像が近世をとおして精力的に制作された地域にあたる。この一致は偶然ではありえない。そうした図像が人びとの聖人信仰にも名付け行為にも大きく影響したことは歴然としている。ことにグラナダとムルシアにおける José の普及には，メルセス会，イエズス会，カルメル会による（ヨセフ崇敬の）伝道が与ったことが指摘されている（Equipo OLTA, 2017：38）。他方，18世紀半ばの時点でヨセフ崇敬が限定的だったガリシアでは，時代とともに，エリートの振る舞いを模倣する性癖のある民衆間にヨセフ崇敬が広まっていったのであろう。各県における最頻50名リストによると（INE : 01/01/2016），現在ではむしろアンダルシア（完結名 37〜47‰，複合名を加えると 104〜130‰）や南東部（同 31〜46‰，72〜108‰）を上回り，驚異的な使用頻度を誇るまでになっている。同地方の4県とも完結名（40〜58‰）としては Manuel に次ぐ第二位ではあるが，複合名を加えれば Manuel（80〜116‰）をはるかに凌ぐ（122〜157‰）。

　他方，ガリシア以外の半島中央以北は北にいくほど José の頻度は低くなる傾向にある。新カスティーリャでの完結名は 15〜25‰，旧カスティーリャ（最北部以外）では 0〜28‰，複合名を含む全体でも各 62〜77‰，50〜78‰。一方最北部，アストゥリアス〜ナバラでは完結名は低い（11〜18‰）ものの，複合名は 75〜107‰と高い。さらに東のアラゴン〜カタルーニャ（ただし 17‰のサラゴサ除く）における完結名は相対的に高い（25〜28‰）。リェイダとタラゴナではともに最頻名ではあるが，複合名を含む全体としては 57〜95‰と中位である。カタルーニャでは José 以外に Josep も使用される。アラゴン王国が3世紀半のあいだ支配下に置いたナポリ王国の影響（同地では Giuseppe）で

ポンテベドラ（40.5），カディス（39.1），ウエルバ（38.2）。最少はパレンシア（10.2），セゴビア（10.5），ブルゴス（10.5），ナバラ（10.5），バリャドリー（10.7），リオハ域（11.1），アラバ（11.5），ギプスコア（12.0）（INE : 01/01/2016）。興味深いことに，前に述べたように 1670 年代末に男性の 70％が Joseph であったバリャドリーは現在最少グループに入っている。この聖人名の採用を促進した教会の圧倒的なまでの努力が継続的な結果をもたらさなかったことを示唆する。反対に，図像を介しての促進は無意識的に心に訴えることで驚異的な成果を上げている。それゆえ，José の頻度が 36.2 で第一位を占めるバレンシアには，ムルシアにおけるように，「革命的」ヨセフの図像が存在する可能性がある。

あろう。

　国レヴェルでは，完結名としての*José*（27.4‰）はわずか 3.4 ポイントの差で*Antonio*（30.8‰）についで第二位であるが，複合名との総計では 121.7‰ で第一位である。これは第二位の*Antonio*（64.1‰）のほぼ倍にあたる。複合名を形成するのに用いられる名が*Antonio*から*José*に移ったことはきわめて興味深い。前述のように，18 世紀半ばのサンティアゴでは*Antonio*の複合名 27 種にたいし，*José*の複合名はわずか 7 種だった。こんにちでは逆に，*Antonio*の複合名はわずか 5 種にとどまるのにたいし，*José*は 16 の名と入替も含め 20 種の複合名を作る。*José*のこの目覚ましい躍進は，ひとたび教化されると，あとは自律的に加速して進展する，という典型なのであろう。ただし，万能聖人のこの人気ぶりは聖ヨセフを介したキリスト教教義への信仰の証と捉えることには躊躇する。むしろ，超自然で万能である何かに頼りたいという，人間共通の心理を反映しているのであろう。

　*Joseph*を女性化した*Josepha*の導入は，男の名より遅れた。オレンセでは17 世紀中，すくなくとも最頻 18 名には登場しない（Poska, 1998 : 87）。しかし*Joseph*人気に影響されたのであろう，18 世紀中葉になると，*Maria*のはるか後塵を拝するとはいえ，この名の人気が高まっていることをエンセナーダの住民台帳で確かめることができる。一定規模の女性サンプル（240 人以上）がある 6 市町をみると，サンティアゴでは圧倒的な*Maria*についで第二位であり，セルベラ，サン・セバスティアン・デ・ロス・レイエス，ランハロンでは第三位である。今日においても（INE : 01/01/2016），*Josefa*の高頻度地域は*José*とまったく同じアンダルシア，南東部，ガリシアである。ムルシアが断トツの 33.5‰，ついでウエルバ 23.0‰，カディス 22.9‰，ハエン 21.4‰，アルバセテ21.1‰ がつづく。逆に，最頻 50 名に*Josefa*が入らない県は，ブルゴス，グアダラハラ，ソリア，バリャドリー，リオハ，ナバラであり，*José*同様，すべて半島中央以北に位置する。まさしく，「革命的」聖ヨセフ図像が近世に普及せず，聖ヨセフ崇敬が脆弱にしか育まれなかったと思われる地域である。慣習や流行があるにしても，近世に育まれた男性聖人への崇敬の度合が今日まで女性の命名にも強く影響しているのである。

3) *Manuel*

　Manuel はイエスの名である *Emanuel*(エマヌエル)(「神はわれらと共にあり」の意)から派生した。中世をとおして，著名な数例[39]をのぞき，一般にはほとんど使用されなかったので，近世に登場したといっても過言ではない。オレンセでは1620年以前には見当たらず[40]，17世紀後半に突如登場し，第五位か第六位を占める(表4-2)。さらに，18世紀中葉には先の12か所(表4-3〜4-14)中，9か所で不自然なまでに増大する。なかでも，セルベラ，バリャドリー，サン・セバスティアン・デ・ロス・レイエスでは，それぞれ24.3％，18.9％，16.9％を占めて，最頻第一位を誇る。セルベラではその女性形 *Manuela* は *María*(30.7％)に次ぐ第二位で，13.4％を占める。短期間でのこれほどまでの驚異的な増加は，教会の強い介入があったことを窺わせる[41]。また，*Manuel* はタラ

---

[39] 著名な例は皇子 *Infante Don Manuel* (*Don Juan Manuel* の父)。この皇子の母親が，これから生まれてくる子どもとその子孫のおかげで，イエスの死が復讐されるという夢をみたことを聞いたセゴビア司教が，*Manuel* と命名したという(Martínez Sopena, 2002：73)。

[40] ポルトガルでは *Manuel* はスペインより早く登場した。モンカラパチョではすでに1545年に4.6％も占め(Rowland, 2008：25)，アベイロでは1624〜38年に35％にのぼった(Abreu-Fereira, 2009：18)。これは，はや中・近世交に国王 *Manuel* I (1495〜1521年)がこの名を採用したことが影響したのであろう。ただし，その後の国王には付けられなかった。17世紀にはこの名はすでに第一位になり，15〜20％を獲得しつづけた(Rowland, 2008：24-25)。

[41] ただし，民衆一般は旧体制末期にいたってなお初歩的なカトリック教義すら知らなかった(Lisón Tolosana, 1966：277-278)という事実からすれば，*Manuel* は真摯な信仰からではなく，単に流行から付けられたのであろう。そうであるならば，イエス信仰は *Jesús* 名の使用から判断して，民衆間に広まったのはようやく20世紀初頭以降だったとする，W. A. Christian, Jr. 説(1989：89)は妥当と思われる。その広まりは，とりわけ19世紀に教会が推進した「至聖なるイエスの聖心信仰」キャンペーン(Herradón Figueroa, 2009)と無関係ではないだろう。事実，導入時期が早いほど複合名が多い傾向にあるが，*Jesús* との複合名は現在(INE：01/01/2016)，3種にとどまる。近世中，イエス信仰が微弱にしか浸透しなかったことは，異端の証として聖書の所持を信徒に禁じ，マリアと聖人崇敬を奨励した対抗宗教改革の急先鋒であるスペイン教会・異端審問所の矛盾した政策の結果にほかならない。その政策はまた，高い文盲率をもたらした。1940年のセンサスによれば，1851〜55年に学齢期を迎えた人の文盲率は県都で45.52％(男31％，女49％)，同1876〜80年では26.63％(19％，31％)である(INE, Coeficientes de analfabetismo por generaciones escolares, ESTADO VII)。タラゴナでは1900年でさえ男で約60％，女は約75％であった(Gonzalvo-Cirac et al., 2013：117)。

ベラ（10.0％），ポサ・デ・ラ・サル（9.6％），ランハロン（8.4％），カルモナ（8.3％）で第四位を占める。

　逆に，*Manuel* が低頻度なのはサンティアゴ（4.7％），ムルシア（2.1％），フミーリャ（1.6％），グラサレマ（1.0％）である。サアベドラのガリシア研究においても，オレンセの農村では4.4％で第七位，県都でも5.7％で第五位である。女性の名の *Manuela* も両域で最頻九名には登場しない（Saavedra, 1994 : 324, 326）。*Salvador* は12か所の半数にしか登場しない[42]が，その割合が多いグラサレマ（2.7％）とムルシア（1.5％）でその分を *Manuel*（0.8％と2.0％）に足しても，神の名はともに3.5％にしかならない。これらの低頻度の町はすべて半島の周縁に位置する。この事実は，ガリシアが根強い前キリスト教崇拝ないしは反キリスト教崇拝の存在[43]ゆえに，カトリックの主流から外れていたことを窺わせる。あるいは，中世盛期以来のマリア崇拝への強い執着ゆえかもしれない。グラサレマのばあいは，カディス県ピラール山脈の2,000メートルの高地という地理的位置要因が大きい。その隔絶した教会に，俗人の命名に一定の影響を及ぼしうる高位聖職者（Postles, 2006 : 37）が出向いて教化活動をおこなうことが困難だったことを示唆する。ムルシア，フミーリャでは聖ヨセフ（*Joseph* 15.8％，11.4％）への親近感・崇敬がより強かったためでもあろう。この時点では *Jesús*（ヘスス）は12か所のどこにも登場しない。

　以上から，イエス信仰を奨励する教会の施策が，ヨセフ崇敬のばあいとは逆に，メセタ北部で活発に展開されていたこと，半島周辺部ではイエス信仰が18世紀半ばにおいても十分に浸透していなかったことが判明する。当時 *Joseph* の地位は12か所すべてにおいて安定していたが，*Manuel* の地位は場所によって振幅が大きい。地方差異が著しいことは，教会によるイエス信仰の促進政策がヨセフの政策より遅れて始まったことを示唆する。それは，複合名の種類が少ないことにも現れている。現在の各県上位50名の頻度表（INE : 01/01/2016）によると，前述のように，*José* の複合名が20種にのぼるのにたいし，

42　セルベラ（0.3％），カルモナ（0.5％），サンティアゴ（0.6％），フミーリャ（0.6％），ムルシア，グラサレマ。
43　Lisón Tolosana, 1991 : 15 ; Poska, 1998.

Manuel は6種にとどまる。ただし導入は遅かったにしても，18世紀中葉の状況とは逆に，完結名としての Manuel は国の周縁部（アンダルシア，ガリシア，エストゥレマドゥーラ）で驚異的に高い割合を示す。最多はセビージャ（65.3‰），ついでルゴ（64.0‰），オレンセ（63.6‰）である[44]。いち早くこの名を採りいれたメセタ北部でも着実な広まりがみられる。サモーラ（34.3‰），サラマンカ（28.0‰），レオン（26.1‰）ではいずれも第一位を占める。またメセタ中部域に Jesús が第一位を占める県が少なからずあることは注目に値する――クエンカ（28.3‰），アビラ（27.4‰），ソリア（26.2‰），トレド（25.5‰），パレンシア（22.9‰），バリャドリー（22.0‰），セゴビア（20.3‰）。第二位はシウダー・レアル，サラゴサ，第三位はブルゴス，グアダラハラ，ラ・リオハ，ナバラである。このように，José があまり伸張していない地域で Jesús が優勢であることはきわめて興味深い現象である。聖人図像の介在が乏しい（と思われる）なかで，イエス信仰の教化が功を奏したのかもしれない。

　国レヴェルの順位表（INE: 01/01/2016）によれば，完結名としての Manuel（26.7‰で第三位）は Jesús（12.4‰，第十二位）と合わせれば39.1‰で第一位となり，第一位の Antonio（30.8‰）と第二位の José（27.4‰）を凌駕する。同様に，完結名・複合名として Manuel は第四位（57.1‰）であり，第一位の José（121.7‰）の半分以下であるが，Jesús（25.1‰，第十一位）を加えれば82.2‰となって第二位に浮上し，Antonio（64.1‰）よりも高くなる。18世紀にはじまった教会による Manuel 名の奨励策が実を結び，現在の各地の命名行動に，濃淡はありつつも確実に影響を与えているのである。

　では，なぜ教会は18世紀にもなってイエス信仰を奨励したのだろうか。これは，さきに述べたように，同世紀にマリア崇拝が過熱したことと関係しよう。中世盛期以来，María はずっと最頻名でありつづけた[45]。12世紀のアストゥ

---

[44] ガリシアではルゴ，オレンセにつづき，ア・コルーニャ 57.7，ポンテベドラ 55.1（いずれも第一位），アンダルシアではセビージャにつづき，ウエルバ 59.8，カディス 54.7（いずれも第一位），ハエン 50.5（第二位），コルドバ 57.9，グラナダ 44.3（いずれも第三位），エストゥレマドゥーラではバダホス 51.0（第一位），カセレス 22.5（第三位）である（数値は‰）（INE: 01/01/2016）。

[45] 前章で述べたように，フランスにおけるマリア名の普及は遅い。神の母の名を使用す

表 4-15 *María*（完結名・複合名）の人数と割合（18世紀半ば）

町／人数（内複合名者）	*María* 完結名（%）	複合名（%）	合計（%）
サンティアゴ 595（82）	104（17.5）	76（12.8）	180（30.3）
セルベラ 397（29）	93（23.4）	28（7.5）	121（30.9）
サン・セバスティアン 240（6）	53（22.1）	6（2.5）	59（24.6）
カルモナ 468（23）	102（21.8）	13（2.8）	115（24.6）
ランハロン 719（15）	180（25.0）	13（1.8）	193（26.8）
グラサレマ 2,653（225）	770（29.0）	171（6.4）	941（35.5）

出典：表 4-3, 4, 7, 11, 12, 13 の史料より作成。

リアスや13世紀のガリシアでは実に3人に一人が *María* であり[46]，15世紀のコルドバでは14.3％，16世紀のメリダでは28.9％にのぼる[47]。17世紀のオレンセでは前半で平均39％，ストックが増加した後半でも26％を占めた（Poska, 1998：87）。同世紀，ナバラでは40％前後にもたっした（Zabalza, 2008：116-117）。18世紀半ばには表4-15が示すように，最頻名として25～35％にのぼる。いやます *María* 名への執着は，近世後期におけるマリア崇拝の高まりを表象しているといえる。

　教会はおもに13世紀以降の神学の発展にともない，こうした行きすぎたマリア崇拝がマリアを第四の神性に押し上げる危険性があることに気づき，本来のキリスト信仰に回帰させるべく，マリアの「人間性の回復」を図っていた[48]。にもかかわらず，上述のように，宗教改革への対抗上，トリエント公

　　　ることにたいしてタブーが存在したためか，もしくは，反宗教改革によるマリア崇拝の奨励以前，マリア崇拝がイタリア，スペインほどには強くなかったためかもしれない。ポルトガルでも異端審問所史料によると，その人気が出たのは遅い。16世紀には9.3％で第三位（ただしほかの史料によれば，1545年のモンカラパチョでは14.6％），17世紀以降20％前後に増えた（Rowland, 2008：24-25）。
46　Suárez Beltrán, 1995：62 ; Portela Silva et al., 1995：41.
47　Aguilera Castro, 1994 ; Ballesteros Díez, 2004：32.
48　鼓，1998：291。テオトコス公認後，マリアは次第に神格化を強め，キリストと対等な存在となっていった。11世紀ころからエクレシア（教会）とのパラレリズムによって，キリストの花嫁として描かれ，12世紀にはキリストとともに玉座に座るマリア・レギ

会議で図像を介したマリアや聖人への崇敬を奨励したため，その当然の結果として逆に，人びとのマリア崇拝熱を近世後期にいや増させることになったのである。信仰の重心を本来の神イエスに移す必要性に迫られた教会は，新生児に神の名を付けるよう信徒を奨励したのであろう。さきの表が示すように，18世紀半ばのセルベラ，サン・セバスティアン・デ・ロス・レイエス，バリャドリーでは4〜6人に一人が *Manuel* だった。この前者2か所では女性形にした *Manuela* が *María* についで第二位を占めた。同様の *Salvadora* はそれまで皆無だったが，12市町のうち3か所でわずかながらも登場をみる。

　しかしながら，完結名と複合名に登場する *María* の頻度は国レヴェルで263.8‰，つまり4人に一人以上の女性が *María* を名前にもつことからすれば，むろん男女の名の状況に差はあるが，マリア崇拝はこんにちも依然としてイエス信仰よりはるかに強く，庇護やご加護を願う人びとを引きつけているといえる。*Manuel* と *Jesús* を足しても（77.3‰），足元にも及ばない。*María* の地域格差（約30ポイント）は，*Manuel*（約57ポイント）や *José*（約50ポイント）よりも少ない[49]。中世盛期から長きにわたって採用されてきたため，広がりがより均等になったためであろう。採用期間の長さは複合名の多さにも表れている。INE（01/01/2016）の県別最頻50名リストに登場するだけでも *María* の複合名は40種にのぼり，*Antonio* や *José* よりはるかに多い。さらに，19世紀以降に導入された別名（第1章で言及）も多く登場する。

　なかでも止目すべきは，*Inmaculada*（無原罪の女(ひと)）の使用地域が南部と東南部に限られていることである[50]。聖性を希釈された人間マリアが原罪から免れているためには母の胎内に無原罪の状態で宿らなければならない。そのため

　　ナ（天の女王としての聖母像）として描かれた。しかし13世紀になると，聖母は天の女王ではなくなり，キリストの優位を従順に受け入れる姿に変わる。15世紀には三位一体の神より一段下に配置する作例も出てくる（Ibid.: 263, 271, 287-291）。

[49] 地域の傾向として，*María*（完結名・複合名・別名）が多いのはガリシアからアラゴンにいたる北部帯状地域と南部（アンダルシアと南東部），相対的に少ないのが新旧カスティーリャとエストゥレマドゥーラ，少ないのがカタルーニャ地方である。

[50] アンダルシア全県（カディス，コルドバ，ウエルバ，ハエン，セビージャ，グラナダ），東南部のバレンシア，カステリョン，ムルシア，アルメリア，それにエストゥレマドゥーラのバダホスの11県。

教会・異端審問所主導で 17 世紀半ばから登場したのが「無原罪の御宿り（懐妊）Inmaculada Concepción」と題する絵画であり，そこでは無原罪を象徴するものとして処女性が際立たされた[51]。ムリーリョに代表されるセビージャの画家集団が量産した少女マリアの絵を目にしたと思われる地域と今日における *Inmaculada* の使用地域（アンダルシア，東南部）が重なること，および半島中央以北にはまったく登場しないことは偶然ではありえない。他方，*Concepción* の方は 1600〜30 年間にはやくもマドリーのサン・セバスティアン教区で 5 人の女児に *María de la Consepción*, *María de la Conzepzión* などと付けられた[52]。身分制議会(コルテス)が 1617 年と 1619 年に「マリアが原罪なしに母の胎に宿ったこと」を教皇が宣言するようにスペイン王国として要請することを決議した（*Actas*, t. XXIX : 52 ; t. XXXIV : 434）ほど，17 世紀前半のスペイン社会にはこの観念が横溢していたのである[53]。現在，17 世紀から使用されはじめた *Concepción* がほぼ全国的に広がっている[54]（3 県のみ無し）のにたいし，*Inmaculada* は上記のように使用地域が限定的であり，両名が最頻 50 名に入っているばあい，この名は（カディスとハエン以外）*Concepción* より後位である。このことは，一般的に *Inmaculada* の方がより遅くに採用されたことを示している。「無原罪の御宿り」がようやく正式教義となった 1854 年以降に用いられはじめたのかもしれない。この事例はあらためて，図像を媒介とする教化が現在の名付けに結晶化

---

[51] これによってマリアの特性は，中世における母性から近世以降は処女性へと移動する。このテーマは別の機会に論じた（芝，2010 ; Shiba, 2013 ; 2014）。

[52] *Concepción* は 15 世紀末〜16 世紀初めにまず，船舶の名や新世界の地名として付けられ，16 世紀最後の四半期以降，男女の宗教人が名の第二要素として（*Manuel de la Concepción*, *Ana de la Concepción*, *María de la Consepción*）用いるようになった（García Gallarín, 2010 : 74-75）。

[53] こうしたスペインの度重なる要請を受けて，教皇庁は 1661 年にその教義を許可し，3 年後にはスペインに限って無原罪の御宿りのミサをおこなうことを許可した。とはいえ，当時ローマでは「無原罪の御宿り」の教えは逆に，異端のカテゴリーに入れられており，その言葉が入った文書の没収が 1644 年に異端審問条例で命じられたほどだった。1854 年のピオ 9 世による無原罪教義の確定にしても，通常の手続きである公会議をとおさず，教皇が独断で下した宣言だという（竹下，1998 : 125-127）。

[54] したがって *Concepción* の広がりは，「無原罪の御宿り」の教義化以降とする Zabalza Seguín の想定（2004 : 179-180）より早かったことになる。

し，その影響の度合いが各地方を特色づけていることを教えている。

第5章

現行法定姓の誕生[1]

1 現行の双系的結合姓の特異性

　本章では現行のスペイン姓システム，世代ごとに創り変えられる結合姓がどのように立ち現れたかを見ていくことにしよう。この双系的結合姓は世界の数あるシステムのなかでも，また父系固定姓が支配的なヨーロッパにあっても特異である。さらに，名の形態とともに，姓の形態が法令によって定められているという点においても少数派に属す。スペイン文化を引き継いだ国々，ラテン・アメリカやフィリピンでも類似の結合姓が用いられているが，法定ではない。またポルトガルはスペインと酷似した姓をもち，その双系性が伝統となっていたが，19世紀が進むにつれて父系傾向を強めていった[2]。世界のなかでも独特のこのスペイン法定姓はどのように生まれたのか，その軌跡を辿ってみたい。

　法的統合という国家プロジェクトの一環として，1870年に戸籍台帳 Registro Civil が制定された。そこにおいて，はじめて名と姓の変更にたいする厳格な

---

[1] 本章は芝，1995；2001；2010を修正・拡大したものである。
[2] Callier-Boisvert, 1968：91. ポルトガルの姓名は，16世紀末から19世紀初頭まで強い父系傾向があったにもかかわらず，双系的側面が消滅することはけっしてなかった。その後，フランスの影響と「ブルジョワ家族」モデルの影響のもとで，父方姓のみの使用が支配的となっていき，住民台帳法1928年と1932年の条項によって姓は父方でなければならないと規定された。また，名と姓もそれぞれ最大2つ，3つに限定された（Monteiro, 2008：46, 49, 56）。

制限が規定された。姓のあり方自体を規定する具体的文言を欠くが，それは社会が当時受け入れていた伝統的な姓のあり方を当然視していたためではないかとされる。事実，1903年4月11日の王令は「スペインにおいて通常の姓は父方と母方姓からなり，ふつう第一，第二姓と呼ばれている」と述べる（Fernández Pérez, 2015 : 205-206）。この結合姓のあり方は1957年6月8日法第53条において「人は名および父方と母方の姓をもって命名される」と明文化される。翌1958年11月14日の政令第194条は「父方姓は父の第一姓，母方姓は母が外国人であってもその第一姓とする。戸籍台帳には父方姓と母方姓を y [andの意] で繋いで表す[3]」と定める。なるほど，1999年11月5日，法令40/1999の批准に際し，国王は「現在まで民法および戸籍台帳における姓の順序にかんする規定は，姓が親子関係を定めるものとして，その順序を父方姓，母方姓とする一般規範を確立してきた」と述べ（1999年11月6日官報 núm. 266 : 38943），父方姓＋母方姓という双系的結合姓が伝統的に法定姓とみなされてきたことを再確認している。

　しかしこの結合姓のあり方が，独裁制後の民主化で誕生した新憲法（1978年）で定められた男女平等に抵触することは確かである。同年の欧州諮問委員会で，また翌年には国連で，姓の選択における性差別の撤廃が決議された。さらに1994年，欧州人権裁判所はそうした性差別を糾弾した。こうした動向を受けて，国は1999年（11月5日）に「夫婦の合意のもとで，［子どもに］受け継がせるそれぞれの第一姓の順序の変更を登録まえに決定できる」とする法令第1条（民法第109条）をあらためて発布した（前掲官報）。第一子の誕生登録時に届ければ済むようになったのである[4]。この改正によって，姓システムに

---

[3] 後半の文言は2000年に削除されたが，y の使用自体は禁じていない。y には父方姓・母方姓を明確にする働きもある。第一姓が名としても用いられるばあい，それが姓であることをあきらかにする（たとえば *Francisco Tomás y Valiente*）。またカタルーニャでは，（y ではなく）i を用いることが一種のカタルーニャ・アイデンティティともなっている（Pita Mercé : 6）。

[4] 3か月後に施行（前掲官報：38944）。以降に生まれるキョウダイも両親が決定した順序の姓となる（1957年法第55条；1999年法第3条）。変更の可能性は上述の1870年以外に，1957年，1981年にも規定されていたが，行政もしくは司法当局への変更申請には煩雑な手続きを要した。また成人（1978年憲法により18歳）後2か月以内に自由意

第 5 章　現行法定姓の誕生　171

おける父系への偏向は一応解消された。

　この結合姓の起源については，いまだ定説がない。姓システムにかんする著書や論文を著した研究者たちですら，この点については大雑把な言い方でしか説明していない。たとえばサラサールは，同姓同名異人を区別するのに，16世紀には「年寄」「若者」，あるいは（住区の）広場・城などの通称を付け加えたが，18世紀からは母方姓を付け加えるようになった，とする（1991 : 40-41）。ルセス゠ヒルは，すぐれてスペイン的な父方・母方の結合姓は16世紀以降，教区教会簿冊が作られていくにつれてはじまったとするものの，「この慣習がひろく確立した時期を特定するのは容易ではない」（1977 : 25）と述べる。

2　現行姓システム誕生についての仮説

　スペインの現行姓システムの起源について今日まで提出されている仮説は，管見によれば二つあるが，十分な論拠は提示されていない。これらの仮説が理にかなったものであるか否かを検証するとともに，この結合姓の誕生の背景にも迫ってみたい。

　まず，スペイン近世史の権威アントニオ・ドミンゲス゠オルティスの仮説を検証しよう。結合姓は純血にたいする懸念に由来するという。彼によれば（1984 : 176），純血概念とはユダヤ人やモーロ人に汚された種が男系を介しても女系を介しても伝播されるとする露骨な人種主義観念にもとづいており，母方の姓を省けば怪しまれかねない。そのため，いわば一種の純血証明として二つの姓を用いる習慣ができたのであろう。騎士修道会への入会申請書では申請者は父方姓と同等に母方姓にも注意を払っていた，と説明する。たしかに，ほかのヨーロッパのどこにも存在しない，異宗徒との混血への懸念が数多くの私

志で順序変更を申請できる（1957年法第55条，1958年法第198条，民法1999年法第109条；住民台帳法第55条）。さらに2000年の王令193/2000によって，住区の住民台帳担当者への申告だけで済むようになった（Fernández Pérez, 2015 : 218）。そうした変更のばあい，キョウダイ間で姓の順序が異なることにもなる。

的・公的組織の純血規定に結実し，異端審問所によって隠れユダヤ教徒と断罪された者，その子・孫にたいしてキリスト教社会におけるいかなる権威職への就任も，15世紀半ば以降，とりわけ16世紀半ば以降禁じられた。改宗者とその子孫への差別はエスカレートし，16世紀末には異教徒，とりわけユダヤの血が一滴でも混入していたら「穢れた者」とみなされるまでにいたった。

　この仮説は名誉観念と貴族概念とが絡み合った複雑な状況を背景にしている。ユダヤ系改宗者(コンベルソ)，対抗宗教改革，富と権力といった中・近世スペイン史にきわめて特殊な諸問題がそこに混淆している。たしかにカスティーリャは名誉が貴族階層に限定されないヨーロッパ唯一の国であった[5]。1570年ころまでに純血概念はイダルゴ性および対抗宗教改革教義の宗教的価値観と密接に結びついていき，貴族性の要件となった[6]。そのため，たとえばサンティアゴ騎士修道会の1600年の総会は入会要項に純血を加え，「父方も母方もユダヤ人，モーロ人，改宗者，平民の血筋を有さないこと」と規定した。1653年にはさらに厳格化し，「**いかに遠く離れていても**」という強調文字部分をその要項に追加した[7]。志願者の家系調査において母方にも厳しい純血基準が適用された。こうした状

---

[5] D. R. Larson の指摘（*The Honor Plays of Lope de Vega*, Cambridge, 1972）を Thompson が引用（1991：69）。Julio Caro Baroja によれば（1966：97），女性の貞潔性に依拠する男らしさであった中世の名誉は近世には純血の名誉に取って代わられたという。しかしながら，16世紀初頭の公証人記録が示すように，処女性を守ることが大衆レヴェルにおいても強迫観念化していた（López Beltrán, 1985：101-102）ことからすれば，また，黄金世紀の文学のテーマの一つが女性の貞潔性に依拠する男の名誉であることからすれば，中世の名誉は近世においても維持されていたといえる。ただし，その名誉は核家族レヴェルに縮小されたのにたいし，並存していた純血名誉は家系全体に及んだ。女性の貞潔性にかかわる名誉観念の生成とその展開については別の機会に論じた（2001；2003；2009；2010）。

[6] Thompson, 1991：70．対抗宗教改革プログラムがはじまった1560年，支配的なイデオロギー言説は宗教的内容よりも民族的要素が優越することを強調していた。キリスト教信仰はより古い家門という器のみにしっくり馴染むとし，旧キリスト教徒がキリスト者の規範となった。この言説は高位の宗教人によって作り上げられ，国王によって暗黙裡に擁護された（Contreras, 1991：188-189）。エリート組織は純血と結びついた文化的アイデンティティ・プロセスを推し進め，そのエリート文化を他の文化にたいする排斥的イデオロギーに変えていった（Hernández Franco, 1995：88-91, 94）。

[7] そのうえ，純潔性は職業にも求められた。サンティアゴ騎士修道会への入会は1653年

況下，純血の家系図を創りたいという思いが頭をもたげてくる。ひとたび家系図が出来上がれば，貴族性の審判者たる世間の記憶をも凌駕しうる（Thompson, 1991 : 66, 70）からである。ドミングス＝オルティス自身，別の著書で，尊厳ある家系であることを示すために家族の記憶を図として表したいという異常なまでの熱望が 16 世紀からみられたことを指摘して，家系図にかかわる操作をつぎのように示唆する。「著名な家族はすべて，その起源をできるだけ古くまで遡らせ，有力家の血筋であり，ゴート族の末裔であること等々を証明したがった。正真正銘の書類によってその起源を中世後期にすら遡らせることができる者はだれ一人としていなかったにもかかわらず」（1985 : 21），と。貴族たちが家系を創ったように，金持ちも穢れた血の混入を隠蔽して，本来の家系をごまかした。他方，純血審査の事務手続きをおこなう組織内部には賄賂に特化したネットワークがあり，ゆすり行為が主要構成要素となっていたという。関係当事者双方にペテンが満ち満ちていたのである。まさにテレサ・デ＝アビラが喝破したとおり，「力溢れる騎士こそ，お金殿 poderoso caballero es don Dinero」であり，「名誉とお金はたいがい連れ立っている honras y dineros casi siempre andan juntos」のである。姓の変更は，貴族のばあい家系を創り出すためであり，金持ちのばあいは家系の血の穢れを隠すためだった[8]。さらに当時はさまざまな動機で，名や姓を変えることが日常茶飯事だったことも忘れてはならない[9]。こうした家系・家系図至上主義は姓のあり方にも反映されたのであろう

までは卸商人に認められていたが，この年以降は「自身もしくは両親，祖父母が機械を扱う職業，商品を扱うあらゆる種の商人，自身もしくはその仲買人がお金を両替する公の台場をもつ者には認可されない。卑しい職とは，銀細工師，画家，刺繍職人，石工，宿屋，居酒屋，国王・王族に仕える以外の書記，仕立屋，その他手作業で生活する類似の職」（Postigo Castellano, 1988 : 135-136）と規定され，そうした職に就く者は入会できなくなった。

8 Contreras, 1995 : 118-20, 123-124. 功績によるイダルゴ位授与の増加と地方役職の私物化の進行は，ともに国王によるそれらの売却の結果であるが，こうした状況において，純血か否かが家族間の象徴的差異化要素となり，有力家族間の深刻な対立をたびたび引き起こした。ムルシア市でのように，そうした対立に地元の異端審問所が介入して，一方の側の家系から多くの命を奪ったのである。異端審問所自体がむしろ，市の内紛の主因であった（Contreras, 1991 : 226-239）。

9 たとえば，レコンキスタと新世界への跳躍という人口移動で特徴づけられていた半島

174

か。もしドミンゲス＝オルティス仮説が真実であるならば，コンベルソ，イダルゴのような下位貴族層，穢れた血とみられていた商人などはまっさきにそうした姓システムを採用したにちがいない。

3　中・近世交における複姓

　ドミンゲス＝オルティス仮説が受け入れられるためには，ひとつには純血意識が芽生えた15世紀半ば以降，とりわけ強迫観念化していった16, 17世紀に，父方姓＋母方姓という結合姓が出現し，急速に広まったこと，もうひとつには，過去を隠蔽したいコンベルソは偽ってでもその結合姓をまっさきに採用したであろうことが必要となる。そのためには，コンベルソの姓のあり方がどのようであったか，また彼らはどのように振る舞ったかを検証しなければならない。

　その検証に格好の資料となるのが，15世紀後半のシウダー・レアルとその南に広がるカラトラーバ平原域におけるコンベルソ関連の大量の資料と124件の異端審問文書である。表5-1はこれらの史料に登場する複姓を拾い出して分析した結果である[10]。第二姓の種類が多い順に第一姓を並べてある。第二姓を一番多くもつ *González*（ゴンサレス）を例にとると，左欄は単一姓として208人（同一家族成員も数える）が使用し，右欄は複姓として *González Calzado*（カルサド）, *González Escogido*（エスコヒド）など，56種の組合せがあることを示す。この分析から判明することは，単一姓としての頻度が高くなるほど，第二姓を多くもっていることである。これは，同姓者を弁別する能力を向上させる機能を第二姓がもっていること

　　社会では，居所が変われば，名も姓も必ず変わった（Salinero, 2010 : 23）。ボローニャ大学のサン・クレメンテ学寮の奨学金の志願要件（1648年）に，嫡子，旧キリスト教徒，穢れなきリネージなどと並んで，正統かつスペインで著名なリネージを3世代遡って姓を表明すべきことが挙げられている（Hernández Franco, 1995 : 92）。これは逆に，姓が安定的に次世代に継承されていなかった状況を示している。

10　サンプルからは，*Alta Cruz, Barba de Santos, Santa María* のような複姓を省いた。これらは一つの意味であり，響きがよければ *Satantón*（*Santo Antón*）のように一語になるからである。

を疑いなく示している。上位を占める González, Martínez, Sánchez, Díaz, García[11], López, Fernández, Rodríguez, Pérez など，すべて中世盛期に誕生した父称である。おおむね中・近世交に生じたとみられる父称の化石化が，個人の特定のために，あだ名，ときには世代父称，あるいは地名などの第三要素（複姓）をもたらしたとされており（Martínez Sopena, 2002 : 72），こうした複姓の増加に手を貸したことは確かであろう。

対照的に，Ortiz, Suárez, Franco, Muñoz, Ortega といった姓はごくわずかな第二姓しかもたない。これらの姓は単一姓として使う人数が相対的に少ないため，第二姓を多く必要としなかったのであろう。たとえば，個人名 Orti / Fortes は 11 世紀後半にナバラ以東でしか使われなかったので，その父称 Ortiz（Fortis）はバスク以西の史料には登場しない[12]。Suarici は 9 世紀から北西部で使われた最古の父称のひとつであるが，元の個人名 Suadarius / Suarius / Suerius / Sugerius の使用は多くなかった。そのため 825〜1200 年間，リエバナ域やブルゴスでの最頻父称上位 20 には登場しない[13]。Núñez も古

表 5-1　15 世紀における複姓

姓	単一姓	＋	第二姓
	人数	種類	（地名）
González	208	56	(25)
Martínez	54	31	(14)
Sánchez	26	24	(6)
Díaz	107	22	(11)
García	55	22	(9)
López	36	22	(8)
Fernández	36	19	(3)
Rodríguez	61	17	(5)
Pérez	11	15	(5)
Ruiz	59	11	(3)
Alvarez	47	8	(4)
Hernández	15	7	(3)
Alonso	30	6	(5)
Gutiérrez	11	6	(1)
Ramírez	21	5	(0)
Gómez	49	4	(2)
Jiménez	11	4	(2)
Ortiz	2	3	(0)
Suárez	0	3	(1)
Núñez	40	2	(2)
Villarreal	60	1	(0)
Franco	37	1	(0)
Olivos	31	1	(1)
Muñoz	9	1	(0)
Ortega	7	1	(0)

出典：芝, 1995 : 11（Beinart, Vol. III, IV, 1985 より作成）。
注：第二姓のうち，地名由来は括弧内。

---

[11] 第 2 章でみたように，García の属格父称は使われなくなっていき，逆に主格父称が 13 世紀以降増えていった。
[12] García de Cortázar, 1995 : 294-295 ; Rivas, 1991 : 356.

い父称であるが，同様に第二姓を多くもたない。元の名 *Nuño*/*Nunno* は中世盛期におおいに流行ったが，後期での使用がわずかだったためであろう。たとえば 15 世紀末のアルメリアの土地分配史料 (Segura, 1990 : 135-148) にこの名はひとつも登場しない。他方，*Villarreal* や *Olivos* は単一姓としての使用は多いにもかかわらず，第二姓は少ない。これは，地域姓ゆえであろう。前者は地元の街（Ciudad Real）に，後者はオリーブ栽培に因む。*Franco*（フランス人，外国人の総称）は 11 世紀末からおもに北西部でみられた（Rivas, 1991 : 563, 657）が，どの地方においても使用頻度は低かった。第二姓を多く有する姓は全国的に使用頻度が高い姓ということになろう。

　以上から，複姓は全国レヴェルで高頻度に使用される父称が本来の弁別機能を回復するために出現したとみなすことができる。低頻度の単一姓が第二姓をとるのは例外的であることも，この想定を裏づける。そうした例外は，異端審問官，騎士修道会長，高位聖職者，医者，領主など[14]，すべて社会的・職業的に上層に属する者たちであることはきわめて意味深長である。15 世紀末アルメリアに入植した騎士見習い 120 余名 (Segura, 1990 : 135-148) に複姓が皆無であることも，これらの例外が上流貴族に限られていたことを示唆する。この現象が現在までもスペインの姓名の歴史の長きにわたって一貫してみられることはきわめて興味深い。こんにちにおいても，社会経済層と姓の長さとに明白な関係がみとめられる。2004 年，2007 年，2008 年に実施された電話帳などのビッグデータの統計分析から，低頻度の第一姓をもつ者の多くが医師，弁護士，薬剤師など高位社会・職業層に属すことがあきらかになっている[15]。姓によるそうした社会経済的示威は，スペイン社会の近・現代をつうじた特徴という

---

[13] Rivas, 1991 : 365 ; Montenegro Valentín, 1995 : 196 ; García de Cortázar et al., 1995b : 247.
[14] 異端審問官 *Pedro Ochoa de Villanueva*，カラトラーバ騎士修道会長 *Rodrigo Téllez Girón*，タラベラのコレヒドール（地方派遣の国王役人）*Juan Ortiz de Zárate*，学士 *Diego Vázquez de Vargas*，サリナス領主 *Alonso Suárez de Toledo*，モンドニェド・ルゴ・ハエン兼任の大司教 *Alonso Suárez de Fuentelsanz*，大助祭 *Juan de la Cerda de Quintanapalla* (Beinart, III, 1981 : 710, 724 ; IV, 1985 : 42, 474, 491, 512, 518) など。
[15] Collado et al., 2008. 姓の自由な使用が制限された 1870 年以降，父方の第一・第二姓をハイフンで繋いで第一姓とする割合が高位社会・職業の人びとのあいだで高くなった。

ことになる。

上記の複姓の大部分は父称＋ *de*（前置詞）＋地名（出身者を表す *Francés*(フランセス)，*Gallego*(ガジェゴ) などの少数例も含む）であり，表 5-1 第二姓欄の括弧内がその数である。地名を第二姓とする割合は最頻父称 *González*, *Martínez*, *Díaz* で 45〜50％，*García*, *López* で 36〜40％にのぼる。こうした地名は，第 2 章でみたように，おおむね出身地を指しており，同名異人を弁別するために入植当初付け加えられたにちがいない。複姓にはほかに父称＋職名，父称＋家族関係，地名＋あだ名，職名＋地名，あだ名＋地名などの組合せもあるが，きわめて少数である。

複姓のなかに，両親の姓に由来する結合姓があるのだろうか。それが確認できるのは，*Juan Olivos*(フアン オリボス)・*Elvira López*(エルビラ ロペス) 夫妻の娘 *Isabel Olivos y López*(イサベル)（1512 年に隠れユダヤ教徒として拘留された）(Beinart, 1985：493) のわずか一例のみである。ただし，*Gonzalo de Pisa*(ゴンサロ ピサ)・*Beatriz Núñez*(ベアトリス) の息子 *Pero Núñez Franco*(ペロ)(Beinart, 1981：533) のばあい，*de Pisa* のかわりに外国人の意で *Franco* を用いたとすると，両親の姓に由来する例に加えることができる。ともかく，両親の姓のどちらも継承しない例が相当数あることからすれば，複姓をただちに両親の姓に由来する結合姓とみなすことは危険となる。

さらに指摘すべきは，15 世紀後半の時点での多種多様な姓のあり方のうち，父母のどちらか一方から継承したと思われる単一姓が，いまだ大勢を占めていたことである。親子関係が確認できる 149 件中，89 件が父方姓を継承する。父方単一姓の継承が 75 件を占め，複姓のなかの一姓の継承は 14 件である[16]。たいして，母方姓の継承は 12 件にとどまり，それらは 1 件以外すべて単一姓である。キョウダイが異なる姓をもつ[17] 12 件のうち，1 件については両親の

---

16 ポルトガルでも父方姓の継承が優勢だった。1834〜1910 年間の国会議員 2,554 名中，父方姓のみの継承 69.8％にたいして，母方姓のみはわずか 1.7％だった。父方・母方双方の継承は 27％ (Monteiro, 2008：55, 57)。

17 別の研究によれば，キョウダイが異なる姓をもつケースは 15 世紀末のコルドバでは 25％前後にのぼるという (Aguilera Castro, 1994)。ポルトガルではもっと著しい。16 世紀から 18 世紀 6，70 年代までのあいだ，主要 645 家族の子孫 3,800 人のうち，キョウダイの 4 分の 3 は共通する姓をもたなかった。1600〜1830 年間における爵位貴族 302 人の子孫 1,405 人のうち，17 世紀ではキョウダイの 83％は異なる姓だったが，18 世紀には逆に同じ姓（単一姓・結合姓）を共有するキョウダイが増えていき，1750 年以降は

姓をべつべつに継承していることが判明する。*Antón de los Olivos de Almagro・Isabel Núñez* 夫妻の息子は父方姓を継いで *Gonzalo de los Olivos*，娘は母方姓を継いで *Juana Núñez* である（Beinart, 1985：490, 608）。したがって，両親の一方の姓しか判明していないばあい，その姓を継承していない子どもは不明の方の親の姓を継承している可能性がある。母方姓を継承していない5件を仮に不明の父方姓の継承，父方姓を継承していない43件を不明の母方姓の継承とすると，つぎのような結果となる。

父方姓の継承　　89(75＋14)＋ 5＝94
母方姓の継承　　12(11＋ 1)＋43＝55

母方の継承は最大で37％であるが，父方は63％で，ほとんど3分の2にのぼる。15世紀末のコルドバについての研究によれば，父方姓の継承は母方の2.4倍ある。父方の1姓ないし2姓の継承44.63％にたいし，母方姓は18.75％という（Aguilera Castro, 1994）。父系への偏向，および単一姓の優勢はあきらかである。

　他方，目を引くのは，両親の姓のどちらも継承しない者が13名いることである。かれらは異端審問所の被摘発者の子孫なのだろうか。両親の姓を継承せず，別の姓を採用することで家系を隠蔽し，世間に残る悪しき記憶から逃れようとしたのかもしれない。異端審問所から有罪判決を受けたコンベルソ家系は穢れた名前と家系を隠さなければならなかったとされる（Denjean, 2010：312）からである。事実，ユダヤ人やアラブ人の名は15世紀末に近づくにつれて消えていったものが多くあり，カスティーリャ風の姓をつけて，非カトリック的要素を仕舞い込んだという（Molénat, 1996：175-176）。同様の意図は，少なくとも16世紀最初の三半期まで両親に由来する結合姓を用いていた中位領主たち（Beceiro et al., 1990：104）が，以降用いなくなったことにもみることができよう。かつて彼らは寛容さを示すとともに，経済的利益をえるために富裕コンベルソと婚姻関係を結ぶことが15世紀をとおして頻繁にあったため，その血は「穢

―――――――――――

　その割合が88％にたっした（Monteiro, 2008：51-52）。

れていた」からである。逆にコンベルソ自身，すくなくとも 1449 年に最初の純血規定が登場する以前にあっては，神に選ばれし部族にして聖母の血筋を引くユダヤ人の血筋は高貴であると強調し，「生来のキリスト者，不運なキリスト者」とさえ形容していた[18]。しかし，中世に使用されていたユダヤ系の姓，たとえば *Conejo*（ウサギ[19]）は近世には姿を消した。シウダー・レアルの異端審問所史料（Beinart, 1981；1985）にこの姓は見当たらない。1 件あった *Conejero*（ウサギ商人）も近世初頭以降は用いられなくなった。同様に，ユダヤ教徒やコンベルソ特有の姓とされた *Calle*（通り）や *Ruano*（町人）も見当たらない。ただし 16 世紀初頭まで，わずかに *Calleja*（路地），*Cambiador*（両替商），*Mercado*（市場）が 1 件ずつ，*Ciudad*（街）が 4 家族存在したが，やはりその時期以降，完全に姿を消した。

いずれにしても明瞭なことは，15 世紀後半から 16 世紀初頭にかけての時点で，姓のあり方が極端なまでに自由だったこと，単一姓がいまだ優勢だったこと，ならびに，父方＋母方の結合姓は平民間では実質的に使用されていなかったことである。近世に入っても姓の名乗り方が自由だったことは，たとえば前述した，ボローニャ市が 13 世紀（1288 年）に名＋呼称 *cognomen* の変更を罰則のもとで禁じ，名前の固定化を図った状況と著しく対照的である。

4　近世における複姓

近世における状態を知るのに最適なひとつと思われるのは，教皇の許可直後の 1482 年に設置された前出のコルドバ異端審問所史料である。同年に開催した最初のアウト・デ・フェから，異端審問所の活動が実質的に終息する 18 世

---

[18] そうした血統であることを理由に，1449 年から純血規定によって血統差別がはじまった。血統による排除はキリスト教徒による反ユダヤ・反コンベルソ主義の中心的局面である（Nirenberg, 2002：32-35）。

[19] ウサギは今日でも食用にされる。ウサギが多く生息していたイベリア半島は古代，ウサギの意の *Spania* と称されていた。

表5-2 近世における複姓

姓	単一姓 人数	+ 第二姓 種類
López	38	52
Fernández	36	32
Rodríguez	40	28
Hernández	39	23
Ruiz	25	23
Sánchez	20	21
García	17	19
Gómez	23	17
Pérez	28	16
Gutiérrez	2	13
Díaz	2	10
Martínez	1	10
Núñez	2	9
González	18	9
Jiménez	17	8
Méndez	18	7
Martín	12	6
Alvarez	15	4
Morales	13	4
Enríquez	10	4
Córdoba	1	3
Ramírez	1	3
Muñoz	10	3
Torres	24	2
Palma	1	2
Aguilar	1	0
Molina	18	0
Avila	17	0
Herrera	16	0

出典：芝，1995：13（Boix, 1983 より作成）。

紀末までを網羅する。ただし，史料は16世紀半ば以降の1世紀間に集中しており，ちょうど調査対象の時期と重なる。

表5-2は前表と同じ方法で分析した結果である。ここでも，ようやく中世末から使われはじめた姓，Alvarez, Morales, Enríquez などは第二姓が相対的に少ないこと，単一姓としての頻度はかなりあるにもかかわらず第二姓をまったく，もしくはわずかしかもたない（第一）姓は地名姓であり，その大半はシウダー・レアルのばあいと異なり，アビラ，アギラール，パルマなどかなり遠方の地名であることが判明する。Muñoz のばあい，古い父称にもかかわらず，Núñez と同じ理由で，つまり元の名 Muño / Munno の中世後期における使用が少ないため，第二姓をわずかしかもたない。

単一姓としては低頻度ながら第二姓をもつ姓がいくつかあるが，これはシウダー・レアル史料で指摘した，高位社会層だけにみられる傾向とかかわるであろう。コルドバでも，単一姓が低頻度（登場0〜3回）にもかかわらず第二姓をもつ58件中，3件は異端審問官，8件は王国・地方の高位役職者（国王諮会議の弁護士，コレヒドール，その助役など），6件は騎士修道会員，15件は異端審問所の役人で，総勢31名（4件は重複）はすべて権威職である[20]。一方，残りの内10件は

---

[20] たとえば，異端審問官（Bartolomé Vuján de Somosa, Manuel Francisco de Portilla Herrera, Bernardino de León de la Rocha），国王諮問会議の弁護士（Merchor Franco de Góngora），コレヒドール（Juan Velez de Guevara），コレヒドールの助役（Antonio Laínez de Torrelaguna ほか），騎士修道会員（Jerónimo Arias de Acevedo, etc.），異端審問所役人（Diego

表 5-3 姓のさまざまな継承タイプ

継承型	単一姓	複姓 第一姓のみ	複姓 第二姓のみ	複姓 第一・第二姓
父方継承　53 ＝ 44 ＋（9：非母方）	25	7	8	4
母方継承　42 ＝ 9 ＋（33：非父方）	6	0	2	1
計　　　　95 ＝ 53 ＋（42：不明）	31	7	10	5

出典：芝，1995：14（Boix, 1983 より作成）。

隠れユダヤ教徒(フダイサンテ)として告発された者，20件はほかの犯罪者である。平民間にも一定程度は広がりはじめてはいるものの，このタイプの姓の使用は総人口に占めるごくわずかな，すぐれて上流社会層の現象であるといえる。この現象が中世以来今日にまで及んでいることは，前述したように近代的な統計分析が示すところである。外に向けての表明がスペイン社会では重要でありつづけている。

ところで，さまざまな姓のあり方のうち，複姓はどれくらいを占めたのだろうか。異端審問所史料のひとつから垣間見ることができる。コルドバ異端審問所がはじめて大量の摘発者を裁いた1558年の悔悛者100名のデータである（Boix, 1983：21-26）。そのうち圧倒的多数の88名は単一姓であり，複姓はわずか9名，残り3名は名のみで姓をもたない。その9件の複姓は第一姓がすべて父称，それも多くのばあい *Sánchez*，*Jiménez*(ヒメネス)（各2件），*Fernández*(フェルナンデス)，*García*，*Hernández*(エルナンデス)，*Ramírez*(ラミレス)，*Ruiz*(ルイス)（各1件）といった高頻度父称であることから，第二姓[21]は弁別機能回復のために付け加えられたと考えることができる。

また，この異端審問所史料の全期間にわたって親子関係が判明する95件について，姓の継承動向を分析した結果が表5-3である。支配的なのは単一姓の継承である。31名（32.6％）が父方もしくは母方の単一姓を継承し，17名（17.9％）がどちらかの親の複姓の一姓を継承した。合わせて，全体の半数

Leonardo de Argote ほか）など（Boix, 1983：247, 328, 380, 382, 385, 421, 427-428, 465, 468, 471, 476, 500, 585, 594, 629, et al.）。

21　これらの第二姓は *Torres*，*de Lanza*，*Pimentel*，*de Toro*，*de Castilla Pulido*，*Salamanca*，*de la Pastora*，*de Castro* など，大部分は地名姓である。

（50.5％）が，子世代で単一姓である。

　両親の姓が判明する 53 件では，父方継承が圧倒的で 44 件を占め，母方継承は少数にとどまる。しかし，片親の姓しか判明しない 42 件のうち，判明している父方姓（単一姓・第一姓・第二姓）のいずれも継承していない 33 件を不明の母方継承とみなし，また，判明している母方姓を継承していない 9 件を不明の父方継承とみなしてみると，父方・母方継承の差はわずかとなる。しかし 15 世紀末のコルドバについてみたように，母方継承は想定より少ないというのが真相であろう。16 世紀のメリダでも，コルドバより差は少ないとはいえ，父方継承が母方より多く，母方 23.4％にたいして 39.7％だったという（Ballesteros Díez, 2010：60）。

　他方，父方・母方どちらか一方の複姓全体の継承は 5 件と少ない。このタイプでも男系継承が圧倒的である。

　複姓のうち，双系（父方＋母方）結合姓はきわめて僅少である。17 世紀初めの 20 年間以前には一例もない。これは一部には情報の記録方法によるのかもしれない。逮捕者はおおむね個人単位であり，家族的背景はきわめて簡単にしか記録されない。独身男女のばあいには家族の言及はなく，既婚女性のばあいは夫の名のみが記された。このため 2 世代の姓の関係は不明となる。この寡黙な記録のあり方は，ポルトガルからやって来たコンベルソの一大集団にたいする寛容政策と関係するのかもしれない。彼らはかの地ではほとんど追及されていなかった，まさしく隠れユダヤ教徒であり，オリバレス伯・公爵の招きに応じて入国した。コンベルソたちはスペイン経済を立て直すために役立つと考えられたのである。そのうえ，異端審問所自体が純血規定への対抗装置として機能していたという事情もある。しかしながら，こうした流れへの反動が 1627 年のアントニオ・サパタの異端審問所長官就任を機に決定的に生じる（Gutiérrez Nieto, 1990：435-437）。1620 年代から突如，集団で逮捕されるケースが増えた。つまり，一家族の成員が何人も，わずか 12 歳の年少者も含めて逮捕されたり，キョウダイが一緒に逮捕されたりするようになり，それまでにはなかった詳細な家族情報が記録されるようになった。とりわけ，独身女性は両親とキョウダイに言及されることが多い[22]。

そうした詳細な情報によって家族，とりわけ世代間関係を知ることができる。にもかかわらず，双系的結合姓は4例しか見つけることができない。そのすべてが1620年代に集中する。Isidro de Aguilar・Mencía Pérez の娘 Inés Pérez de Aguilar（1625年），Jorge Núñez Fonseca・Feliciana Machado の娘 María Núñez Machado（1627年），Diego Fernández・Ana López Portuguesa の娘 Inés Fernández Portuguesa（1627年），López de Perea Machado・Leonor Méndez Portuguesa の息子 Andrés de Perea Machado Portugues（1627年）である[23]。すくなくともこれらの数少ない例が示すところ，父方姓は母方姓のまえに置かれた。ただし父称は父方であれ母方であれ，地名姓より先行するため，Inés Pérez de Aguilar では母方姓が先行する。しかし17世紀半ばから情報はふたたび簡素化され，家族情報を多く含まないようになる。独身女性のばあい，家族情報は全面的か部分的に欠如するため[24]，二世代間の姓の継承を知ることがふたたびできなくなる。こうした状況からすると，異端審問所自体，コンベルソ，とりわけポルトガル出身者にたいして一貫した政策をもたず，また被告を記録する形式も定まってはいなかった[25]。皮肉なことに，かの異端審問所長官の厳格主義が，雲間のしばしの晴れ間のように，17世紀前半において双系的結合姓がまれな存在だったことを照らし出してくれたのである。

　いずれにしても，双系的結合姓は支配的どころか，逆に少数派であったことに疑いの余地はない。そのうえ，同一世代での姓のあり方も一定ではなかった。

22　たとえば「Catalina Méndez，独身女性，前述の［隠れユダヤ教徒の和解者リストにある］Elena Méndez の姉妹，［同じリストにある］さきの Inés Rodríguez と夫 Francisco López の娘，［みな］モンティーリャ住民」（Boix, 1983 : 408）。

23　Boix, 1983 : 401–403, 408. ただし，注28に記すように，Portugues/a は属性を表す形容詞と捉えるならば，双系的結合姓はわずか2例にとどまることになる。

24　たとえば，1655年の和解者のなかの「Doña Catalina de Silva, Juan de Silva Lobo の娘」「María González，ポルトガル人，ジュンシア出身」など（Boix, 1983 : 441）。

25　1483年に開催された最初のアウト・デ・フェ以来，容疑者の名前さえきちんと記録されなかった。16世紀半ばになってようやく名前を記録しはじめ，同世紀末までつづいた。17世紀はじめの20年間は一度もアウト・デ・フェは開催されず，1621年に容疑者の記録が再開する。しかし，1666〜1718年間はアウト・デ・フェが継続的に開催されたにもかかわらず記録されなかった。容疑者の名前が記録されるようになるのは1721年以降である。

キョウダイ間で姓が違うことはよくあることだった。たとえば，さきに登場した *María Núñez Machado* のキョウダイは *Fernando López de Fonseca*(フェルナンド・フォンセカ) と *Susana Núñez*(スサナ) である（Boix, 1983 : 401）。このケースでは，両親の姓にない *López* の由来が不明である。姓はときに両親の姓以外からも採用されたのである。さらに，子どもが両親の姓をまったく継承しない例もかなりある。たとえば，*Francisco Vaez*(フランシスコ バエス)・*Ana Núñez* の娘は *Francisca Rodríguez*(フランシスカ ロドリゲス) であり，*Francisco López*・*Inés Rodríguez* の娘たちは *Catalina Méndez*(カタリーナ), *Elena Méndez*(エレナ) であり，*García Fernández*・*Felipa Gómez*(フェリパ ゴメス) の子どもたちは *Sebastián González*(セバスティアン ゴンサレス), *Isabel López*(イサベル), *Beatriz López*(ベアトリス) である（Ibid.: 401, 408-409, 569）。こうした例すべてが異端審問所の政策転換で，とりわけポルトガル出身のコンベルソに厳しくなった直後の時期にあたっていることは意味深長である。異端審問所の追及を逃れるために，隠れユダヤ教徒として処罰された両親とは違う姓を名乗ることで家族関係を隠す意図があったものと推測しうる。

なるほど，これより半世紀まえの16世紀後半，異端審問所はコンベルソが名前を変えることをはやくも察知していた。悔悟者の子孫であることが知られないように名前を変えた者たちにたいし，その新しい名前を異端審問所が保管する家系図に記載すべきことを1574年に命じた。必要の際に異端審問所がその人物を特定できるようにするためであった。3年後にも同じ命令が繰り返されたことは，（当然ながら）変更届けがなされなかったことを意味する（Coronas Tejada, 1982 : 105, 115）。元の姓を捨て，あらたに姓を創り出す行為は，（教会身廊などに吊るされる名前入りの）サンベニート（アウト・デ・フェで罪人が着る袈裟様の罪人服[26]）の汚名から逃れ，出自を世間に忘れさせる方策である[27]。ここに姓の創作が200年にわたり跡づけられた稀有な一例がある。15世紀末に家族が異端・隠れユダヤ教徒として火刑に処せられたパレンシアの *Bertavillo*(ベルタビーリョ) 家はその後結婚などの機に乗じて *San Román*(サン・ロマン)，さらに *Sánchez Peredo*(サンチェス ペレド) などと徐々に姓を変えていき，17世紀初頭にはイダルゴとなり，同世紀後半には家族の一員が貴族性の最高の表象である，サンティアゴ騎士修道会の会員資格を獲得

26　火刑に処せられる者は黒い地獄服，悔悟者は黄色の悔罪服。
27　Coronas Tejada, 1982 : 105 ; Soria Mesa, 2004 : 16.

するにいたった（Cabeza Rodríguez, 1995 : 109-113）。ただし姓の変更が直近のばあい，その多くはこの例のように成功裡に終わることはなかったであろう。たとえば，親とは異なる姓を称したさきの第二，第三の摘発例では，母親がすでに隠れユダヤ教徒として摘発済みだった。*Inés Rodríguez* は「モーセ律法を守る隠れユダヤ教徒」だったことを悔悟して教会と和解し，*Philipa*（*Felipa*）*Gómez* には「サンベニートと終身投獄」が科されていた（Ibid.: 407, 569）。

　こうした状況下，アントニオ゠サパタが異端審問所長官に就任したまさに 1627 年以降，偽名が記録されはじめたことは偶然ではありえない。1627 年に「別名 por otro nombre」という言葉がはじめて登場し，同世紀半ばからは「偽名 alias」という言葉に置き替わる。1627 年に 4 件，1655 年に 3 件，1665 年に 8 件，17 世紀に全部で 15 件，18 世紀前半に 11 件を数える。たとえば，*Francisca López* 別名 *Francisca Díaz Portuguesa*[28]，*María de Aguilar* 別名 *María Perez* など[29]。多くは姓の変更であるが，名まで変えているケースが 6 件あることも注意を引く。*Diego Fernández* 別名 *Luis López Portugues*，*Juan García* (フアン) *Talavera* (タラベラ) 偽名 *Pedro Martínez* などである[30]。この人たちは異端審問所に追及される危険性をまえに用心深く姓名をそっくり変えた少数者なのであろう。また，複数の偽名をもつ者が 18 世紀に 4 人いる。なかには 3 つの偽名をもつ者もいた[31]。

---

[28] Boix, 1983 : 401, 404. 1655 年以前，*Portugués*（男性），*Portuguesa*（女性）は大文字で書かれているので，第二姓とみなすことができ，かつて筆者もそのように捉えていた。しかしそうした例があまりに多い（1627 年の容疑者総数 81 人中，63 人）うえ，語尾変化が性と一致している。そのため，異端審問所の書記が彼らの出身地を示す属性として付け加えたとみなす方が妥当ではないかと考えを改めた。隠れユダヤ教徒と疑われる姓をみずから付けるはずはない。なるほど，1655 年以降は本来の形容詞として，「*María de Aguilar* 偽名 *María Pérez*, portuguesa」（Ibid.: 438）のように，コンマをつけて名前と区分し，小文字で記録されるようになる。同年の容疑者総数 84 人中，この同じ形容詞が 52 人に付けられている。

[29] Boix, 1983 : 399, 401, 404, 438, 441, 459-461, 464, 503-504, 513, 517, 527, 530, 590, 604. 偽名が単に呼称であるケース，*Beatriz Rodríguez, alias Doña*（敬称）*Beatriz*（444）と *José de Sabariego, alias el Rubio*（赤毛）（527）は除外する。

[30] Ibid.: 401, 438, 461, 503-504, 527.

[31] Ibid.: 503, 513, 527.

姓のタイプにかんしては，17世紀に偽名をもっていた上述の15人中，9人は単一姓，残りの6人が複姓である。また，1593～94年に偽りの純血宣誓をしたかどで有罪となった身分制議会代議員 *Luis de Córdoba*（ルイス　コルドバ）（Boix, 1983 : 277）のばあいも，複姓ではなく単一姓である。さらに，「（血が）穢れている」と疑われていた商人間には明白な父系姓継承傾向があったことも付け加えなければならない。たとえば17, 18世紀における *Muso*（ムソ）家と *Arce*（アルセ）家の例[32]などである。

　以上から，父方＋母方の結合姓がユダヤ人の血が混じらない「純血」であることの証明として周到に用いられたとも，また純血意識が醸成されて社会に横溢していた近世前期に姓として確立していたとも認めることはできない。逆に，両親とは異なる姓を使用することによって，ユダヤ人の血が何滴か混じっていることを隠蔽しようとしていたのである。16世紀のメリダにかんする研究では，父方姓も母方姓も継承しない割合が36.9％にものぼったという（Ballesteros Díez, 2010 : 60）。さらに，16世紀末以降，母方系譜が家系調査で重要視されるようになったとはいえ，あるイダルゴ位申請者は母方姓を継承しておらず，7つもの要素から構成される父方姓の一部のみを継承していた[33]。極端に「バロック的」ないしは「家柄を鼻にかける」姓であるにもかかわらず，父方・母方双方の姓を継承しようという意図はまったく窺えない。血統の誇示に腐心する態度は，双系的結合姓とは本質的に無関係である。

　上記史料にもとづく一連の分析から判断すると，双系的結合姓は純血を証明するために登場したとするドミンゲス＝オルティス仮説を受け入れることはきわめてむずかしくなる。18世紀が進むにつれて教区教会の洗礼簿に父方・母方の祖父母の名を記すようになった[34]ことから，その仮説を支持する人もいるであろう。そうした意識の残滓が四方の姓の記録に向かわせた可能性を全面的に否定はできない。しかしそうだとしても，解決されるべき問題は残る。な

32　Abadía Jiménez, 1992 : 79, 84 の家系図による。
33　具体的には Juan *Pérez Moreno de Mesa Cárdenas Alvarez Borques y Gimeno* である。息子の *Juan Pérez Moreno de Mesa* は母の姓 *Doña Isabel de Montoya Palma y Marín* を継承していない（Thompson, 1991 : 70）。
34　Martín Galán, 1981 : 297 ; Borga de Aguingaldo, 1994 : 38.

ぜ，そうした記録は，純血意識が頂点に達し，社会全体で強迫観念となっていた 16 世紀後半から 17 世紀前半の期間に実施されなかったのか，と。18 世紀にはもはや隠れユダヤ教徒がいなくなったため，異端審問所の活動は衰退期にあり，純血や血統への過度な敏感性も弱まっていたのである[35]。

5 長子限嗣相続制（マヨラスゴ）──結合姓の起源

　これまでみてきたように，近世前半において父方・母方結合姓の使用はわずかであり，姓のあり方や継承法が著しく多様であった。にもかかわらず，19 世紀後半に法が当然視するほど，社会に広まり定着するにいたったのだろうか。ひとつの手掛かりは，それ以前からふたつの姓を接続詞 y を挿んで並置する姓が存在したことである。これはまさしく，先述の 1958 年の政令で明文化された結合姓のあり方である。姓は元来，個人をより明確に特定するために，さまざまな要素──父称・地名・あだ名・第二要素など──を名に付け加えるものであった。しかし，y を伴ったその形態はあきらかにこれとは異なる目的をもっていた。上述のコルドバ異端審問所史料に，この型の姓を全部で 34 件（内 3 件は 3 姓）見いだせる。16 世紀最後の四半期に 5 件（4 件は 1590 年代），17 世紀前半は 4 件，後半は 11 件，18 世紀前半は 14 件である。17 世紀末までの 20 件中，3 件の隠れユダヤ教徒と冒神者を除く 17 件はすべて，聖俗界における高位者である。国王諮問会議委員 1 名，司教 1 名，異端審問官 2 名，異端審問所役人（審問官・受入官）5 名，学士 3 名，医師 2 名，高位聖職者（聖堂参事会員，参事会長，司教代理）4 名，コレヒドール 1 名，騎士修道会員 5 名である（5 名は二つないし三つを兼任）[36]。彼らの大多数は上流貴族の分家筋と思わ

---

[35] 異宗徒の血の混入にたいする異常なまでの過敏性は薄れたが，「邪悪な」職業・商手工業活動への偏見，貴族性・名誉との非両立性という観念はなかなか払拭されなかったようだ。1783 年の国王勅令によってその非両立性が否定され，献策家たちも（そうした活動によって財を成した）金持ちに名誉を与えるのが妥当とする見解を示した（Thompson, 1991 : 71-73）こと自体，そうした観念の社会における残滓を示唆している。
[36] Boix, 1983 : 158, 284, 339, 380, 382, 384, 392, 399, 421, 426, 430, 449-450, 458, 470, 474-475.

れる[37]。きわめて興味深いことは，この結果がさきに示した，単一姓として低頻度の第一姓をもつ複姓の分析結果とぴったり一致することである。

　上記の20名のなかには，ときには y を付けたり，ときにはそれを省いて記載されている人物がいる。異端審問官の *Don Pedro de Villavicencio* (*y*) *Ferrer* とコルドバ司教区の通常判事兼司教総代理の *Don José Hurtado* (*y*) *Roldán* である（Boix, 1983：449, 458, 481）。このことからすると，これら二つの姓のあり方，つまり片や第一姓が低頻度の複姓，片や接続詞 y を添付した複姓は，弁別化とは異なる，共通した特別な社会・経済的役割をもっていると考えざるをえない。その役割こそ，マヨラスゴの継承にほかならない。これはまさしく，J-P・モレナ（1986：692）とベセイロ＝ピタとコルドバ＝デ＝ラ＝リャベ（1990：94）が提示する，第二の仮説である。それは中・近世交以前にあって，*Iñigo López de Mendoza y Pimentel* など上流貴族のなかでも一握りのリネージの人物の名に挿まれた y と同じであろう。なるほど14世紀最後の三半期以降トラスタマラ王家から寛大な恩寵に浴した勢力絶大の家系は国王の許可のもとでマヨラスゴを設定しはじめた（Presedo Garazo, 2001：231）。ベセイロ他はマヨラスゴの相続人同士の結婚による双系的結合姓を想定するが，モレナは一人の人物によるマヨラスゴの複数相続を想定し[38]，相続人同士の結婚には言及しない。

　上記のコルドバにおける17世紀末までの y 型複姓20件のうち，父称はわずか2件（*Pérez, González*）にとどまるのにたいし，大多数は第一，第二姓ともに地名であることは興味深い。たとえば，*D. Damián de Armenta y Valenzuela*, *Don Andrés de Morales y Padilla*, *Don Gonzalo de Cárdenas y Córdoba*, *D. Francisco Ruiz de Alarcón y Cobarrubias* などである[39]。最後のケースを例にと

---

[37] 「16世紀末以来，本家が蓄積したマヨラスゴの継承から外れた，爵位貴族の傍系は，高位聖職者や政治・軍事の高位就任要員となった。そうした地位，さらには運よくマヨラスゴの当主家系になることで，国家と教会における立場をとおして広範な封建的収入に与るまでになったであろう」（Clavero, 1989：176）。

[38] 1996：177. 跡継ぎによる武器・姓の相続義務を記した最初の例とする1375年，および1401年の文書を提示する。マヨラスゴが1505年に制度化される以前にあって，マヨラスゴ設定のたびにそうした文書が個別に作成された。

[39] Boix, 1983：380, 421, 426, 449.

ると，アラルコン（クエンカ県）とコバルビアス（ブルゴス県）はかなり離れた土地である。これはそれぞれの地にマヨラスゴをもつ相続人同士の結婚から生まれた子どもであることを示唆する。土地財産つまり所領にもとづく，こうした姓のあり方は，中世盛期から所領の地名を姓として用いてきたフランス貴族（Bourin, 1989b : 243）のばあいに通じる。

　以上の分析結果は，マヨラスゴ仮説の論拠となろう。1505年のトロのコルテスにおいてマヨラスゴが制度化され，マヨラスゴの継承者はほかの一連の義務[40]とともに，マヨラスゴの創設者のリネージ名／姓を継承することが義務づけられた。そのため，ともにマヨラスゴ継承者である両親をもつ子どもは父方・母方両方の姓を付けなければならないことになる。ここから，二つの姓を並置し，その間にyを挿む形式，ないし，yなしの並置が生まれる。ポルトガルでも16世紀，上級貴族にみられた結合姓はほとんどのばあい，カスティーリャ起源のモルガドス制度（マヨラスゴと同じ）とかかわっていたという（Monteiro, 2008 : 49, 51）。

　マヨラスゴ設定について正確な統計上の推移は不明であるが，1505年以降に増えたことは周知されている。その折，初めて「自由処分分の五分の一と残余（遺留分）の三分の一」を合算して優遇相続すること，および，それらにたいして国王の許可なくマヨラスゴを設定することが認められた。当時以降，設定の大部分が公証人原簿のみに記録されることになったため，記録の散逸は著しく，相当部分はこんにちまで保存できなかったか，もしくは日の目を見るにいたっていない。マヨラスゴは高い社会的地位を示すシンボルとして17世紀に強迫観念化していった。この潮流は同世紀中に9,500件にもたっしたイダルゴ位の売却（Contreras Contreras, 1995 : 115）ともかかわるであろう。イダルゴ位を証明するためには，世間による周知だけではもはや十分ではなくなり，いわゆる「貴族証明書（エヘクトリア）」をもち，限嗣相続財産を有していなければならなくなったのである。さらに，良き姓と優美な名を名乗らなければならない。それは名誉ある人物とみなされるための必須6条件のひとつであった[41]。

---

[40] 一連の義務とは，マヨラスゴ資産目録の作成，マヨラスゴの主要な土地での居住，しかるべき人物との結婚などである（Clavero, 1989 : 255-256）。

まとまった史料を欠くため散発的な情報からではあるが，とりわけ 17 世紀以降にマヨラスゴが著しく増加したことが知られている。イダルゴ発祥の地である北部において，ガリシアのイダルゴたちは 16 世紀初頭からマヨラスゴを設定しはじめたが，大半の設定や追加は 17 世紀半ば以降であり，とりわけ同世紀後半と 18 世紀前半に集中した。1501 年から 1800 年までのマヨラスゴ全体の 26％，31％がこの両半世紀にそれぞれ設定されたとされる[42]。リエバナ域については，17 世紀の危機によって富裕化したイダルゴがマヨラスゴを再評価したとされる（Lanza García, 1988 : 157）。若干の資産を有する者がその特権的地位を確かなものとし，家系の古さを誇示するために，マヨラスゴを設定する動きが全国的にみられたのである。

そのほかの地でも，マヨラスゴ設定は似たような展開を示した。ムルシア地方では 16 世紀の半ば以降，第一波はムルシアやロルカのような大きな居住地に所領をもつ家族のあいだでおこり，第二波は 1650 年以降に，第一波よりも広範囲に生じた。ムルシアでは 17 世紀前半・後半における設定は旧体制下での全設定のそれぞれ 25％・29％，ロルカでは 22％・33％にのぼった（Pérez Picazo, 1990 : 39-53）。17 世紀におけるマヨラスゴの加速度的普及は，都市貴族間にも及んだ。16 世紀後半，マドリー市の統治役でマヨラスゴを設定ないしは相続していたのはその 19％だった（Guerreros Mayllo, 1993 : 210）が，1 世紀のちの 1690 年にはトレド市の統治役は全員がマヨラスゴを有していた（Contreras, 1995 : 123）。エリート層が，血縁・親族同盟ネットワークをさらに広げて確固たるものにする戦略的結婚とともに，一定の資産を不分割財産として不動化するために全国レヴェルでマヨラスゴを活発に創設したことは，彼らの経済的・社会的・政治的特権を永続化・再生するためにほとんど必須の戦略であった。マヨラスゴの広がりを説明するためには，さきの 1505 年の大幅な法的な緩和にくわえ，ペレス＝ピカソが指摘する（1990 : 37）ように，模倣熱も加えるべきであ

---

[41] 16 世紀中葉にセビージャ在住のドミニコ会士が編集した逸話集 *Floreto de anécdotas y noticias diversas* にある（*Memorial histórico español*, t. XLVIII, 1948, pp. 361-362）記述を Pérez（1989 : 19）が引用。

[42] Presedo Garazo, 2001 : 244. マヨラスゴは 19 世紀第 1 三半期に徐々に廃止された。

ろう。設定熱は農民層にまで及んだ。17世紀にはムルシア県北部のイエクラのような小村においてさえ，富農はマヨラスゴを設定しはじめた（Blázquez Miguel, 1984 : 91）。リエバナ域では同世紀の危機時，わずかな財産を守ることに汲々としている農民たちが設定に走った。ときには，数辺の土地，家畜，家一軒，一部屋[43]などの極小財産も設定対象となった。それは借金・高利貸付などの執拗な追及から身を守るためであった（Lanza García, 1988 : 157）。マヨラスゴに設定された資産は没収を免れるからである。

　マヨラスゴはこうして著しく増殖したため，17世紀後半，献策家はこぞってマヨラスゴがもたらした害悪と不吉な結果を糾弾した。ペレス＝ピカソが的確にもイスラーム世界におけるワクフと比較する（1990 : 37）ように，ワクフが限嗣相続財産を公共サーヴィスに提供することによって富者と貧者をウィンウィンの関係に置き，社会と経済をより流動化・健全化するシステムであるのとは真逆に，マヨラスゴは社会・経済を硬直化させたのである。マヨラスゴの増殖が農地と直接関係するばあい，社会の健全性にとってさらに深刻な悪影響ももたらすことになった（Chacón Jiménez, 1987 : 168）。

6　双系的結合姓の展開

1 ）社会上層における結合姓の広まり

　これまでみてきた異端審問所の史料以外にも，さまざまな家系にかかわるデータから，典型的には y で結ばれる結合姓が貴族やエリート間で広まっていたことが判明する。また研究者たちが復元した家系図のおかげで，その結合姓の多くが双系的であることも確かめられる。たとえば，バスク地方では早くも15世紀前半に y を付けた双系的結合姓がはじめて登場し[44]，16世紀後半，遅

---

[43]　均分相続原則によって一軒の家が相続人間で分割されるのは珍しいことではなかった。
[44]　15世紀後半の例では *Herran de Orduña* 家の *Diego Sáenz de Herrán y Bidaurre*，*Zárate de La Torre de Chavarri* 家の *Juan Ortiz de Zárate y Luquiano*（Vidal-Avarca y López, 1993 : 16, 95）。

くとも16・17世紀交からは一貫して双系的結合姓が用いられるようになった。その多くはマヨラスゴ設立の前後以降であることが家系図に付記された記述から判明する[45]。ログローニョやコレーリャ[46]ではイダルゴや貴族の家の家系図によって，ごく一部の家族では16世紀初頭に，また多くの家族では同世紀中葉以降に，双系的結合姓が単一姓に取って代わったことが判明する。これらの地方の上流社会層において結合姓はまさしく，マヨラスゴが制度化された1505年以降に使用されはじめ，16・17世紀交に確立されたのである。マヨラスゴの設定に伴う現象だったことが強く示唆される。当時はほかの地方，たとえばムルシアでも，yを挿んだ姓を用いていた有力家族を数多く[47]見出すことができる。

　このような散発的な情報以外に，幸いにも，近世の何世紀にもわたって上流社会層における複姓／yなし結合姓とyあり結合姓の進展を確かめることができる，かなり一貫した文書がある。国立歴史古文書館が編纂した，16世紀前半から19世紀後半までの期間にイダルゴ位確認の申請をした2,000余名のイダルゴのカタログ（Archivo Histórico Nacional, 1920）である。バリャドリー大法官廷に保管されているイダルゴ位証明書は3万通を下らないので，このリストは氷山の一角にすぎないであろう。上述のように，16世紀第2三半期までイダルゴ位は「著名な血筋で衆知の旧家」であると社会が認知することでそのように扱われた。旧家とは領地・屋敷・影響力・領地に因む姓を有すものとされる（Chauchadis et al., 1989：65）。しかし，とりわけ16世紀後半と17世紀に大量のイダルゴ位と騎士修道服（会員資格）が売りに出されたため，先述のように，イダルゴ位は「貴族位証明書」「（購入）取得」「特権下賜」のいずれかの法的根拠に基づかなければならなくなった。大多数は「貴族位証明書によるイダル

45　Vidal-Avarca y López, 1993：16, 78, 86, 94-95, 134. ただし17世紀末まで父方姓継承をつづけた例（*Ugarte de Llodio*家）もある（Ibid.: 108）。また，バスク伝統のナバラでは1600年ころ以前では母方系譜規範が支配的だった。そこでの例外的な双系的結合姓例は，Orbaiz出身の入り婿である父と*Enecorena*家の跡継ぎ娘の息子*Juan de Orbaiz Enecorena*（Zabalza, 2004：76-77）。

46　Burgos Esteban, 1989：102-117；Alfaro Pérez, et al., 2003：passim.

47　たとえば，Abadía Jiménez, 1992：90-91に見られる。

表 5-4 イダルゴの姓の推移（16〜19 世紀）

	単一姓	複姓／y なし結合姓	y あり結合姓
16 世紀前半	2（100.00 %）	0	0
16 世紀後半	5（71.42 %）	1（14.29 %）	1（14.29 %）
17 世紀前半	44（66.67 %）	16（24.24 %）	6（9.09 %）
17 世紀後半	50（56.18 %）	24（26.97 %）	15（16.85 %）
18 世紀前半	499（50.71 %）	288（29.27 %）	197（20.02 %）
18 世紀後半	405（37.16 %）	404（37.06 %）	281（25.78 %）
19 世紀前半	81（44.75 %）	39（21.55 %）	61（33.70 %）
19 世紀後半	1（33.33 %）	0	2（66.67 %）
計	1,087（44.88 %）	772（31.87 %）	563（23.25 %）

出典：芝, 1995：15（Archivo Histórico Nacional, 1920 より作成）。

ゴ」となったであろう。貴族であることを証明するためには，王国のバリャドリーもしくはグラナダ大法官廷が作成し封印した貴族位証明書を保持しなければならなくなった。課税される危険に晒されていた多くのイダルゴたちは，イダルゴ位を確認してもらうために大法官廷に馳せ参じたのである。その費用がかけられない者たちはやむなくイダルゴ位を手放さざるをえなかった[48]。したがってこのカタログに記されているのは，イダルゴと認めない市町村と係争中の，ないしは将来そうした係争に備えるイダルゴたちとみられる。

このようにまとまりのある資料を分析することで一定程度，正確な情報が得られよう。その 2,422 人のイダルゴを世紀別，姓タイプ別——単一姓，複姓／y なし結合姓，y あり結合姓——に分類した結果が表 5-4 である。

この表が示すように，y あり・なし結合姓／複姓は実質的に 17 世紀前半以降に出現しはじめ，18 世紀末まで一定のリズムで増加していく。y あり結合姓はつねに y なし結合姓／複姓より半世紀遅れて展開している。

---

[48] Thompson, 1991：59-62. さらに，出自不確かな者からイダルゴ位を剥奪するブルボン朝の政策により，人口は 18 世紀後半だけで 40 万人に半減する。この急減は表 5-4 において 19 世紀の申請者の激減として表れている。その地位は自由主義革命（1808〜40 年）によって消滅した。

重要なことは，こうしたイダルゴにみられる展開は，先述したマヨラスゴの動向と実質的に一致することである。マヨラスゴの設定と結合姓との並行性は明白である。マヨラスゴ制度は男子に欠けるばあい，娘に相続させることを認める。グディ（1976：89）によれば，「拡散移転」システムにおいて系譜的相続はどちらかの性に限定しないのが規範である。少なからぬ夫婦には男子がなく，G・A・ハリソンと協同で作成したリストによると，家族の人数が少なくなるほど男子の相続人が減少する。前工業化時代の人口において子ども6人のうち，父親より先に死ぬ確率は3分の2（0.65）であるため，娘しかいない父親は100人中22.7人となる[49]。しかし実際には，子どもの数はスペインではそれほど多くなかった。たとえば，18世紀半ばのカタストロ・デ・エンセナーダにおける平均家族規模は3.76人である（Carasa Soto, 1993：19）。したがって，娘しかいない割合はもっと増えることになる。17, 18世紀の相次ぐ死亡危機を勘案して，さきの子ども死亡確率を想定すると，5人の子どもでは娘しかいない父親は100人中24.3人，4人の子どもでは25.0人となる[50]。事実，18世紀中と19世紀初頭におけるエストゥレマドゥーラ農村での平均子ども数は5〜6人だったが，遺言書を書く時点で2.96人に減り，息子のいない父親は平均27.46％，所によっては34％，38％にまで増えた（García Barriga, 2009：283, 286）。また富裕な家族でも時代が進むにつれて人数が減少していった。たとえばマドリーの統治役家族では子ども4人以上の割合は1561〜1606年に33.3％，1606〜99年に41.6％，1700〜1808年に22.2％，1〜3人の割合はそれぞれの期間，66.7％，58.4％，77.8％であり[51]，子ども数が確実に減少している。同様の減少はイダルゴ家族にも想定できる。そうであるならば，時代とともにマヨラスゴが増えるにしたがい，それらを継承する女性相続人がますます増加し，それゆえ，マヨラスゴの相続人同士の結婚も増えていき，典型的には y あり結合姓が増えて

---

[49] ほかの12.2人は世継ぎなく死亡し，65.0人のみが一人ないしそれ以上の息子をもつ（Goody, 1976a：133-134）。

[50] さらに子ども数が少なくなると，逆に娘しかいない可能性は減少する。子ども3人のばあいは100人中24.2人の父親，子ども2.5人のばあい22.9人となる（Goody, 1976a：134）。

[51] Hernández, 2001：66の表3より算出。

いくことになる。こうした結婚は貴族層の強い内婚傾向ゆえに，また，長男のみならず次三男にもマヨラスゴを複数設立するスペイン独特の慣習ゆえに，さらに増加したであろう。また，バスクの大商人間ではマヨラスゴを長女に設定することはきわめて頻繁だった（Azcona Guerra, 1996：271）。子世代を亡くしたばあい，マヨラスゴの創設者はときに，カルタヘナの統治役がおこなったように[52]，孫世代が姓および家族固有の名を継ぐべきことを事細かに指示した。不分割資産と姓はさらに結びつきを強め，それによって結合姓は必然的に増殖していく。マヨラスゴの増殖はまた，さきに言及したモレナの言説のように，一個人が複数のマヨラスゴを相続する機会を増やし，それによってyあり・なしの結合姓を生む機会をさらに増したのである。

2）民衆間での結合姓の広まり

　他方，エリート層以外の社会層における結合姓の登場は，はるかに遅い。復元されたブルジョワの家系図によれば，近世にかなり入っても父方単一姓を継承する傾向が強かった[53]。たとえば，ナバラ商人間では結合姓は17・18世紀交以降にようやく登場しはじめたにすぎない。貴族やイダルゴ，その他の支配集団からは100年ほども遅い。当時，複姓／結合姓はy付き結合姓（13％）を含め，24％にたっしたが，単一姓はいまだ4分の3を占めていた。マラガの商業ブルジョワ（マラガ～アメリカ間の直接的・間接的交易に携わる運送業者）間では1765～1830年でも単一姓の割合はさらに高く，90％近くにたっしていた。複姓／結合姓とy付き結合姓（6.8％）は合わせて10.2％を占めたにすぎない[54]。しかし18世紀が深まるにつれて，結合姓はすくなくとも大商人間では

---

[52] カルタヘナの都市貴族の正真正銘の頭首，統治役の *Alonso Bienvengud Cáceres* はつぎのように記す。「私の娘たちと合法的に結婚した者は，最初の者は *Pedro Bienbengud*，二番目は *Alonso Bienvengud* と名乗らなければならない，この順序はつねに守らなければならない。*Bienbengud* の武具は一番いい場所に置かなければならない。私の意図はこれらの名と姓を保全することであり，財産の継承とともにそれが続いていくことである」（Montojo Montojo, 1991：84）。

[53] たとえば，Abadía Jiménez, 1992：79-84；Rubio Pérez, 1995：93 にみられる。

[54] Gámez Amián, 1992：61-79 より算出。

確立されたようである。このようにブルジョワにおける採用は遅れたが，導入当初から一貫して双系的結合姓だったことが，復元されたサンタンデルの 14 家族の家系図から確認できる[55]。そこでは父方姓がつねに母方姓より先行し，娘婿のばあいでも一例をのぞき，その原則は変わらなかった。

　平民間でのマヨラスゴの広まりは，さきにみたように，y 付き結合姓の広まりと歩調を合わせていた。先述したコルドバ異端審問所史料でそれを確かめることができる。18 世紀前半（大多数は 20 年代）に登場するこの y 付き結合姓 15 件中，異端審問所関係者 2 名（異端審問官，異端審問所の機密秘書官）以外はすべて隠れユダヤ教徒として摘発された者である——菓子屋，歩兵，金属ボタン屋の妻，タバコ屋，代書屋，タバコとアルカバラの徴税請負人の妻，タバコ行政官，小売業者，薬剤師兼タバコ屋など[56]。極小限嗣相続により，あるいはマヨラスゴの継承とはなんのかかわりもなく，単に模倣することによって，y 付き結合姓が平民間にかなり広まっていったことを物語っている。他方，先の異端審問所史料によれば，低頻度の第一姓をもつ複姓も近世が進むにつれて増加していった。それは高頻度姓のばあいのように弁別機能を補助するものではなく，父方・母方の結合姓の継承が増えたことによるものであろう。ただし，前述のように，ごくわずかな例しか史料で確認することはできない。

　18 世紀中葉における結合姓の広がりを，第 4 章で使用した住民台帳のいくつかでみてみよう。y 付き結合姓は，北部の大都市サンティアゴ・デ・コンポステラでは 88 件（サンプルの 3％），中部の中規模都市タラベラ・デ・ラ・レイナでは 34 件（2.6％），東南部の小規模の街フミーリャでは 7 件（1％），南部の都市カルモナでは 52 件（2％）である。大多数は統治役，公証人，弁護士，

55　Maruri Villanueva, 1990 : 183-195 で復元された諸家系図から分析。
56　異端審問所関係者：*Francisco de Castillo y Escalera, Don Joseph de Bernuy y Acuña*, 被告人：*Manuel de Castro y Peralta, Juan José de la Cruz y Pozo, Ana Soto y Herrera, Francisco José López y Peña, Melchor de Rojas y Toledo, Catalina de Reina y Medina, Leonor de las Varillas i Lamera, Miguel de Soto y Herrera, José Francisco Montanés y Torres, Inés de Castro y Almeida, Juan Vicente Esquival y Morales, Francisco de Lima y Paz, José Francisco Montañés y Torres, Inés de Castro y Almeida, Juan Vicente Esquivel y Morales, Manuel de Oliveros Acosta y Meneses*（Boix, 1983 : 504, 506, 509, 513-514, 519, 527, 584, 601, 629-630）。

医者であるが，とりわけカルモナではそれ以外に，商人（小間物，家畜，衣類），手工業者（水車での製粉・油圧搾業，左官親方，陶工親方，銀細工師，仕立屋），さらには床屋，野良日雇い人までも結合姓を用いている。タラベラでもカカオ・砂糖商人が使用している。地域によって結合姓の採用は異なるが，平民にもかなり浸透しはじめていたことが窺える[57]。床屋や野良日雇い人がマヨラスゴをもっているとは思われないので，社会上層部を真似て結合姓を名乗ったのであろう。

　以上の異端審問所文書と俗界の史・資料の分析から，社会集団によって双系的結合姓の出現と普及に時間差があったことが判明する。貴族階層・有力者間では早くも近世初期の世紀に登場したが，そのほかの社会層では近世末の時点でようやく現れた。そこではきわめて多彩な姓のあり方が混在していたが，多くは高位社会層の模倣熱によって結合姓が採用されていった模様である。ともかく，双系的結合姓は18世紀に複数の型のなかのひとつとして，すくなくとも貴族階層と支配層で確立し，19世紀に入って広く一般にも広まっていったとみなせる。戸籍台帳が1870年に発足した際には，双系的結合姓は姓のあり方として社会一般に確立されたとみなされるまでになっていたのである。なるほど，すでに1861年，法マニュアルが「父方姓と母方姓の間に子音の"y"を抜かしてはならない。スペインでは複姓がきわめて頻繁だからである」と指摘している[58]。1870年に一定条件下以外での姓の変更が禁じられたことは，それまで姓が著しく多様だったことへの反動かもしれない。あるいはフランスにおけるナポレオン法典の「名前の国家管理」政策に影響されたかもしれない。名を500近くの「フランス人の名」に限定する（第4章注15参照）とともに，姓については創設・保有を義務づけ，変更を禁じていた（田中，1996：76-77, 97）からである。

---

[57] 18世紀半ば当時生まれ（1746年）の画家，ゴヤも結合姓であった（*Francisco de Goya y Lucientes*）。

[58] Blog de Genealogía hispana, Ministerio de Justicia, ¿Cuándo usar "y" entre los apellidos?

7　双系的結合姓の本質

　双系的結合姓が近世後期に普及した背景に，スペイン人，典型的にはカスティーリャ人に根づいた，とりわけ中世盛期以来の均分相続伝統をみることができる。多くの地域法(フエロ)には優遇分規定がなく，なかには優遇分を禁じるフエロさえあった。こうした平等主義の伝統に合致したのでなければ，双系的結合姓が広く普及し，法令化にいたることはなかったであろう。世代ごとに姓を変えることは，核家族の系譜性の弱さそのものを象徴する。ト＝フィゲラスはこの系譜性欠如の原因を，相続が土地を取得する唯一の手段ではなかったことにもとめる。そこでは土地の持ち手が頻繁に変わる (2002: 57-58)。それは，均分相続によって土地市場で活発な取引がおこなわれた結果にほかならない。ピット＝リヴァーズによれば (1987: 265)，称号や家産が娘にわたるスペインの双系相続は，系譜性の弱い核家族が支配的な家族システムと調和している。中世の「大伝統」に組み入れられた父系バイアスは民衆の心性には浸透せず，知識階級の父系原則好みにたいし，大衆は母系的傾向にあったという。なるほど，家庭ではすべてにおいて母親中心であるという人類学の報告は数多い[59]。父方・母方結合姓システムはまさしくこうしたスペイン（カスティーリャ）家族の有り様を映し出している[60]。家族の形態におけるゲルマンの強い影響を考慮すれば，心の赴くまま父か母の名，もしくは双方に由来する名を子どもに授けたゲルマンの双系的命名法[61]の痕跡をそこにみることができるかもしれない。それはまた，同じキョウダイでも父方・母方姓のどちらか，ないしは双方を継承

---

[59]　たとえば，Lisón Tolosana, 1966 : 307 ; Christian, 1989 : 35 ; ギルモア, 1998 : 298-304.

[60]　Foster は，ラテン・アメリカに広まったスペイン式の姓システムは双系家族を象徴しているとみる (1961: 1178-1179)。他方 Pitt-Rivers によれば，母方姓は父親の姓であり，伝達法は双系ではあるものの伝達されるのは二つの父方姓だから，双系制とはかかわらないという (1987: 89)。しかし，そうであるにしても，子どもにとっては母方姓であり，双系制を反映していると捉えるのが自然であろう。さらに近年では，姓の順序を変えることもできるので，父系へのバイアスは解消されつつある。

[61]　Aubrum, 1966: 192. 第 1 章注 59 参照。

する，姓の多様性にも表れている。なるほど中世盛期，姓出現前夜における補足的命名のいくつかがこの双系的概念の伏流的存続を証拠づけている。「*Casta, Leovini* と *Retrie* の長女 *Casta qui sum filia Leovini et Retrie*」（962 年），「*Scemena, Ariulfi* と *Codina* の娘 *Scemena, filia Ariulfi et Codina*」（1028 年）（ともにアストゥリアス）（Suárez Beltrán, 1995：126），「*Redesindi*，故 *Gutierris* と *Ilduara* の子 *Redesindi Prolis Gutierris & Ilduara*」（ガリシア地方のセラノバ，936 年）[62] など。

　これまでみてきたことから，次の諸点を指摘できよう。現行法定姓システムは，純血意識が強迫観念化していた近世前半において平民間ではほとんど用いられていなかったこと，その姓を採用したのは例外なく，純血規定を超越していた上流社会層であり，マヨラスゴ継承に伴う義務の一環として採用したこと，近世後半におけるマヨラスゴの増殖は，マヨラスゴの相続人同士の結婚や同一個人による複数のマヨラスゴ相続によって y 付き結合姓を増加させたこと[63]，y 付き結合姓は 18 世紀に平民間にも浸透しはじめたことなどである。

　世代ごとに変わるこの双系的結合姓は，スペインにおいて支配的な，E・トッドのいう「平等主義核家族」（1992）の系譜的脆弱性を象徴するものにほかならない。より具体的にいうならば，チャコン＝ヒメネスが指摘するように（1990：54），閉鎖的父系制の確立を妨げたのは，ほかのヨーロッパのどの地方におけるよりも深く強い，はるかな伝統を引きつぐ女性の相続権である。たしかに，グディが指摘するように（1973：17, 21），女性による不動産相続はあきらかに双系概念と結びついており，社会システムのほかの側面においてさえも，それは根本的重要性をもつのである。さらに，女性の相続権および生家の姓が通時的に保持されてきたこの状態を北西欧諸地域との比較で考えるならば，中世盛期に最盛期を迎えていた封建制がイベリア半島では（東北部以外）確立するにいたらなかったことにいきつく。封建制を動因とする父系制の確立および，それにかかわる心性の醸成を免れたことが，ゲルマンの双系伝統をほぼ損なわずに維持できた究極的な原因であるといえよう。

62　Rivas, 1991：327. *Ilduara* は女性の名（Ibid.：199）。
63　男系意識の最大の表象である（Beceiro et al., 1980：20）マヨラスゴ制度がまったき双系的姓システムの目に見えない推進力となったことは歴史の皮肉である。

この双系的結合姓においては，戸籍台帳が制度化された19世紀後半以降の法令上も，またそれ以前からの慣習上も，父方姓が第一姓とされてきた。それは，マヨラスゴとブルジョワ概念に包含された父系バイアス，それにもまして，教会と国家によって御墨付きを与えられた家父長権（Rodríguez Sánchez, 1990 : 371）に社会が影響されたことに因ろう。教会は聖パウロの家族観にもとづいて，夫に服従する妻の役割を教化し，国家も18世紀には結婚に介入するとともに，父権強化策を打ち出した[64]。同世紀末には，地方新聞の社説が家庭内の階層化秩序を語る[65]ほど，父方姓が結合姓の第一姓であることを当然視する社会通念が醸成されたのである。しかし他方，教会はラテラノ公会議以来一貫して，一夫一婦制と基礎家族を強調して女性の相続権を保護するとともに，禁婚圏を四親等に定めて，男系親族集団の勢力を抑え込もうとし（もっとも，こうした施策は教会の利害ともかかわったとされる[66]），この女性の相続権の保護と男系制確立の阻止をとおして，女性が生家の姓を一生保持することに資してきた。つまり，教会は姓システムにたいして，一方では男性優位主義による父方姓の優位へ，他方では母方姓の採用による双系制へ，と相矛盾する二方向に働きかけ

---

[64] Chacón, 2007, 65-66, 71 ; 2011 : 378-379. 1776年，父親（いないばあいは母親，さらには祖父母，近親2名）の事前承諾なしに結婚した25歳以下の子どもからすべての財産権を剥奪する旨の王令を宣した。

[65] *Correo de Murcia*, n° 128, 1793年11月19日（Ibid., 2007 : 78）。

[66] Goodyによれば，西欧中世の教会による近親婚の大幅な禁止は，不動産財を蓄積したい教会の期待と結びついていた。この禁止は多くの富裕者に結婚しない状況を生み出した。後継者がいない者は教会に財産を寄進する傾向にあるため，そうした家族が多くなるほど教会の利益が増える。教会が女性の土地相続権を推し進めたのも同様の意図からであり，実際に教会はとりわけ女性から利益を得た（1976a : 46, 93 ; 2004 : 27）。他方，こうした見解にたいし批判も少なからずある。たとえばHerlihyは，判明している何千という寄進者のうち，子どものいない人がその相当部分を占めたと証明することは困難であり，また教会が無子を望むにしても，富裕層も教会も同じ社会層を構成しているので，教会のリーダーとなる人材を減らす状況をもたらすことになる（1987 : 6-7）として，反論する。また，Verderyも，教会・修道院は貴族によって設立され，人材も送り込んでいるので，教会と貴族を分けて捉えるのは間違いとする。教会への土地付託は本をただせば，有力家系が傍系からの土地請求をかわすためであり，禁婚圏の拡大も教会の影響力を利用して親族組織の団結を弱めようとしたことによる。封建制への移行期，遺贈をとおして教会に土地がさらに集積されていくが，こうした土

ていたことになる。結婚制度への管轄権が社会全体への教会の権力を反映していた（Chacón, 2011 : 375）のであれば，その管轄権を否定する者を破門に処すとする規定（Sesión XXIV, Cap. XII）を含むトリエント公会議の全規定をただちに国法としたスペインにおいては，また，結婚制度からの逸脱をも取締り対象とした異端審問所が 19 世紀初頭まで存続したスペインにおいては，近代姓システムの確立過程で，この相矛盾する教会の影響がほかの西欧地域のどこよりも大きかったであろう。

　しかしながら，この結合姓における父系バイアスは近年，国民の強い双系伝統によって不偏性にむけて引き戻されている。夫婦の合意や成人の意思次第で母方姓を父方姓に先行できる一連の改定によって，姓システムにおける双系制はほぼ完成の域にあるといえる。

――――――――――――
地集積はあらかじめ教会が意図したことではなく，有力貴族家系の傍系との闘いの結果であるとする（1988 : 265-270）。他方 Wolf は，嫁資を女性に与えることは，教会が促進した一連の大きな利益複合体の一部を成したようだ（1984 : 7）として，教会側に一定の意図があったことを示唆する。さらに Chacón は，聖職者に結婚・寄進・相続システムを管理させて相続戦略と親族婚を制御することによって，教会は最大の土地所有者となったと明言する（2011 : 376）。

第 6 章

なぜスペインの姓は少ないのか[1]

1 スペインにおける姓の僅少性

　最後に残ったもうひとつの課題は，本書の冒頭で言及した同姓(アイソニミー)研究があきらかにした，スペイン姓の僅少性がどのようにもたらされたのか，である。姓の分布分析にはさまざまなパラメーターが用いられるが，そのなかで人口構造を知るうえでもっとも重要なのがアイソニミーとされる (Scapoli et al., 1997 : 18)。本題に入るまえに，アイソニミーについて概略しておこう。アイソニミーという用語には3つ意味がある。同姓性，同姓夫婦，同姓夫婦割合 (I として表示される) である。単純化していえば，直近尊属の遺伝子の組合せを等確率と仮定すると，I はつねに，個体間の遺伝子の共有度合いである近交係数・血縁度 (F) の4倍に相当する[2]（$I=F\times 4$）ことが20世紀半ばに証明された[3]。たとえ

---

[1] 本章は，ムルシア大学の Seminario Familia y Élite de Poder（主幹 Dr. Francisco Chacón Jiménez）の30周年記念大会（Murcia, 2013）論文集（印刷中）収録の "Rasgos de la familia y sociedad españolas, vistos desde la onomástica" の増補版である。

[2] たとえば父親由来の遺伝子Aは子に半分だけ伝わるので，その子がAをもつ確率を表す F（親子の近交係数）は 1/2，キョウダイ間でAを共有する確率は $1/2\times 1/2=1/4$，イトコ間では $1/4\times 1/4=1/16$，又イトコ間では $1/8\times 1/8=1/64$ となる。ある人口の近交係数 F は同姓夫婦率 I を4で割った商である（$F=I/4$）(Vallls, 1982 : 46, 67, 70 ; Cavalli-Sforza, 2004 : 12)。ランダム近交係数 F_{ST} は，ランダム同姓夫婦率 I_{ST} を4で割った商，$F_{ST}=(1/4)\Sigma_i pi^2$ (pi は姓 i の頻度) として算出される (Yasuda et al., 1971 : 303 ; Lasker, 1985 : 22 ; Scapoli et al., 1997 : 17-18 ; 2007 : 37 ; Valls, 1982 : 67, 71 ; Rodrigiuez-Larralde, 2003 : 280 ; etc.)。「ランダム」とは血縁度に影響されないこと (Cavalli-Sforza, 2004 : 26)。

ば，イトコ（F は 1/16）婚では夫婦が同姓となる確率は（1/16×4＝）1/4である。逆にいえば，同姓夫婦の 4 倍，イトコ婚が生じていることになる。

　この近交係数は「パンミクシア（無制約下での結婚）からの逸脱」の度合いにほかならず，血縁結婚のなかのあるタイプへの選好，地理的・社会的移動，その他結婚に課せられるさまざまな社会的・経済的・宗教的・道徳的・法律的制約など，これらの「逸脱」そのものが人口構造を創り出している[4]。そのため，アイソニミーと近交係数にかかわる諸係数は通婚圏，親族構造，遺伝的にみた人口などにかんしてさまざまな情報を提供する。地域間でのアイソニミー上の距離は人口の移動・停滞・混合などの社会的動向をおおよそ示してもくれる。

　アイソニミーを介してある地域における人口の近交係数を測るパラメーターはいくつか提案されているが，標準的なひとつが「フィッシャーのアルファ Fisher's α」（以下，F・アルファと略記）である[5]。R・A・フィッシャーが提案した生物学の数学理論（1943 年）が姓に応用され，「姓の有効数」と定義される。姓が，遺伝システムにおける多様性指数である「対立形質[6]の有効数」に相当するからである（Barrai et al., 1999：956）。これは，次世代に伝わる可能性・頻度が対立形質においても姓においても同じであることを論拠とする。つまり，多

---

[3]　この理論が 1965 年にはじめてハッタライト（伝統的生活様式を墨守して閉鎖的コロニーを形成し，出生抑制しないため出生率がきわめて高い，北米の再洗礼者(アナバプテスト)一派）に応用された。

[4]　Yasuda et al., 1971：303；Valls, 1982：64；Scapoli et al., 1997：17-18；2007：37, 41；Rodriguez-Larralde et al., 2003：280；後藤，1975：42 など。

[5]　Fisher's α はランダム同姓夫婦率 I_{ST}（本章注 2 で言及）の逆数（Fisher's α＝1/I_{ST}＝1/4 F_{ST}）の関係にある（Barrai et al., 1999：956；Rodriguez-Larralde et al., 2003：284）。血縁関係を示す別の係数，α（ある人口の平均近親婚係数。さまざまな血縁度の近親婚の平均頻度値）（Cavalli-Sforza, 2004：14, 212）と区別するために，本書では F・アルファと表記し，姓の豊かさを示すものとする。Cavalli-Sforza は F・アルファを「フィッシャーの姓の豊かさ Fisher's surname abundance」とまで表現する（2004：262）。α や他の値は第 4，5 位の小数の値をとるが，逆数である F・アルファ値は整数で比較しやすいので，本書ではこちらを優先する。Barrai et al. も，値の違いが瞬時にわかるとして（1999：956），F・アルファを採用する（ただし表示は単に α としているのでまぎらわしい）。Scapoli et al.（2007）も同様の表示をする。

[6]　序章の注 3 で言及。

くの社会において姓は規則的に父系で継承されて幾世代にもわたって存続するが，この継承法は男性のみがもつ染色体 Y を介して伝達される遺伝子の対立形質のそれに相似する。さらに，配偶子形成時の減数分裂によって染色体が半分しか次世代に伝わらないことは，男児誕生の可能性が 50％のため，（大方の社会で）父方姓が次世代に伝わる可能性が半分であることに相応する (Rudan et al., 2001 : 107, 110)[7]。この F・アルファというパラメーターはとりわけ膨大なサンプルを扱うばあい，人口構造とその遺伝的展開を知るために有効であると，何人ものアイソニミー研究者[8] がみなしている。スペインはこの遺伝学の概念を応用するのに適している国であるともされる。第一姓の絶対的多数が父方であり，第二姓は母方ではあるが，この母方姓も父の姓からきているからである。そのうえ，この父方＋母方の結合姓システムは集団におけるおのおのの分布や集団間のアイソニミーの距離を測ることも可能にする[9]。

アイソニミー調査が示す注目すべき結果に戻ろう。大陸ヨーロッパ 8 か国[10] における 125 地方の 2,094 都市に住む 26.2 百万人（総人口の約 9％に相当）を対象とする調査 (Scapoli et al., 2007 : 39-41)，および，スペイン国内 283 市町村の住民 3.6 百万人余（総人口の 11％）を対象とする電話帳調査である。それらによると，スペイン（父方姓の絶対数は 94,886[11]）の F・アルファは，ほかの 7 か国とくらべて極端に低い。全サンプル中の最低値はアストゥリアスの 51（後者の調査では 48.7），つづくムルシア 80（同 77.4）とアッペンツェル＝イント（スイス）の 80 である（表 6-1）。スペインとそれ以外との断絶はあまりに

---

[7] Rudan et al., 2001 : 107. 大方の社会では娘が結婚後に父方姓を失うからである。

[8] たとえば，Scapoli et al. (1997 : 18, 23) や Barrai et al. (1999 : 948, 956) は，この F・アルファとランダム同姓夫婦率 I_{ST}（注 5 参照）は人口構造を十分に表すので，有用とする。Cavalli-Sforza et al. も，F_{ST} と姓の豊かさ（つまり F・アルファ）ははるかに大量の対立形質（つまり姓）にもとづくので，かつての ABO 血液システムにもとづく近交係数測定よりも格段に正確であると述べる (2004 : 120-121)。

[9] Yasuda et al., 1971 : 303 ; Valls, 1982 : 143 ; Rodriguez-Larralde et al., 2003 : 281.

[10] ポルトガルとスカンディナヴィア諸国を除く，ドイツ，オーストリア，ベルギー，スペイン，フランス，イタリア，オランダ，スイスである。

[11] ちなみに他国の姓総数は，イタリア 215,623，フランス 495,104，ドイツ 462,526，スイス 166,116 など (Scapoli et al., 2007 : 44)。

も大きい。

　スペインのF・アルファ値が僅少であるため，サンプル総数の13％しか占めないにもかかわらず，スペイン姓は8か国の最頻100姓中39，最頻50姓中24を占め，さらに最頻8姓すべてを独占する（表6-2）。この8姓は，第一位の *García* と第八位の *Pérez* 以外の順位が違うものの，スペインにおける最頻8姓（表6-3）と同じである。

　アイソニミー研究者によれば，スペイン各地方におけるF・アルファ値の極端な低さは，近親婚の多さ，遺伝的浮動[12]，地理・言語に起因する人口の孤立を示唆するという（Ibid.: 43-48）。しかしある人口の生物学的特徴を，地理的特徴や歴史的背景を勘案せずに，遺伝学的・人口学的情報のみから説明することはむずかしいとも指摘されている（Pinto-Cisternas et al., 1979 : 55）。そうであるならば，遺伝学的見地から挙げられたこれらの原因を，アイソニミー研究が対象としない歴史的観点から捉え直すことによって，姓を介して大局

表6-1 スペイン（父方結合姓）と他の西欧7か国の各地域におけるF・アルファ値

スペイン	F・アルファ
ガリシア	106・107.9
アストゥリアス	51・48.7
カンタブリア	137・134.3
カスティーリャ・レオン	128・126.4
マドリー	190・175.6
カスティーリャ・ラ・マンチャ	144・139.1
ムルシア	80・77.4
エストゥレマドゥーラ	156・155.7
アンダルシア	168・163.6
バスク	254・267.3
ナバラ	410・412.8
ラ・リオハ	141・140.9
アラゴン	421・406.3
カタルーニャ	386・386.0
バレンシア	237・230.4
スペイン平均	216・208.6
アントワープ（ベルギー）	1,590
ヘッセン（ドイツ）	2,117
ザーランド（ドイツ）	1,053
ユトレヒト（オランダ）	1,631
ザルツブルク（オーストリア）	2,062
ウリ（スイス）	83
アッペンツェル＝イント（スイス）	80
ベルン（スイス）	1,064
イル・ド・フランス（フランス）	9,258
プロヴァンス（フランス）	6,739
ブルターニュ（フランス）	2,768
ルカニア（イタリア）	834
フリウリ（イタリア）	5,469

出典：Scapoli et al., 2006 : 39-41 ; Rodriguez-Larralde, et al., 2003 : 283（スペイン右列）より作成。

---

[12] 生物の個体群において，ある対立形質にかかわる遺伝子が無作為に選択され，その発生頻度が偶発的に変動する現象。こうした偶発的な頻度の偏りは遺伝子とおけると同様，姓においても生じる。

表 6-2　西欧 8 か国における最頻 100 姓に占めるスペイン姓の順位と頻度

順位	姓	頻度	順位	姓	頻度
1	García	127,071	32	Navarro	14,434
2	Fernández	83,224	45	Domínguez	11,623
3	López	77,489	47	Vázquez	11,110
4	Martínez	77,292	50	Serrano	10,997
5	Sánchez	68,217	54	Expósito	10,351
6	Rodríguez	67,703	58	Torres	10,208
7	González	66,546	60	Castro	10,019
8	Pérez	65,324	69	Rubio	9,518
10	Martin	61,659	71	Ramos	9,183
11	Gómez	37,727	72	Ortiz	9,170
13	Ruiz	30,885	74	Ortega	9,122
14	Alvarez	27,924	84	Suárez	8,367
15	Díaz	27,697	85	Simón	8,296
18	Jiménez	25,432	88	Molina	8,246
20	Hernández	23,628	89	Delgado	8,212
21	Moreno	23,289	95	Iglesias	7,909
24	Alfonso	20,967	96	Morales	7,886
25	Muñoz	20,248	97	Díez	7,850
28	Gutiérrez	15,704	100	Calvo	7,707
31	Romero	14,983			

出典：Scapoli et al., 2007 : 43 より作成。

表 6-3　スペイン国内における最頻 10 姓

順位	姓
1	García
2	González
3	Rodríguez
4	Fernández
5	López
6	Martínez
7	Sánchez
8	Pérez
9	Gómez
10	Martín

出典：INE, Estadística del Padrón Continuo a fecha 01/01/2016.

的にスペイン社会と家族の際立った特徴を捉えられるのではないだろうか。

2　姓が僅少である原因

1）近親婚

　教会法によって禁婚圏が定められた（1065 年から七親等，1215 年から四親等）

が，その当時，禁制がどの程度効力をもったかは定かでなく，近親婚の動向は不明である。しかし，14，15世紀から高位貴族ほど特別免除（特免）を要する結婚が多くなり，16，17世紀にあきらかに近親婚の必要性が高まったという（Beceiro et al., 1990 : 150-6)。ならば近親婚は近現代の現象なのであろう。この近世以降の近親婚の広がりが，第5章でみたマヨラスゴの伸張と軌を一にしていることは暗示的である。なるほど，マヨラスゴ設定に課せられた一連の要件として，姓・武器の継承などとともに「しかるべき人物との結婚」が挙げられ，具体的に，「イダルゴ」「純血の旧キリスト教徒」「家族内の血縁者」などとの結婚が推奨された（Clavero, 1974 : 255-256)。この結婚要件は近世後期のマヨラスゴの伸張とともに，とりわけ社会上層において近親婚を増大させるひとつの契機となったであろう。

　スペイン社会全体として，近親婚は19世紀後半以降に増加したことが判明している。106の情報源から1800〜1979年までの，もうひとつの近交係数 α（平均近親婚係数）の推移を明らかにした研究によれば，19世紀前半は低水準（α は0.0001以下）だったが，1850年以降急速に上昇し，1890〜1929年にピークを迎え（ピーク時の α は0.0004)，1930年からは急速に低下する。こうした上昇・下降の推移は他の西欧諸国とも共通するという[13]。20世紀半ばにむかっての減少局面において結婚総数に占める近親婚の割合は，ベルギーで1920〜24年の1.98％から1940〜41年には1.31％へ，フランスで1926〜30年の2.65％から1941〜45年の1.43％へ，イタリアで1911〜15年の4.72％から1940〜43年の2.59％へと減少した。スペインも1911〜14年の15.80％から1940〜43年の4.12％へとおおきく減少したものの[14]，いまだ高いレヴェルに

---

[13] Fuster et al., 2001 : 92-93. たとえば，ノルマンディ半島クタンス司教区における18世紀末までの特免交付数をみると，18世紀末が最多である（Gouesse, 1974 : 1141)。それを引き継ぎ，19世紀前半は緩やかに増加し，後半には高レヴェルとなり，1900年前後にピークをむかえる。イタリアのレッジオ・エミリア，パルマ，ピアチェンツァでも同様である（Sutter, 1968 : 305-306)。

[14] Pinto-Cisternas et al., 1979 : 63. 20世紀末，イギリス，ドイツ，オランダは0.5％未満，デンマーク，フランス，イタリアは0.5〜1％，ポルトガルなどは1〜2％にとどまるが，スペインはかなり高く（Valls, 1982 : 101)，Bittlesの地図（図6-8）によれば1〜10％である。

ある。その近親婚の様相を間近にみよう。

(a) エリート層における近親婚

エリート層において近親婚は，近世をつうじて社会システムを再生産するための手段であり，マヨラスゴの設定や介立贈与（フィデイコミソ）[15]と補完しあう，支配のメカニズムだった（Chacón Jiménez, 1987b : 146）。単系集団の骨組みをもたない双系社会では親族ネットワークが社会生活のさまざまな関係において重要となる。結婚を介して関係が形成されて，緊密に結びついていく（Bestard Camps, 1992 : 117-118, 132）。近親婚の積極的効果は，拡散傾向にある傍系者を縁故関係の中心方向に引き寄せることである。傍系同士の結婚は新たな親族を創ることなく，家族の根幹を堅固にする。保全すべき家産が大きくなればなるほど，結婚網は濃密で閉鎖的となる。経済的・社会的条件が自壊するのを回避するために，二家族間もしくは複数の特定家族間で結婚が幾度も繰り返される[16]。そうした濃密な近親婚が小さな集団内で反復されると，ときに「地中海の家族熱」と称される遺伝病が生じることにもなる[17]。

では，近親婚は姓とどのようにかかわったのか。二家族間結婚の多くは一つの姓を固定化して相続した。たとえば，Ruiz Mateo（ルイス マテオ）家と Solano（ソラノ）家ではそれぞれ Francisco, Mateo という名と合わせて用いられたため，何世代にもわたり

---

[15] 介立贈与については第1章注61を参照。

[16] たとえば，17, 18世紀のムルシアでは Muso（ムソ）家と Gómez（ゴメス）家のあいだ（Abadía Jiménez, 1997 : 176），バレンシアでは Roig（ロイグ）家と Pitarchi（ピタルチ）家のあいだ（Mira, 1980 : 92-97）で閉鎖的な結婚が繰り返された。さらに，ムルシアのような地域ではエリートの同等者がきわめて少ないため，家族の内部で結婚する傾向にあり，18世紀にはイトコ婚にたいする特別免除が数多く申請された（Abadía Jiménez, 1997 : 174）。カルタヘナでも，1750～1850年間における28件の結婚（全体の4.2％に相当）は三重，四重の血縁関係にあった。そのなかでも，三・四親等で重なる者同士が多かった（Sánchez Baena et al., 1992 : 207）。

[17] Porqueres, 2010 : 51. 人は平均3～4個の潜性（劣性）病遺伝子をもっており，身体的・精神的障害をもたらす遺伝病が約8％の割合で発症する。したがって，近親婚をつづけると有害な遺伝子がホモ接合になる率が高まることになる（後藤，1975 : 200-225）。潜性遺伝のさまざまな兆候は Cavalli-Sforza, 2004 : 192-210 に詳述されている。たとえば，近親婚に起因する乳児死亡は通常より3～4％高く，徴兵資料によれば，身長やことに胸囲が通常より劣る，など（Ibid.: 291-292）。

同姓同名の異人が存在した[18]。またカセレスのエリート間の近親婚史料からは，使用された姓の数が判明する。16〜18世紀間に11家族間で117件，11家族間で24件，6家族間で23件の結婚が繰り返された。その結果，これらの家族のなかでも最有力の二家族，*Ovando*家（オバンド）と*Ulloa*家（ウジョア）を例にとると，101家族もがこの二つの姓を共有した。*Ovando*本家の52件の結婚では，33％を占める親族結婚によって17件が根幹の*Ovando*姓を名乗った（Rodríguez Sánchez, 1992：20-23）。濃密もしくはかなり広範囲におよぶ強度の親族結婚が疑いの余地なく，姓の数を減少させたことを示している。ここから，アストゥリアスが示す，8か国中最小のF・アルファ値はイダルゴ層内で想定される濃密な近親婚にその原因の一端をもとめることができよう[19]。というのも，同地方におけるイダルゴ人口は担税者の3倍強あり，16世紀末時点で王国のイダルゴ総人口の18％も占めたからである。事実，1911〜43年間の教会婚[20]のうち，特別免除を要する近親婚（教会法でヌイトコ婚以内）件数を記録したヴァチカン史料（files of the Sacred Congregation of the Sacraments）によると（表6-4），アストゥリアス（＝オビエド県）におけるオジ姪／オバ甥結婚は国内最多の4,526件（4種の近親婚総数の6.41％），イトコ婚は27,382件，イトコ・又イトコ婚は8,841件，又イトコ婚は29,884件にものぼる。別のアイソニミー分析でも，アストゥリアスの総近交係数 F_{IT} は全国最大（0.01246）である（Rodriguez-Larrralde et al., 2003：283）。当地方の高い出生率も近親婚を促進させたであろう。1787年の粗出生率は国内屈指の3.02，婚姻出生力（16〜50歳の既婚女性1000人が産む嫡出子数）は国内最大の304.1（指数は0.844，後掲図6-2参照）である（Dópico et al., 1990：606-607）。この高い出生力に後押しされた高頻度の近親婚が8か国中最低のF・アルファ値の一因となったといえる。

18　Sánchez Baena et al., 1992：202-203 に記載される家系図による。
19　たとえばイダルゴの*Valarde-Barreda*家（バラルデ＝バレダ）は，はや17世紀前半から家産一円化のためにイトコ婚を進めていた（Pérez García, 2008：75）。
20　全結婚の97％強とみなされる（Pinto Cisternas et al., 1979：56）。

表6-4　1911～43年間のスペイン各県

地方	県	オジ姪／オバ甥婚	イトコ婚	イトコ・又イトコ婚	又イトコ婚
ガリシア	ラ・コルーニャ	2,278	21,639	6,608	26,972
	オレンセ	1,615	30,009	10,130	42,735
	ルゴ	3,051	29,199	8,910	33,392
	ポンテベドラ	2,245	20,230	6,081	22,540
バスク	アラバ	4,234	52,052	11,556	33,323
	ギプスコア	1,229	14,916	3,436	9,886
	ビスカヤ	622	9,006	2,108	5,908
旧カスティーリャ	オビエド	4,526	27,382	8,841	29,884
	サンタンデル	1,778	20,236	5,148	18,757
	レオン	1,370	33,676	13,731	57,285
	サモーラ	1,114	33,435	12,615	54,804
	ブルゴス	806	26,348	9,896	39,310
	パレンシア	386	20,935	6,001	35,664
	サラマンカ	345	19,185	6,260	34,046
	ソリア	859	30,950	12,760	56,992
	セゴビア	214	25,658	10,424	47,655
	バリャドリー	247	7,556	2,132	9,456
	アビラ	242	24,455	10,663	63,297
新カスティーリャ	グアダラハラ	341	28,955	11,163	51,830
	マドリー	584	11,299	2,305	8,541
	トレド	120	15,940	5,190	31,679
	クエンカ	350	29,791	12,378	54,226
	シウダー・レアル	163	17,349	5,522	24,926

出典：Pinto-Cisternas et al., 1979：60-61 より作成。

（b）社会全体での近親婚・親族結婚

　近親婚はエリートという小集団に限られていたのではない。16世紀半ばのトリエント公会議は原則として四親等以内を引きつづき禁婚としたが，知らずに結婚したばあいは許し[21]，それにたいする特免授与を司教および担当官（緊急時には主任司祭）に任せた。にもかかわらず，公会議直後に教皇は特免授与

21　ただし二親等の結婚は大君主および公共の大義があるばあいにかぎり，認められた（Sesión XXIV, Cap. V）。この禁婚範囲は，1917年に三親等（教会法でイトコ）以内に

における4タイプの近親婚件数

地方	県	オジ姪／オバ甥婚	イトコ婚	イトコ・又イトコ婚	又イトコ婚
ムルシア	ムルシア	146	10,838	3,334	13,490
	アルバセテ	549	28,188	8,654	35,195
エストゥレマドゥーラ	カセレス	218	19,437	6,575	39,695
	バダホス	278	20,195	6,775	32,362
アンダルシア	コルドバ	299	15,165	4,299	20,252
	セビージャ	319	13,583	3,215	13,842
	ハエン	235	15,517	4,297	18,675
	ウエルバ	403	23,078	5,266	23,581
	カディス	171	10,040	2,565	9,195
	マラガ	360	18,573	6,152	19,434
	グラナダ	495	25,275	8,787	33,697
	アルメリア	564	25,070	7,412	24,762
ナバラ	ナバラ	1,414	15,010	3,266	18,790
	ログローニョ	1,055	20,774	7,245	34,936
アラゴン	ウエスカ	837	17,263	5,690	23,984
	テルエル	204	13,367	5,692	27,865
	サラゴサ	387	14,386	5,773	29,142
カタルーニャ	ジローナ	278	8,096	1,900	9,308
	バルセロナ	557	11,766	2,667	8,074
	レリダ	742	16,771	5,534	20,960
	タラゴナ	485	14,068	6,052	26,041
バレンシア	バレンシア	334	12,539	4,379	20,427
	カステリョン	158	9,088	3,696	20,634

を教皇庁掌璽院の管轄とした。結婚障害の原因・理由および親等・資産程度に応じて徴収される特免費が高騰していったため，膨大なお金がローマに流出した[22]。富の流出を危惧した国王が1762年に命じた実態調査によれば，王国全体で9〜10組の夫婦に一組が近親婚だった[23]。特免の報告を各司教に命じた

縮小されるまで保持された。17〜19世紀間のムルシア各地の教区簿冊に登録された結婚の大半に「〜親等とは知らなかったため，特免された」という文言が添えられている（Henarejos López, 2013 : 227）。

1783年の王国諮問会議文書は、「家族や資産、製造業を維持・増殖するために親族同士で結婚するのが習わしとなっている町村があり、［特免を与えなければ］結婚するのをやめ、王国に害をもたらすことになる」と記す[24]。当時、民衆間でも近親婚が慣習となっていたことを示唆する[25]。17，18世紀をつうじて、公会議規定に反する法外な特免費の徴収およびその授与権の帰属をめぐって王国は折にふれて教皇庁と対峙しており、特免申請の窓口である教区・司教座でも手続の複雑さや理解の欠如によって混乱や滞りが生じていた。王国は18世紀末、国王教権主義のもとで特免授与権を国王管轄下に取り戻すことを決定し、19世紀初頭には最新法令集 Libro X-Título II-Ley XXI（1805:19-21）が、貧困[26]申請にたいする特免の無料授与、その他の申請への自動割引、手続きの簡素化を規定した。1821年には最終的に、ローマへのお金の流出を禁じた。こうした一連の措置によって禁婚の敷居は確実に低くなり、近親婚は増加の一途を辿ったであろう。教皇ピウス7世も実費をのぞく無料授与を提案するにいたる。ここに、トリエント公会議が原則禁止した近親婚は解禁されたも同然となる。当時の国務長官アプリシ枢機卿は書簡（1822年5月1日）で占う。「10年もしないうちにスペインではみなが親族になり、特免なしには誰も結婚できなくなろう」、と[27]。事実19世紀後半以降、近親婚は増加の一途を辿った。この動向は、まさしく同時期にはじまった死亡率の改善傾向、その結果である

---

22 特免費と冥加金 componenda の二種からなり、ことに後者として恣意的な価格が徴収された。前者の一例ではフランスの倍、ドイツの4倍にもなり、資産と同価が請求されることもあった。たとえば300ドゥカードの資産と10ドゥカードの収入がある申請者は冥加金として300～1000ドゥカードを要求された（Henarejos López, 2015；2016:158, 168）。

23 Casey, 1991：189；1999：203；Poska, 2005：115.

24 Henarejo López, 2013：228-229. ガリシアでは1780年以降、特免はそれぞれの司教区内で処理されるようになった（Dubert, 1988：171）。

25 たとえば、ムルシア農村のバケロスでは1770～1800年間の結婚の40%弱が特免された近親婚だった（Henarejo López, 2012：1117）。

26 何をもって貧者とするか、資産の基準は示されていないことから、フランス旧体制下では自らの労働・技能で働かなければ十分な収入が得られない者を貧者とみなしていたのではないかとされる（Gouesse, 1974：1143）。この解釈は当スペイン法規にも該当しうる。

27 Henarejos López, 2015；2016：158-170.

人口圧力の高まりと密接にかかわるであろう。

　上記のヴァチカン史料（表6-4）は，前世紀からの流れを引き継ぐ近親婚の増大期と，1929年のピーク後の減少期にまたがる33年間（1911～43年）に特免授与が報告された近親婚件数を示している。それによると，いくつかの地方はとりわけ著しい[28]。なかでもガリシア全土でオジ姪／オバ甥婚とイトコ婚の頻度は高い。前者が9,189件（又イトコ婚までの近親婚の3.43％），後者が101,077件（37.77％）にのぼる。さらに，イトコ・又イトコ間，又イトコ間はそれぞれ42,735件，125,639件ある[29]。ピント゠システルナス他は，これほど著しい近親婚は人口の35％以上が100人未満の村落に居住しており，10～15年間の出稼ぎから戻った男たちは兄弟の娘たちと結婚するほかなかったためと，男側の視点から想定する（1979：67）。しかしながら，近現代をとおして移民の地であるガリシアの男性率は国内最低であった。たとえば1787年に91.7であるが，16～40歳層に限れば87であり，1860年には73に低下した。ポンテベドラでは同年齢層は1860年に63.5にまで下がった[30]。つまり，「女余り」の状態だったので，親族以外の女性との結婚は可能だったはずである。女性側からすると，親族以外に結婚相手が見当たらないことにもなる[31]が，これほどまでの大量の極近親間結婚はむしろ，伝統的な極小永代借地（又・又々貸しフ

---

[28] とりわけ，ガリシア，旧カスティーリャのメセタ地方（レオン，パレンシア，サモーラ，ブルゴス，ソリア，セゴビア，アビラ），新カスティーリャ（グアダラハラ，トレド，クエンカ，シウダー・レアル），ムルシア（ムルシア，アルバセテ），エストゥレマドゥーラ（カセレス，バダホス），アンダルシア（グラナダ，コルドバ，セビージャ，ハエン，ウエルバ，アルメリア）。Vallsは20世紀前半における近親婚とその展開を4つの「マクロ地方」（北大西洋，中央メセタ，アンダルシア，地中海）に分けて記述する（1982：143-157）。Pinto-Cisternas他も（1997：59）たぶんVallsに沿ったと思われ，ほとんど同様に，4つのマクロ地方（北太平洋，中央メセタ，地中海東部，地中海南部）に分ける。
[29] 表6-4のガリシアの4県（ア・コルーニャ，ルゴ，オレンセ，ポンテベドラ）を集計した数値。
[30] Nadal, 1983：100; Saavedra, 1994：218. 何人かの地元の人口学者によると，調査した50か所のうち41か所で18世紀後半まで男性率はわずか60だったという。1787年のサルネス半島では16～40歳の男性の20％が家を空けていた（Poska, 2005：36）。
[31] そうしたばあいには特免が与えられるべきという論策も18世紀末に提示された（Dubert, 1988：173）。

ォロ）の一円化・統合化という経済的動機の方が大きいであろう。元来，オジ姪／オバ甥婚とイトコ婚は経済的動機によるとされ，ことに後者は「望まれる」結婚ともみなされている[32]。1922〜64年においてさえ，モンドニェド司教区における近親婚全体の頻度は6.1％で，同時期の同等規模（平均教区人口600未満，人口密度78人/km^2）の他所とくらべるときわめて高い（Valls, 1982：147）。

　イトコ婚の国内最大はアラバ県（バスク地方）の52,052件である。同県のオジ姪／オバ甥婚件数は，上述のオビエド県（＝アストゥリアス地方）に次ぐ4,234件（近親婚の4.19％）である[33]。カスティーリャ法（均分相続を規定するが，一子優遇を許容）下にある同県では南にいくほど，北半分の湿潤バスクにおける不分割相続の直系家族とは逆に，分割相続の核家族が増える。単純化していえば，直系家族から構造的に排出された人びとがこの地に居を構えたのである。その地で，なぜそれほどまでオジ姪／オバ甥婚とイトコ婚が多いのだろうか。たとえ核家族に形態が変わっても，不分割相続というバスク独特の至上かつ固有の文化的価値観が希求されたからにちがいない。湿潤バスクでの一子相続制のようには家産が保全されないため，相続で分割された土地を統合しようという社会的・経済的動機を，この文化的理想がさらに後押ししたのであろう。直系システムに根ざした核家族は，元のシステムへの再編入を希求するという（Rowland, 2011：646）。

　表6-4と6-5が示すように，近親婚4タイプ総数のうち，大多数の地方ではイトコ婚が3分の1，又イトコ婚が半分を占め，イトコ・又イトコ婚は全地方でほぼ一定の11％前後を占める。オジ姪／オバ甥婚については，サモーラと

---

[32] Pinto Cisternas et al., 1967（Valls, 1982：144に引用）；Eizaguirre, 1994：28. イトコ婚は親族間結婚のほかの社会的動機よりも経済的動機が強いとされる（Bestard, 2011：983）。ただし，それよりも親族間の同盟固めとする意見（Chacón, 2011：377）もある。

[33] 不分割相続の典型である湿潤バスクのギプスコアにおけるオジ姪／オバ甥婚（1,229件）・イトコ婚（14,916件）は，核家族も併存するアラバのそれぞれ3分の1の件数である。したがって，アストゥリアス，カタルーニャ，ナバラ，バスクにおける不分割・均分相続はそれぞれ高近交係数・低近交係数によって特徴づけられるとするFuster et al.の結論（2001：100）は事実と真逆である。

表 6-5　1911～43 年間の各地方における近親婚 4 タイプの割合（％）と総件数

地方	オジ姪／オバ甥	イトコ	イトコ・又イトコ	又イトコ	総件数
ガリシア	3.43	37.77	11.86	46.94	267,634
バスク	4.10	51.24	11.53	33.13	148,276
旧カスティーリャ	1.44	32.61	11.90	54.05	827,324
新カスティーリャ	0.50	33.05	11.69	54.76	312,652
ムルシア	0.69	38.87	11.94	48.50	100,394
エストゥレマドゥーラ	0.40	31.57	10.63	57.40	125,535
アンダルシア	0.80	41.26	11.84	46.10	354,578
ナバラ	2.41	34.91	10.26	52.42	102,490
アラゴン	0.99	31.18	11.88	56.09	144,590
カタルーニャ	1.54	38.04	12.12	48.30	133,299
バレンシア	0.69	30.35	11.33	57.63	71,255

出典：Pinto-Cisternas et al., 1979：60-61 より算出・作成。

リェイダを結ぶ東西水平線の北側（半島のほぼ北 4 分の 1）でより頻度が高い傾向にある——オビエド（6.41％），バスク（4.10％，内アラバは4.19％），ガリシア（3.43％），これらに次いで，ナバラ（2.41％），旧カスティーリャの北部地方で多い。他方，この水平線以南は 0.8％以下である。アンダルシア（イトコ婚がかなり多いウエルバ[34]，グラナダ，アルメリアを除く）とバレンシアでは又イトコ婚が相当あるものの，全体的に近親婚のレヴェルは相対的に低い。全国的にみれば，濃密で広範な近親婚が半島の広い地域で執りおこなわれていたことは明白であり，これは F_{ST}（ランダム近交係数）三次元図（図6-1）において，北西部から中央内陸部を通り，南東部までを貫く太い軸として現れている。ただし，この係数は典型的にはより遠い親族間（たとえば又イトコ・第三イトコ間）の結婚が強く寄与する傾向にあるので，アラバにおけるような極近親の結婚はうまく反映されないきらいがある[35]。他方，北ナバラ，アラゴン，カタルー

---

[34] 18 世紀のウエルバの特権層は通常，数家族（ほとんどが他地方出身）以外，マヨラスゴを用いず，家産すべてを均分していた。しかも栄養失調による乳児死亡はほとんどなかった（González Cruz, 1997：360, 363）ため，細分化の危険がそれだけ大きく，近親婚を多く生むことになったのであろう。

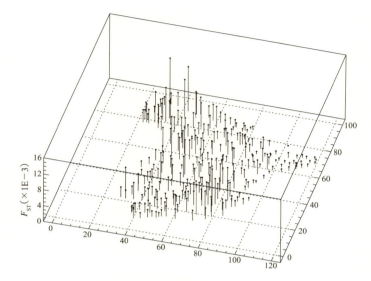

図 6-1 ランダム近交係数（F_{ST}）の三次元図
出典：Rodriguez-Larralde et al., 2003：287.
注：縦軸・横軸とも単位は十キロ（図 6-6 も同様）。

ニャにおいては近親婚が相対的に少ないことをこの図で確かめることができる。

　大衆における通婚圏は一般的に，エリートにおけるよりも広い。結婚は「近すぎず，遠すぎず」とされる[36]ので，近親と遠縁を夫婦として組み合わせる。それによって「同盟の再連携」がもたらされ，相対的に近親婚を減らせる。ベスタルド＝カンプスによれば，こうした行動は先祖につづく垂直性ではなく，血縁・姻戚および姻戚の血縁によって形成される親族の水平性を考慮する系譜の記憶に即しているという。その親族内を，いくつもの家族にかかわる社

---

[35] Eizaguirre, 1994：28. たいして，平均近親婚係数 α にはイトコ婚が一番強く反映される。4 タイプの近親婚の α 値への貢献度を 1911〜64 年間のイタリアについて測った研究によると，イトコ婚が 75 ％を占めたという（Cavalli-Sforza, 2004：213-214, 221）。

[36] この規範は同類婚，共同体内婚，さらには極近親でないにしても親族結婚にも連なるため，教会は好ましく思っていなかった（Bestard, 2008：479）。

会的・経済的情報が，空間・家産の移動をともないつつ行き交う（1992: 119, 131-132）。ここに，なぜ大多数の地方において又イトコ婚がイトコ婚より多いのか[37]，その理由がある。とりわけ，新旧カスティーリャ（オレンセ，レオン，サモーラ，ソリア，セゴビア，アビラ，グアダラハラ，クエンカ），エストゥレマドゥーラ（カセレス，バダホス），ログローニョ，バレンシアで多く，なかでもアビラ，カステリョン，カセレスが際立つ。近親婚中に占める又イトコ婚は，それぞれ 64.2％，61.5％，60.2％である。親族の枠内に財産を留め置く手立てである，この「同盟の再連携」は M・セガーレンによれば，男の系譜と女の系譜が連携の強化に対等に資するので，すぐれて深遠な双系制装置であるという。この同盟はフランス，たとえばビグーダン南部（低ブルターニュ）でもおこなわれていたという[38]。

　スペインにおける近親婚の著しい広まりは，男女ともに享受する均分相続[39]が確実に実行されていることの裏返しである。ビュルギエールが述べるように（1988: 84, 87），近親婚と結びついているのは均分・分割相続にほかならない。グディもつぎのように指摘する。土地の細分化は親族間の複雑な取引か結婚によってでしか回避できないので，土地が女性に渡る所で内婚が多くみられることは何ら驚くべきことではない。近親婚と「拡散移転」は結びついているからである（1973: 21; 1990: 380），と。イベリア半島では均分相続を定める西ゴート法が後世においても適用され，第 3 章で述べたように，イタリアや北西ヨーロッパよりも多くの女性が土地を所有していた。そのため一子相続や不分割相続の原則がない地方では，それに類する効果をもつさまざまな戦略が採られてき

---

[37] 逆に，イトコ婚が又イトコ婚より多い県や地方はきわめて少ない。バスク，サンタンデル，カディス，アルメリア，マドリーにとどまる。
[38] ビグーダン南部では，近親婚はどちらかというと貧者間の特徴であり，富裕層では「同盟の再連携」の傾向があった。1810～1910 年間に当初の 32 組の夫婦に由来する 15 世代，2,590 組の夫婦のうち，近親婚は 132 組（3.6％）にとどまる（Segalen, 1985: 137, 145, 147-149, 367-368）。さらに，その表によれば，又イトコまでの結婚が 41 組（1.58％）にすぎないのにたいし，又イトコ・第三イトコ婚より遠い親族間の結婚は 68.94％にのぼる。
[39] Chacón Jiménez は均分相続を実行するために嫁資制度が存在したと解釈する（1987a: 341）。

たのである（Mira, 1980：102）。

先に言及した電話帳の姓 3.6 百万を分析した研究（Rodriguez-Larralde et al., 2003：283）によれば，前述のほかの諸原因との相乗効果があるにしても，総近交係数 F_{IT} はカスティーリャ・レオン（0.00899），ガリシア（0.00744）においてはアストゥリアス（0.01246）に次いで高い。つまり王国の相当部分において，すぐれて伝統的な核家族の特色である均分相続こそが，疑いの余地なくさまざまなタイプの近親婚を生じさせる一因であり，それによって極端に低い「姓の有効数」がもたらされたといえる。その典型はカスティーリャ・レオンであり，対象地域が広いとはいえ，1911〜43 年間の 4 タイプの近親婚総数は実に国内最多の 827,324 件にのぼる（表 6-5）。

対照的に，一子相続が優勢なナバラ，アラゴン，カタルーニャが上記資料で相対的に低い総近交係数 F_{IT} を示していることは意味深い。自治法 derecho foral（遺言の完全自由による一子相続可）下にあるナバラは国内最低値（0.00394）であり，カタルーニャ（0.00462）とアラゴン（0.00517）がそれにつづく。これは，家産を分割することなく維持するメカニズムがあるおかげで，近親婚にさほど頼る必要がないという事実を如実に反映している。ナバラとともに自治法下にあるビスカヤでの近親婚が，同じバスク地方でもカスティーリャ法下にあるアラバ，ギプスコアにくらべきわめて少ない（表 6-4）所以でもある。カタルーニャ中部に広がる折半小作地域（Barrera González, 1990：77）においても，（後述する家族規模に応じた農場の借換えという手段以外に）直系原則を採用するあきらかな傾向があった[40]。さらにカタルーニャでは，低出生率によって人口圧力が低かったことも上記の傾向に貢献したであろう。1935 年には国平均 26‰を大きく下回る 18‰だった（Shubert, 1990：31）。

ここで，ひとつ疑問が生じる。近親婚はさきに言及したように，スペインにかぎらず，西欧の他の国ぐに，とりわけ地中海地域でもおこなわれてきたことである。にもかかわらず，フランスやイタリアとは「姓の有効数」において否定しえない著しい差異がある。それぞれの国平均は 7,877，5,855，8 か国平均

---

[40] 直系原則は生産手段の所有のみに結びついているのではなく，幾世代にもわたる享受権・用益権とも結びついている（García González, 2011：214）。

は 6,357 であるのにたいし，スペインは 216 である[41]。これほどまでの違いがどこから出てくるのか。フランスとイタリアの資料が何らかの答えをもたらしてくれるにちがいない。

フランスについては，1926〜45 年の 20 年間におけるカトリック教会婚 4 百万余件（4,027,000）中の近親婚 4 タイプの資料がある。1911〜43 年，33 年間の先のスペイン資料（表 6-4）と時期的にほぼ重なるので，両者の比較は可能である。そのフランスのデータによると，近親婚は教会婚 4 百万件中わずか 70,560 件[42]，1.76％ にとどまる。オジ姪／オバ甥婚は 597 件（0.015％），イトコ婚 28,354 件（0.71％），イトコ・又イトコ婚 8,238 件（0.21％），又イトコ婚 33,371 件（0.83％）である[43]。他方，スペインでは先述のように 100％ に近い教会婚中，近親婚総数は 2,587,927 にのぼる。両国を同レヴェルで比較するためにフランス資料期間の 20 年に合わせて，スペインの数値を 40％ 削減し，さらに，フランスにおける教会婚の割合 43％（民事婚は 57％[44]）に合わせるために 60％ 削減する。表 6-6 のスペイン第二欄がその調整値である。逆に，スペインの人口はフランスの半分以下[45]であるため，それらの数値を 2 倍にしたものを調整値欄の括弧内に記した。

---

[41] そのほか，ドイツ 2,855，オーストリア 3,640，ベルギー 4,646，オランダ 2,378，スイス 2,396 である（Scapoli et al., 2007 : 44）。前述の別の分析（Rodriguez-Larralde et al., 2003 : 286, 291）は異なる数値を示す。ドイツ 1,596，オーストリア 854，ベルギー 997，オランダ 787，イタリア 1,236，スイス 891。しかし，スペインの値はどちらの研究においても 216 である（表 6-1 参照）。

[42] 70,592（sic）（Sutter et al., 1948 : 610）．諸数値のどこに間違いがあるのか不明であるが，各件数が正しいとすると 4 タイプの合計は 70,560 となる。そのため，イトコ婚の割合は著者たちが示す 0.72 ではなく，0.71 となる。

[43] Sutter et al., 1948 : 610-611, 616-617, 624-627.

[44] 民事婚 5.309 百万，カトリック婚 4.027 百万（Sutter et al., 1948 : 610）より算出。フランスにおける民事婚の設立は革命による。1791 年革命第一憲法（第 2 章第 7 条第 1 項）は「婚姻を民事契約としてしか考えない」と宣言した。ただし，教会婚は習慣としてつづけられてきた。

[45] 1910 年時点で，フランスの人口は 41.5 百万人にたいしスペインは 19.9 百万人である（Cipolla, 1973b : 29）。つまりフランスはスペインの倍（2.09）である。1800 年，1850 年（スペインは 1857 年），1900 年のフランス人口はおのおのスペインの 2.34，2.35，2.19 倍である（Ibid. より算出）。

表 6-6 スペイン (1911〜43年) とフランス (1926〜45年) における近親婚

近親婚	スペイン (実数)	スペイン (調整値)	フランス[a]
オジ姪/オバ甥	39,207 (1.51%)	9,409 (18,818)	597 (0.85%) (0.015%)
イトコ	928,288 (35.87%)	222,789 (445,578)	28,354 (40.18%) (0.71%[b])
イトコ・又イトコ	303,083 (11.71%)	72,739 (145,478)	8,238 (11.67%) (0.21%)
又イトコ	1,317,449 (50.91%)	316,187 (632,374)	33,371 (47.30%) (0.83%)
計	2,588,027 (100%)	621,124 (1,242,248)	70,560[c] (100%) (1.765%)

出典：Pinto-Cisternas et al., 1979：60-61 ; Sutter et al., 1948：610 より作成。
a：一番目の括弧は4タイプの近親婚における割合，二番目は教会婚総数における割合。
b：0.72 (sic)。
c：70,592 (sic)。

　人口規模を考慮しないとしても，スペインにおける近親婚総数（調整値）はフランスの9倍近くになる。イトコ婚は8倍近く，オジ姪/オバ甥婚にいたっては15倍以上にもなる[46]。人口規模を考慮すればその差が倍になることはいうまでもない。
　イタリアについては，すべての結婚がカトリックの儀式によっておこなわれたとみられている（Cavalli-Sforza et al., 2004：49）。1851〜1950年の100年間について最良の結婚資料がパルマ司教区古文書館にあり，その内，パルマ市以南の74教区[47]を分析した研究によると，結婚総数 28,263 件のうち，近親婚（最盛期は1891〜1910年）は 2,033 件 (7.19%) である。スペイン，フランスとの比較のために又イトコ婚までの4タイプに限れば，1,494 件（結婚総数の 5.29%）

---

[46] フランスでの1926〜45年のオジ姪/オバ甥婚は1891〜1910年の3分の1に減少した（Sutter et al., 1948：613 より算出）とはいえ，スペインとフランスの差は歴然としている。スペインでオジ姪/オバ甥婚が執りおこなわれない地方はひとつもない。他方，たとえば注38で言及したビグーダンでは，1810〜1910年間の近親婚132件中このタイプは一例もなく，イトコ婚もわずか7件 (5.3%) にとどまる（Segalen, 1985：145）。フランスにおける近親婚は農村よりむしろ貴族や都市部の現象であり，地理的・社会的孤立，あるいは醜聞回避に因っていた。たとえば，クタンス司教区（ノルマンディ）における1680〜1791年間の特免授与数は年70〜150件だったが，その大半は婚外での妊娠スキャンダル回避のためだった。たとえば，ルーアンでのイトコ婚の40%が婚前交渉，25%が妊娠もしくは出産を経ていた（Gouesse, 1974：1141-1142）。

[47] パルマ市および近親婚が8件以下の教区は除外している（Cavalli-Sforza, 2004：92, 95）。

にとどまる。オジ姪／オバ甥婚はわずか 10 件（近親婚中の 0.67％），イトコ婚 440 件（29.45％），イトコ・又イトコ婚 174 件（11.65％），又イトコ婚 870 件（58.23％）である[48]。とりわけ際立っているのは，極近親婚，オジ姪／オバ甥婚が皆無といえるほどわずかなことである。対照的に，第三・第四イトコ婚は 185 件，第四イトコ婚 257 件，それ以上の遠戚間 97 件で，これらを合わせると 539 件，親族結婚全体の 4 分の 1 以上（26.51％）を占める。スペインとイタリアの違いは歴然としている。フランスにしてもイタリアにしても，極近親間の結婚が僅少であることは，そうした結婚を回避ないしは自制しようとする心性を表している[49]。より遠い親族，第四イトコあるいはもっと離れた親族結婚への選好は明白である。

　スペインにおいては逆に，典型的にはガリシア全体，アラバ，オビエドで大量のオジ姪／オバ甥婚が執りおこなわれ，又イトコ婚までの近親婚総数の 3〜6％を占める。すくなくとも，前述のサモーラ〜リェイダの水平線以北の地方では回避ないしは自制の意図が強くなかったことはあきらかである。さらに，それにはスペインおよび環地中海域に固有の原因も指摘されている。それほどまでの近親婚は，娘の純潔性を家族の名誉とする名誉観念に則した不名誉を回避する解決策でもある。時折彼らのあいだで性関係ないしは良からぬことが生じていた。たとえば，1900 年以前のグラナダ司教区ではこのタイプの結婚の半分近く（46.7％）が家族の名誉（Honestas familias）の事由によるという[50]。

---

[48] Cavalli-Sforza, 2004 : 96-101 より算出。ただし，パランツァーノ教区でのオジ姪／オバ甥婚，ティッツァーノ司教区でのイトコ婚の総計が 1 件ずつ足りないのを修正。遠縁婚も 93（Langhirano 教区の遠縁婚の計 9 [sic] を 6）に修正したため，親族結婚総数を 2,033（2,034 [sic]）に修正。

[49] Segalen, 1985 : 143 ; Cavalli-Sforza, 2004 : 87, 121, 289. とりわけ，14，15 世紀に周期的にペストに見舞われていたイタリアでは「ペスト的心性」によって，オジ姪間の近親相姦は神の怒りを買う行為とみなされ，フィレンツェでは 1413 年に斬首刑に処せられた例がある（石坂，2018 : 387-398）ほどだった。極近親婚を忌避するこの規範意識は近現代までも心性として留まったのであろう。

[50] Gamella et al., 2010. 処女性の喪失は，結婚によって聖化されれば，恥（名誉）の喪失とはならない（Kenny, 1969 : 78）。最新法令集 Novísima Recopilación（Libro X, Título II, Ley XXI）（1805 : 19-21）には，こうした結婚への対処法が示されている。「貧者が近親相姦や汚名行為ゆえの結婚に特免を得るには［中略］教区司教発行の貧困供述書のみ

しかしこうした限定的な動機以外に，他国との差異をもたらす，社会全体に及ぶ原因がほかにあるにちがいない。まずフランスの状況をみよう。J-C・シェネは，18世紀フランスの政治的・社会的状況を説明するものとしてつぎの状況を挙げる——七年戦争（1756～63年）の敗北による新世界での植民地の喪失，国外移住の禁止，さらに，人口転換の初段階として，死亡率の1760年代におけるさらなる低下（同世紀前半の35‰から，1761～64年の5年間に平均28.4‰まで減少）[51]。その結果，総人口の78％が住む農村で人口過剰となった（1775年の人口密度はオランダ並みの50人／km^2）。こうした状況下，フランス人口の大半を占める小土地所有農民[52]は家産の細分化を阻止し，子どもの生活レヴェルが下がらないようにするため，効果的な手段として出生抑制に思い切って舵を切る。それには，自由主義と個人主義を伴った革新的精神，思考力の前進，宗教心の弱まりなど，時代の後押しもあった。その結果，後戻りのない出生率の下落がまさに1760年代にはじまったのである。この行動を加速・普及させたのが，フランス革命がもたらした世俗化であり，ナポレオン民法典が規定した相続における平等であった（ただし，長子相続への選好があった南部をのぞき，均分相続は一般民衆のあいだではそれ以前からおこなわれてはいた）。かくして，「産業革命なき人口革命」が実現する。出生率は1830年代には節度ある受胎調節段階とされる30‰となり，1910年にはその大衆化段階とされる20‰を下回った[53]。1908～13年には，スペインの32.1‰にたいし，19.5‰となる（Cipolla, 1973：55-56）。人口学上の変化と新たな社会的・政治的状況から生じた

でよい」。極近親の場合，性関係があった旨申請するだけでなく，妊娠していることも多いため，司教区内でのスキャンダルを抑え，この種の結婚が広まらないように，特免がすぐに与えられた（Henarejos López, 2015：183）。女性の貞潔性にもとづく地中海世界の名誉観念については，芝，2003；2009；2010。

51 Chesnais, 1992：556-560より算出。直近1756～60年の5年間平均は37.5‰であるが，1759年の異常値45.2‰を除けば35.4‰となる。その後1815年まで30‰前後を維持する。革命後の1790年代以降，生活環境の改善によって死亡率はさらに大きく改善し（第1章注69参照），人口圧力がさらに増していく。

52 1830年におけるフランスの世襲農地所有者数は，人口総数32百万人中，20百万人にたっした（Chesnais, 1992：337）。

53 Chesnais, 1992：117, 322, 333-339.

人口圧力，それに新たな心性があいまって，出生制限が優先手段として実施され，次善の策としてのみ，親族，それも遠縁との結婚がおこなわれたのである[54]。

　たいして，スペインでは親族結婚，しかも多くのばあい極近親間の結婚が家産の細分化阻止の第一手段でありつづけた。地方によって晩婚・生涯独身，あるいは他地方やアメリカへの移民によって幾分か緩和されたにせよ，（修正）婚姻出生力指数地図（図6-2）が示すように，きわめて高い婚姻出生力によって家産の細分化が生じていたであろう。家産の細分化を憂慮しなければならない土地所有農（自所地のみで生計が成り立つ）は農民全体の少数派，1787～97年では国平均で農民全体のわずか16.5％である[55]が，借地農（一般的には中小の自所地に借地を加えて生計を営む）を考慮にいれると[56]，きわめて重要な事実があきらかになる。前述した総近交係数 F_{IT} が高い地方，アストゥリアス，ガリシア，レオン，旧カスティーリャが，J・ナダル作成の農民分布表（1984：102）において，いわゆる「核(家族)スペイン」のなかでも借地農・土地所有農を合わせた割合が55％以上を占める地方とぴたりと一致することである。借地は旧体制下では土地保有の一般的なあり方であり，世代から世代へと継承されるのが常であった[57]。そこにおいて，近親婚と家産保全への配慮の関係は明白である。くわえて，フランスにおける革命後の世俗化進行とは対照的に，

---

[54] ビグーダンのばあい，最多は第三イトコ婚で25.76％，それに次ぐ第四イトコ婚は15.91％を占めた（Segalen, 1985：145より算出）。遠戚間の結婚については注38を参照。ガロンヌ河流域，ブルゴーニュ，ノルマンディなど，土地を不分割保全する富農が支配的だった地方は，低出生力地方にあたる（Clapham, 1921：182）。しかし，再生産の抑制も近親婚も完全ではありえない。1882～93年間，農民数は10％増加した。ということは，借地農地での細分化が相当進行したことを意味する（Ibid.: 183-184）。

[55] 土地所有農民は，アラゴン，バスク・ナバラ（それぞれ48.2％, 35.1％）を除き，きわめて少数だった。両カスティーリャ，カタルーニャ，バレンシア，レオン，バレアール諸島では15～20％，エストゥレマドゥーラ，カナリア諸島では10～14％，アンダルシア，ムルシア，ガリシア，アストゥリアスでは9％未満だった（Nadal, 1984：102）。

[56] 両者は家長継承においても類似する。たとえばバレンシアではともに，ほとんど30歳になるまで世帯主になれなかった（García González, 2011：234）。

[57] Chacón, 1984：629；Hurtado Martínez, 1989：77. 17～18世紀のムルシア地方でも農民の70～90％以上が借地農だった（Chacón, 1984：634, 643）。

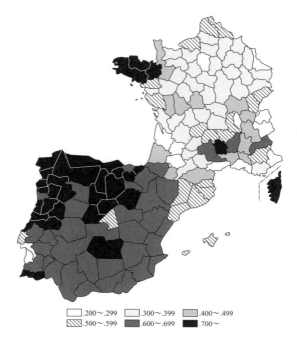

図 6-2　イベリア半島とフランスにおける 1887 年前後の
　　　　（修正）婚姻出生力指数*地図
出典：Nicolau Nos, 1991：58.
　注：数値はスペイン 1887 年，ポルトガル 1890 年，フランス 1886 年.
　*：（出生調節しない）ハッタライトの婚姻出生数（1 とする）に対する，推定出生率から導き出される嫡出出生数の割合.

スペイン教会が現代もかなり入るまで抗しがたい権威を保持しつづけていたことも忘れてはならない要素である．

　スペインで 1865 年以前に早期の出生率低下がみられたが，それは土地の細分化への対処だったのだろうか．この低下について，リヴィ＝バッチは原因不明とする[58]が，シェネは大量の若者移民が間接的に再生産に影響した結果とする（1992：113）．たしかにこの低下は意図的な出生抑制の結果ではありそ

---

[58]　Livi-Bacci はこの早期の下落について，人口学的な通常の人口転換理論にもとづく解釈では説明できないとする（1968：231；1978：186）．

うもない。シェネが示す図（図 6-3）によれば，スペインでの出生率低下のはっきりした開始は，死亡率の急減によって急激な自然増をみる 1900 年以降だからである。まさに，人口増加期に入って，出生率が低下を示す傍ら，さきに言及したように，近交係数は 1890〜1929 年間が最大となり，1911〜14 年に近親婚は 15.8％まで増加したのである。1930 年以降減少し，1940〜43 年に 4.12％まで減ったとはいえ，20 世紀はじめの 30 年間の人口増大期に近親婚が他国以上に多かった[59]ことは否定しがたい。スペインでは近親婚が家族戦略の第一義的手段であり，フランスとは真逆に，出生抑制はむしろ次善の策であったことを示している。そのうえ，近親婚タイプの選好にも顕著な相違があった。こうした家族戦略における相違が疑いの余地なく，二国間の近親婚の件数にあれほどまでの大きな相違をもたらしたのである。この近親婚における相違が「姓の有効数」の相違に影響したことはまちがいない。

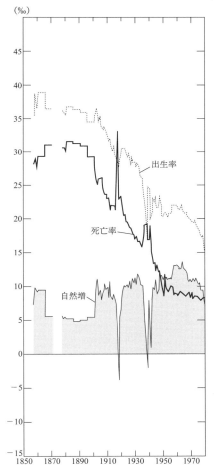

図 6-3 スペインにおける 1858〜1980 年間の出生率・死亡率・自然増グラフ
出典：Chesnais, 1992 : 243.

---

[59] 過去数世紀における近親婚の秩序だった時代的変遷は不明である。散発的な情報はある。たとえば，グラナダ（アンダルシアのなかでは近親婚がもっとも多い地方ではあるが国レヴェルでは際立ってはいない）では，1915〜40 年間に近親婚は，すくなくとも同世紀初頭よりは，増加傾向にあったという（Gamella et al., 2010）。しかし逆の情報

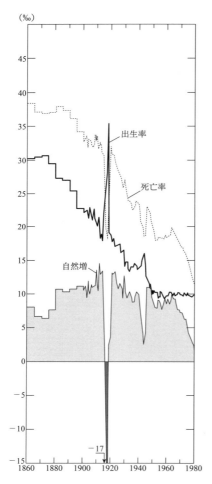

図 6-4 イタリアにおける 1861～1980 年間の出生率・死亡率・自然増グラフ
出典：Chesnais, 1992：241.

イタリアでも近親婚の展開は人口とかかわっていた。19 世紀中葉以降 100 年間のパルマ司教区全体の特別免除数の推移によると，先にみたように極近親婚は少ないにしても，近親婚は 19 世紀前半にゆるやかに増え，世紀末に向けて突如増加していき，1915～25 年にピークを迎えた。分析したカヴァリ＝スフォルツァ他はこの隆盛の原因として土地の極端な細分化，ナポレオン民法に則った長子相続の廃止，カトリック教会の影響力の弱体化などを挙げるかたわら，人口転換に最大の原因をもとめる。死亡率の低下が引き起こす人口増加は一世代遅れで，人口に占めるイトコの割合を高める。近親婚は人口内の親族数に影響されるがゆえに，親族数が増えるほどに近親婚が多くなるという[60]。なるほど，近親婚が一番頻繁だったその時期は，シェネ作成のグラフ（図 6-4）によれば 1910～25 年間（戦時除く）のイタリア人口史上最大の自然増の時期にあたる。その後，近親婚は減少する。その原因を移民と「孤立の打破」とする（Cavalli-Sforza, 2004：288）。しかし近親婚の減少

もいくつかある。たとえば，García Barriga はカセレス地方の史料から，人口規模は親族結婚数とは反比例し，人口増加が親族結婚の蓋然性を著しく減少させたことを証明できるとしている（2009：217）。

はそうした要因以上に，はや1880年代以降に出生率を低下させていた（Cipolla, 1973 : 56），出生抑制のさらなる普及にもとめるべきであろう。戦後のベビー・ブーム後の1920年代初め以降，出生率が急落している（図6-4）ことがその急速な普及を証明している。イタリアの人びとは，一時的にある程度近親婚も講じたにせよ，最重要の家族戦略を子どもの人数制限に絞り直したのである。

スペインと他の二国間には以上のような近親婚の頻度・選好タイプの違いにくわえ，分布においても違いがあった。スペインでは相対的な地域差はあるにしても，全国的に実施されていたが，他の二国では地域差はきわめて顕著であり，大多数の地方での頻度はきわめて低かった。前述のフランスの調査（Sutter et al., 1948 : 624-627）によれば，1926～45年間における又イトコまでの近親婚が高率であるのは中央・東部（たとえばサヴォアはカトリック婚の5.40％），北西部（ブルターニュ，4.05％），高ロワールと中央山塊（5.70％），とりわけコルス島（8.20％）である。これらの地域は東部以外，（修正）婚姻出生力指数が例外的に高く（図6-2），したがって人口圧力が高い地域とまさに一致する。図6-5が示すように，全体として，近親婚率が3.50％以上は9司教区，2.25～3.49％は14司教区，1.50～2.24％は14司教区，1.25～1.49％は18司教区，0.90～1.24％は17司教区，0.89％以下は16司教区である。つまり，3.50％以上の司教区は全体の1割（10.2％）にとどまるのにたいし，1.49％以下は6割弱（58.0％）を占める。

イタリアについてカヴァリ゠スフォルツァ他は全土92県の1915～19年，1935～39年，1955～59年の3期間における近親婚4タイプ毎の変遷地図（2004 : 216-219）を示すが，詳細な数値は提示していない。その地図によると，大きな地域差が存在する。近親婚が最大の1915～19年を例にとると，オジ姪／オバ甥婚が4.0％以上の高い割合を占める地域は[61]シチリア島に限られ，絶

---

[60] Cavalli-Sforza et al., 2004 : 51, 238-239, 287. 前注ともかかわるが，出生抑制が普及していない状態では人口増加は近親婚に相反する二つの効果をもたらすのであろう。開放的，ないしは相続の込み入った問題がない所では，一般的傾向として近親婚は少なくなる。他方，不動産相続とかかわると，人口増加は近親婚への促進効果となろう。

[61] Cavalli-Sforza他は，シチリア島におけるオジ姪／オバ甥婚の多さは8～11世紀間のアラブ支配の遥かなる結果であろうと推測する（2004 : 3）。

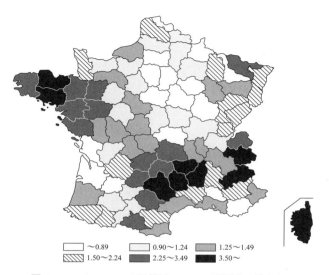

図 6-5 フランスの 87 司教区における近親婚の頻度地図
（1926～45 年）

出典：Sutter et al., 1948 : 616.

対的多数の地域は 0.0～0.5％である。このタイプの婚姻件数は 1851～1957 年の 100 年余間にパルマ司教区全体でわずかに 45 件（4 タイプ近親婚中の 1.19％），ピアツェンツァ司教区では 60 件（0.89％），レッジオ・エミリア司教区では 25 件（0.62％）にとどまる[62]。これはフランス同様，極近親との結婚を回避する傾向がイタリア半島全域にわたっていたことを示す。なるほど，G・ドゥリールによれば（1987 : 278），イタリアにおける結婚は（相互性規範の順守とともに）教会法の禁止に強く条件づけられ，近い親族間の結婚は拒絶されたという。

　イトコ婚についていえば，30％以上の県，および 10％以下の県が 3 分の 1 ずつを占め，地域間に著しい違いがあることがわかる。さらにきわめて意味深

---

[62] Cavalli-Sforza, 2004 : 50. レッジオ・エミリア司教区内の 61 教区での 1631～1963 年間の近親婚の推移を調べた別の研究（Barrai y Moroni, 1965）によると，オジ姪婚は 1863 年以降の 100 年間に 34 件あるものの，それ以前の 250 年間はゼロである（Valls, 1982 : 119-120 で引用）。

いのは，20世紀初頭まで折半小作(メッツァドリア)が優勢だった半島中央部においては，どのタイプの近親婚も件数が少ないことである。このシステムでは家族規模に応じて農地を替えるからである[63]。この状況はイベリア半島北東（ことにカタルーニャ地方中央部）に類似する。そこは親族結婚，ことに極近親婚が少ない地域であり，少なからぬ農場(マシア)が耕作農家の家族規模の変化にともない，その人手を替えた地域である。時代は異なるが，14世紀後半の史料によれば，3教区（ソリウス，アロ，フェナルス）にあった62農場では25年間という短い期間に12農場で従事家族が入れ替わったという（To Figueras, 2002a : 152）。折半小作(メッツァドリア)にとって重要なことは家族の連続性であり，それがおこなわれる場はさほど問題ではなかったのである（García González, 2011 : 216）。きわめて近い過去においても，モラ・デ・ルビエロス（テルエル県）の農場に居住する折半小作(メディエロ)は家族人数が増えると，同じ地主もしくは別の地主の，より大きく，より条件の良い別の農場に移動した。そのため，2, 3年ごとにつぎつぎに折半小作が入れ替わる農場もあったという（Porro Gutiérrez, 1984 : 120）。こうした事実は，農業システム・土地保有のあり方が近親婚と深くかかわっていることを示すものであり，すくなくともイタリア半島の折半小作地域，典型的には中部地方における近親婚の少なさを説明する。

　以上のフランスとイタリアとの比較から，スペインの国レヴェルにおける格段に濃密かつ高頻度の近親婚が，きわめて少ない「姓の有効数」をもたらした有力な一因であるといえる。

（c）地理的・社会的内婚と姓

　近親婚のほかに，地元ないしは同一地方内での地理的内婚，それに，とりわけ農村域における社会的同等者や同業者同士で結婚する同類婚が強まっていった。村内婚は既存の地理的枠内で配偶者を見つけることである（Sánchez Baena et al., 1992 : 185）。また社会的内婚は先に言及した「近すぎず，遠すぎず」という微妙な兼ね合いの結果であろう。この兼ね合いのなかには，多くのばあい嫁資

---

[63] C. Poniの研究（*Famiglia e podere*, 1977）をDelilleが引用（1987 : 270）。

に絡む入り組んだギブ・アンド・テイクの関係があり，それが同類婚を経済的なものにしている。世界的にみると，社会的地位の同類婚はユーラシア大陸の主要な社会の特徴であるという（Goody, 1976a : 102）。核家族が優勢な小共同体内で地元内婚が長期にわたっておこなわれると，「みなが親族」となり（Mira, 1971 : 116），親族と村が重なる（Bestard, 2008 : 483）。親族は住民の絆を強め，さらにそれが親族関係を強めていき，人口が少ない所では住民の絆がきわめて緊密になるため，ごく近い，禁じられた近親婚の限界に抵触するにいたる（Lanza García, 1988 : 53）。

　高頻度の地理的内婚に言及する研究は数多い。ガリシアには同じ村の住民と「扉と扉で」結婚するという規範があり，村が最適の通婚圏である（Sobrado Correa, 2001 : 132-133）。ミノ川畔の村々では教区内婚は70〜80％にたっし，残りの大半も結婚距離は5キロ以内である（Eizaguierre, 1994 : 87-88）。ビエルソ域北西端のロス・アンカレス域での村内婚は1880〜89年で64.7％，1970〜79年でもまだ29.6％もあった（Valls, 1982 : 151）。カセレス域も16〜19世紀では教区内婚が90％に迫った（García Barriga, 2009 : 209）。カルタヘナでは市民同士の結婚は1735〜1850年間で83.5％（Sánchez Baena, 1992 : 211-212），バレンシアでは1914〜64年間に地元内婚が80％，地方内婚が95％以上（Mira, 1971 : 109），リエバナ域では1600〜1850年間に村内婚が68％（Lanza García, 1988 : 55），等など。島嶼は物理的に孤立した世界であり，ほかの地勢要因（山地・谷・平野・沿岸など）よりもはるかに近交係数を高めることが判明している。1890〜1929年間では山地の2.5倍，平野の4.3倍にもなった[64]。なるほど，フォルメンテラ島（バレアール諸島）では1872〜79年間の近親婚割合は50％にたっし（Valls, 1982 : 152），同世紀末には小さな教区での教区内婚は81.1％にたっした（Bestard, 1991 : 447 ; 1992 : 145）。こうした各地の情報から，国中で通婚圏がきわめて限定されていたことや，リエバナ域やミノ川畔でのように，季節的出稼ぎにもかかわらず居住地への執着があったこと[65]があきらかになる。村人はつねに村に根を置き，村の娘と結婚するのが常だったのである。

64　Fuster et al., 2001 : 95（数値は表より算出）.
65　Lanza García, 1988 : 56 ; Eizaguierre, 1994 : 20.

農業経済において結婚は移動の大きな契機のひとつであり，移動と（地理的）内婚は相続慣行を説明する要素となる（Cavalli-Sforza et al., 2004：76）。地方内婚，つまり村落を越えた結婚は双系制にとって特別な意味合いをもつ。チャコン＝ヒメネスによれば，数キロ離れた町村間での人の相互交換は父方夫方居住を均衡させてきた（1987b：169-170）。父方夫方居住は双系親族システムの特徴なのである（Le Jan, 2002：34）。なるほど，男女の移入の違いがわかる，父方（第一）姓と母方（第一）姓のF・アルファ値（$α_{PP}$・$α_{MM}$）をべつべつにとると，$α_{PP}$の国平均は134±6.7，$α_{MM}$は144±7.4である（Rodriguez-Larralde et al., 2003：286-287）。この$α_{PP}$値から，絶対的多数を占めた男性移入民による押し上げ分を差し引くならば，$α_{PP}$値はもっと低くなり，$α_{MM}$との差はさらに開く。結婚を機とする女性の移動の方があきらかに多い，つまり国全体としては父方夫方居住が優勢ということになる。同一集団内でそれらの値に違いがあれば，男女の移入量が異なることを示すが，ロドリゲス＝ララルデ他は地方毎の単一姓の$α_{PP}$・$α_{MM}$値を提示せず，概略するにとどめる。それによると，低$α_{PP}$値は半島中央部の小さい町とガリシアの中規模居住地，それに部分的に大西洋沿岸にみられ，小さい町や孤立地域内のわりに大きな町で父方居住が一般的であることを示している。カタルーニャ，バレンシア，アラゴンの高い$α_{PP}$値は，半島内外からの男性移民によって押し上げられたのであろう。アンダルシア，バレンシア，大西洋沿岸，ピレネー域では$α_{MM}$が$α_{PP}$より優勢であり，結婚に際した女性の移動（つまり父方夫方居住）を示しているのであろう。一方，低$α_{MM}$値は典型的にガリシアと大西洋沿岸にみられる，とする（2003：287）。この低$α_{MM}$値は，これらの地方での末娘の母方居住慣行を確実に反映している。

　バルスは，同姓率と結婚距離・移動の多寡との間には，直線的でも単純でもないが，逆相関性があると指摘する。結果的に，内婚率・平均移動距離・同姓率・血縁性は相互に関係するパラメーターとなる[66]。たとえば，25キロ離れ

---

[66] Valls, 1982：63-64, 67, 79. 日本のいくつかの場所の同姓を分析したYasuda他は，同姓頻度と結婚距離は正規分布曲線より裾野が厚い関係にあり，25キロ以上の距離では同姓となるのは偶然のようだとする（1971：309）。西欧と日本の通婚圏が類似していることは興味深い。

ているヒホンとオビエドには共通する姓がきわめて多く，国内最小のアイソニミー距離を示す[67]。同じ現象はイタリアでもみられる。最小のアイソニミー距離はナポリと，26 キロ離れたカステラマーレ・ディ・タビア間である（Barrai et al., 1999 : 956）。25，6 キロはまさしく，人びとが知り合える距離（To Figueras, 2002a : 144）なのである。最小のアイソニミー距離を示すこれら二例においては，新郎新婦の相互交換がほとんど同頻度であることを示している。通常は，地理的に可能性が限定されていたり，特定の共同体との一方向の婚姻が選好されたりすることによって交換に違いが出てくるため，アイソニミー距離は遠くなる。

　こうした通婚圏（地元内婚・地域内婚）と姓の数との関係が具体的に判明する例をみてみよう。アラゴンのテナ渓谷にある三村（サリェント，パンティコス，トラマカスティーリャ）では 19 世紀中，村内婚がそれぞれ 62％，60％，32％，渓谷内婚は 79％，77％，72％にのぼった。これら三村には各村の地元姓と散発的な姓あわせて 110 とともに，共通する姓が 30（全体の 21.4％）存在した。これは三村が通婚していたことを意味する（Guillén Calvo, 1984 : 218-220）。広い世界との人的交換が少ないばあい，近親婚もあって，全体として姓数が減らざるをえないことをこの事例は示している。また現代（20 世紀第 4 四半期）のアンダルシアにおける孤立的「農村都市（アグロタウン）」でも近親婚による姓の少なさが報告されている。1,570 世帯に 217 の姓しかなく，その内の 627 世帯（40％）がわずか 10（4.6％）の姓を共有しているという（ギルモア，1998 : 180）。しかしながら近親婚のばあいと異なり，こうした地理的内婚については少数の研究[68]以外，時

---

[67] Rodriguez-Larralde et al., 2003 : 290. 地理的外婚の分析の大半は教区を境としている（Sobrado Correa, 2001 : 132）。しかし，人口密度が低いために教区外・村外の人と結婚するばあい，あるいは同一谷内やそれほど広くない域内での結婚を「よそ者」との外婚とみなすのではなく，「地域」内婚と解釈する方が家族史の観点からは有益であろう。外婚という概念は，地理的空間とのかかわりよりも，リネージ，部族，一定範囲の親族などの人類学的ないし宗教上の規範により良く適合するように思われる。それゆえ，Mira が村内婚を「地元内婚」，地方内の結婚を（「村外婚」とせずに）「地方内婚」と解釈する（Mira, 1971 : 109）ことには理がある。そのうえ，アイソニミーとかかわるのは物理的な境界が定かではない内婚・外婚ではなく，通婚の頻度なのである。

[68] 数少ない一例は，エスピナマ（リエバナ域）における 1691〜1850 年間の住民間結婚の変遷を 20 年毎に示す Lanza García の研究である（1988 : 160）。

空間で一貫した史・資料がなく，国内外の地域間比較・考察に必須の数値化ができない。

2) 人口の過疎・孤立

　F・アルファ値においてスペインをヨーロッパの他地方から隔てている，もうひとつの原因は，先述の遺伝的浮動（に相似する姓の偶然の偏り）である（Scapoli et al., 2007 : 41）。この現象は，偶然の出来事が次世代に伝わる遺伝子の対立形質の発生頻度にもたらす，ランダムな振幅によって引き起こされる。この遺伝的浮動によって，ある特質が優勢ともなりうるし，人口からその特質が消滅してしまうこともある。地理的にも再生産上も限定された小規模な人口においてはどこでも，大規模な人口や結婚にいかなる制約もない人口では重大な影響を及ぼさないような自然・人口・文化の要因によって，対立形質（の多様性）が深刻な影響を受ける（Valls, 1982 : 80）。遺伝的浮動の影響は人口が小さければ小さいほど大きく，対立形質のある部分が永久に失われて，その多様性が減ずるという重大事態に陥ることにもなる。その一例をABO血液型でみると，その4つの対立形質A，B，AB，Oのうち，ある山地（さきに言及したロス・アンカレス）ではB型，AB型が欠落している。同地域の著しい近親婚も手伝って，幾世代にもわたる配偶子（卵子・精子）サンプルの偶然の振幅に起因しているという（Ibid.: 151）。

　これと同じ現象が姓でも起きるはずである。姓は一つの遺伝子を形成する数多くの対立形質と考えることができるからである（Cavalli-Sforza et al., 2004 : 22）。最近，アドリア海に浮かぶ小さなラストヴォ島（クロアチア領）で，姓におけるこの偶然の振幅の大きさの実態があきらかにされた。1750〜2000年までの10世代のあいだに，その第一世代がもっていた40姓のうち，24姓が姓の継承における偏りが原因で消滅してしまったのである（Rudan et al., 2001 : 108-109）。60％にものぼるこの喪失は，遺伝的浮動の効果がいかに大きいかを物語っている。このように，小さな人口において姓は激しい偶然の振幅に晒され，世代を経るごとにそのかなりの部分を喪失していき，外部から新たな姓がもたらされないかぎり[69]，姓のレパートリーは減っていくことになる。

たしかに，表6-1でF・アルファ値がきわめて低いところ，アストゥリアス（51/48.7），ムルシア（80/77.4），それにアッペンツェル・イント（80），ウリ（83），これらはすべて人口が少なく，地理的に孤立している。このスイスの2か所はそれぞれグラルネル・アルプスの山腹中程と主要街道から外れた遠隔地にある。アストゥリアスも北を大西洋，ほかの三方を1,500〜2,500ｍ級の山々（東にはピコ・デ・エウロパ）に囲まれた地方であり，その地理的孤立は際立っている。スペインを対象とする先のアイソニミー調査（Rodriguez-Larralde et al., 2003:283）によれば，アストゥリアスのランダム近交係数F_{ST}はまさしく国内最大値（0.00514）である。この係数が表す任意近親婚は，地理的ないし別の意味での孤立によって生じるとされる[70]。スペインにおいては近交係数と人口密度はまさに逆相関し（Ibid.: 288），人口密度はこの係数とかかわる最重要変数とされる[71]。ならば，ムルシアの低F・アルファ値はまさに，同地方が16世紀，スペイン最少の人口密度（3.3人/km^2）だったことで説明しうる。ある場所が孤立・人口過疎・近親婚で特徴づけられるならば，遺伝的浮動の効果は限られた数の姓とあいまって最大となり，姓のさらなる僅少をもたらす。それをランダム近交係数F_{ST}の三次元図（図6-1）が視覚的に示している。

　イタリア半島でも，I・バライ他による123市町村の電話帳分析によれば，F・アルファ値が350以下の所はすべて，遠隔地や漁村，アルプス山脈に位置する。最小値（73）は半島の踵の最先端サンタマリアディレウカ岬にある小村カストリニャーノデルカポである[72]。人口規模・密度とともに，小さな谷・僻地が近親婚の促進要因であることがここでも証明される。また山地では高度が上がるにつれ，近親婚が増える。たとえばヴァル・パルマでは，山地の平均

---

[69] さきのクロアチア領ラストヴォ島のばあい，29の新しい姓が流入したことによって姓の総数は53に増加した。

[70] Eizaguirre, 1994: 28. 隔離小集団では任意結婚によっても近親婚率は高くなる（後藤，1975:37）。

[71] Pinto-Cisternas et al., 1997: 59, 61, 64 ; García Barriga, 2009: 217など。ただし，近交係数が人口密度によってどの程度影響されるのかを見極めることはむずかしいともされる（Valls, 1982: 150）。

[72] ついでながら，最大値はトリノの5,922，それに次ぐのがミラノの4,657。第四位のローマは4,545（Barrai et al., 1999: 950-953）。

近親婚係数 α は平地・丘の 2.7 倍高い（Cavalli-Sforza et al., 2004：95, 100）。

同様に，平均近親婚係数も都市より農村の方が高いことは，スペインでも証明されている。たとえば，ルゴ司教区（ガリシア）の農村域における近親婚の平均頻度は都市部（県都）より 6 倍ほど高いという（Valls, 1982：148）。人口規模によって近親婚の頻度に違いが生じることを，現在のテナ渓谷（アラゴン）の 6 村で最頻姓が占める割合を比較することによっても確かめることができる。人口 250〜500 の村では 30％ 前後〜40％ 強（最多 42.6％）であるが，1,500 の大きな村ではわずか 7.6％ にとどまる[73]。また，小村ではイトコ婚が優勢なのにたいし，大きい村では又イトコ婚が優勢という違いも指摘されている[74]。

F・アルファ値の抑制要因であるこの人口の孤立・過疎はスペイン全体にも当てはめうる。その値がスペインに次いで二番目に低いイタリアがアルプス山脈で他国から隔てられているのと同様，スペインはピレネー山脈で隔てられている[75]。さらに，半島内部は伝統的に，スイス山地に匹敵するほど人口の孤

---

[73] 右の表はテナ渓谷の 6 村における人口規模と姓の関係を示す。Guillén Calvo が示した一連の姓リスト（1984：223-228）から算出したものである。姓の共有度は近親婚の度合と相関する。ただし，Gavin 村のようにあまりに小さすぎると配偶者をみつけるのが困難となり村外の人と結婚するので，最頻姓を共有する人数の割合が減ることになる。強度の孤立と優勢な移出で特徴づけられる，カセレス北部のラス・ウルデス域でも，きわめて少数の姓の絶対的優勢がみられるという（Valls, 1982：146）。

村	人口[a]	姓[b]	最頻姓[c]
1	150	78（1.92）	20（13.3）
2	250	137（1.82）	86（34.4）
3	300	90（3.33）	82（27.3）
4	400	209（1.91）	138（34.4）
5	500	209（2.39）	213（42.6）
6	1,500	256（5.86）	114（7.6）

注：村名は，1. Gavin, 2. Linas de Broto, 3. Aso・Yosa・Betas 3 村の合計, 4. Toria, 5. Villanua, 6. Biescas。
a：人口は概数。
b：括弧内は姓あたりの使用人数。
c：最頻姓を共有する人数。括弧内は最頻姓が姓全体に占める割合（％）。

[74] Valls, 1982：148. しかし逆に，きわめて発展した，アラバ，ビスカヤ，バルセロナ，カディス，マドリーのような都市部では，ヴァチカン資料によると，イトコ婚は又イトコ婚より多い。詳細は不明であるが，都市内で小さな集団を作るためと推測されている（Pinto-Cisternas et al., 1997：61, 63）。たしかに移民たちは親族や同郷者とかたまり住む傾向にあり，小村と同じ効果をもたらすのであろう。また大都市での疎外感も近親者との親和性を強めよう。

[75] Scapoli et al., 2007：47. 移動ルートが狭められていることは確かであるが，Rodriguez-Larralde 他が述べる（2003：289）ように，ピレネー山脈が人口移動の完全な障害ではな

立と過疎が著しく際立っていた。こうした状況の根本原因は，複雑な地勢のうえ土壌が肥沃でないことにある。かなり広い国土[76]にもかかわらず，低い農業生産性のために人口が少なく，また近世後期もかなり進むまで居住地間を結ぶ街道が整っていなかったために，多くの市町村が孤立していた。こうした自給自足体制，貧弱な交通手段・交通網，さらには国内関税によって，J・リンチが形容するように，「スペイン経済はたがいに孤立した，生産と地元消費の小島からなる島嶼だった」。ブルゴスの監督官は書簡（1765年12月8日）で県の街道を嘆いた。いわく「雨が4滴降れば道は深いドロ沼と化し，そこから抜け出ることもできない」，と (1991: 202)。同時期，メセタ北部のセルベラ・デ・ピスエルガでも悪天候と悪路ゆえに，冬季には週市が開かれないと中央政府に報告されている[77]。この地理的孤立はいみじくも，度量衡（アランサーダ，ファネガ，ユガダなど）の量目が地方ごとに異なり，国レヴェルで統一されていなかったことにも表れている。こうしたほぼ全国的な孤立の様相は，先の図6-1において，高い近交係数値が国の大部分を占めていることに映し出されている。

　各居住地の物理的孤立は半島内部の人口移動を低調にする。これは結婚に影響する要因である（Chacón Jiménez et al., 1992: 231）。孤立は通婚圏を狭め，そのなかで近親婚と地理的内婚がさかんとなる。それは確実に「姓の有効数」を減少させることに手を貸したであろう。内部移動が少なければ，限定された数の姓が遺伝的浮動に十分に対抗できないのは当然である（Scapoli et al., 2007: 45）。外部から新たな姓が流入しないからである。しかしながらスペインのばあい，もし人的移動がもっと活発だったとしても，「姓の有効数」が増えたかどうかについては懐疑的とならざるをえない。遺伝的浮動に対抗するためには，各地

　　　かったことは，幾波もの大量のフランス移民が証明する。

[76] スペイン・イタリア・フランスの面積・人口の比較は右表。

[77] *Ynterrogattorio* en 1770（*Catastro de Ensenada, Cervera de Pisuerga* 1752, 1993: 90）．

国名（面積，千km²）	1700頃[a]	1920	1970
スペイン（505）	10.0[b]	21.2	33.8
イタリア（301）	13.3	37.0	53.6
フランス（552）	20.0	38.8	50.8

出典：Cipolla, 1973: 38; 1976: 22 より作成。
a：推定人口（百万人）。
b：スペイン・ポルトガルの合算。

域・地方が固有の異なった姓を有していることが前提となる。ここで，スペインがレコンキスタの国[78] であったことを思い出さなければならない。再征服された新たな地域への再入植は，おもに半島北部帯状地方からの人びとによって遂行された。きわめて単純化していえば，半島北4分の1からの人びとが残りの4分の3を埋めたのである。たとえば，カセレス地域（エストゥレマドゥーラ）では移入民の83％が新カスティーリャ，ガリシア，アンダルシア，とりわけ旧カスティーリャ，レオンの出身だった（García Barriga, 2009 : 214）。スカポリ他が作成した，西ヨーロッパ125地域のデンドログラム（2007 : 46-47）[79] に表される，スペインの地方間での姓における極度の同質性の根拠がここにある。地方間のアイソニミー距離はカタルーニャとバレンシア間，アンダルシアとマドリーとカスティーリャ・ラ・マンチャ間，カスティーリャ・レオンとバスク間で最小である。これはまさしく，再入植のプロセスを映し出している。たとえば，カタルーニャ人がバレンシアに入植したため，姓はきわめて類似しており，デンドログラムでは同じ集団（クラスター）を形成する。また，バスクからアンダルシアにいたるサブ集団もひとつの集団を成す。たしかに，デンドログラムにおける各集団は遺伝子上および歴史的・地理的境界に対応しているのである（Barrai et al., 1999 : 958）。地方間のこの著しい同質性ゆえに，半島内で移動がはるかに活発だったとしても，遺伝的浮動の効果に強く抗して「姓の有効数」を増やすことにはならなかったであろう。後述する近世における人的移動も，遺伝的浮動の効果に抵抗するには十分でなかったことは，マドリー域が証明する。16世紀半ばに首都となって以来，諸々の地から人びとが蝟集したにもかかわらず，F・アルファ値はきわめて低い（190ないし175.6）。他国の首都，ウィーン3,850，ジュネーヴ5,291，イル・ド・フランス9,258（8か国中最高値），ローマ4,545などとは桁違いである[80]。

---

[78] Kremerも，半島の命名史には政治や言語の歴史同様，アラブの征服とレコンキスタという独自の現象が鮮明に刻印されているとする（1998 : 264-265）。

[79] Rodriguez-Larralde他が作成したデンドログラム（2003 : 290）では，3つのクラスターを確認することができる。①マドリー，カスティーリャ・レオン，カスティーリャ・ラ・マンチャ，アンダルシア，エストゥレマドゥーラ，②カタルーニャ，バレンシア，③カンタブリア，アストゥリアスである。

他方，スカポリ他はスペイン語をきわめて低い「姓の有効数」をもたらした孤立の最大要因とみなす。同じ現象がスペイン語圏の国ぐに，ベネズエラやアルゼンチンでもみられるからだという（2007：43）。しかしスペイン語とF・アルファとの関係は明確ではない。むしろ，同じ現象がみられることは，後段でみるように，植民地時代に新世界にスペイン式命名法が持ち込まれたことに由来していよう[81]。

3）人的資源の喪失
（a）移入より多い，間断なき移出
　F・アルファ値がきわめて低レヴェルである原因のひとつは，内部移動の少なさ以外に，かつて北アフリカからの移民を受け入れはしたが，ここ500年間はスペインへの移入民がわずかだったこととされる[82]。たしかに，近世・現代にはとりわけ半島西半分への移入民は少ない。しかし忘れてならないのは，東半分，とりわけカタルーニャでは半島外，ことにフランス人の幾波もの移民があったことである[83]。ことに1490〜1620年間のフランスからの移民はきわめて大量であり，16世紀後半ではカタルーニャの男5人に一人はフランス人であり[84]，1578〜1625年間における新郎の23.1％はフランス出身だった（Nadal, 1984：70）。フランス側の史料によると，近世前半の2世紀間，ことに1520年以降，およそ50万人のフランス人がスペインに移住した。この16世紀の移民はとりわけ南仏におけるカルヴァン主義の扶植とかかわる。アキテーヌ，

---

[80]　Barrai et al., 1999：951；Scapoli et al., 2007：39-41.
[81]　Colantonio 他も同様に想定している（www.academia.edu / 1243485：786）。
[82]　Scapoli et al., 2007：44．姓の系譜は20〜30世代遡ることができるとされる（Rodriguez-Larralde et al., 2003：291）ので，一世代を25〜30年と想定する（Rudan et al., 2001：108；Yasuda et al., 1971：30）と，500〜900年間の動向，まさに，近代姓が中世盛期に誕生して以来，また父称については第2章でみたように，おおむね化石化（世襲化）しはじめる中・近世交以降の動向が，F・アルファ値に影響していることになる。
[83]　おもにガリシアとフランスからの移民によって誕生したポルトガルはカタルーニャと類似した値であるにちがいないが，ここで取り上げているアイソニミー論文ではポルトガルは対象外となっているため，確かめることができない。
[84]　García Cárcel, 1985：206；Simón, 1989：83.

ラングドック，プロヴァンスの広範囲におよぶ多数のカルヴァン信奉者は，プロテスタントの国ぐにのみならず，言語の類似性や経済的理由でカタルーニャにも向かったのである[85]。なるほど，フェリペ2世（1556〜98年）・3世（1598〜1621年）治下，スペインに渡ったフランス人移民の出身地は992か所にものぼった。ナダルが示す地図（1984：68）によれば，スペインと接する地域のみならず，いくつかの地方を除き，南仏のほぼ全域に及んだ。半島への移民は南仏の広い地域で大きな潮流をなしていたのである。

このフランス人移民は「姓の有効数」を増やさずにはおかなかったであろう。なるほど，半島東部では400前後にもなっている。さきに言及したように，カタルーニャとバレンシアでは（第一）父方姓F・アルファ値$α_{PP}$は高く（図6-6），男性移民によってもたらされたものにほかならない[86]。とりわけ，フランス国境に近いカタルーニャ沿岸部のラ・エスカラは国平均の134をはるかに超え，国内最大値690を記録する（Rodriguez-Larralde et al., 2003：287, 291）。まさに，大量のフランス人男性がこの町を通ってカタルーニャに入ったことを証明している。その一部がその後バレンシアに行ったことは，同地のF・アルファ値（表6-1）が半島西半分（190以下）と東半分（386以上）の中間の値（237/230.4）を示していることを説明する。バスク（254/267.3），ピレネー域，アンダルシア南西部も$α_{PP}$三次元図では相対的に高い値を示している。これも，バスク，ピレネー域は北から，アンダルシアは南からの男性移民の影響である[87]。それにくわえ，バスクでは長女相続選好による母方居住の一定程度の

---

[85] さまざまな動機や状況が南仏の人びとをカタルーニャに引き寄せた。オック語はカタルーニャ語とあまり違わず，また1486年のグアダルーペの裁定（国王による，封建領主権力下にあった［半］農奴の解放裁定）と1609年のモリスコ（キリスト教に強制改宗させられたムスリム）の追放は移民に有利に働いた（Biraben et al., 1991：184, 187）。それらの政策は土地を取得したり，無人となった土地を得るチャンスを提供した。

[86] フランス移民のほとんどが男性だったことは，1667〜72年間のマドリーへのフランス人移民255人中女性がわずか4人だったことからも判明する（Bravo Lozano, 1984：205）。

[87] Rodriguz-Larralde et al., 2003：288. 事実，アンダルシアには南からの移民の痕跡である，アラブ起源の姓がある。Medina（都市），Alcantara（橋），Moya（水）といった姓はほかの地方よりも多い（Ibid.：286）。とはいえ，Medina, Moyaは全国的にはそれぞれ最頻姓の42位，94位である（INE：01/01/2016）。これは北アフリカ移民の姓への（したがって遺伝子レヴェルでの）貢献がさほど大きくないことを示唆する。事実，遺伝子

240

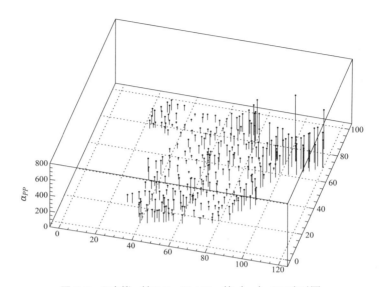

図 6-6 父方第一姓の F・アルファ値（α_{PP}）の三次元図
出典：Rodriguez-Larralde et al., 2003 : 286.

影響が，またアンダルシアでは E・トッドが指摘する（1992：80），南西部における幾分かの母系的残滓傾向の影響も反映されているのであろう。

　東半分と異なり，ことにカスティーリャ地方では近世・近代には外国人移民は多くなかった。むしろ，移出が「姓の有効数」を減らした重要な要素であろう。移民が半島内陸部に多大な人口減少をもたらしたのである。カスティーリャはスペイン帝国の支持軸となった時点から，J・ナダルの言葉によれば「二重の人的出血」に苦しまなければならなかった。ひとつには新世界への植民の自発的流れ，もうひとつはヨーロッパ支配地への兵士・役人の多かれ少なかれ強制された流れである。2世紀以上の長きにわたり移民の流れは絶え間なくつ

　　研究が明らかにしたところでは，イベリア半島の Y 染色体（男性のみを介して遺伝される）への北西アフリカの貢献は 7％にとどまり（Bosh et al., 2001：1019），女性のみを介して遺伝されるミトコンドリアの分析でも，北アフリカのベルベル女性の近代スペイン女性の mtDNA の遺伝子群への貢献はわずかにとどまるという（Côrte-Real et al., 1996：344-345）。

づいた。17世紀半ばまでの150年間，男性成人の出国はおよそ年5,000人（1984：54, 58）ないし3,000人余[88]にたっした。忘れてならないことは，この喪失がかつてのカスティーリャ王国臣民にしか及ばなかったことである。そのうえ，移民は当初，家族を伴わない男性成人だったが，女性移民が徐々に増加して男性と数で並ぶまでになるにつれて，16世紀末からは家族ぐるみの移民が徐々に増えていった。これは，家族の痕跡が完全に消えることを意味し，存続する姓の数を減らす，より直接的効果をもたらさずにはおかなかったであろう。たとえば，エストゥレマドゥーラからの家族ぐるみの移民（子ども平均2.8人の核家族）は検証した移民の68.3％にたっした[89]。とりわけガリシアは17世紀末から移民の地となったが，アメリカへの年間移民数は，それまでの約6,000人から，1787年以降は1万人にのぼった。1760年代末の大農業危機以降，アンダルシアのカディスからではなく，ガリシアの港から直接渡航できるようになったためである（Rodríguez Galdo, 1993：27）。家族全員の移住が容易となったことで，「姓の有効数」の減少は確実に加速したはずである。

　スペインから新世界への移民は19世紀前半にラテン・アメリカ諸国がつぎつぎに独立した後も，滞ることはなかった。たとえば，20世紀初めの15年間，アルゼンチン一国に渡航した者だけで100万人以上（1,136,662）にのぼった（Nadal, 1984：177）。1870～1987年における移民圧力は工業労働者と農業労働者の割合にいみじくも映し出される。リヴィ＝バッチが示した図によると（2014：156-157），スペインの工業労働者数はヨーロッパ諸国のなかで最低レヴェルである。農業分野で余った人手を吸収できる工業の欠如，ないしその発展の遅延による。両分野の労働者が同率になったのは1960年代である。ただし他のヨーロッパ地域もスペイン以上に大量の移民を出している。1846～1932年間のスペイン移出民6.5百万人にたいし，イタリア11百万人，イングランドとアイルランド18.5百万人と2倍，3倍である（Ibid.：152）。しかし枢要なことは，流入が少ない状態において，より遠い時代における姓の数がより大きく後世の

---

[88] M. Mörnerによる（Macías Hernández, 1991：35で引用）。
[89] Díaz Trechuelo, 1989（Eiras Roel, 1991：17で引用）；Hernández Bermejo et al., 1989（Macías Hernández, 1991：36で引用）。

姓の豊かさに影響することである。そのため，スペインでは近世前半から現代まで数世紀間もつづいた移出民は，姓の減少に大きく拍車をかけたにちがいない。なるほど，幾世紀にもわたり「移民の地」であったガリシアでは，濃密な近親婚の効果も加わり，F・アルファは106ないし107.9であり，カンタブリア（137/134.3）やカスティーリャ・レオン（128/126.4）よりも低い（表6-1）。いかに多くの人びとがガリシアから去ったかを示す数値である。

(b) 疫病による死亡危機

外国への移民による人口の絶え間ない喪失にくわえ，断続的に蔓延する疫病による死亡危機も無視することはできない。西欧は共通して17世紀にはチフス，ジフテリア，ペスト，18世紀には天然痘，19世紀にはコレラの疫病が蔓延し，地方的差異はあったが，とりわけ17世紀前半には大死亡危機を被った[90]。しかし，それ以降，スペインと他の西欧では状況が乖離していく。他の西欧では17世紀後半には危機は急速に後退し，19世紀にむけて徐々に減少していったのにたいし，スペインでは16・17世紀交の大死亡危機[91]後も，17・18世紀をとおして10〜15年置きに，とりわけ内陸部[92]は疫病を被りつづ

---

[90] たとえば，アムステルダムは1617〜64年の半世紀間に疫病をのべ8年間被り，合わせて11万人の死者を出した。ドイツではほとんど全土で疫病以外にも17世紀前半に三十年戦争の忌まわしい災禍を被った。バスルとステッティン間の斜め線の両側100キロ内のすべての県で住民の60〜70％が死亡し，地図から数多くの村が消滅した。イタリアはドイツ以上に疫病と死亡の頻発に悩まされた。1630〜31年の疫病で北部の大・中都市では25〜70％，農村では30％人口が減った。マントヴァで78％，パドヴァ，ヴェローナは56〜57％，ミラノ，パルマは半分，ヴェネツィアは3分の1，ボローニャは4分の1減少。1656年にはナポリとジェノヴァはすくなくともそれぞれ半分の人口を失った（Cipolla, 1973b : 75-76 ; 1976 : 155. 各都市の死亡割合は筆者による算出）。

[91] 1597〜1602年間に両カスティーリャに蔓延したペストによる死者は膨大であった。サンタンデルは市の協定書（Libro de Acuerdos）から人口3,300とみられるが，市は死者を2,500人と見積もった。ソリア，セゴビア，サラマンカ，グアダラハラの累積死亡危機係数はそれぞれ1,299, 1,224, 1,016, 1,009にもたっした（Pérez Moreda, 1980 : 115-117, 126, 128）。累積死亡危機係数については本章注95を参照のこと。

[92] 17世紀以降，チフス，ジフテリア，ペストは10〜15年ごとに2〜5年間流行った。慢性的な凶作・飢餓と結びついて，断続的に多大な死をもたらした。17世紀には1605〜07年，1615〜16年，1631年前後，1647〜52年，1659〜62年，1684年前後，

けた。天然痘のほか，コレラが 19 世紀半ばまで広範囲に広がり，人口に大きな凹みをつくった。1804 年におけるクエンカでの死亡率は 69.5‰ にまでなり，1855 年には農村地域のいくつかの土地で相当の死者を出した[93]。さらに，18・19 世紀交にアンダルシアと半島南東部では黄熱病が大量死をもたらした。蚊を媒介とするこの感染症はほかのヨーロッパ地域で発症したことは一度もない[94]。図 6-7 はペレス゠モレダが作成した，ヨーロッパ 23 か所とスペインのなかでもことに脆弱な内陸部 54 か所における危機の深刻度と頻度を示す累積死亡危機係数 (CMA)[95] グラフである。ここから，スペインでは死亡危機が 17, 18 世紀をつうじて高いレヴェルを維持し，大危機以後の 19 世紀初めにようやく弱体化局面に入ったことがわかる。この差異は誕生時余命の大きな差となってあらわれる[96]。1900 年にスペインでは 34.8 歳だった (Pérez Moreda, 1980 : 141) が，同時期 (1898〜1903 年) のフランスでは男 45.3 歳，女 48.7 歳だった (Chesnais, 1992 : 144)。

　近世・近代をつうじての，ことに西半分における人的資源の相次ぐ喪失は遺伝子の振幅をさらに大きくして遺伝的浮動の効果をますます強め，かならずや「姓の有効数」を減らしたであろう。さらに，何か所かでは極端なまでの死亡

　　1694〜99 年，18 世紀には 1706〜10 年，1730 年前後，1741〜42 年，1748〜49 年，1762〜65 年，1780〜82 年，1786〜87 年，1798〜99 年，19 世紀には 1804 年，1809 年，1812 年，1834 年，1855 年である (Pérez Moreda, 1980 : 122)。

[93] Nadal, 1984 : 129 ; Pérez Moreda, 1980 : 121. 1804 年前後のクエンカにおける死亡率は高かった (1803 年 20.9‰，1805 年 22.0‰)。1801〜25 年間の累積死亡危機係数はサラマンカ 829，グアダラハラ 752，1826〜50 年では後者 482，トレド 479，ソリア 442 (Pérez Moreda, 1980 : 126)。

[94] Nadal, 1984 : 37, 113-114. 黄熱病による死亡は 1800 年にはセビージャ人口の 18％，ヘレスでは 30％，1804 年にはマラガとカルタヘナで人口の 3 分の 1 にたっした (Ibid.: 115-116)。

[95] 累積死亡危機係数 CMA (crisis de mortalidad acumulada) は，「通常」死亡を超える，ある期日における超死亡の割合を表す。通常死亡は，危機前の 5 年間と危機後の 5 年間の平均を，修正を加えずに算出した値 (Pérez Moreda, 1980 : 124)。

[96] 1787 年のセンサスによれば，危機が深刻だった内陸部の誕生時余命はとりわけ短い。レオン地方は 25 歳，旧カスティーリャは 25.2 歳，エストゥレマドゥーラは 25.9 歳。たいして沿岸部は総じて高く，ガリシア 30.8 歳，バスク 32 歳，カタルーニャ 29.7 歳，バレンシア 32.2 歳，アンダルシア 29.9 歳など (Dópico et al., 1990 : 601-602)。

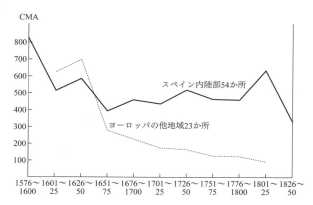

図 6-7　スペイン内陸部とヨーロッパの他地域における累積死亡危機係数（CMA）グラフ
出典：Pérez Moreda, 1980：127.

によって「ボトル・ネック現象（ビン首効果）」[97]がおきたことが想定できる。

　F・アルファにおける半島地域間の差異は，こうした人的資源の喪失の違いから説明できる。図 6-6 で高い F・アルファ値（$α_{PP}$）を示す半島東半分（旧アラゴン王国・ナバラ）では死亡危機はより軽度であり，国外移民もほとんどなかった。アメリカへの移民のうち，アラゴン王国の寄与は，18 世紀に入るまで新世界への渡航が禁じられていたこともあり，1.5％にもならなかった（Nadal, 1984：59）。また北部諸県も 16 世紀ではわずか 5％にとどまった（Eiras Roel, 1991：16）。バスクはそのため，西半分一般より F・アルファが高い。これには，さきに言及した北からの移民，伝統的な母方居住による男の移入効果にくわえ，この人的資源喪失の少なさも貢献している。また，内陸における中央部・北部の人口過疎はペレス＝モレダが述べるように，死亡危機にのみ転嫁されるべきではなく，16・17 世紀交以降のカスティーリャ人口の再配分の結果でもある。

---

[97]　たとえば，注 91 で言及したサンタンデルのばあいが想定しうる。自然の脅威によってある種がほとんど全滅したとき，それまでもっていた遺伝子の多様性が失われ，生き残ったわずかな個体がもつ限られた対立形質しか残らない。そのため，個体数が以前の規模まで増えたとしても，以前あった遺伝子の多様性はもはや回復されない。

旧カスティーリャやレオンから，新カスティーリャの大きな町，マドリー，それに半島周縁地方，ことにアンダルシアと東部地方(レバンテ)に人口が動いた[98]。ガリシア，カンタブリア，カスティーリャ・レオンのF・アルファ値（表6-1）は106〜137であるが，移民の受け入れ地にあたるカスティーリャ・ラ・マンチャ，エストゥレマドゥーラ，アンダルシアはそれぞれ144/139.1，156/155.7，168/163.6である。人口の移動・喪失はスペインと他国間のみならず，半島の東・西半分間および各半分内の地方間におけるF・アルファ値の違いに明瞭に反映されている。

4）父称の絶対的優勢

現在，父称の優勢は圧倒的である。最頻10姓をすべて父称が占めている（表6-3）。また，電話帳にもとづいて3.6百万以上の姓を分析した先の調査 (Rodriguez-Larralde et al., 2003 : 284) によると，最頻結合100姓は，一例以外，わずか15（実質的に12）の父称のさまざまな組合せから成る[99]。極端なまでわずかな数の父称の集中的使用は，きわめて低い値F・アルファを説明する有力な要因である。同じもの・類似のものを再生産する遺伝子（対立形質）の多様性に相当する「姓の有効数」は，近代姓の形成期における多様性の度合いに相当程度依存している。繰り返すが，初段階における姓の多様性とその使用頻度は，その後のプロセスにきわめて強く影響する (Ruden et al., 2001 : 108)。「ボトル・ネック現象」が示すように，より早期における多様性の喪失がのちの多様性を大きく狭めるのである。

---

98 Pérez Moreda, 1980 : 290-291, 320-321. カルタヘナ平原では1561年には人口密度は2人/km² になるかならずであったが，急速に増加し，1565〜1620年には17人/km² にまでふえた (Torres Sánchez, 1991 : 138-139)。カタルーニャでも人口は1591年から1787年の間に2.47倍増加した。同時期の旧カスティーリャ，レオン，エストゥレマドゥーラは1倍未満，新カスティーリャは1倍であった (Nadal, 1984 : 83)。

99 15父称を数える (*García, González, Rodríguez, Fernández, López, Martínez, Sánchez, Pérez, Jiménez, Díaz, Alvarez, Gómez, Hernández, Martín, Ruiz*) が，実質的にはわずか12である。最後の3父称はそれぞれ *Fernández*（*Hernández* の方が古い），*Martínez*（*Martín* は主格父称），*Rodríguez* の別形だからである（*Ruiz* については注101参照）。結合姓が二つとも父称でないのは94位の *García Moreno* のみである。

父称が誕生した中世盛期，社会は流動的かつ活発な状態にあって，個人を弁別するために二世代間関係の明瞭化をもとめる社会状況が数多く生じていた。安定的経営をもとめる領主・地主の意向，資産の相続や共有地の用益権の証明，再入植地における多数の同名異人の弁別，封建制化した半島北東部における家産相続の正当化など，動機はさまざまであった。それゆえ，第2章で述べたように，この目的に資する父称が誕生間もないスペインの近代姓システムにおいて優勢となったのである。当初，父称はどの名にたいしても創られたので，その数は膨大になったが，名のストックの縮減と少数の名への集中という二重プロセスが13世紀[100]にむかって強まっていくにつれて，それらの大部分は消滅していき，わずかな数となった。父称は名にもとづいて次世代で形成されるものだからである。さらに，化石化が中・近世交にむけて，地域や社会層によってはそれ以前からはじまった。そのため，中世末以降に導入された名や復活した古いラテン名などにたいして父称はもはや形成されないことになった。こうした状況が中世末にむけて少数の父称を支配的地位に押し上げていく。たとえばコルドバでは15世紀後半時点で県歴史古文書館に残る姓の6割近く（58.12％）をわずか8つの父称が占め[101]，1558年の異端審問所史料（Boix, 1983：21-26）によれば，100人のうち54人が20の父称を単一姓もしくは複姓の第一姓として分かちもっていた。なかでも多かったのが *Hernández*（11件）と *Sánchez*（7件）であり，最頻7父称が父称全体の65％を占めた。このように，はやくも中・近世の交に少数の父称がその優勢を確立していたのである。

　きわめてわずかな父称が優勢を誇る，このスペイン姓システムは近世に新世界に移植され，当然のこと，その地にきわめて低い値の「姓の有効数」をもた

---

[100] 半島の帯状北部（図1-1）に保管されている史料（Martínez Sopena, 1995）の大半は1200年までであるため，ストック縮減と集中の二重プロセスはその時点までしか量的に追跡できない。

[101] Aguilera Castro, 1994. *Ruiz*, *Rodríguez*（この2名が最頻），*Sánchez*, *Fernández*, *García*, *López*, *Martínez*, *González* である。*Ruiz* 以外はすべて，今日の最頻10姓に入る（表6-3参照）。*Ruiz* は *Rudericus* の父称の一形態（Rivas, 1991：378）であり，元の名により忠実なもう一つの形態 *Rodríguez* に現在では後れをとり，第十二位（INE：01/01/2016）である。第一姓がこうしたあまりにもありふれた姓のばあい，*Pablo Ruiz Picasso* のように低頻度の第二姓の方を好んで用いることがよくある。

図 6-8 世界における血縁結婚の割合地図
出典：Bittles, 2001 (Cavalli-Sforza et al., 2004：285 に引用).

らした。たとえば，ベネズエラの $α_{PP}$ はスペイン（216）と同レヴェルの 210 である（Scapoli et al., 2007：44）。さらに，ラテン・アメリカ世界全体の近親婚の割合は，血縁結婚の割合を表す世界地図（図 6-8）によると，スペインと同レヴェルの 1〜10％である。そのため，両世界で同じ現象がおこっているのである。

父称をほかの系統の姓から抜きん出させているもう一つの要素は，他の西洋諸国とくらべ，現代のスペイン姓に職業やあだ名に由来する姓が少ないことである。これも，姓誕生期の社会とかかわる。半島においては職名が姓となるには，当時いまだ十分に専業化していなかった。時代とともに増えてはいったが，本来の商手工業に由来する姓は著しく僅少だった（第 2 章第 5 節(2)）。近代姓の形成初期段階におけるこうした状況は後年における職姓の少なさに映し出される。こんにち（INE：01/01/2016），職姓は最頻 100 姓中にわずか 6 姓（実質 4 姓）である——*Molina* 粉挽き（30 位），*Herrera / Herrero / Ferrer* 鍛冶屋（各 58 位，73 位，79 位），*Montero* 勢子（76 位），*Pastor* 牧人（90 位）。*Molina* 以外，15・16 世紀交の時点で登場していた，まさにその 3 姓（第 2 章注 112 で言及）にほかならない。現在の姓が当時まで，さらには，とりわけ中世後期における職姓の誕生時にまで遡ることを如実に表している。

この状況は，地名姓・あだ名姓とともに職姓が豊富に存在する他の西欧諸国と著しい対照をなす（Scapoli et al., 2007：43）。たとえばイタリアでは 1996 年にお

こなわれた 123 市町村の電話帳調査によると，*Ferrari*（鍛冶屋）が最頻 6 姓の第二位を占める。残り 5 姓はすべてあだ名姓であり，そのうち *Rossi* が第一位である[102]。第 2 章で言及したように，あだ名姓は都市の発達とかかわる。イタリア中・近世が都市国家であった歴史が現代の姓にまさしく投影されているのである。一方現代スペインでは（INE, 2016），最頻 100 姓までにあだ名姓は 10[103] 登場するが，最高（29 位）の *Blanco*（色白）でも最頻姓 *García* の 40 分の 1 の登録者にとどまる。イタリアとの違いは鮮烈である。

地名姓も，当初は多くの地方で差異化に大きな役割を果たしていたにもかかわらず，姓システムにおいては優位に立てなかった。名のみの個人がたびたび同名であったり，父称が同じだったりするばあい，地名姓はさまざまな土地の出身者を特定するのにきわめて有効だった。しかしながら，大多数の地方では絶対的優勢を誇る父称のまえにあって少数派にとどまっていた。第 5 章で 15 世紀の異端審問所史料を分析した（表 5-1）際にみたように，最頻父称のうしろに添付される第二姓の 36〜50％が地名姓であり，ほとんどつねに父称の後方につけられた。音調（*de*＋地名のため後ろの方が収まりがいい），あるいは単に複姓を創る時系列順などの理由による。このように姓システムにおいて一般的に地名姓は追加的であり，その大部分が複姓の第二位にあったため，父方第一姓と母方第一姓によって各世代で結合姓を創り直す形成の慣習化・法令化の結果，持ちこたえることができず，多くは姿を消さざるをえなくなったのであ

---

[102] *Rossi* とその別形 *Russo*（第三位）は赤色（赤毛）に由来，第四位 *Esposito* 捨て子，第五位 *Bianchi* 色白，第六位 *Ricci*/*Rizzi* 縮れ毛（Barrai et al., 1999 : 954）。最頻 6 姓中あだ名が優勢であることは，職姓形成の遅れと近世におけるあだ名姓の広まりに因るであろう。職業は 1427 年のカタストロでも分類しえなかったほど曖昧だった（Herlihy et al., 1978 : 267）。一方，父の名に因む -*i* 父称の使用は中世では地理的・社会的にきわめて限定されていた（第 2 章第 3 節(4)で言及）が，近世には -*i* を付したあだ名姓が広く普及した。

　イタリアと異なり，現在のスペイン民法（第 196 条）は *Expósito* を姓としても名としても付けることを禁じている。身元不詳であることを表すからである（Fernández Pérez, 2015 : 212）。

[103] *Blanco* 以下に，34 位 *Delgado* 痩せっぽっち，37 位 *Rubio* 赤毛，43 位 *Garrido* 容姿端麗，49 位 *Cano* 白髪・白鬚，53 位 *Calvo* 禿頭，98 位 *Bravo* 勇敢な人，99 位 *Gallardo* 高潔者，100 位 *Rojas* 赤毛が続く。

表 6-7 最頻 20 結合姓

順位	結合姓
1	García García
2	Fernández Fernández
3	Martínez Martínez
4	López López
5	Fernández García
6	Sánchez Sánchez
7	García Fernández
8	González González
9	Rodríguez Rodríguez
10	García Martínez
11	García González
12	García López
13	López García
14	González García
15	García Sánchez
16	Pérez Pérez
17	Martínez García
18	Fernández González
19	Rodríguez García
20	Sánchez García

出典：Rodriguez-Larralde et al., 2003：284 より抜粋。

表 6-8 各地方における同一結合姓人口の割合

地方	％
アンダルシア	1.92
アラゴン	2.05
アストゥリアス	4.98
カスティーリャ・レオン	3.64
カスティーリャ・ラ・マンチャ	2.67
カンタブリア	2.24
カタルーニャ	1.85
エストゥレマドゥーラ	2.04
ガリシア	2.98
マドリー	2.45
ムルシア	2.67
ナバラ	1.58
ラ・リオハ	2.58
バレンシア	1.98
バスク	2.10
スペイン平均	2.38

出典：Rodriguez-Larralde et al., 2003：283 より算出。

る。

　ここで，二重の同一父称からなる結合姓をみてみよう。15～18世紀をカバーする異端審問所史料によって証明したように，複姓は元来，高頻度の父称にほかの要素を付け加えることによって弁別機能を回復するために形成された。追加されたのは上述のように多くは地名であり，あるいは社会上層では父方・母方両方のマヨラスゴ相続の付随義務による結合姓（その多くは領地名に由来）であった。そのため近世・近代をとおして，頻度の高い父称を重ねて用いるこ

とはけっしてなかった。しかしこんにち，異なる様相を呈している。上述のように，最頻100結合姓は実質わずか12の父称から構成されている。そのうえ，最頻20結合姓（表6-7）のうち，8姓は同一父称から成る。

表6-8は，各地方の人口中，同一結合姓使用者が占める割合を示す。同一結合姓はどの地方においてもみられ，人口の1.6～5％を占めている。少なくとも18世紀まで存在しなかった同一結合姓が出現し，増加する契機となったのは，第5章で述べた，双系的結合姓の慣習化と法令化を措いてはない。近世にはすでにかなりの頻度で使用されていた父称がますます多用されることになったのである。現在にいたっては最頻10姓すべてが父称（表6-3）なので，非血縁者であっても夫婦が同姓となる蓋然性はきわめて高い。同一結合姓率の高い地方は，最大がアストゥリアス（4.98％），ついで，カスティーリャ・レオン（3.64％），ガリシア（2.98％）であり，これらはまさしく，アストゥリアスを最大とする，先述した総近交係数 F_{IT} のトップ・スリーにほかならない。この事実は，今日は少なくなったにしても，わずか2世代ほど前まで大量におこなわれていた，濃密な近親婚がまぎれもなく，同一結合姓人口をさらに押し上げてきたことを示している[104]。高頻度父称ではない同一結合姓のばあい（たとえば，*Bartolomé Bartolomé*, *Contreras Contreras*, *Montojo Montojo* など）は，ほぼ近親婚（から生まれた子どもの姓）とみなすことができる。こうした状況下，同一結合姓の割合は今後も増えこそすれ，減ることはないであろう。この同一結合姓の増加はスペイン姓にさらなる減少をもたらすことになろう[105]。

---

[104] 本章の冒頭で述べたように，たとえばイトコ婚の4分の1は同姓となる可能性がある。

[105] スペイン政府は姓の減少に気づいており，「スペイン姓の消滅を回避するために，ないしはありきたりでないために，両親の［どちらかの］姓を［二姓とも］用いて第一結合姓とすることができる」ことを司法省のブログで紹介している（Blog de Genealogía hispana, Miniterio de Justicia, ¿Cuándo usar "y" entre los apellidos?）。この方式ではスペイン姓がますます長く，煩雑となることは避けられない。実例を本書の引用文献から挙げれば，父方2姓の採用例では *Faustino Menéndez Pidal de Navascués*，父方・母方双方の結合姓の採用例では *José Ángel García de Cortázar y Ruiz de Aguirre* がある。ただし後者は通常，父方二姓のみを用いている。

終　章

　人名への関心は古より高く、人名学はその語源・由来を探索してきた長い歴史をもつ。しかし20世紀半ばから、社会をひとつの総体として捉えようというアナール学派の提唱が深い共感を呼び、社会のなかのさまざまな事象を全体の文脈のなかで理解しようとする動きが強まってきた。縦割り分野のなかに留まれば、ある事象がもつ意味の理解に限界が生じる[1]。無数に細分化された学問分野を横断する学際的方法論の誕生である。否、古代・中世において自然学・哲学・数学・神学・倫理学・歴史学などに分断・細分化されることなく、あらゆる知を駆使して物事を理解しようとしていた、その理解の仕方への回帰なのかもしれない。そうした学際的研究の潮流は姓名についても、さまざまな時代・社会において姓名が有した意味、果たした役割、またなによりも、その変遷がほとんどわかっていないことを痛感させることになった。近代の姓名システムはどのような状況から、いかに生まれてきたのか。その探究心が研究者を解明に駆り立てた。序章で言及した西欧規模での命名研究のスタートである。

　西欧のほぼ全域を巻き込むその研究によってこの30余年、近代命名システムを誕生させた「命名革命」の中世盛期におけるプロセスとその諸相がかなり解き明かされてきた。とはいえ史料の大きな制約によって、これまでの研究の大半は時空間において散発的であり、また社会生活全体を巻き込んだはずの、その大「革命」のごく一部の局面に限定しているばあいが多い。そのため、一

　1　たとえば、人類学において歴史的考察の必要性が説かれる（Davis, 1977 : 248, 258）所以であり、文学（スペイン・バロック演劇論）においても歴史的視点の欠如が理解に限界をもたらすことになる（芝，2010 : 178-184）。

国さらには一地方・地域における歴史的展開の全体像を摑むことがむずかしいことは否めない。

　こうした状況にあって，本書は先行研究に導かれるとともに，入手できた公刊史・資料を分析することによって，歴史人名学の一例として，イベリア半島における命名システムを近代命名法の誕生から現在まで辿り，その変遷をできるだけ広い地平において捉えることを試みた。むろん，この巨大な変遷のあらゆる側面を網羅することは叶わないが，その限定された範囲でこの作業を遂行するにあたって留意したことは，M・ブーランが勧めるように，時空間におけるミクロ・マクロ双方の分析とともに双方を関係づけること，ならびに姓を遺伝子マーカーと捉えて（Cavalli-Sforza, 2004 : 8），ある人口の動向や特質を把握することを可能とするアイソニミー（同姓）研究の大局的・長期的視点を取り入れることであった。つまり，ミクロの量分析によって得られた結果をマクロの視点でいかに歴史的背景と関係づけるか，意味づけるか（質）であり，この作業こそ，歴史人名学を実践することにほかならなかった。ミクロ分析をしながら，それがマクロのなかでどのような意味をもつのか，どこに位置するのかをつねに意識する営みといえる。

　幸い，イベリア半島には「命名革命」期にあたる中世盛期の人名を，おもに修道院・教会，裁判記録，土地売買記録などから膨大な量を収集した研究書が存在する。また近世については，15世紀末から18世紀末までを網羅する異端審問所の記録や16世紀前半から19世紀後半におよぶイダルゴ位請求の国立歴史古文書館記録がある。これらは長期間の姓名の展開を部分的にせよ辿ることを可能にする，他国にはなかなかみられないと思われる，まとまった貴重な一次史料である。また，一時点での全国規模の水平的史料としては，18世紀中葉におこなわれ，「啓蒙主義の至宝」[2]とまでいわれる「カタストロ・デ・エンセナーダ」[3]の悉皆調査にもとづく綿密な世帯帳がある。その一部が公刊されており，中世から現在までの中間点における全国的な（ただしバスク地方をのぞく旧カスティーリャ王国域のみ）人名の動向を捉えるうえで大きな手掛かりと

　2　フランス人スペイン研究者 J. P. Le Flem の言（1984 : 333）。
　3　第4章注18参照。旧体制下の人口調査については，芝，2004 : 32-37 で概説。

なる。センサスは早くても18世紀末，ほとんどはナポレオン時代以降の19世紀にはじまったとされるヨーロッパにあって，16世紀から大規模な住民調査や『地誌報告』がおこなわれたスペインでは18世紀にも先駆的センサスが数回おこなわれたのである。イギリスより早い1188年に身分制議会(コルテス)が召集され，はや13世紀後半，アルフォンソ10世治下で中央集権化が意図された国ならではの国家的事業の伝統といえる。また現在については，国立統計局 Instituto Nacional Estadística の姓名にかんする統計（2016年）を利用した。姓名の使用状況（国レヴェル・県単位での各名・姓の使用頻度，各県上位50の最頻名など）が2002年から，近年は毎年情報公開されている。ほかの国で類似の取り組みがなされているか否かは聞知していないが，もしスペイン特有の取組であるならば，法定姓名システムを採っているがゆえにその動向に敏感なためであろう。

　こうした史・資料のミクロ分析から，イベリア半島の姓名展開においてこれまで曖昧模糊としていた諸局面の輪郭が多少なりとも浮かび上がり，半島における姓名システムの歴史的展開の大筋がみえてきた。名のストックの縮減・集中間およびこの二現象と二要素システム確立間の関係，各事象の地方格差（第1，3章），父称を形成するさまざまな接尾辞の推移，ことに -iz と -ez の時間的・地理的伝播（第2章），近・現代における最頻名の変遷とその文化的背景（第4章），近世における姓の実態と双系的結合姓法定化の背景（第5章），極端に少ない姓をもたらしたスペイン社会の歴史的諸局面（第6章）である。以下に総括してみよう。

　中世盛期に始まった「命名革命」は，当時個々人が唯一有していた名におけるレパートリーとストックにおける変化および二要素命名法の誕生に集約できる。なかでも後者は「革命」における最大の変革である。当時の西欧は，それまで相対的に静的だった社会自体につぎつぎに新しい動きが沸き上がる，歴史的転換期にあった。イベリア半島においても，本格的なレコンキスタの推進，新しい「都市」・地域共同体(コンセホ)の建設・入植，それに伴う夫婦家族世帯の優勢や社会生活における人間関係の複雑化，キリスト教の俗界への浸透，北東部における封建化とそれに伴う政治的・社会的変化，父系家族の形成など，社会の基層に深遠な変化がおこっていた。こうした社会の根柢を揺るがす大変動が近代

姓名システムの形成を促したのである。
　まず，半島中部・南部を支配していたイスラーム世界から *ibn* という語を用いて父子関係を表す命名法を導入し，その語をただちにラテン語 *filius* に置き換え，補足要素として用いた。プロト二要素命名法の誕生である。ほどなく，父の名に接尾辞を付した父称の生成というさらなる革新を生み，ここに近代姓名システムが姿を現す。並行的に，名における二重プロセス（ストックの縮減・少数名への集中）が尖鋭化していく。こうした名にかかわる二重プロセスと二要素命名法出現との相関関係を検証すると，単名・二要素の均衡期および二要素の確立期が，カタルーニャを除く全地域で縮減と集中の動向とほぼ一致する。集中が均衡期より一世代あきらかに先行する地域が存在することからすれば，螺旋状の並行的展開だったにしても，大方の地域では縮減・集中が二要素命名法への移行より先行したといえる。逆にカタルーニャでは，名の動向より二要素確立が一世代先行していた。
　上述の新しい補足要素が他の西欧域で使用されはじめた時期から判断すると，その震源地が半島北西部だった可能性が高い。*filius* は北西部から2,3世紀のちに，急速に封建化したカタルーニャに伝わり，カタルーニャからはただちに南仏に，そこからフランス中央西部となかんずく北西部の限られた地方に伝わり，そのノルマンディから征服後にイングランドに伝わったと考える。父称接尾辞 *-i* のばあい，まったく使用されなかったフランスを経るはずもなく，半島から直接イングランド南東地方に伝わった可能性がある。イベリア半島北部は，当時先進文明地域であったイスラーム世界と直接接するという地政学的条件によって，言語や生活様式とともに命名法も採り入れ，その新しい命名要素を他の西欧諸地域に伝える仲介役を果たし，西欧近代命名法の形成を促進させたといえる。イベリア半島はまさしく異文化遭遇の辺境（フロンティア）だった。半島北部によるイスラーム世界からの新しい命名法の導入は，双系的親族構造に変化があったためではなく，社会環境の変化によるものであるが，他方，カタルーニャや他の西欧地域では封建制に起因する父系制への移行に伴うものであった。
　導入された補足要素を発展させた父称を作る接尾辞には，当初さまざまな種類があった。それらのうち，アラブ起源の可能性が高い接尾辞 *-i*，そこからす

ぐに派生した *-ici* / *-iz* は北西部では早くも 8 世紀に登場する。しかしそこから変容した *-ez* の登場はむしろ中央東部の方が早い。ナバラではイスラーム世界との深い親交によって早くも 9 世紀半ばから，原初カスティーリャ域（エブロ河上流域）では 9 世紀末に登場し，10 世紀には優勢となる。その *-ez* は *-i* / *-iz* とは逆方向に，たぶんカスティーリャ語（現スペイン語）の伸張とともに西方・南方に伝播した。ロマンス語形成期の真っただ中の混沌とした状況下，さまざまな形態が入り乱れ，相反する動向がみられたが，次第に *-ez* が優勢となっていく。ピーター・バークのいう「新しい文化史」に倣えば，異文化遭遇によって新たな異種混淆的な形態が生み出され（「文化翻訳」され）[4]，自律的展開をみたのである。ともかく，父称はその最大の生成期が中世盛期にあり，また父称が次第に化石化していくことによって，中世後期や近世にあらたに登場した名や再出現した名にたいしては，父称がほとんど形成されないことになった。

　父称にはさまざまな意味合いがあり，社会集団によって異なった。それはなによりも夫婦家族の象徴であり，純粋な双系家族と相容れた。ことに半島西半分では父系意識はなく，双系的相続権の意味合いを内包し，子どもすべてが父称を共有した。一方北東地方では，父称は父系による家産継承権を表明・誇示するために用いられた。封建制カタルーニャではこの男系意識によって，南仏とともに，父称が導入されたわずか 1，2 世代のうちに化石化・固定化したのは当然の成り行きであった。ただし同地では，地名姓がまもなく父称を凌駕する。他方，カスティーリャ地方では父系意識の形成が貴族においてさえも遅れたため，リネージ名やマヨラスゴの出現が遅れ，それにつれて父称の化石化も遅れた。世代変化する父称は中世後期，さらには近世まで存続した。平民間でも地方によって化石化の時期が異なった。たとえば，永代借地小作が優勢なガリシアでは系譜性が要求されたため，そうした連続性が領主側から要求されない，ないし短期借地が支配的なほかの地方よりも早期に父称の化石化が進んだ。名の二重プロセス（縮減と集中）とこうした父称の化石化の開始によって，少

---

[4] 異種混淆性という主題は，文化史を全体史へと接続するための必然的な一手として選ばれている（バーク，2012：61-62）。

数の父称がはやくも中・近世の交に優位を確立していった。近現代にはさらに，結合姓の普及と法定化によって父称の優位性は加速度的に強まっていった。現在，最頻結合100姓は実質わずか12の父称の組合せから成る。

イベリア半島の姓名システムを他の西欧諸国，とりわけフランス，イタリアと比較して判明することは，姓名システムにおける諸事象・意味合いの相違がそれぞれの社会の基層に由来していることである。封建制確立の有無，父系的／双系的親族，不分割／分割相続，都市の成立ちと発展程度，基幹産業としての農業のあり方，職の専業化程度，固定的／流動的社会，キリスト教の影響の強弱，心性における個別的／集団的アイデンティティ等々。こうした社会のあり様の根柢における違いが，フランスやイタリアでは，たとえば国王・君主の名や主従関係を直截的に表す名，娘の父称使用からの排除，職姓・あだ名姓の優勢などをもたらし，他方（カタルーニャをのぞく）イベリア半島においては「世代の名」としての父称，夫婦別姓，キリスト教系名の高頻度採用，職姓・あだ名姓の少なさ，究極的には双系的法定姓名システムをもたらした。姓名システムには，それぞれの社会の成立ちや心性，地政学的位置など，トータルとしての歴史が忠実に反映されているのである。

スペインにおける，世界的にみても例外的な姓システムの法定化は，それまで姓の形成や継承があまりにも自由裁量に任されていたことへの反動なのかもしれない。キョウダイ全員が異なる姓をもつ，あるいは両親の姓をひとつも継承しないことさえ珍しくはなかったのである。この法定姓は本をただせば，形態において，ともにマヨラスゴを有する男女の結婚から生じる義務に依拠するものであり，一仮説（A・ドミングス＝オルティス）のいう他宗徒の血が混じらない純血の表明ではなかったことは，15～18世紀末におよぶ異端審問所史料が証明する。結合姓は形態としては，父系制のシンボルであるマヨラスゴにその源がある。とはいえ，この双系的結合姓はスペイン核家族の女性も含む均分相続を旨とする，民衆に深く根づいた双系的心性と合致しなければ結晶化しえなかったであろう。現行の双系的姓システムは，支配的なスペイン家族の核にある平等主義を映し出している。

姓に新たな観点を提供しているのがアイソニミー（同姓性）研究である。姓

の次世代への伝達法が遺伝子の対立形質のそれと酷似するという科学的事実に依拠し，姓からさまざまな近交係数を導き出して，過去幾世紀にもわたって刻印された社会の経験を数値化する。電話帳などのビッグデータを駆使するその近年の研究はほかの西欧諸国にくらべ，スペイン姓（の多様性指数）の極端な僅少性と地域間の強い同質性をあきらかにした。こうした特徴がどのような歴史的背景からもたらされたのか，歴史的視点からの解明を試みた。その作業は，過去幾世紀にもわたるスペイン社会そのものの歩みを辿ることにほかならなかった。同質性は再入植が主に半島北部域の同じ人びとによって遂行されたためであり，姓の少なさもこの要因とともに，一連の事象に起因している——不毛な土地，旧体制における「島嶼」経済，ことに西半分における近現代を通じての絶え間ない移出（とりわけ家族ぐるみの移住）とわずかな移入民，19世紀までも断続的につづいた大量の疫病死，脆弱な農業による風土化した高死亡率などである。こうした諸要因が遺伝的浮動におけるがごとく，ランダムな振幅に姓を晒し，その数を大幅に減らしてきたのである。

　さらに，姓の僅少性は当然，きわめて頻繁な近親婚慣行からも直接的にもたらされる。この慣行が四（20世紀初頭からは三）親等以内の結婚を禁ずる教会法の存在理由をも疑わせるほど濃密かつ大量におよんだことを，地方毎の詳細なヴァチカン史料（20世紀前半）があきらかにしている。この慣行が，他の西欧諸国よりも大きな相続権を女性に認めてきた均分相続を相殺するためであることは疑いない。家産の過剰な細分化を抑制し，かつ後続世代での経済・社会・再生産の条件を維持することによって，自滅を回避するメカニズムである。人口増大期にあって，均分相続による家産細分化の脅威はスペインにおいてはそれだけ大きかったといえる[5]。相続においてより平等である国において，その相続システムを相殺する手立てを人びとが積極的に講じたことは歴史の皮肉である。あるいは，アラブ世界で父方平行イトコ婚が理想とされてきたように，不可避的・必然的結果と解釈すべきなのだろうか。男性への相続分の半分を女性に認めるクルアーンに則すれば家産を喪失しかねない脅威をまえに，家産を

5　農民の保有・所有地が100か所以上に散在することも珍しくなかった（Behar, 1986 : 294）。

男系内に留め置く手立てである[6]。近世後半以降、とりわけ19世紀末から20世紀はじめの30年間における濃密な近親婚のうえに、きわめて少数の父称の優勢やその他の要因も相乗して、北西欧のみならず地中海地域のほかの国ぐにともくらべものにならないほど、驚異的な姓の僅少性がスペインにもたらされたのである。

　家産細分化の脅威にたいしてフランスやイタリアではべつの戦略、出生制限を優先させていた。フランスではすでに18世紀後半から一貫して主要手段として実行され、イタリアでは19世紀末から、決定的には1920年代以降におこなわれた。両国においては、第二の選択肢として、極近親婚を忌避しつつ、遠い親族間結婚がおこなわれたにすぎない。スペインとこの二国との結婚行動・家族戦略におけるこの明瞭な違いが姓の多様性指数に大きな差異をもたらした一因といえる。数多くの国ぐにでは、同じ姓をもつ者同士の結婚を否定する傾向があり、同姓結婚は稀であるという[7]。娘が相続権を有する所ではその結婚は重要であり、伝統的に親が結婚を整えるため、内婚となりやすい。典型的にはアラブでは族内、ヨーロッパでは隣人間となるとされる（Casey, 1989：85）。さすれば、濃密な近親婚およびそれにかかわる心性（経済的配慮・親族同盟）において、図6-8が可視化するように、スペインは西欧にあってイスラーム世界に一番近い国なのであろう。この面でスペインがふたつの世界のあいだに位置することは、西欧の近代命名法の形成においてイベリア半島が果たしてきた、まさしくフロンティアとしての役割に呼応する[8]。

6　Tillion, 1967. この相続規範はスンニ派のものである。男子がいないばあいには女性が家産すべてを相続する権利も認めている（Goody, 1990：371）。イスラーム世界で伝統的に好まれ、一番多いとされてきたイトコ婚（Zomeño, 2011：50, 76）は現在、結婚総数の20〜50％を占める（Cavalli-Sforza et al., 2004：284）。オジ姪／オバ甥婚（「斜交結婚 oblique marriages」）は原則的に禁じられている（Goody, 1990：301, 380）。キリスト教世界ではカトリックがこの極近親婚をも特免するのにたいし、ギリシャ正教はイトコ婚さえも厳格に禁じている（後藤、1975：223）。

7　Colantonio et al.: 788. たとえば韓国では、古より氏族内婚の禁制「同姓不婚」がある中国の影響を受け（後藤、1975：26）、1999年まで同じ本貫（始祖発祥地）・同姓同士の結婚は国法によって禁じられていた。

8　女性が結婚後も生家の姓を維持している点においても、夫姓使用が一般的な西欧にあって、スペインは少なくとも形態においてイスラーム世界と共通する。ただし、こん

このように，歴史人名学の視点から量的ミクロ分析と他地域との量的・質的比較などを通して，イベリア半島における近代姓名システムの誕生とその後の変遷を辿ってきた過程で逆に，史料不足がその大きな要因ではあるが，不明な部分も多々浮き彫りになった。イベリア半島についていえば，東半分における創成期の動向（たとえばアラゴンとナバラでの早期のストック縮減およびナバラでの -ez の早期出現などの経緯と量的把握，その背景など），北部全体における中世後期から近世前半の様相，とりわけ社会層や地域・地方で異なる父称の化石化の時期などである。史料に現れにくい女性の姓名も，秩序だった研究がむずかしく，ことに中世における展開はほとんど未解明である。本書においてもきわめて限定的にしか言及できなかった。スペインでは近年，姓名システムの研究がさかんになり，シンポジウムや論文集の刊行，集団による史料分析が進展しつつある。たとえば，本書第4章でも一部を分析したカタストロ・デ・エンセナーダ史料の姓名システムにかかわる分析である[9]。この史料の各地についての分析が進めば，18世紀半ば時点での姓名の様相がすくなくとも旧カスティーリャ王国域についてあきらかになるであろう。他方，バスク，ナバラ，旧アラゴン王国については中近世をとおした時系列的・横断的史・資料を欠くため，姓名動向の解明の道のりは遠い。たとえば，命名革命期には半島に属さないとまでみなされたカタルーニャで当時絶対的優位を誇っていたフランス・ゲルマン系の使用名がいつ，どのような歴史的背景・心性の変化を経て「スペイン化」し，こんにちのキリスト教系名の優位（第1章注58）がもたらされたのか。ブルボン朝による18世紀初頭の中央集権化政策はその契機となりえたのか。スペインへの帰属か独立かに揺れるカタルーニャ人の心性にもかかわる問題である。こうした疑問を解明してくれる地道な史料の掘り起こしが待たれる。またポルトガルはどの時点で，いかなる状況のもとで命名システムがスペインから乖離していったのか。イタリアとは早期の -i 父称や filius 使用など類似点が

にち多くのアラブ社会で女性が結婚後も生家の姓を保持している（Goody, 1990 : 364）のは父系制ゆえであり，双系制スペインとは意味合いが異なるのはいうまでもない。
9　近年20人の研究者グループがアルメリア県の姓名をエンセナーダ史料にもとづいて分析している（Equipo OLTA, 2017）。

多いが，それらはどのような状況のもとで出現したのか。同国における命名システムの大きな地方的・社会的差異は歴史的動向とどのように結びついていたのか，あだ名姓自体は中世からあったにしても，接尾辞 -i を付けたあだ名姓がなぜ近世になって民衆に広まり，今日の絶対的優位をもたらしたのか，等々。ヨーロッパ各国・地方における「命名革命」の展開，その社会的・文化的背景の解明は今後の課題としていまだ大きく残されている。

　序章で言及した，姓名システムの時空間におけるミクロ分析とマクロ分析を総括すべきとする提唱（Bourin, 2002 ; Chareille, 2002），人名は「社会のマーカー」であり，社会史・心性史・宗教史・歴史人類学などの証人として，全体史を理解する有効なツールとなりうるとする見解（Mitteruar, 1996 : 295-296, 306），姓名システムそれ自体が本来的に学際的学問とする見解（Kremer, 1998 : 262），これらはまさに，歴史人名学の指針を示している。各地における歴史人名学の進展によって，より詳細な比較的考察が可能となり，それぞれの社会の特質がより鮮明となるであろう。ヨーロッパ，とりわけ本書でたびたび言及したフランス，イタリアにおける歴史人名学研究の進展が待たれる[10]。歴史の証人たる人名をとおして社会の基層，社会・文化の来し方・現状を詳らかにする，歴史人名学研究のさらなる実践と発展に期待したい。

---

[10] 本書のスペイン語版（*Antroponimia histórica hispana : desde la Edad Media a nuestros días*）をムルシア大学からほどなく出版する予定である。スペインにおける，命名革命と近代姓名システムの形成・展開にかかわる研究のさらなる進展の一助となれば幸いである。

あとがき

　スペイン人の姓は長い。名のレパートリーが少ないのは西欧共通であるにしても，他の諸国と違い，姓はなぜかくも長いのか。こんな素朴な疑問を抱いたのは，かれこれ30年ほどまえのことである。ときおり耳にする中南米やフィリッピン人の姓も類似している。なにか深い歴史的ないわくを感じていた矢先，現行法定の双系的結合姓が純血（異教徒の血が混じらない）の証明のために導入されたという仮説に遭遇し，一挙に関心が高まった。1970年代初頭，キオスク風のこじんまりした古書店が軒を連ねる「モヤノ坂」（マドリー）で，興味の赴くままに購入した本や異端審問所史料などに近世の数世紀間を生きた人びとの姓名が多く載っていることを思い出した。それらを分析すれば，何かのヒントが得られるかもしれないと思い，繙くうちに姓にはいくつかの型があることがわかった。それぞれの型を数えはじめる。どんな結果で出てくるのか，という期待感がその単調な作業を癒してくれた。その結果が1995年に『西洋史学』に投稿した，姓にかんする最初の論文（「スペインにおける姓名システム──その由来に関する一考察」［第178号］）だった。

　しかしその後しばらく，姓名研究から遠ざかった。研究対象とするスペイン社会史のほかの分野，家族史（女性の財産権，結婚パターン，世帯構造など）や心性史（名誉観念）などへの関心の方が強かったためである。ところが，スペイン家族史の第一人者であるムルシア大学のフランシスコ・チャコン=ヒメネス教授と家族史にかんする質疑応答を繰り返していた折，当時は別分野と思っていた姓名の上記論文（スペイン語版）を送ってみたところ，同大学での講演を依頼された。その2009年，「スペインにはこうした研究はなく，面白いので本にしたらいい」と助言され，腰を入れて取り組むことにした。

　先行研究を読みはじると，ヨーロッパにおける本格的な姓名の歴史学研究は20世紀末にはじまったばかりであり，近代姓名の誕生については意外にもま

だ十分解明されていないことがわかった。さらに読み進むにつれ，人名研究はそれ自体の分析で終えられるものではなく，全体史のなかに位置づけなければ，その展開が十分理解できないことを痛感した。歴史，ことに近代姓名誕生のときである中世盛期のイベリア半島の興趣に富む躍動的な歴史，社会の構造，家族・世帯構造，女性の財産権，コンベルソ（ことにユダヤ人改宗者）問題，対抗宗教改革のトリエント公会議以後の教会・異端審問所による教化政策，心性史，社会人類学，人口転換，アイソニミー（同姓）研究，等々，これまでの研究から得た知見を総動員しなければならなかった。とはいえ，これらすべてのテーマに通暁しているわけではない。さらに将来，決定的に不足している史料の新たな発掘によって姓名の展開がより鮮明になったり，新たな視点からの考察で新しい解釈・説明がなされたりすることもあろう。しかし筆者のこれまでの研究のひとつの結晶ともいえる本書によって，特色あるスペインの歴史・社会を知っていただければ，これにすぐる喜びはない。

　さいわいにも第29回名古屋大学出版会学術図書刊行助成を受けることができ，名古屋大学出版会から出版していただけることになった。ひとえに，同出版会の編集部長橘宗吾氏のお蔭である。「歴史人名学」という名称も，本書のタイトル『歴史人名学序説』も同氏からご提案いただいたものである。ご誘掖に深く感謝申しあげる。編集作業においては多岐にわたる貴重な助言をいただいた山口真幸氏に感謝の意を表したい。

　2018年　桜花爛漫の候

芝　紘子

文献一覧

A 公刊原史料

Actas de las Cortes de Castilla, Madrid : Congreso de los Diputados, t. XXIX, 1908 ; t. XXXIV, 1911.
Archivo Histórico Nacional, *Catálogo alfabético de los documentos referentes de Hidalguías conservados en la sección de Consejos suprimidos*, Madrid, 1920.
Beinart, Haim, *Records of the Trails of the Spanish Inquisition in Ciudad Real*, t. III, IV, Jerusalem : The Israel Academy of Sciences and Humanities, t. III, 1981 ; t. IV, 1985.
Boix, Rafael Gracia, *Autos de Fe y Causas de la Inquisición de Córdoba*, Córboda : Servicio de Publicaciones de la Excma. Diputación Provincial de Córdoba, 1983.
Boletín Oficial del Estado 266, 6 noviembre 1999.
Centro de Gestión Catastral y Cooperación Tributaria, *Santiago de Compostela, 1752. Según las Respuestas Generales del Catastro de Ensenada*, Madrid : Tabapress, 1990.
Centro de Gestión Catastral y Cooperación Tributaria, *Carmona, 1751. Según las Respuestas Generales del Catastro de Ensenada*, Madrid : Tabapress, 1990.
Centro de Gestión Catastral y Cooperación Tributaria, *Tuy, 1753. Según las Respuestas Generales del Catastro de Ensenada*, Madrid : Tabapress, 1990.
Centro de Gestión Catastral y Cooperación Tributaria, *Jumilla, 1755. Según las Respuestas Generales del Catastro de Ensenada*, Madrid : Tabapress, 1990.
Centro de Gestión Catastral y Cooperación Tributaria, *Valladolid, 1752. Según las Respuestas Generales del Catastro de Ensenada*, Madrid : Tabapress, 1990.
Centro de Gestión Catastral y Cooperación Tributaria, *Poza de la Sal, 1752. Según las Respuestas Generales del Catastro de Ensenada*, Madrid : Tabapress, 1991.
Centro de Gestión Catastral y Cooperación Tributaria, *Talavera de la Reina, 1753. Según las Respuestas Generales del Catastro de Ensenada*, Madrid : Tabapress, 1991.
Centro de Gestión Catastral y Cooperación Tributaria, *Lanjarón, 1752. Según las Respuestas Generales del Catastro de Ensenada*, Madrid : Tabapress, 1992.
Centro de Gestión Catastral y Cooperación Tributaria, *Cervera de Pisuerga, 1752. Según las Respuestas Generales del Catastro de Ensenada*, Madrid : Tabapress, 1993.
Centro de Gestión Catastral y Cooperación Tributaria, *Murcia, 1756. Según las Respuestas Generales del Catastro de Ensenada*, Madrid : Tabapress, 1993.
Centro de Gestión Catastral y Cooperación Tributaria, *San Sebastián de los Reyes, 1751. Según las Respuestas Generales del Catastro de Ensenada*, Madrid : Tabapress, 1994.
Centro de Gestión Catastral y Cooperación Tributaria, *Grazalema, 1752. Según las Respuestas*

Generales del Catastro de Ensenada, Madrid : Tabapress, 1996.
Concilio de Trento, www.intratext.com/IXT/ESL0057/_P1C.HTM
Don Juan Manuel, Libro de los Estados, Oxford : Clarendon Press, 1974.
Ley 40/1999, de 5 de noviembre, sobre nombre y apellidos y orden de los mismos, Boletín Oficial del Estado 266, 6 noviembre 1999, pp. 38943-38944.
Libro del repartimiento de Almería (El). Edición y estudio de Cristina Segura Graiño, Madrid : Universidad Complutense de Madrid, 1982.
Novísima Recopilación de las leyes de España, v. 4, 5, Madrid, 1975 (1805).
Real Academia de la Historia, Las Siete Partidas del Rey Don Alfonso el Sabio, t. 3, Madrid : Ediciones Atlas, 1972.
Reglamento del Registro civil. Decreto de 14 de nobiemre de 1.958, BOE del 11 de diciembre (Actualización en el BOE de 19 de septiembre de 1.986).

B 研究著作

Abadía Jiménez, María Fuensanta, "Herencia y matrimonio como estrategia de reproducción social. Las familias Muso y Arce (siglos XVII-XVIII)", V. Montojo Montojo (ed.), Linaje, familias y marginación en España (ss. XIII-XIX), Murcia : Universidad de Murcia, 1992, pp. 75-92.
Abadía Jiménez, M. F., "Concentración y perpetuación patrimonial a través de la transmisión de la propiedad y los contratos de compra y venta en la familia murciana durante los siglos XVII y XVII", F. Chacón Jiménez y Ll. Ferrer i Alós (eds.), Familia, Casa y Trabajo, Murcia : Universidad de Murcia, 1997, pp. 169-180.
Abreu-Fereira, Darlene, "A status of her own : women and family identities in Seventeenth-Century Aveiro, Portugal", Journal of Family History, v. 34, no. 1, 2009, pp. 3-24.
Achón Insausti, José Angel, "La « Casa Guipúzcoa ». Sobre cómo una comunidad territorial llegó a concebirse en términos domésticos durante el Antiguo Régimen", J. M. Imízcoz Beunza (dir.), Redes familiares y patronazgo. Aproximación al entramado social del País Vasco y Navarra en el Antiguo Régimen (siglos XV-XIX), Zarautz : Universidad del País Vasco / Euskal Herriko, 2001, pp. 113-137.
Aguilera Castro, Carmen, "Los nombres de los cordobeses en la segunda mitad del siglo XV", M. A. García Guinea (dir.), Vida Cotidiana de la España Historial. Acta del VI Curso de Cultura Medieval, Universidad de Córdoba, 1994, pp. 245-258. (http:www.historiaviva.org/nombres/nombres_cordob15.shtml)
Alfaro Pérez, Francisco José, y Domínguez Cavero, Begoña, Sociedad, nobleza y emblemática en una ciudad de la ribera de Navarra, Corella (siglos XVI-XVIII), Zaragoza : Heraldaría, 2003.
Aliende, Ana, Aliende, Victoria, y Castro, Demetrio, "Antroponimia y sociedad. Marco teórico e hipótesis sobre su dinámica", La Onomástica en Navarra y su relación con la de España. Actas de las primeras Jornadas de Onomástica, Pamplona, 2005, pp. 299-316.
Alonso, Martín, Enciclopedia del idioma : Diccionario histórico y moderno de la lengua española

(*siglos XII al XX*) *etimológico, tecnológico, regional e hispanoamericano*, t. II, Madrid : Aguilar, 1982.

Alonso Álvarez, Raquel, "Los promotores de la Orden del Císter en los reinos de Castilla y León : familias aristocráticas y damas nobles", *Anuario de Estudios Medievales*, 37/2, 2007, pp. 653-710.

Altman, Ida, *Emigrantes y sociedad. Extremadura y América en el siglo XVI*, Madrid : Alianza Editorial, 1992.

余部福三『アラブとしてのスペイン――アンダルシアの古都めぐり』第三書館，1992 年。

Artola, Miguel (dir.), *Enciclopedia de Historia de España, 6 : Cronología. Mapa. Estadísticas*, Madrid : Alianza Editorial, 1993.

Aubrum, Charles V., "La femme du Moyen Âge en Espagne", *Histoire mondiale de la Femme*, P. Grimal (ed.), t. 2, Paris : Nouvelle Librairie de France, 1966, pp. 185-210.

Ayerbe Iribar, María Rosa, "La mujer y su proyección familiar en la sociedad visigoda a través de los Concilios", *Las mujeres medievales y su ámbito jurídico*. Actas de las II Jornadas de Investigación Interdisciplinaria, Madrid : Universidad Autónoma de Madrid, 1983, pp. 11-31.

Azcona Guerra, Ana M., *Comercio y comerciantes en la Navarra del siglo XVIII*, Estella : Gobierno de Navarra. Departamentode Educación y Cultura, 1996.

Ballesteros Díez, José Antonio, "Bautismos e historia social en Mérida a principios del siglo XVI", *Revista de Estudios Extremeños*, v. 59, no. 2, 2001, pp. 647-659.

Ballesteros Díez, J. A., "Onomástica y mentalidades en el siglo XV", *Espacio, Tiempo y Forma*, no. 17, 2004, pp. 27-57.

Ballesteros Díez, J. A., "Flexibilidad nominal y estudios de la filiaciones en Mérida, siglo XVI", G. Salinero e I. Testón Núñez (comps.), *Un juego de engaños. Movilidad, nombres y apellidos en los siglos XV a XVIII*, Madrid : Casa de Velázquez, 2010, pp. 59-67.

Barbazza, Marie-Catherine, "La familia campesina en Castilla la Nueva en los siglos XVI y XVII : dote, herencia y matrimonio", V. Montojo Montojo (ed.), *Linaje, familia y matrimonio en España* (*ss. XIII-XIX*), Murcia : Universidad de Murcia, 1992, pp. 59-73.

Barbazza, M.-C., *La Société Paysanne en Nouvelle-Castille. Famille, Mariage et transmission des biens in Posuelo de Arabaca* (*1580-1640*), Madrid : Casa de Velázquez, 2000.

Barrai, I., Rodríguez-Larralde, A., Mamolini, E., and Scapoli, C., "Isonymy and Isolation by Distance in Italy", *Human Biology*, v. 71, no. 6, 1999, pp. 947-961.

Barrera González, Andrés, *Casa, herencia y familia en la Cataluña rural* (*Lógica de la razón doméstica*), Madrid : Alianza Editorial, 1990.

Barrera González, A. "Sucesión universal y familia troncal en la "Catalunya Vella"", C. Lisón Tolosana (ed.), *Antropología de los pueblos del Norte de España*, Madrid : Universidad Complutense de Madrid, 1991, pp. 179-204.

Barrero García, Ana María, "Los fueros de Sahagún", *Anuario de Historia del Derecho Español*, t. XLII, 1972, pp. 385-597.

Barthélemy, Dominique, "Vendômois : le système anthroponymique (X^e-milieu XIIIe siècles)", M. Bourin (ed.), *Genèse médiévale de l'anthroponymie moderne*, t. I : *Études d'anthroponymie médiévale*, Tours : Publication de l'Université de Tours, 1989, pp. 35-59.

Beceiro Pita, Isabel y Córdoba de La Llave, Ricardo, *Parentesco, poder y mentalidad. La nobleza castellana, siglos XII-XV*, Madrid : CSIC, 1990.

Beck, Patrice, "Évolution des formes anthroponymiques en Bourgogne (900-1280)", M. Bourin (ed.), *Genèse médiévale de l'anthroponymie moderne*, t. I, Tours : Publication de l'Université de Tours, 1989, pp. 61-85.

Beck, P., "Anthroponymie et désignation des femmes en Bourgogne au Moyen-Âge (X^e-XIVe siécles)", M. Bourin (ed.), *Genèse médiévale de l'anthroponymie moderne*, t. II : *Persistences du noms unique*, v. 2 : *Désignation et anthroponymie des femmes, méthodes statistiques pour l'anthroponymie*, Tours : Publication de l'Université de Tours, 1992, pp. 89-100.

Beck, P., "Personal names among the rural populations in France at the end of the Middle Ages", D. Postles and J. T. Rosenthal (eds.), *Studies on the Personal Name in Later Medieval England and Wales*, Kalamazoo (Michigan): Medieval Institute Publications, 2006, pp. 143-156.

Beech, George T., "La dévolution des noms et la structure de la famille : l'exemple poitevin", M. Bourin, J.-M. Martin, et F. Menant (comps.), *L'anthroponymie, document de l'histoire sociales des mondes méditerranéens médiévaux*. Actes du colloque international, Rome : Ecole Française de Rome, 1996, pp. 401-411.

Beech, G. T., Bourin, Monique, and Chareille, Pascual (eds.), *Personal Names Studies of Medieval Europe : Social Identity and Familial Structures*, Kalamazoo : Western Michigan University, 2002.

Behar, Ruth, *Santa María del Monte : The Presence of the Past in a Spanish Village*, Princeton (NJ) : Princeton University Press, 1986.

Bennassar Perillier, Bartolomé, "Los hidalgos en la España de los siglos XVI y XVII : una categoría social clave", *Vivir el Siglo de Oro. Poder, Cultura e Historia en la Epoca Moderna*, Salamanca : Edicions Salamanca, 2003, pp. 49-60.

Bennett, Michael, "Spiritual kinship and the baptismal name in traditional European society", D. Postles and J. T. Rosenthal (eds.), *Studies on the Personal Name in Later Medieval England and Wales*, Kalamazoo : Medieval Institute Publications, 2006, pp. 115-146.

Bestard Camps, Joan, "La estrechez del lugar y la proteccion patrimonial : el significado de los matrimonios consanguíneos en Formentera", J. Prat, U. Martínez, J. Contrerase, e I. Moreno (eds.), *Antropología de los pueblos de España*, Madrid : Taurus, 1991, pp. 444-474.

Bestard Camps, J., "La estrechez del lugar. Reflexiones en torno a las estrategias matrimoniales cercanas", F. Chacón Jiménez y J. Hernández Franco (eds.), *Poder, familia y consanguinidad en la España del Antiguo Régimen*, Barcelona : Editorial Anthropos, Editorial del Hombre, 1992, pp. 107-156.

Bestard Camps, J., "El método comparativo : el caso de la familia y el parentesco en Europa", F. García González (coord.), *Historia de la Familia en la Península Ibérica (Siglos XVI-XIX)*, Cuenca : Ediciones de la Universidad de Castilla-La Mancha, 2008, pp. 473-493.

Billy, Pierre-Henri, "Nommer à Toulouse aux XIe-XIVe siècles", M. Bourin et P. Chareille (eds.), *Genèse médiévale de l'anthroponymie moderne*, t. III : *Enquêtes généalogiques et données*

prosopographiques, Tours : Publication de l'Université de Tours, 1995, pp. 171-189.
Biraben, Jean-Noël et Blum, Alain, "La demographie des regions francaises d'émigration vers l'Espagne", J. Nadal Oller (coord.), *Evolución demográfica bajo los Austrias. Actas del II Congreso de la Asociación de Demografía Histórica*, v. III, Alicante : Institut Valencià d'Estadistica, 1991, pp. 181-193.
Bizzocchi, Roberto, "Por un programa de investigación sobre apellidos en Italia", G. Salinero e I. Testón Núñez (coords.), *Un juego de engaños. Movilidad, nombres y apellidos en los siglos XV a XVIII*, Madrid : Casa de Velázquez, 2010, pp. 27-35.
Blázquez Miguel, Juan, *Yeclá en el siglo XVII*, Murcia : Ayuntamiento de Yecla, 1984.
Bloch, Marc, "Noms de personne et histoire sociale", *Annales d'Histoire Économique et Sociale*, v. 4, 1932, pp. 67-69.
ブロック,マルク(堀米庸三監訳)『封建社会 I』みすず書房, 1973年。
Bonachia Hernando, Juan Antonio, *El concejo de Burgos en la Baja Edad Media (1345-1426)*, Valladolid : Universidad de Valladolid, 1978.
Bonnassie, Pierre, *La Catalogne du milieu du Xe a la Fin du XIe Siècle*, t. II : *Croissance et mutations d'une société*, Toulouse : Université de Toulouse-Le Mirail, 1976.
Borja de Aguinagaldo, F., *Guía para la reconstrucción de familias en Guipuzkoa (s. XV-XIX)*, Zarautz : Diputación Foral de Guipuzkoa, 1994.
Bosch, Elena, Calafell, Francesc, Comas, David, et al., "High-resolution analysis of human Y-Chromosome variation shows a sharp discontinuity and limited gene flow between Northwestern Africa and the Iberian Peninsula", *American Journal of Human Genetics*, v. 68, 2001, pp. 1019-1029.
Bourin, Monique, "Les formes anthroponymiques et leur évolution d'après les données du cartulaire du chapitre Cathédral d'Agde (Xe siècle-1250)", M. Bourin (ed.), *Genèse médiévale de l'anthroponymie moderne*, t. I : *Études d'anthroponymie médiévale*, Tours : Publication de l'Université de Tours, 1989a, pp. 179-217.
Bourin, M., "Bilan de l'Enquête : de la Picardie au Portugal, l'apparition du système anthroponymique à deux éléments et ses nuances régionales", M. Bourin (ed.), *Genèse médiévale de l'anthroponymie moderne*, t. I : *Études d'anthroponymie médiévale*, Tours : Publication de l'Université de Tours, 1989b, pp. 233-246.
Bourin, M., "Les difficultés d'une étude de la désignation des femmes", M. Bourin et P. Chareille (eds.), *Genèse médiévale de l'anthroponymie moderne*, t. II : *Persistences du nom unique*. v. 2 : *Désignation et anthroponymie des femmes, méthodes statistiques pour l'anthroponymie*, Tours : Publication de l'Université de Tours, 1992a, pp. 1-8.
Bourin, M., "Désignation et anthroponymie des femmes en Bas-Languedoc : L'example du cartulaire du chapitre d'Agde", M. Bourin et P. Chareille (eds.), *Genèse médiévale de l'anthroponymie moderne*, t. II : *Persistences du nom unique*. v. 2 : *Désignation et anthroponymie des femmes, méthodes statistiques pour l'anthroponymie*, Tours, Publication de l'Université de Tours, 1992b, pp. 151-186.
Bourin, M., "Tel pêre, tel fits ? L'héritage du nom dans la noblesse languedocienne (XIe-XIIIe

siècles)", *Genèse médiévale de l'anthroponymie moderne*, t. III : *Enquêtes généalogiques et données prosopographiques*, Tours : Publication de l'Université de Tours, 1995a, pp. 191-210.

Bourin, M. et Chareille, Pascal, "Le choix anthroponimique : entre hasards individuals et necesités familiales", M. Bourin et P. Chareille (eds.), *Genèse médiévale de l'anthroponymie moderne*, t. III : *Enquêtes généalogique et données prosopographiques*, Tours : Publication de l'Université de Tours, 1995b, pp. 219-241.

Bourin, M., "France du Midi et France du Nord : deux systèmes anthroponymiques ?", M. Bourin, J.-M. Martin et F. Menant (comps.), *L'anthroponymie, document de l'histoire sociales des mondes méditerranéens médiévaux*. Actes du colloque international, Rome : Ecole Française de Rome, 1996, pp. 179-202.

Bourin, M., "Conclusion : De rares discours réflexifs sur le nom mais des signes évidents de choix de denomination réfléches", P. Beck (ed.), *Genèse médiévale de l'anthroponymie moderne*, t. IV : *Discours sur le nom : normes, usages, et imaginaire (VIe-XVIe siècles)*, Tours : Publication de l'Université de Tours, 1997, pp, 239-252.

Bourin, M., "How changes in naming reflect the evolution of familial structures in southern Europe (950-1250)", G. T. Beech, M. Bourin, and P. Chareille (eds.), *Personal Names Studies of Medieval Europe : Social Identity and Familial Structures*, 2002, Kalamazoo : Western Michigan University, pp. 3-13.

Bravo Lozano, Jesús, "Emigración y protocolos notariales. Madrid a fines del siglo XVII", *La documentación notarial y la historia*. Actas del II Coloquio de Metodología Histórica Aplicada, Salamanca : Universidad de Santiago de Compostela, 1984, pp. 201-209.

Bresc, Henri, "La Europa de las ciudades y de los campos (siglos XIII-XV)", A. Burguière, C. Klapisch-Zuber, M. Segalen, y F. Zonabend (dirs.), *Historia de la familia*, t. I : *Mundos lejanos, mundos antiguos*, Madrid : Alianza Editorial, 1988 (Paris, 1986), pp. 401-438.

Burgos Esteban, Francisco M., "Las bases sociales del poder de la élite del estamento hidalgo. El linaje hidalgo de los Barrón (Logroño. Siglos XVI y XVII)", *Cuaderno de Investigación histórica. Brocar*, no. 15, 1989, pp. 91-117.

Burguière, André, "La lógica de las familias", A. Burgière (ed.), *Historia de Familia*, Madrid : Alianza, 1988, pp. 63-96.

バーク,ピーター(諸川春樹訳)『時代の目撃者——資料としての視覚イメージを利用した歴史研究』中央公論美術出版,2007年。

バーク,ピーター(河野真太郎訳)『文化のハイブリディティ』法政大学出版局,2012年。

Cabeza Rodríguez, A., "Grupos excluidos y formas de asimilación y reproducción social. El ejemplo de la catedral de Palencia en la época moderna", J. Hernández Franco (ed.), *Familia y poder. Sistemas de reproducción social en España (Siglos XVI-XVIII)*, Murcia : Seminario Familia y Élite de Poder en el Reino de Murcia. Siglos XV-XIX, 1995, pp. 101-125.

Callier-Boisvert, Colette, "Remarques sur le système de parenté et sur la famille au Portugal", *L'Homme. Revue française d'Anthropologie*, t. VIII, no. 2, 1968, pp. 87-102.

Carasa Soto, Pedro, "El Censo de Ensenada, 1776. Estudio introductorio", *Serie alfabética Letra C. Censo de Ensenada, 1756*, Madrid : Centro de Gestión Catastral y Cooperación Tribularia,

Ministerio de Economía y Hacienda, 1993, pp. 2-58.
Caro Baroja, Julio, "Honor y vergüenza. Examen histórico de varios conflictos", J. G. Peristiany (ed.), *Honour and Shame : The Values of Mediterranean Society*, Chicago : Weidenfeld and Nicolson, 1966, pp. 79-137.
Carrasco, Rafaël, "Les hidalgos de Cuenca à l'époque moderne (1537-1642)", *Hidalgos & Hidalguía dans l'Espagne des XVIe-XVIIIe siècles. Théories, pratiques et représentations*, Paris : CNRS, 1989, pp. 167-188.
Carroll, Michael P., *The Cult of the Virgin Mary : Psychological Origin*, Princeton : Princeton University Press, 1992.
Casey, James, *The History of the Family*, Oxford : Basil Blackwell, 1989.
Casey, J., "Familia y sociedad", J. H. Elliott (ed.), *El mundo hispano. Civilización e imperio : Europa y América pasado y presente*, Barcelona : Editorial Crítica, 1991, pp. 185-202.
Casey, J., *Early Modern Spain : A Social History*, New York : Routledge, 1999.
Cavalli-Sforza, Luigi Luca, Moroni, Antonio, and Zei, Gianna, *Consanguinity, Inbreeding, and Genetic Drift in Italy*, Princeton and Oxford : Princeton University Press, 2004.
Chacón Jiménez, Francisco, "Los arrendamientos como sistema de trabajo de la tierra durante el Antiguo Régimen en el reino de Murcia", *Congreso de Historia Rural, Siglos XV al XIX*, Madrid : Universidad Complutense de Madrid, 1984, pp. 625-644.
Chacón Jiménez, F., "Aproximación y notas metodológicas para el estudio de la familia", *Homenaje al profesor Juan Torre Fontes*, t. I, Murcia : Universidad de Murcia, 1987a, pp. 337-348.
Chacón Jiménez, F., "Notas para el estudio de la familia en la región de Murcia durante el Antiguo Régimen", J. Casey, F. Chacón Jiménez, E. Gacto, I. Moll, P. J. Pla, A. Simón, y B. Vincent, *La familia en la España mediterránea (Siglos XV-XIX)*, Barcelona : Editorial Crítica, 1987b, pp. 129-171.
Chacón Jiménez, F., "Continuidad de la propiedad y transmisión de la propiedad en el sistema familiar castellano. Ss. XVI-XVIII", F. Chacón Jiménez (coord.), *Historia social de la familia en España. Aproximación a los problemas de familia, teirra y sociedad en Castilla (ss. XV-XIX)*, Alicante : Instituto Alicantino Juan Gil-Albert, 1990, pp. 47-59.
Chacón Jiménez, F., "Miradas sobre el matrimonio en la España del último tercio del siglo XVIII", *Cuadernos de Historia Moderna*, 32, 2007, pp. 61-85.
Chacón Jiménez, F., "Familias, sociedad y sistema social. Siglos XVI-XIX", F. Chacón Jiménez y J. Bestard (dirs.), *Familias. Historia de la sociedad española (del final de la Edad Media a nuestros días)*, Madrid : Cátedra, 2011, pp. 667-741.
Chacón Jiménez, F. y Hurtado Martínez, José, "Matrimonio y consanguinidad en Lorca y su comarca. 1723-1850", F. Chacón Jiménez y J. Hernández Franco (eds.), *Poder, familia y consanguinidad en la España del Antiguo Régimen*, Barcelona : Editorial Hombre, 1992, pp. 215-250.
Chareille, Pascal, "Methodological problems in a quantitative approach to changes in naming", G. T. Beech, M. Bourin, and P. Chareille (eds.), *Personal Names Studies of Medieval Europe : Social Identity and Familial Structures*, 2002, Kalamazoo : Western Michigan University, pp. 15-27.
Chauchadis, Claude et Laspéras, Jean-Michel, "L'hidalguía au XVIe siècle : cohérence et ambiguïtés",

Hidalgos & Hidalguía dans l'Espagne des XVIe -XVIIIe siècles. Théories, pratiques et représentations, Paris : CNRS, 1989, pp. 47-70.

Chaunu, Pierre, L'Espagne de Charles Quint, t. I, Paris : SEDES, 1973.

Chesnais, Jean-Claude, The Demographic Transition. Stages, Patterns, and Economic Implications. A Longitudinal Study of Sixty-Seven Countries Covering the Period 1720-1984, Oxford : Clarendon Press, 1992.

Christelow, Stephanie Mooers, "Names and ethnicity in Anglo-Norman England", D. Postles and J. T. Rosenthal (eds.), Studies on the Personal Name in Later Medieval England and Wales, Kalamazoo : Studies in Medieval Culture XLIV Medieval Institute Publications, 2006, pp. 341-376.

Christian, William A., Jr., Person and God in a Spanish Valley, Princeton : Princeton University Press, 1989.

Cid Abasolo, Karlos, "Nombre propio e identidad cultural vasca : la contribución del Euskal Izendegia Ponte Izendegia / Diccionario de nombres de pila / Dictionnaire de prenoms", C. Maíz Arévalo (ed.), Nombre propio e identidad cultural, Madrid : Sílex, 2010, pp. 11-28.

Cipolla, Carlo M. (ed.), The Fontana Economic History, v. 3 : The Industrial Revolution, Glasgow : Collins, 1973.

Cipolla, C. M., Before the Industrial Revolution : European Society and Economy, 1000-1700, London : Methuen & Co. Ltd., 1976.

Civil, Pierre, "La modèle des ménage heureux : l'image de Saint Joseph en Espagne à la chariere des XVIe et XVIIe siècles", A. Redondo (dir.), Relations entre hommes et femmes en Espagne aux XVIe et XVII^{e}siècles, Paris : Publications de la Sorbonne, 1995, pp. 21-37.

クラパム，ジョン・ハロルド（林達監訳）『フランス・ドイツの経済発展：1815-1914 年』下巻，学文社，1972 年。

Clavero, Bartolomé, Mayorazgo. Propiedad feudal en Castilla, 1369-1836, Madrid : Siglo Veinteuno, 1989 (ed. Corregida y aumentada).

Colantonio, S., et al., "Use of surname models in human population biology : a review of recent development". (www.academia.edu/1243485)

Collado, M. Dolores, Ortuño Ortín, Iganacio, Romeu, Andrés, "Surnames and social status in Spain", Investigaciones económicas, v. XXXII (3), 2008, pp. 259-287.

Contreras Contreras, Jaime, "Estructuras familiares y linajes en el mundo judeoconverso", R. Carrasco (ed.), Solidarités et sociabilité en Espagne (XVIe-XXe siècles), Paris : Les Belles Lettres, 1991, pp. 187-241.

Contreras Contreras, J., "Linajes y cambio social : la manipulación de la memoria", Hisotira Social, no. 21, 1995, pp. 105-124.

Coronas Tejada, Luis, "Criptojudaismo en Jaén en la segunda mitad del siglo XVI", Miscelánea de Estudios Árabes y Hebraicos, v. 31, 1982, pp. 101-117.

Côrte-Real, H. B. S. M., et al., "Genetic diversity in the Iberian Peninsula determined from mitochondrial sequence analysis", Annales of Human Genetics, v. 60, 1996, pp. 331-350.

Covarrubias, Sebastián de, Tesoro de la Lengua Castellana o Española según la impresión de 1611,

con las adiciones de Benito Remigio Noydens publicadas en la de 1674, Barcelona : S. A. Horta, I. E., 1943.
Cursente, Benoît, "Étude sur l'évolution des formes anthroponymiques dans les cartulaires du Chapitre Métropolitain de Sainte Marie d'Auch (XIe-XIIIe siècles)", M. Bourin (ed.), Genèse médiévale de l'anthroponymie moderne, t. I : Études d'anthroponymie médiévale, Tours : Publication de l'Université de Tours, 1989, pp. 143-177.
Cursente, B., "Aspects de la « Révolution anthroponymique » dans le Midi de la France (début X^e-début XIIIe siècle)", M. Bourin, J.-M. Martin, et F. Menant (comps.), L'anthroponymie, document de l'histoire sociales des mondes méditerranéens médiévaux. Actes du colloque international, Rome : Ecole Française de Rome, 1996, pp. 41-62.
Davis, John, People of the Mediterranean. An Essay in Comparative Social Anthropology, London : Routledge, 1977.
出口顯「名前と人格の系譜学——マルセル・モース再読」, 上野和男／森謙二編（比較家族史学会監修）『名前と社会——名づけの家族史』早稲田大学出版部, 1996 年, 28-58 頁。
Delille, Gerard, "La hisotia de familia en Italia : trabajos recientes y problemas metodológicos", F. Chacón Jiménez (ed.), Familia y sociedad en el Mediterráneo Occidental. Siglos XV-XIX, Murcia : Universidad de Murcia, 1987, pp. 263-278.
Denjean, Claude, "Jeux anthroponymiques identitaires des Juifs et Convertis de l'est de la Pénisules Ibérique, XVe siècle", G. Salinero e I. Testón Núñez (comps.), Un juego de engaños. Movilidad, nombres y apellidos en los siglos XV a XVIII, Madrid : Casa de Velázquez, 2010, pp. 295-312.
Derrase Parra, Paloma, Mujer y matrimonio : Málaga en el tránsito a la Modernidad, Málaga : Diputación Provincial de Málaga, 1988.
Diccionario de Autoridades (edición facsímil), Madrid : Real Academia Española, 1979 (1732).
Díez Melcón, Gonzalo, Apellido castellano-leoneses (siglos IX-XIII, ambos inclusive), Granada : Universidad de Granada, 1957.
Domínguez Nafría, Juan Carlos, "La nobleza del reino de Murcia", C. Iglesias (dir.), Nobleza y Sociedad. III : Las Noblezas españolas, reinos y señoríos en la Edad Modena, Oviedo : Fundación Banco Santander Central Hispano, 1999, pp. 119-120.
Domínguez Ortiz, Antonio, "La mujer en el tránsito de la Edad Media a la Moderna", Las Mujeres en las Ciudades Medievales, Actas de las Terceras Jornadas de Investigación Interdisciplinaria, Madrid : Universidad Autónoma de Madrid, 1984, pp. 171-178.
Domínguez Ortiz, A., Las clases privilegiadas en el Antigiuo Régimen, Madrid : Ediciones ISTMO, 1985 (1973).
Dópico, Fáust y Rowland, Robert, "Demografía del Censo de Floridablanca. Una aproximación", Revista de Historia Económica, Año VIII, no. 3, 1990, pp. 591-618.
Dubert García, Isidro, "Estudio histórico del parentesco a través de las dispensas de matrimonio de los archivos parroquiales en la Galicia del Antiguo Régimen : Primera aproximación", J. C. Bermejo Barrera (ed.), Parentesco, familia, y matrimonio en la historia de Galicia, Santiago de Compostela : Tórculo, 1988, pp. 167-191.
Duby, George, "Lignage, noblesse e chevalerie au XIIe siècle dans la région mâconnaise. Une

révision", *Annales. Économies. Sociétés. Civilisations*, Année 27, nos. 4-5, 1974, pp. 803-823.

Duby, G., "Estructuras de parentesco y nobleza en la Francia del norte en los siglos XI y XII", *Hombres y estructuras de la Edad Media*, Madrid : Siglo XXI, 1978, pp. 162-183.

Dupâquier, Jacques, "Naming-practices, godparenthood, and kinship in the Vexin, 1540-1900", *Journal of Family History*, v. 6, no. 3, 1981, pp. 135-155,

Durand, Robert, "Données anthroponymiques du Libro Preto de la Cathédrale de Coïmbre", M. Bourin (ed.), *Genèse médiévale de l'anthroponymie moderne*, t. I : *Études d'anthroponymie médiévale*, Tours : Publication de l'Université de Tours, 1989, pp. 219-232.

Durand, R., "Trois siècles de dénomination aristocratique portugaise d'après la littérature généalogique", *Genèse médiévale de l'anthroponymie moderne*, t. III : *Enquêtes généalogique at données prosopographiques*, Tours : Publication de l'Université de Tours, 1995a, pp. 43-54.

Durand, R., "Le système anthroponymique portugais (région du bas Douro) du X au XIII siècle", P. Martínez Sopena (coord.), *Antroponimia y sociedad. Sistemas de indentificación hispano-cristianos en los siglos IX a XIII*, Santiago de Compostela y Valladolid : Universidad de Valladolid, 1995b, pp. 103-120.

Durand, R., "Surnoms et structures de la famille", M. Bourin, J.-M. Martin, et F. Menant (comps.), *L'anthroponymie, document de l'histoire sociales des mondes méditerranéens médiévaux*. Actes du colloque international, Rome : École Française de Rome, 1996, pp. 413-420.

Durand, R., "Family memory and the durability of the Nomen Paternum", G. T. Beech, M. Bourin, Monique, and P. Chareille (eds.), *Personal Names Studies of Medieval Europe : Social Identity and Familial Structures*, Kalamazoo : Western Michigan University, 2002, pp. 77-86.

Durany, Mercedes y Rodríguez, María Carmen, "El sistema antropónimico en El Bierzo. Tumbo de San Pedro de Montes. Siglos IX al XII", P. Martínez Sopena (coord.), *Antroponimia y sociedad. Sistemas de identificación hispano-cristinos en los siglos IX a XIII*, Santiago de Compostela y Valladolid : Universidad de Valladolid, 1995, pp. 73-102.

Eiras Roel, Antonio, "Introducción. Consideraciones sobre la emigración española a América y su contexto demográfico", A. Eiras Roel (coord.), *Emigración española y portuguesa a América*. Actas del II Congreso de la Asociación de Demografía Histórica, Alicante : Instituto de Cultura Gil-Albert, 1991, pp. 9-32.

Eizaguirre, María, "Down to the river : marital movement and genetic structure on the Hispanic-Portuguese border" (Thesis for the Degree of Master of Science, University of Durham), 1994.

Elorza, Juan Carlos (coord.), *El Scriptorium Silense y los orígenes de la lengua castellana*, Burgos : Junta de Castilla y León, 1995.

Equipo OLTA (Origen lingüístico e histórico-cultural de la toponimia de Almería), *Nombres y apellidos tradicionales de Almería y su provincia. Análisis a partir del Catastro del Marqués de la Ensenada (siglo XVIII)*, Almería : Fundación Ibn Tufayl de Estudios Árabes, 2017.

Fauve-Chamoux, Antoinette, "Les structures familiales au royaume des familles-souches : Esparros", *Annales. Économies, Sociétés, Civilisations*, v. 39, 1984, pp. 513-528.

フォーヴ=シャム，アントワネット（田中晴子／横山美夏訳）「家の継承――フランス中央ピレネー地方と東北日本の継承システム」，落合恵美子／小島宏／八木透編（比較家族

史学会監修)『歴史人口学と比較家族史』早稲田大学出版部, 2009 年 a, 38-62 頁.

フォーヴ=シャム, アントワネット (田中晴子／横山美夏訳)「アンシャン・レジーム下のフランスにおける女性の寡婦生活と財産」, 落合恵美子／小島宏／八木透編 (比較家族史学会監修)『歴史人口学と比較家族史』早稲田大学出版部, 2009 年 b, 291-332 頁.

Fisher, R. A., Corbet, S. A., y Williams, C. B., "The relation between the number of species and the number of individuals in a random sample of an animal population", *Journal of Animal Ecology*, v. 12, no. 1, 1943, pp. 42-58.

Foster, George M., "The dyadic contract : a model for the social structure of a Mexican peasant village", *America Anthropologist*, 63, 1961, pp. 1167-1192.

Fuster, Vicente y Colantonio, Sonia, "Factores relacionados con la variación de la consanguinidad en zonas rurales de España", *Revista de Demografía Histórica*, XIX, 1, 2001, segunda época, pp. 87-102.

Fuster, V. and Colantonio, S., "Isonymic analysis of population structure in Gredos, Spain", *Collegium Antropologicum*, 30, 2006, pp. 199-203.

Gamella, Juan Francisco, Múñez Negrillo, Ana María, y Carrsco-Muñoz, Elisa Martín, "Entre marido y mujer. Discursos eclesiásticos en las causas de dispensa de los matrimonios consanguíneos celebrados en la diócesis de Granada (1892-1963)", *Gazeta de Antropología*, 2 (2), 2010, 36 páginas.

Gámez Amián, Aurora, *Comercio colonial y burguesía mercantile "malagueña" (1765-1830)*, Málaga : Universidad de Málaga, 1992.

García Barriga, Felicísimo, *Familia y sociedad en la Extremadura rural de los tiempos modernos (Siglos XVI-XIX)*, Cáceres : Servicio de Publicaciones de la Universidad de Extremadura y la Editora Regional de Extremadura, 2009.

García Cárcel, Ricardo, *Historia de Cataluña. Siglos XVI-XVII. Los carácteres originales de la historia de Cataluña*, Barcelona : Universitat de Barcelona, 1985.

García de Cortázar, José Ángel, "Antroponimia en Navarra y Rioja en los siglos X a XII", P. Martínez Sopena (coord.), *Antroponimia y sociedad. Sistemas de identificación hispano-cristianos en los siglos IX a XIII*, Santiago de Compostela y Valladolid : Universidad de Valladolid, 1995, pp. 283-296.

García de Cortázar, J. A., Díez Herrera, Carmen, y Peña Bocos, Esther, "Antoponimia y sociedad del Cantábrico al Ebro en los siglos IX a XII", P. Martínez Sopena (coord.), *Antroponimia y sociedad. Sistemas de identificación hispano-cristianos en los siglos IX a XIII*, Santiago de Compostela y Valladolid : Universidad de Valladolid, 1995a, pp. 205-230.

García de Cortázar, J. A., Díez Herrera, C., y Peña Bocos, E., "Antroponimia de Burgos y su alfoz en los siglos X a XII", P. Martínez Sopena (coord.), *Antroponimia y sociedad. Sistemas de identificación hispano-cristianos en los siglos IX a XIII*, Santiago de Compostela y Valladolid : Universidad de Valladolid, 1995b, pp. 231-258.

García de Cortázar, J. A., Martínez Sopena, Pascual, y Laliena Corbera, Carlos, "Conclusiones", P. Martínez Sopena (coord.), *Antroponimia y sociedad, Sistemas de identificación hispano-cristianos en los siglos IX a XIII*, Santiago de Compostela y Valladolid : Universidad de

Valladolid, 1995c, 395-404.

García de Cortázar, J. A., Díez Herrera, C., y Peña Bocos, E., "Nombres y apellidos en Lantarón (siglos IX-XII): ¿Vinculaciones lingüísticas, étnnicas o culturales?", *Scripta*, I. 1998, pp. 207-240.

García Gallarín, Consuelo, "Rutas de la antroponimia hispánica", C. Maíz Arévalo (ed.), *Nombre propio e identidad cultural*, Madrid : Sílex, 2010, pp. 57-97.

García-Gallo, Alfonso, *Las instituciones sociales en España en la Alta Edad Media (siglos VIII-XII) y el hombre y la tierra en la Edad Media leonesa (el prestimonio agrario)*, Barcelona : El Albir Ediciones, 1981 (1945, 1957).

García González, Francisco, "Las estructuras familiares y su relación con los recursos humanos y económicos", F. Chachón Jiménez y J. Bestard (dirs.), *Familia. Historia de la sociedad española (Del final de la Edad Media a nuestros días)*, Madrid : Cátedra, 2011, pp. 159-254.

Garrido Arce, Estrella, "La imposible igualdad. Familia y estrategias hereditarias en la Huerta de Valencia a mediados del siglo XVIII", *Boletín de la Asociación de Demografía Histórica*, v. 10-3, 1992, pp. 83-104.

Gerbet, Marie-Claude, "Majorat, stratégie familiale et pouvoir royal en Castille. D'après quelques exemples pris en Estrémadure à la fin du Moyen-Âge", *Les Espagnes médiévales. Aspects économiques et sociaux. Mélanges offerts à Jean Gautier Dalché*, Paris : Les Bellas Lettres, 1983, pp. 257-276.

ギルモア, ディヴィッド (芝紘子訳)『攻撃の人類学——ことば・まなざし・セクシュアリティ』藤原書店, 1998年。

González, Julio, *Repartimiento de Sevilla*, t. II, Madrid : CSIC, 1951.

González Lopo, Domingo L., "Onomástica y devoción : la difusión de nuevos cultos marianos en la Galicia meridional durante los siglos XVIII y XIX : el obispado de Tuy", *Obradoiro de Historia Moderna*, no. 1, 1992, pp. 165-184.

González Vázquez, Marta, y Pérez Rodríguez, Francisco, "El sistema antroponímico en Galicia. Tumbo del monasterio de Samos. Siglos VIII al XII", P. Martínez Sopena (coord.), *Antroponimia y sociedad. Sistemas de identificación hispano-cristianos en los siglos IX a XIII*, Santiago de Compostela y Valladolid : Universidad de Valladolid, 1995, pp. 49-72.

Gonzalvo-Cirac, Margarita, y Gil-Alonso, Fernando, "El descenso pionero de la mortalidad en el provincia de Tarragona, 1900-1960 : análisis epidemiológico", *Revista de Demografía Histórica*, XXX, II, 2012, pp. 85-125.

Goody, Jack, "Bridewealth and dowery in Africa and Eurasia", J. Goody and S. J. Tambiah (eds.), *Bridewealth and Dowery*, Cambridge : Cambridge University Press, 1973, pp. 1-57.

Goody, J., *Production and Reproduction : A Comparative Study of the Domestic Domain*, Cambridge : Cambridge University Press, 1976a.

Goody, J., "Inheritance, property and women : some comparative considerations", J. Goody, J. Thirsk, and E. P. Thompson (eds.), *Family and Inheritance. Rural Society in Western Europe, 1200-1800*, Cambridge : Cambridge University Press, 1976b, pp. 10-36.

Goody, J., *The Oriental, the Ancient and the Primitive : Systems of Marriage and the Family in the*

Pre-industrial Societies of Eurasia, Cambridge, New York, etc.: Cambridge University Press, 1990.
Goody, J., *The European Family : An Historic/Anthropological Essay*, Oxford : Blackwell Publishers, 2000.
Goody, J., "Mujeres y linajes : Europa y Africa", C. Trillo San José (ed.), *Mujeres, familia y linaje en la Edad Media*, Granada : Universidad de Granada, 2004, pp. 11-31.
後藤源太郎『近親結婚と母系制——生物学からみたその起源と歴史』日本放送出版協会, 1975年。
Gouesse, Jean-Marie, "Parenté, famille et mariage en Normandie aux XVIIe et XVIIIe siècles. Présentation d'une souce et d'une enquête", *Annales. Économies. Sociétés. Civilizations*, 27e Année, nos. 4-5, 1974, pp. 1139-1154.
Gross, Georg, "Documentación romanizadora del idioma español. Último tercio del siglo XII hasta el año 1200", *Boletín de la Real Academia de la Historia*, v. 201-1, 2004, pp. 161-175.
Guerreros Maylllo, Ana, *Familia y vida cotidiana de una élite de poder. Los regidores madrileños en tiempos de Felipe II*, Madrid : Siglo XXI de España Editores, 1993.
Guichard, Pierre, *Structures sociales "orientales" et "occidentales" dans l'Espagne musulmanes*, Paris : Mouton, 1977.
Guichard, P., "L'Anthroponymie de zones de contact entre monde chrétien et monde musulmane", M. Bourin et al. (comp.), *L'anthroponymie, document de l'histoire sociale des mondes méditerranéens médiévaux*. Actes du colloque international, Rome : École Française de Rome, 1996, pp. 109-122.
Guillén Calvo, Juan José, "Apellidos del Valle de Tena y zonas cercanas. Fuentes para el estudio del parentesco y sus orígines", *Estado actual de los estudios sobre Aragón*. Actas de las Quintas Jornadas, Zaragoza : Cometa, 1984, pp. 217-228.
Guiral-Hadziiossif, Jacqueline, *Valencia, puerto mediterráneo en el siglo XV (1410-1525)*, Valencia : Institució Valenciana d'Estudis : Investigaciones, Generalitat Valenciana, 1989.
Gutiérrez Nieto, Juan Ignacio, "El reformismo social de Olivares : El problema de la limpieza de sangre y la creacion de una nobleza de mérito", J. Elliott y A. García Sanz (coords.), *La España del Conde Duque de Olivares*, Valladolid : Universidad de Valladolid, 1990, pp. 417-441.
Guyotjeannin, Olivier, "Les filles, les femmes, le lignage", M. Bourin, J.-M. Martin, et F. Menant (comps.), *L'anthroponymie, document de l'histoire sociales des mondes méditerranéens médiévaux*. Actes du colloque international, Rome : Ecole Française de Rome, 1996, pp. 383-400.
早川良弥「中世盛期ドイツ貴族の家門意識——ヴェルフェン家の事例」, 前川和也編『家族・世帯・家門——工業化以前の世界から』ミネルヴァ書房, 1993年, 149-172頁。
Henarejos López, Juan Francisco, *Matrimonio y consanguinidad en España. Discurso y práctica en los siglos XVIII y XIX* (Tesis Doctoral), 2015, Universidad de Murcia.
Henarejos López, J. F., "Las dispensas matrimoniales a través de la Dataría Apostólica. Funciones y problemáticas en lis siglos XVIII y XIX", *Revista de Historia Social y de las Mentalidades*, v. 20, no. 2, 2016, pp. 157-172.

Herlihy, David, "Land, Family and Women in Continental Europe, 701-1200", Susan Mosher Stuard (ed.), *Women in Medieval Society*, Philadelphia : University of Pennsylvanian Press, 1976, pp. 13-45.

Herlihy, D., *Medieval Households*, Cambridge (Mass.) : Medieval Academy of America, 1985.

Herlihy, D., "The family and religious ideologies in medieval Europe", *Journal of Family History*, v. 12, nos. 1-3, 1987, pp. 3-17.

Herlihy, D., "Tuscan Names, 1200-1530", *Women, Family and Society in Medieval Europe : Historical Essays, 1978-1991*, Providence, RI : Berghahn Books, 1995, pp. 330-352.

Herlihy, D., *The Black Death and the Transformation of the West*, Cambridge (Mass.) and London : Harvard University, 1997 (3rd ed.).

Herlihy, D. et Klapisch-Zuber, Christienne, *Les Toscans et leur familles. Une étude du Catastro florentin de 1427*, Paris : Presses de la Fondation Nationale de Science Politique, 1978.

Hernández, Mauro, "Sobre familias, relaciones y estrategias familiares en una élite ciudadana (Los regidores de Madrid, siglos XVI-XVIII)", F. Chacón Jiménez y J. Hernández Franco (eds.), *Familia, poderosos y oligarquías*, Murcia : Universidad de Murtia, 2002, pp. 61-92.

Hernández Franco, Juan, "Cultura de élites y estratificación social en la España Moderna. Aproximación metodológica a través de los estatutos e informaciones de limpieza de sangre", J. Hernández Franco (ed.), *Familia y poder. Sistemas de reproducción social en España (Siglos XVI-XVIII)*, Murcia : Seminario Familia y Élite de Poder en el Reino de Murcia. Siglos XV-XIX, 1995, pp. 81-99.

Herradón Figueroa, María Antonia, "Reinaré en España. La dovoción al Sagrado Corazón de Jesús", *Revista de Dialectología y Tradiciones Populares*, v. 64, no. 2, 2009, pp. 193-218.

Hinojosa y Naveros, Eduardo de, "Sobre la condición de la mujer casada en la esfera del derecho civil", *Obra de Eduardo de Hinojosa*, t. II, Madrid : Ministerio de Justicia y CSIC, 1955, pp. 345-385.

Holy, Ladislav, *Kinship, Honour and Solidarity : Cousin Marriage in the Middle East*, Manchester and New York : Manchester University Press, 1989.

Hubert, Étienne, "Structures urbaines et système anthroponymique (À propos de l'Italie centro-septentrionale, Xe-XIIIe siècle)", M. Bourin, J.-M. Martin, et F. Menant (comps.), *L'anthroponymie, document de l'histoire sociale des mondes méditerranéens médiévaux*. Actes du colloque international, Rome : École Française de Rome, 1966, pp. 313-347.

Hughes, Daian Owen, "Urban growth and family structures in Medieval Genoa", *Past and Present*, no. 66, 1975, pp. 3-28.

Hughes, D. O., "From brideprice to dowry in Mediterranean Europe", *Journal of Family History*, v. 3, 1978. pp. 262-296.

Hurtado Martínez, José, "Aproximación a la familia española en el tránsito del Antiguo Régimen : análisis del grupo residencial y de la transmisión de la propiedad en Lorca. 1750-1850", *Gastaetaller de historia. Familia y sociedad. Una aproximación histórica a la realidad social contemporánea*, Año 1, 1989, pp. 67-89.

Instituto Nacional Estadística, http://www.ine.es/dyngs/INEbase/listaoperaciones.htm ; http://www.

ine.es/Coeficientes de analfabetismo por generaciones escolares, ESTADO VII.
Irigoyen López, Antonio, "Ecclesiastical godparenthood in Early Modern Murcia", G. Alfani y V. Gourdon (eds.), *Spiritual Kinship in Europe, 1500-1900*, London : Macmillan, 2012, pp. 74-94.
石坂尚武「イタリアの黒死病関係史料集 (7)」,『同志社大学人文学』第 184 号, 2009 年, 25-189 頁.
石坂尚武『地獄と煉獄のはざまで——中世イタリアの例話から心性を読む』知泉書館, 2016 年.
石坂尚武『苦難と心性——イタリア・ルネサンス期の黒死病』刀水書房, 2018 年.
陣内秀信『水都ヴェネツィア——その持続的発展の歴史』法政大学出版局, 2017 年.
Jular Pérez-Alfaro, Cristina, "Familia y clientela en dominios de Behetría a mediados del XIV", J. Casey y J. Hernández Franco (eds.), *Familia, parentesco y linaje*, Murcia : Universidad de Murcia, 1997, pp. 63-75.
Kany, Charles E., *Life and Manners in Madrid 1750-1800*, New York : University of California, 1970.
Kenny, Michael, *A Spanish Tapestry : Town and Country in Castile*, Gloucester (Mass.) : Smith, 1969.
木村健助『フランス法の氏名』関西大学出版・広報部, 1977 年.
木村正史『英米人の姓名——由来と史的背景』弓書房, 1980 年.
Kintz, Jean-Pierre, "Société luthérienne et choix des prénoms à Strasbourg, XVIe-XVIIe siècles", J. Dupâquier, A. Bideau, et M.-E. Ducreux (eds.), *Le prénom. Mode et histoire*, Paris : Ed. EHESS, 1984, pp. 231-239.
Klapisch-Zuber, Christiane, "Le Nom « refait »", *L'Homme*, t. 20, no. 4, 1980, pp. 77-104.
Klapisch-Zuber, C., "Quel Moyen Âge pour le nom ?", M. Bourin, J.-M. Martin et F. Menant (recops.), *L'anthroponymie, document de l'histoire sociale des mondes méditerranéens médiévaux*. Actes du colloque international, Rome : École Française de Rome, 1996, pp. 473-480.
Krawutschke, Eleanor et Beech, George, "Le choix du nom d'enfant en Poitou (XIe-XIIe siècles) : l'importance de noms familiaux", M. Bourin et P. Chareille (eds.), *Genèse médiévale de l'anthroponymie moderne*, t. III : *Enquêtes généalogiques et données prosopographiques*, Tours : Publication de l'Université de Tours, 1995, pp. 143-154.
Kremer, Dieter, "Onomástica medieval del noroeste hispánico. Unas consideraciones", *Scripta*, I, 1998, 261-196.
Lacarra, José María, "Onomástica vasca del siglo XIII", *Revista Internacional de los Estudios Vascos*, 21, 1, 1930, pp. 247-254.
Lafourcad, Maite, "El derecho privado de Iparialde en el Antiguo Regimen", *Los derechos históricos vascos*. II Congreso Mundial Vasco, 1988, Oñate : HAEE/IVAP, pp. 213-235.
Laliena Corbera, Carlos, "Los sistemas antroponímicos en Aragón durante los siglos XI y XII", P. Martínez Sopena (coord.), *Antroponimia y sociedad. Sistemas de identificación hispano-cristianos en los siglos IX a XIII*, Santiago de Compostela y Valladolid : Universidad de Valladolid, 1995, pp. 297-326.
Lanza García, Ramón, *Población y familia campesina en el Antiguo Régimen. Liébana, siglos*

XVI-XIX, Santander : Universidad de Cantabria, 1988.

ラペサ，ラファエル（山田喜朗監修，中岡省治／三好準之助訳）『スペイン語の歴史』昭和堂，2004年。

Lasker, Gabriel W., "A coefficient of relationship by isonymy : a method for estimating the genetic relationship between populations", *Human Biology*, v. 49, no. 3, 1977, pp. 489-493.

Lasker, G. W., *Surnames and Genetic Structure*, Cambridge, London, New York : Cambridge University Press, 1985.

Le Jan, Régine, "Personal names and the transformation of kinship in early medieval society (sixth to tenth centuries)", G. T. Beech, M. Bourin, and P. Chareille (eds.), *Personal Names Studies of Medieval Europe : Social Identity and Familial Structures*, Kalamazoo : Western Michigan University, 2002, pp. 31-50.

レヴィ＝ストロース，クロード（大橋保夫訳）「普遍化と特殊化」，『野生の思考』第6章，みすず書房，1976年，192-228頁。

Líbano Zumalacarregui, Angeles, y Líbano, José A., "La antroponimia en Alava, Guipúzcoa y Vizcaya en los siglos X al XIII", P. Martínez Sopena (coord.), *Antroponimia y sociedad. Sistemas de identificación hispano-cristianos en los siglos IX a XIII*, Santiago de Compostela y Valladolid : Universidad de Valladolid, 1995, pp. 259-281.

Lisón Tolosana, Carmelo, *Belmonte de los Caballeros : A Sociological Study of a Spanish Town*, Oxford : Clarendon Press, 1966.

Lisón Tolosana, C., "The ethics of inheritance", J. G. Peristiany (ed.), *Mediterranean Family Structures*, Cambridge : Cambridge University Press, 1976, pp. 305-315.

Lisón Tolosana, C., "Antropoligía de los pueblos del Norte de España : Galicia", *Revista de Antropología Social*, no. 0, 1991, pp. 13-29.

Livi-Bacci, M., "La fecundidad y el crecimiento demográfico en España en los siglos XVIII y XIX", *Population and Social Change* (trad.), Madrid, 1978, 176-187.

リヴィ＝バッチ，マッシモ（速水融／斎藤修訳）『人口の世界史』東洋経済新報社，2014年。

López Beltrán, María Teresa, *La prostitución en el reino de Granada en época de los Reyes Católicos : el caso de Málaga (1487-1516)*, Málaga : Servicio de Publicaciones. Diputación Provincial de Málaga, 1985.

Luces Gil, Francisco, *El nombre civil de las personas naturales en el ordenamiento jurídico español*, Barcelona : Bosch, Casa Editorial, 1977.

Lynch, John, *Historia de España. XII : El siglo XVIII*, Barcelona : Editorial Crítica, 1991.

Macfarlane, Alan, *Marriage and Love in England : Modes of Reproduction 1300-1840*, Oxford : Blackwell Publishers, 1986.

Macías Hernández, Antonio M., "La emigración española a América (1500-1914)", Antonio Eiras Roel (coord.), *Emigración española y portuguesa a América. Actas del II Congreso de la Asociación de Demografía Histórica*, Alicante : Instituto de Cultura Gil-Albert, 1991, pp. 33-60.

Martin, Jean-Marie, "Personal names and family structure in medieval southern Italy and Sicily", G. T. Beech, M. Bourin, and P. Chareille (eds.), *Personal Names Studies of Medieval Europe : Social Identity and Familial Structures*, Kalamazoo : Western Michigan University, 2002, pp. 109-117.

Martín Galán, Manuel, "Fuentes y métodos histórica castellana durante la Edad Moderna", *Hispania*, 148, 1981, pp. 231-325.
Martínez Martínez, María, *Las mujeres en la organización de una sociedad de Frontera*, Murcia : Universidad de Murcia, 2000.
Martínez Sopena, Pascual, "Parentesco y poder en León durante el siglo XI. La « casata » de Alfonso Díaz", *Studia Histórica. Historia Medieval*, v. V, 1987, pp. 33-87.
Martínez Sopena, P., "La antroponimia leonesa. Un estudio del Archivo de la Catedral de León (876-1200)", P. Martínez Sopena (coord.), *Antroponimia y sociedad. Sistemas de identificación hispano-cristianos en los siglos IX a XIII*, Santiago de Compostela y Valladolid : Universidad de Valladolid, 1995, pp. 155-180.
Martínez Sopena, P., "L'anthroponymie de l'Espagne chrétienne entre le IXe et le XIIe siècle", M. Bourin, J.-M. Martin, et F. Menant (comps.), *L'anthroponymie, document de l'histoire sociales des mondes méditerranéens médiévaux*. Actes du colloque international, Rome : Ecole Française de Rome, 1996, pp. 63-85.
Martínez Sopena, P., "Reflexiones sobre dos listas de hombres buenos : Lugo (1295) y Palencia (1300)", *Scripta. Estudios en Homenaje a Elida García García*, I, 1998, pp. 397-416.
Martínez Sopena, P., "Personal naming and kinship in the Spanish aristocracy", G. T. Beech, M. Bourin, and P. Chareille (eds.), *Personal Names Studies of Medieval Europe : Social Identity and Familial Structures*, Kalamazoo : Western Michigan University, 2002, pp. 67-76.
Martínez i Teixido, L., "La antroponimia nobiliaria del condado de Paññars en los siglos XI y XII", P. Martínez Sopena (coord.), *Antroponimia y sociedad. Sistemas de identificación hispano-cristinos en los siglos IX a XIII*, Santiago de Compostela y Valladolid : Universidad de Valladolid, 1995, pp. 327-350.
Maruri Villanueva, Ramón, *La Burguesía Mercantil Santanderina, 1700-1850*, Santander : Universidad de Cantabria, 1990.
Menant, François, "L'Italie centro-septentrionale", M. Bourin, J.-M. Martin, et F. Menant (comps.), *L'anthroponymie, document de l'histoire sociales des mondes méditerranéens médiévaux*. Actes du colloque international, Rome : Ecole Française de Rome, 1996, pp. 19-28.
Menéndez Pidal de Navascués, Faustino, *Caballería medieval burgalesa. El libro de la cofradía de Santiago*, Madrid : Servicio de Publicaciones. Universidad de Cádiz : Universidad de Burgos, 1996.
Menjot, Denis, "Los nombres de bautismo de los murcianos durante la Baja Edad Media ; un testimonio sobre su universo mental y religioso", *Areas*, 1, 1981, pp. 11-18.
Michaud, Françoise, "Le système anthroponymique en Berry et Nivernais d'après les cartulaires de Vierzon et de St-Cyr de Nevers (X-XIII siècles)", M. Bourin (ed.), *Genèse médiévale de l'anthroponymie moderne*, t. I : *Études d'anthroponymie médiévale*, Tours : Publication de l'Université de Tours, 1989, pp. 87-112.
Mira, Joan F., "Mariage et famille dans une communauté rurale du Pays de Valence (Espagne)", *Études Rurales*, 42, 1971, pp. 105-119.
Mira, J. F., *Vivir y hacer historia. Estudios desde la antropología social*, Barcelona : Ediciones

Península, 1980.

Mitterauer, Michael, "Une intégration féodale ? La dénomination, expression des relations de service et de vassalité", M. Bourin, J.-M. Martin, et F. Menant (comps.), *L'anthroponynie, document de l'histoire sociales des mondes méditerranéens médiévaux*. Actes du colloque international, Rome : Ecole Française de Rome, 1996, pp. 295-311.

宮澤康人「〈父〉という規範の視覚化とそのディレンマ——17世紀アンダルシーアにおける〈教化メディア〉としての聖家族図像」,『日本の教育史学』第43集, 2000年, 175-194頁。

Molénat, Jean-Pierre, "La volonté de durar : majorats et chapellenies dans la pratique tolédane des XIIIe-XVe siècles", *En la España Medieval*, t. V : *Estudios en memoria del profesor D. Claudio Sánchez-Albornoz*, t. 2, 1986, pp. 683-696.

Molénat, J.-P., "L'onomastique tolédane entre le XIIe et le XVe siècle. Du système onomastique arabe à la pratique espagnole moderne", M. Bourin, J.-M. Martin, et F. Menant (comps.), *L'anthroponymie, document de l'histoire sociale des mondes méditerranéens médiévaux*. Actes du colloque international, Rome : Ecole Française de Rome, 1996, pp. 167-178.

Montecón Movellán, Tomás A., "La familia *infanzona* montañesa, un proyecto intergeneracional", J. Casey y J. Hernández Franco (eds.), *Familia, parentesco y linaje*, Murcia : Universidad de Murcia, 1997, pp. 111-120.

Monteiro, Nuno Gonçalo, "Os nomes de família em Portugal : uma breve perspectiva histórica", *Etnográfica*, v. 12, no. 1, 2008, pp. 45-58.

Montenegro Valentín, J., "Antroponimia lebaniega en los siglos IX a XII", P. Martínez Sopena (coord.), *Antroponimia y sociedad. Sistemas de identificación hispano-cristinos en los siglos IX a XIII*, Santiago de Compostela y Valladolid : Universidad de Valladolid, 1995, pp. 181-204.

Montojo Montojo, Vicente, "Matrimonio y patrimonio en la oligarquía de Cartagena (siglos XVI-XVII)", F. Chacón Jiménez, J. Hernández Franco, y A. Peñafiel Ramón (eds.), *Familia, grupos sociales y mujer en España* (*S. XV-XIX*), Murcia : Universidad de Murcia, 1991, pp. 49-93.

Mooers Christelow, Stephanie, "Names and ethnicity in Anglo-Norman England", D. Postles and J. T. Rosenthal (eds.), *Studies on the Personal Name in Later Medieval England and Wales*, Kalamazoo : Studies in Medieval Culture XLIV Medieval Institute Publications, 2006, pp. 342-371.

Mora, Bernadetta, "Jeux de mots et de noms dans les inscriptions de la France médiévale", P. Beck (ed.), *Genèse médiévale de l'anthroponymie moderne*, t. IV : *Discours sur le nom : normes, usages, imaginaire* (*VIe-XVIe siècles*), Tours : Publications de l'Université de Tours, 1997, pp. 49-74.

Moreno Almárcegui, Antonio y Zabalza Seguín, Ana, "Identidad social y espacios en la Navarra pirenaica", F. Chacón Jiménez y Ll. Ferrer i Alós (eds.), *Familia, casa y trabajo*, Murcia : Universidad de Murcia, 1997, pp. 109-122.

Muñoz y Romero, Tomás, *Colección de fueros municipales y cartas pueblas de los reinos de Castilla, León, Corona de Aragón y Navarra*, Madrid : Lex-Nova, 1847.

Nadal, Jordi, *La población española* (*Siglos XVI a XX*), Barcelona : Editorial Ariel, 1984.
中林伸浩「名前と氏族——東アフリカの事例から」, 上野和男／森謙二編（比較家族史学会監修）『名前と社会——名づけの家族史』早稲田大学出版部, 1996 年, 197-229 頁.
New Catholic Encyclopedia, Washington D. C.: Catholic University of America, 2003.
Nicolau Nos, Roser, "Trayectorias regionales en la transición demográfica española", M. Livi Bacci (coord.), *Modelos regionales de la transición demográfica en España y Portugal*, Alicante : Instituto de Cultura Juan Gil-Albert, 1991, pp. 49-65.
Nirenberg, David, "Mass conversion and genealogical mentalities : Jews and Christians in Fifteenth-Century Spain", *Past and Present*, no. 174, 2002, pp. 3-41.
大黒俊二「ヨーロッパの家族史へのふたつのアプローチ——イタリアからの視点」, 前川和也編『家族・世帯・家門——工業化以前の世界から』ミネルヴァ書房, 1993 年, 14-41 頁.
Oliver Pérez, Dolores, "El nacimiento del sistema genealógica español y sus posibles raíces árabes", *Anuario de Lingüística Hispánica*, VIII, 1992, pp. 213-248.
Pallares, María del Carmen y Portela, Ermelindo, "Aristoracia y sistema de prentesco en Galicia de los siglos centrales de la Edad Media. El grupo de los Traba", *Hispania*, 185, 1993, pp. 823-840.
Pastor de Togneri, Reyna, "Relaciones de producción, contratos agrarios y estructuras familiares en Castilla y León, siglos XI-XIV", *Coloquio Hispano-Luso-Italiano de Demografía Histórica*, Barcelona, 1987, pp. 2-16.
Pérez, Joseph, "Réflexions sur l'hidalguía", Centre National de la Recherche Scientifique, *Hidalgos & Hidalguía dans l'Espagne des XVIe-XVIIIe siècles. Théories, pratiques et représentations*, Paris : Editions du CNRS, 1989, pp. 11-22.
Pérez García, José Manuel, "Familias y hogares en Galicia y en la Cornisa Cantábrica durante el Antiguo Régimen", F. García González (coord.), *Historia de la Familia en la Península Ibérica* (*Siglos XVI-XIX*), Cuenca : Ediciones de la Universidad de Castilla-La Mancha, pp. 57-84.
Pérez Moreda, Vicente, *Las crisis de mortalidad en la España interior, ss. XVI-XIX*, Madrid : Siglo XXI de España, 1980.
Pérez Picazo, María Teresa, *El mayorazgo en la historia económica de la región murciana, expansión, crisis y abolición* (*siglos XVII-XIX*), Madrid : Ministerio de Agricultura, Pesca y Alimentación, 1990.
Pérez de Tudela y Velasco, María Isabel, *La mujer castellano-leonesa durante la Alta Edad Media*, Madrid : Fundación Juan March, 1983.
Pérol, Céline, *Cortona : Pouvoirs et société aux confins de la Toscane, XVe-XIe siècles*, Rome : École français de Rome, 2004.
Pinto-Cisternas, J., Zei, M. G., and Moroni, A., "Consanguinity in Spain, 1911-1943 : general methodology, behaviour of demographic variables, and regional differences", *Social Biology*, 26, 1979, pp. 55-71.
Pita Mercé, R., "Los apellidos en la vigente legislación del Registro Civil", *Colaboración*, no. 498（年号なし), pp. 3-9.
Pitt-Rivers, Julian, "La veuve andalouse", G. Ravis-Giordani (dir.), *Femmes et Patrimoine dans les*

société rurales de l'Europe Méditerranénne, Paris : Musée de l'Homme, 1987, pp. 261-268 et "Discussion".

プレティヒャ，ハインリヒ（平尾浩三訳）『中世への旅　騎士と城』白水社，2002 年。

Porqueres i Gené, Ensic, "Llinatges Xuetes. Límites y ventajas de la aproximación antroponímica", G. Salinero y I. Testón Núñez (comps.), Un juego de engaños. Movilidad, nombres y apellidos en los siglos XV a XVIII, Madrid : Casa de Velázquez, 2010, pp. 43-58.

Porro Gutiérrez, Jacinto M., "Aproximación al estudio de los masoveros como grupo de identidad (Mora de Rubielos, Teruel)", A. Ubieto Arteta (coord.), Estado actual de los estudios sobre Aragón. Actas de las Segundas Jornadas, Zaragoza : Universidad de Zaragoza, 1984, pp. 117-122.

Portela Silva, E. y Pallares Mendez, Ma C., "El sistema antroponímico en Galicia. Tumbos del monasterio de Sobrado. Siglos IX al XIII", P. Martínez Sopena (coord.), Antroponimia y sociedad. Sistemas de identificación hispano-cristianos en los siglos IX a XIII, Santiago de Compostela y Valladolid : Universidad de Valladolid, 1995, pp. 21-48.

Poska, Allyson M., Regulating the People : The Catholic Reformation in Seventeenth-Century Spain, Leiden : Brill, 1998.

Poska, A. M., Women and Authority in Early Modern Spain : The Peasants of Galicia, Oxford : Oxford University Press, 2005.

Postigo Castellanos, Elena, Honor y privilegio en la Corona de Castilla. El Consejo de las Ordenes y los Caballeros de Hábito en el siglo XVII, Almazán (Soria) : Castilla y León. Consejería de Educación y Cultura, 1988.

Postles, Dave, "Identity and identification : some recent research into the English medieval forename", D. Postles and J. T. Rosenthal (eds.), Studies on the Personal Name in Later Medieval England and Wales, Kalamazoo, Studies in Medieval Culture XLIV Medieval Institute Publications, 2006a, pp. 29-62.

Postles, D., "Resistant, Diffused, or Peripheral ? Northern Personal Names to ca. 1250", D. Postles and J. T. Rosenthal (eds.), Studies on the Personal Name in Later Medieval England and Wales, Kalamazoo : Studies in Medieval Culture XLIV Medieval Institute Publications, 2006b, pp. 277-303.

Presedo Garazo, Antonio, "La hidalguía gallega : características esenciales de la nobleza provincial del reino de Galicia durante el Antiguo Régimen", Obradoiro de Historia Moderna, no. 10, 2001, pp. 225-245.

Ríos Rodríguez, Dª M. L., "El Poblamiento rural vizcaíno : Anteiglesia, barriada, caserío", Vizcaya en la Edad Media (Congreso de Estudios Históricos), Bilbao : Eusko Ika, 1984, pp. 275-289.

Rivas Quintas, Eligio, Onomástica persoal do no Hispano, Lugo : Editorial Alvarellos, 1991.

Rodríguez Galdo, M. X., Galicia, paíes de emigración. La emigración gallega a América hasta 1930, Gijón : Archivo de Indias, 1993.

Rodriguez-Larralde, A., Gonzales-Martin, A., Scapoli, C., and Barrai, I., "The names of Spain : a study of the isonymy structure of Spain", American Journal of Physical Anthropology, 121 (3), 2003, pp. 280-292.

Rodríguez Martínez, Luis y Egido López, Teófanes, "La devoción popular a San José en el Antiguo Régimen", *Estudios Josefinos*, 38, 1984, pp. 225-249.

Rodríguez Sánchez, Ángel, "El poder familiar : la patria potestad en el Antiguo Régimen", *Chronica Nova*, 18, 1990, pp. 365-380.

Rodríguez Sánchez, Á., "El poder y la familia. Formas de control y de consanguinidad en la Extremadura de los tiempos modernos", F. Chacón Jiménez y J. Hernández Franco (eds.), *Poder, familia y consanguinidad en la España del Antiguo Régimen*, Barcelona : Editorial Hombre, 1992, pp. 15-34.

The Roman Martyrology in Accordance with the Reforms of Pope Píus X (English Translation), London : Burns Oates & Washbourne, 1937.

Rowland, Robert, "Práticas de nomeação em Portugal durante a Época Moderna : ensaio de aproximação", *Etnográfica*, v. 12, no. 1, 2008, 17-43.

Rowland, R., "Familia y transición demográfica", F. Chacón y J. Bestard (dirs.), *Familias. Historia de la sociedad española (del final de la Edad Media a nuestros días)*, Madrid : Ediciones Cátedra, 2011, pp. 605-666.

Rubio Pérez, Laureano M., *La Burguesía malagata : dimensión social, comercio y capital en la corona de Castilla durante la Edad Moderna*, León : Universidad de León, 1995.

Rudan, Igor and Rudan, Pavao, "An insight into the effects of genetic drift in small human isolate using the surnames of ten generations of the population (1750-2000)", *Archaeologia Austriaca*, (84-) 85, (2000-) 2001, pp. 107-112.

Ruiz de La Peña Solar, J. I., "La antroponimia como indicador de fenómenos de movilidad geográfica : el ejemplo de las colonizaciones francas en el Oviedo medieval (1100-1230)", P. Martínez Sopena (coord.), *Antroponimia y sociedad. Sistemas de identificación hispano-cristinos en los siglos IX a XIII*, Santiago de Compostela y Valladolid : Universidad de Valladolid, 1995, pp. 181-204.

Saavedra, Pegerto, *La vida cotidiana en la Galicia del Antiguo Régimen*, Barcelona : Editorial Crítica, 1994.

Salazar y Acha, Jaime de, *Génesis y evolución histórica del apellido en España*, Madrid : Real Academia Matritense de Heráldica y Genealogía, 1991.

Salinero, Gregorio y Testón Núñez, Isabel (comps.), "Introducción. Movilidad y antroponimia", *Un juego de engaños. Movilidad, nombres y apellidos en los siglos XV a XVIII*, Madrid : Casa de Velázquez, 2010a, pp. 1-5.

Salinero, G., "Sistema de nominación, identidad antroponímica moderna", G. Salinero e I. Testón Núñez (comps.), *Un juego de engaños. Movilidad, nombres y apellidos en los siglos XV a XVIII*, Madrid : Casa de Velázquez, 2010b, pp. 9-26.

Sánchez Baena, Juan José y Chaín Navarrro, Celia M., "La persistencia del Antiguo Régimen en la estructura matrimonial mediterránea : el análisis del parentesco en Cartagena (1750-1850)", F. Chacón Jiménez y J. Hernández Franco (eds.), *Poder, familia y consanguinidad en la España del Antiguo Régimen*, Barcelona : Editorial Hombre, 1992, pp. 177-214.

Sánchez Vicente, Pilar, *Breve historia de Asturias*, Gijón : Ayalga Ediciones, 1986.

Scapoli, Chiara, "Correlations between Isonymy Parameters", *International Journal of Anthropology*, 12, 1997, pp. 17-37.

Scapoli, C., Mamolini, E., Carrieri, A., Rodriguez-Larralde, A., and Barrai, I., "Surnames in Western Europe : a comparison of the subcontinental populations through isonymy", *Theoretical Population Biology*, 71, 2007, pp. 37-48.

Segalen, Martine, *Quinze Générations de Bas-Bretons*, Paris : Presses Universitaires de France, 1985.

Segura, Cristina, *Bases socioeconómicas de la población de Almería (Siglo XV)*, Madrid : Editorial Peñagrande, 1990.

Senderowitz Loengard, Janet, "'Of the gift of her husband' : English dower and its consequences in the year 1200", J. Kirshner and S. F. Wemple (eds.), *Women of the Medieval World : Essay in honor John H. Mundy*, Padstone : B. Blackwell 1985, pp. 215-255.

芝紘子「中世カスティーリャ王国における奢侈法の歴史的意味」,『紀要』(名古屋女子商科短期大学)第28号, 1989年, 75-110頁。

芝紘子「中世カスティーリャ王国における家族形態と女性の財産権——封建制の未成立との関係において」, 田中真砂子ほか編 (比較家族史学会監修)『シリーズ比較家族3 縁組と女性』早稲田大学出版部, 1994年, 229-254頁。

芝紘子「スペインにおける姓名システム——その由来に関する一考察」,『西洋史学』(日本西洋史学会発行)第178号, 1995年, 1-17頁 (スペイン語版: "Evolución histórica del nombre civil en España. Una aproximación a su origen",『紀要』[名古屋女子商科短期大学] 第36号, 1996年, 209-238頁)。

芝紘子『スペインの社会・家族・心性——中世盛期に源をもとめて』:「第1章 平民騎士 (都市有力者) 層の誕生——奢侈令をとおして」(3-38頁),「第4章 姓名システム——命名革命と結合姓の由来」(101-166頁),「第6章 女性の貞操をめぐる名誉観念——中世におけるその形成過程」(207-235頁), ミネルヴァ書房, 2001年。

Shiba, Hiroko, "Genesis of chastity-honour code in Spain and its evolution : a case study of gender construction", *Anales de la Fundación Joaquín Costa*, no. 20, 2003, pp. 117-144.

芝紘子「旧体制下のスペイン家族——18世紀半ばの『エンセナーダ世帯台帳』を分析して」,『比較家族史研究』第19号, 2004年, 32-72頁。

Shiba, H., "Origen y evolución del síndrome de castidad-honor y del género en España", *Ímago Crítica (Segunda época de "Fundamentos de Antropología")*, no. 1, Barcelona, 2009, pp. 53-79.

芝紘子『地中海世界の〈名誉〉観念——スペイン文化の一断章』岩波書店, 2010年。

Shiba, H., "La revolución antroponímica hispana : la aparición del apellido y el mayorazgo", J. Bestard (coord.) y Manuel Pérez García (comp.), *Familia, valores y representaciones*, Murcia : Universidad de Murcia, 2010, pp. 51-74.

芝紘子「近世スペイン社会の一考察——命名の分析をとおして」,『東海学園大学研究紀要 社会科学研究編』第16号, 2011年, 51-67頁。

芝紘子「西欧中世盛期の〈命名革命〉における名の変化と姓の出現——イベリア半島の事例」,『東海学園大学研究紀要人文科学研究編』第17号, 2012年, 77-96頁。

Shiba, H., "Acusado androcentrismo en la España moderna : un análisis desde el punto de vista de género", *Ímago Crítica* (*Segunda época de "Fundamentos de Antropología"*), *Revista Antropológica y Comunicación*, no. 4, 2013, pp. 25-40.

Shiba, H., "Evolución pictórica de las sagradas imágenes en la España moderna : la política adoctrinadora de la Iglesia acerca de la familia y género", F. Chacon Jimenez (coord.) y C. J. Gómez Carrasco (Comp.), *Familia, recursos humanos y vida material*, Ediciones de la Universidad de Murcia, 2014, pp. 645-693.

Shubert, Adrian, *A Social History of Modern Spain*, Boston, London, Sydney and Wellington : Unwin Hayman, 1990.

Simón Tarrés, A., "La familia catalana en el Antiguo Régimen", J. Casey et al. (eds.), *La Familia en la España Mediterránea* (*Siglos XV-XIX*), Barcelona : Editorial Crítica, 1989, pp. 65-93.

Sobrado Correa, Hortensio, *Las tierras de Lugo en la Edad Moderna*, A Coruña : Fundación Barrié, 2001.

Soria Mesa, Enrique, "Tomando nombres ajenos. La usurpación de apellidos como estrategia de ascenso social en el seno de la élite granadina durante la época moderna", E. Soria Mesa et R. Molina Recio (eds.), *Las élites en la época moderna : La monarquía española*, t. I : *Nuevas pespectivas*, Córdoba : Universidad de Córdoba, 2004, pp. 9-25.

Spagnoli, Paul G., "The unique decline of mortality in revolutionary France", *Journal of Family History*, v. 22, no. 4, 1997, pp. 425-461.

Suárez Beltrán, Soledad, "Notas al sistema antroponímico asturiano en los siglos X al XII", *Asturiensia Medievalia*, 6, 1991, pp. 59-71 ; P. Martínez Sopena (coord.), *Antroponimia y sociedad. Sistemas de identificación hispano-cristianos en los siglos IX a XIII*, Santiago de Compostela y Valladolid : Universidad de Valladolid, 1995, pp. 121-132.

Sutter, Jean, "Fréquence de l'endogamie et ses facteurs au XIXe siècle", *Population*, v. 23, no. 2, 1968, pp. 303-324.

Sutter, J. et Tabah, Léon, "Fréquence et répartition des mariages consanguins en France", *Population*, v. 3, no. 4, 1948, pp. 607-630.

Sutter, J. et Goux, Jean-Michel, "Evolution de la consanguinité en France de 1926 à 1958 avec des données récentes détaillées", *Population*, v. 17, no. 4, 1962, pp. 683-702.

竹下節子『聖母マリア──〈異端〉から〈女王〉へ』講談社，1998年。

田中克彦『名前と人間』岩波書店，1996年。

田中仁彦『黒マリアの謎』岩波書店，1993年。

Tentori, Tulio, "Problemas de método en el estudio de los usos jurídicos en materia sucesoria y dotal", J. G. Peristiany (ed.), *Dote y matrimonio en los países mediterráneos*, Madrid : CIS-Siglo XXI, 1987, pp. 225-259.

Thompson, I. A. A. "Hidalgo and pechero : the language of 'estates' and 'classes' in early-modern Castile", P. J. Corfield (ed.), *Language, History and Class*, Oxford : Basil Blackwell, 1991, pp. 53-78.

Tillion, Germaube, *La condición de la mujer en el área mediterránea*, Barcelona : Editorial Península, 1967 (trad. de *Le harem et les cousin*, Paris, 1966).

To Figueras, Lluis, "Antoponimia de los condados catalanes (Barcelona, Girona y Osona, siglos

X-XIII)", P. Martínez Sopena (coord.), *Antroponimia y sociedad. Sistemas de identificación hispano-cristianos en los siglos IX a XIII*, Santiago de Compostela y Valladolid : Universidad de Valladolid, 1995, pp. 371-394.
To Figueras, Ll., "Anthroponymie et pratiques successorales (À propos de la Catalogne, X^e-XIIe siècle)", M. Bourin, J.-M. Martin, et F. Menant (comps.), *L'anthroponymie, document de l'histoire sociale des mondes méditerranéens médiévaux*. Actes du colloque international, Rome : École Française de Rome, 1996, pp. 421-433.
To Figueras, Ll., "Estrategias familiares y demografía : Una aproximación a partir de las fuentes catalanas", *Aragón en la Edad Media. Demografía y sociedad en la España bajomedieval*, Zaragoza : Universidad de Zaragoza, 2002a, pp. 129-156.
To Figueras, Ll., "Personal naming and structures of kinship in the medieval Spanish peasantry", G. T. Beech, M. Bourin, and P. Chareille (eds.), *Personal Names Studies of Medieval Europe : Social Identity and Familial Structures*, Kalamazoo : Western Michigan University, 2002b, pp. 53-66.
トッド，エマニュエル（石崎晴己訳）『新ヨーロッパ大全 I』藤原書店，1992 年。
Torres Sánchez, Rafael, "Decadencia demográfica castellana y migración. La emigración hacia la periferia levantiana en el tránsito al siglo XVII", J. Nadal Olles (coord.), *Evolución demográfica bajo los Austrias*. Actas del II Congreso de la Asociación de Demografía Histórica, v. III, Alicante : Institut Valencià d'Estadistica, 1991, pp. 135-151.
鼓みどり「マリア・レギナからキリストの花嫁へ——西欧中世における聖母の勝利図像について」，田中雅一編『女神——聖と性の人類学』平凡社，1998 年，259-298 頁。
上野和男「名前と社会をめぐる基本的諸問題」，上野和男／森謙二編（比較家族史学会監修）『名前と社会——名づけの家族史』早稲田大学出版部，1996 年，3-27 頁。
梅田修『人名から読み解くイスラーム文化』大修館書店，2016 年。
Valdeavellano, Luis G. de, *Historia de España*. I : *De los orígenes a la baja Edad Media*. Primera parte, Madrid : Revista de Occidente, 1968a.
Valdeavellano, L. G. de, *Historia de España*. I : *De los orígenes a la baja Edad Media*. Segunda parte, Madrid : Revista de Occidente, 1968b.
Válgoma y Díaz Varela, D. de la, *Los Saavedra y los Fajardo en Murcia*, Murcia : Academia Alfonso X el Sabio, 1957.
Valls, Arturo, *Antropología de la consanguinidad*, Madrid : Universidad Complutense de Madrid, 1982.
Verdery, Katherine, "A comment on Goody's *Development of the Family and Marriage in Europe*", *Journal of Family History*, v. 13, no. 2, 1988, pp. 265-270.
Vidal-Abarca y López, Juan, *Los Herran : Historia y genealogía de una familia vasca*, Vitoria-Gasteiz : Diputación Foral de Alava, 1993.
Villaseñor Black, Charlene M. V., "Saints and social welfare in Golden Age Spain : the imagery of the cult of Saint Joseph" (authorized facsimile of phd. thesis), The University of Michigan, 1995.
ヴァルテール，アンリエット（平野和彦訳）『西欧言語の歴史』藤原書店，2006 年。
Werner, Karl Ferdinand, "Liens de parenté et noms de personne (Seconde partie)", *Famille et parenté dans l'Occident Médiéval*. Actes du Colloque de Paris, Rome : École Française de Rome, 1977,

pp. 25-34.

Wilson, Stephen, *The Means of Naming : A Social and Cultural History of Personal Naming in Western Europe*, London : Robert Laffont, 1998.

Wolf, Eric, "Introduction", E. Wolf (ed.), *Religion, Power and Protest in Local Communities : The Northern Shore of the Mediterranean*, Berlin, New York and Amsterdam : Mouton, 1984, pp. 1-10.

リグリィ，E・A（速水融訳）『人口と歴史』筑摩書房，1991 年（初版 1982 年）。

山辺規子「一二世紀中頃ジェノヴァの婚姻時の贈与」，前川和也編『家族・世帯・家門――工業化以前の世界から』ミネルヴァ書房，1993 年，290-313 頁。

Yasuda, Norikazu and Furusho, Toshiyuki, "Random and nonrandom inbreeding revealed from isonymy study, I. Small cities in Japan", *American Journal of Human Genetics*, 23, 1971, pp. 303-316.

Yasuda, N., Cavalli-Sforza, L. L., Skolnick, M., and Moroni, A., "The evolution of surnames : an analysis of their distribution and extinction", *Theoretical Population Biology*, 5, 1974, pp. 123-142.

吉岡政徳「名称・呼称・命名法」，『社会人類学年報』第 4 号，1978 年，239-257 頁。

Zabalza Seguín, Ana, "Con nombre y apellido. Casa, parentesco e identidad en el Pre-Pirineo de Navarra (1550-1725)", *Vasconia*, 28, 1999, pp. 317-332.

Zabalza Seguín, A., "Casa e identidad social. La casa en la sociedad campesina : Navarra, 1550-1700", J. M. Imízcoz (ed.), *Casa, familia y sociedad* (*País Vasco, España y América, siglos XV-XIX*), Bilbao : Universidad del País Vasco, 2004, pp. 79-95.

Zabalza Seguín, A., "Nombres viejos y nombres nuevos. Sobre la onomástica moderna", *Memoria y Civilización* (*M & C*), v. 11, 2008, pp. 105-134.

Zabalza Seguín, A., "La herencia duradera : los apellidos en la Navarra moderna", G. Salinero e I. Testón Núñez (comps.), *Un juego de engaños. Movilidad, nombres y apellidos en los siglos XV a XVIII*, Madrid : Casa de Velázquez, 2010, pp. 69-83.

Zimmermann, Michel, "Aux origines de la Catalogne. Géographie politique et affirmation nationale", *Le Moyen Âge : revue d'histoire et de philologie*, t. 89, 1983, pp. 5-40.

Zimmermann, M., "Les débuts de la révolution anthroponymique en Catalogne (X-XII siècles)", P. Martínez Sopena (coord.), *Antroponimia y sociedad. Sistemas de indentificación hispano-cristianos en los siglos IX a XIII*, Santiago de Compostela y Valladolid : Universidad de Valladolid, 1995, pp. 351-370.

Zomeño, Amalia, "Sociedad, familia e individuos en al-Andalus", F. Chacón Jiménez y J. Bestard (dirs.), *Familias. Historia de la sociedad española* (*del final de la Edad Media a nuestros días*), Madrid : Cátedra, 2011, pp. 35-80.

図表一覧

表 1-1	ストックとそれに占めるキリスト教系名の割合（％）	10
表 1-2	レオンにおける聖職者と俗人の使用名（876～1200 年）	19
表 1-3	レオンにおける最頻 5 名の変遷（順位・割合）と集中度（％）	33
表 1-4	半島北部東半分における名のストックの推移	35
表 1-5	バスク以東における名の集中度（％）とキリスト教系名の割合（％）	36
表 1-6	半島北部西半分における集中度（％）の推移	40
表 1-7	11, 12 世紀の各地方における最頻名とその割合（％）	41
表 2-1	3 種の補足命名要素の使用状況	59
表 2-2	半島北西部における父の名の主格使用	64
表 2-3	ナバラにおける父称の属格・主格の使用状況	64
表 2-4	北西部における父称の各種接尾辞の推移	68
表 2-5	北西部における接尾辞 b グループ 3 型の父称の推移	69
表 2-6	北西部において -ici/-iz 型から -ez 型に変化した時期	70
表 2-7	カンタブリア～エブロ河上流域の接尾辞 -iz, -oz/-az, -ez/-es の推移	71
表 2-8	カタルーニャ伯領における父称の変遷	81
表 2-9	ナバラの非貴族が用いた属格・主格父称が二要素命名総数に占める割合（％）	82
表 2-10	カタルーニャにおける父称・地名姓・複姓（父称＋地名姓）の推移（％）	105
表 2-11	ナバラにおける父称・地名姓・複姓（父称＋地名姓）の推移（％）	107
表 2-12	*A cognoment B* という命名形態の推移	114
表 2-13	職姓の推移	116
表 3-1	二要素命名の発展における均衡期・確立期	123
表 4-1	複合名の登場時期	139
表 4-2	17 世紀のオレンセ（ガリシア）における最頻諸名の順位	146
表 4-3	サンティアゴ・デ・コンポステラ（1752 年）における最頻 5 名	147
表 4-4	トゥイ（1753 年）における最頻 5 名	147
表 4-5	セルベラ・デ・ピスエルガ（1752 年）における最頻 5 名	147
表 4-6	ポサ・デ・ラ・サル（1752 年）における最頻 5 名	148
表 4-7	バリャドリー（1752 年）における最頻 5 名	148
表 4-8	サン・セバスティアン・デ・ロス・レイエス（1751 年）における最頻 5 名	148
表 4-9	タラベラ・デ・ラ・レイナ（1753 年）における最頻 5 名	149
表 4-10	フミーリャ（1755 年）における最頻 5 名	149
表 4-11	ムルシア（1756 年）における最頻 5 名	149
表 4-12	カルモナ（1751 年）における最頻 5 名	150
表 4-13	ランハロン（1752 年）における最頻 5 名	150

表 4-14	グラサレマ（1752 年）における最頻 5 名	150
表 4-15	María（完結名・複合名）の人数と割合（18 世紀半ば）	165
表 5-1	15 世紀における複姓	175
表 5-2	近世における複姓	180
表 5-3	姓のさまざまな継承タイプ	181
表 5-4	イダルゴの姓の推移（16〜19 世紀）	193
表 6-1	スペイン（父方結合姓）と他の西欧 7 か国の各地域における F・アルファ値	205
表 6-2	西欧 8 か国における最頻 100 姓に占めるスペイン姓の順位と頻度	206
表 6-3	スペイン国内における最頻 10 姓（2016 年）	206
表 6-4	1911〜43 年間のスペイン各県における 4 タイプの近親婚件数	210-211
表 6-5	1911〜43 年間の各地方における近親婚 4 タイプの割合（％）と総件数	215
表 6-6	スペイン（1911〜43 年）とフランス（1926〜45 年）における近親婚	220
表 6-7	最頻 20 結合姓	249
表 6-8	各地方における同一結合姓人口の割合	249
図 1-1	史料の拠点とカヴァーする範囲	8
図 1-2	古めかしい恰好をした騎馬槍試合時の平民騎士	27
図 2-1	半島北部中央部地図	72
図 2-2	カスティーリャ語の広まり	75
図 4-1	最頻 5 名を採集した 12 市町村	146
図 4-2	バルトロメ＝エステバン・ムリーリョ「聖家族」（俗称「小鳥の聖家族」）	158
図 4-3	アルトゥス・ティルソン「聖家族」	158
図 4-4	地方毎の José の使用頻度地図（2016 年）	159
図 6-1	ランダム近交係数（F_{ST}）の三次元図	216
図 6-2	イベリア半島とフランスにおける 1887 年前後の（修正）婚姻出生力指数地図	224
図 6-3	スペインにおける 1858〜1980 年間の出生率・死亡率・自然増グラフ	225
図 6-4	イタリアにおける 1861〜1980 年間の出生率・死亡率・自然増グラフ	226
図 6-5	フランスの 87 司教区における近親婚の頻度地図（1926〜45 年）	228
図 6-6	父方第一姓の F・アルファ値（$α_{PP}$）の三次元図	240
図 6-7	スペイン内陸部とヨーロッパの他地域における累積死亡危機係数（CMA）グラフ	244
図 6-8	世界における血縁結婚の割合地図	247

索　引

ア　行

アイソニミー（同姓）　2, 171, 174, 202-204, 209, 231, 232, 234, 238, 250, 252, 256, 258
　——距離　232, 237
　——研究　2, 204, 205
アウト・デ・フェ　138, 179, 183, 184
アストゥリアス　6, 8, 9, 15, 16, 25, 49, 50, 57, 73, 83, 89, 110, 111, 123, 141, 146, 154, 160, 164, 199, 204, 209, 214, 218, 223, 234, 237, 249, 250
あだ名　15, 54, 56, 57, 76, 77, 99, 101, 108, 111, 113-115, 130, 175, 177, 187, 247, 248
　——姓　77, 102, 113-115, 117, 118, 247, 248, 256, 260
アフリカ　238, 240
アラゴン　8, 10, 25, 31, 34-37, 39, 41, 42, 49-51, 72, 79, 80, 84, 86, 103, 106, 115, 117, 120, 122, 123, 125, 127, 134, 145, 146, 153, 154, 160, 166, 211, 215, 218, 223, 231, 232, 235, 244, 249, 259
アラバ　160, 214, 215, 218, 210, 221, 235
アラビア語　57, 66, 67, 77, 78, 140
アラブ　5, 7, 30, 45, 49, 57, 59-63, 66, 78, 113, 227, 237, 239, 254, 257-259
　——人　62, 178
　——名　20, 30-32, 57
　——命名法　57, 58, 61, 87
アルビジョワ　11
α_{MM}　231
α_{PP}　231, 239, 244, 247
アルプス　14, 23, 61, 234, 235
アンダルシア　110, 153, 157, 159-161, 164, 166, 167, 211, 213, 215, 223, 225, 231, 232, 237, 239-241, 244, 245, 249
アンダルス　15, 16, 26, 57, 62, 78, 103
Antonio　25, 42, 90, 91, 98, 130, 139-141, 145, 147-154, 156, 161, 164, 166, 180
y/i（接続詞）　170, 187-189, 191-197, 199
-i（接尾辞）　65-70, 72, 73, 76-78, 88, 248, 254, 255, 259, 260

イエス信仰　23, 24, 162-164, 166
家（の）名　5, 86, 99, 137　→屋号
-iz（接尾辞）　65, 68-77, 93, 253, 255
移（出／入）民　11, 17, 20, 30, 57, 110, 122, 124, 213, 223, 224, 226, 231, 235-242, 244, 245, 257
イスラーム　5, 6, 15, 16, 25, 34, 38, 59, 61, 62, 73, 78, 114, 191, 254, 255, 258
イタリア　14, 15, 28, 29, 44, 46, 51-53, 55, 59-63, 79, 77, 78, 83, 84, 86-88, 101, 102, 111, 118, 119, 121, 124, 126, 130, 132-135, 140, 142, 152, 154, 155, 165, 204, 207, 216-221, 226-229, 232, 234-236, 241, 242, 248, 256, 258-260
イダルゴ（位）　100, 108, 111, 156, 172-174, 184, 186, 189, 190, 192-195, 207, 209, 252
異端審問　153, 155, 162, 167, 172-174, 178-185, 187, 191, 196, 197, 252
　——官　138, 176, 180, 187, 188, 196
　——所史料　52, 135, 138, 140-142, 165, 179, 181, 187, 196, 246, 249, 256
一子相続　82, 106, 108, 214, 217, 218
遺伝　1, 203-205, 208, 236, 240
　——子　2, 202, 204, 205, 208, 233, 236, 237, 239, 240, 244, 245, 252, 257
　——的浮動　205, 233, 234, 236, 237, 243, 257
　——病　208
イトコ婚　203, 208, 209-211, 213-217, 219-221, 223, 228, 235, 250, 257, 258
イニシャル　112, 143, 144
ibn　45, 57-63, 65, 78, 254
イベリア半島　3-8, 14-16, 23, 25, 26, 29, 30, 34, 42, 45, 48, 53, 56, 59-61, 64, 65, 67, 70, 76-78, 83, 87, 91, 97, 101, 103, 104, 109, 112, 113, 115-119, 121, 126, 128-132, 134, 135, 138, 140, 152, 179, 217, 224, 229, 240, 252-254, 256, 258, 259
イングランド　14, 15, 28, 29, 44, 45, 53, 60, 61, 76-78, 84, 87, 96, 101, 110, 112, 118, 125, 126, 134-136, 144, 241, 254

索　引　291

Inmaculada　166, 167
ヴァチカン　209, 213, 235, 257
ウィルソン（S. Wilson）　13, 45, 46, 48, 51, 52, 63, 66, 77, 98, 101, 106, 111, 121, 125, 135, 143, 144, 158
生まれ変わり　45
永代借地　→フォロ
疫病　152, 242, 257
-ez（接尾辞）　64-66, 68-76, 78, 89, 93, 253, 255, 259
F・アルファ　203-205, 209, 231, 233-235, 237-240, 242, 244, 245
エブロ河　8, 25, 35, 36, 39, 42, 67, 72, 73, 78, 79, 83, 84, 106, 115, 123, 124, 128, 255
オジ姪婚／オバ甥婚　210, 211, 213-215, 219-221, 226-229, 258
オートニム　49, 135
オリベル＝ペレス（D. Oliver Pérez）　15, 30, 45, 57, 63, 66, 67, 69, 78, 79, 113
女余り　213

カ　行

外婚　232
介立贈与　44, 208
カヴァリ＝スフォルツァ（L. L. Cavalli-Sforza）　203, 204, 216, 220, 221, 226-228, 230, 233, 234, 247
核家族　48, 83-86, 100, 107, 132, 144, 172, 198, 199, 214, 218, 223, 230, 241, 253, 255, 256
拡大家族　45
隠れユダヤ教徒　→フダイサンテ
家系　83, 85, 94, 136, 143, 172, 173, 178, 186, 188, 190, 191, 200
　――意識　87
　――図　45, 173, 184, 186, 191, 192, 195, 196, 209
嫁資　86, 131, 132, 134, 201, 217, 229
ガスコーニュ　22, 34, 61, 63, 81, 87, 105, 106, 108, 114, 120, 125, 143
カスティーリャ　8, 11, 18, 24, 27, 28, 30, 31, 37, 45, 50, 56, 57, 62, 64, 73, 78, 79, 84, 85, 92, 95-97, 99, 100, 103, 109-111, 124, 128, 132, 133, 145, 146, 153, 154, 160, 166, 172, 178, 189, 198, 210, 213-215, 217, 218, 223, 232, 237, 240-245, 249, 250, 252, 255, 259
　――語　73, 75, 76, 140, 255
　　原初――　37, 59, 72-75, 89, 109, 255

化石化　→父称
過疎　234-236, 244
家族戦略　134, 225, 227, 258
カタストロ・デ・エンセナーダ　100, 145-150, 154, 156, 158, 159, 161, 194, 252, 259
カタルーニャ　3, 6, 8, 10, 16, 25, 29-31, 34, 36-39, 41, 42, 45, 49-53, 59, 61, 65, 80-84, 86, 87, 93, 94, 100, 103-107, 109, 111, 115, 117, 120-123, 127, 128, 131, 133, 134, 136, 138, 146, 153, 154, 160, 166, 170, 211, 214, 215, 218, 223, 229, 231, 237-239, 243, 245, 249, 254-256, 259
カトリック婚　→教会婚
寡婦　130, 133-135
ガリシア　3, 5, 6, 8, 10, 12, 17, 18, 24, 30, 31, 50, 57, 65, 71, 72, 74, 82, 83, 85, 95, 99-101, 114, 116, 125, 131, 141, 145, 146, 151, 153, 156, 159-161, 163-166, 190, 199, 210, 212, 213, 215, 218, 221, 223, 230, 231, 237, 238, 241-243, 245, 249, 250, 255
カルヴァン　239
ガルシア＝デ＝コルタサル（J. A. García Cortázar）　18, 34, 64, 67, 70, 71, 79, 80, 82, 83, 85, 106, 107, 109, 111, 115, 116, 175, 250
カンタブリア　8, 11, 25, 39-41, 49, 67, 70, 71, 83, 98, 109, 111, 154, 237, 242, 245, 249
既婚女性　62, 85, 129, 131-133, 135, 136, 182, 209
ギシャール（P. Guichard）　58, 103
貴族　14, 24, 26-29, 31, 38, 39, 43-45, 51, 56, 58-62, 79-83, 86, 87, 94-98, 100, 101, 103-107, 109, 111, 112, 116, 118, 132-134, 144, 172-174, 176, 177, 184, 187-193, 195, 197, 200, 207, 220, 255
偽名　185, 186
教会　13-15, 21, 50-52, 55, 103, 116, 134, 140, 152, 154-156, 158-160, 162-167, 184, 185, 188, 200, 201, 206, 216, 224, 226, 252
　――婚　209, 219, 220, 227
　――法　206, 210, 228, 257, 258
　教区――　21, 34, 171, 186
教皇　14, 26, 34, 35, 154, 167, 179, 210-212
共属性　47, 86
キョウダイ　46, 47, 101, 170, 171, 177, 182, 184, 198, 202, 256
キリスト教　2-6, 13-17, 23, 24, 30, 31, 34, 39,

41-43, 58, 61, 70, 75, 80, 98, 110, 125, 139-141, 154, 155, 157, 161, 163, 172, 174, 179, 207, 239, 253, 256, 258
──系名　10, 13-18, 20-22, 31-37, 40-42, 49, 69, 88-91, 127, 128, 151, 256, 259
近交係数　2, 202-204, 207, 214, 225, 230, 234, 236, 257
総──F_{IT}　209, 218, 223, 250
ランダム──F_{ST}　202-204, 215, 216, 234
禁婚圏　200, 206, 210
近親婚　200, 203, 205, 207-221, 223, 225-230, 232-236, 242, 247, 250, 257, 258
均分相続　62, 95, 104, 111, 125, 132, 191, 198, 214, 217, 218, 222, 256, 257
グディ（J. Goody）　135, 136, 194, 199, 200, 217, 230
系譜　3, 5, 45, 61, 63, 79, 80, 82, 97, 100, 108, 122, 135, 143, 144, 186, 192, 194, 199, 216, 217, 238
──性　48, 49, 81, 87, 198, 255
血液型　2, 233
血縁度 F　→近交係数
結合姓　103, 136, 169-171, 174, 177-179, 182, 186, 187, 189, 191-201, 204, 245, 248-250, 256
　双系的──　96, 169, 170, 183, 186, 188, 191, 192, 196-200, 250, 253, 256
　同一──　249, 250
ゲルマン　5-7, 14, 17, 30, 41, 43, 49, 58, 70, 88, 91, 92, 97, 198, 199, 259
──化　5, 6, 17, 88, 89
──名　6, 17, 20, 21, 26, 27, 30-32, 38, 39, 42, 43, 66, 90
原罪　166, 167
減数分裂　204
公会議　23, 142, 154, 157, 158, 167, 211, 212
　トリエント──　29, 51, 132, 140, 142, 154-156, 158, 165, 201, 210, 212
　ラテラノ──　14, 200
国王名　23, 28, 29, 34
極近親婚　→オジ姪婚／オバ甥婚
黒死病　→ペスト
cognomen(t/tum)　5, 55, 113-115, 179
戸籍台帳　169, 170, 197, 200
ゴート　26, 38, 66, 79, 93, 173　→西ゴート
コルテス（身分制議会）　167, 186, 189, 253
婚姻出生力　209, 223, 224, 227

婚資　132, 134
コンセホ（地域共同体）　30, 110, 253
コンソルテリア　86, 133
コンベルソ（改宗者）　31, 141, 172, 174, 178, 179, 182-184

サ　行

最新法令集（Novísima Recopilación）　212, 221
再生（rifare）　46
再入植　11, 12, 18, 25, 27, 31, 83, 84, 108, 110, 124, 129, 237, 246, 257
最頻姓　235, 239, 248
最頻名　22, 29, 30, 32, 35, 37, 38, 41, 50-52, 68, 91, 121, 128, 142, 143, 145, 153, 155, 158, 160, 164, 165, 253
細分化（土地／家産の）　215, 217, 222-224, 226, 257, 258
Santiago　24, 25, 90, 100
サンティアゴ騎士修道会　172, 184
サンティアゴ信心会　27, 92
Santo Domingo　18
サンベニート　138, 184, 185
シェネ（J.-C. Chesnais）　222, 224-226, 243
自給農場　→バセリア
自治法　218
シチリア　83, 110, 119, 126, 227
湿潤バスク　99, 214
使徒　22, 34, 35, 145, 151　→ヨハネ, Pedro
死亡危機　194, 242-244
死亡率　46, 212, 222, 225, 226, 243, 257
借地　30, 82, 223, 255
──制度　48
──農　223
宗教改革　154, 155, 165
集中（名の）　7-9, 11, 25, 29, 31-34, 36-42, 68, 69, 120, 121, 125-128, 139, 141-144, 245, 246, 253-255
主格父称　→父称
縮減　→ストック
出生
　──制限／抑制　222-227, 258
　──率　46, 209, 218, 222, 224-227
　──力　209, 223
首長　9, 11, 16, 141, 237
寿命　45, 46, 243
殉教　15, 16, 20, 26, 31, 32, 152

索 引

純血（規定・意識）　141, 171-174, 179, 182, 186, 187, 199, 207, 256
巡礼路　11, 19, 25, 26, 78, 116, 117, 124
商（手工）業　116, 119, 124, 187, 195, 197, 247
職姓　101, 115-119, 247, 248, 256
女性化（男性名の）　49, 52, 53, 130, 140, 161
ショーター（E. Shorter）　46
所領　14, 55, 80-85, 95, 104, 106, 112, 189, 190
人口　2, 4, 9, 11, 14, 20, 25, 28, 30, 46, 47, 53, 60, 102, 106, 108, 111, 116, 122-125, 142-145, 151, 153, 173, 181, 193, 194, 202-205, 209, 213, 214, 219, 220, 222, 224-227, 230, 233-236, 240, 242-245, 250, 252, 257
　——圧力　213, 218, 222, 223, 227
　——革命　222
　——転換　222, 224, 226
　——密度　119, 214, 222, 232, 234, 245
心性　2, 3, 14, 145, 154, 198, 199, 221, 223, 256, 258-260
新世界　141, 167, 173, 222, 238, 240, 241, 244, 246
親族　29, 43-46, 48, 56, 62, 80, 85, 87, 97, 98, 103, 107, 122, 134, 190, 200, 201, 203, 208, 209, 212-217, 221, 223, 226, 228-232, 235, 254, 256, 258
ストック　7-14, 16, 17, 20, 21, 31-39, 41, 42, 44, 49, 50, 53, 68, 70, 73, 80, 108, 110, 120-122, 125, 127-129, 140, 142, 165, 246, 253, 254
　——縮減　7, 9, 11-13, 16, 17, 20-22, 32, 33, 36, 42, 68-70, 73, 110, 120, 121, 125-129, 246, 253-255, 259
ストーン（L. Stone）　46
「聖家族」　157, 158
聖職者　14, 18-20, 22-24, 26, 31, 57, 85, 102, 141, 156, 163, 176, 187, 188, 201
聖人　13, 15, 20, 24-26, 32, 34, 42, 46, 47, 49, 51, 53, 91, 120, 142-145, 151, 152, 154-156, 158, 160, 161, 164, 166
　——崇敬　14, 21, 141, 154, 162
　——名　14, 21, 23, 31, 32, 34, 37, 40, 42, 52, 53, 90, 128, 142, 156, 160
聖図像　50, 154, 157-158, 160, 161, 166, 168
聖像破壊運動　154
姓の有効数　203, 218, 225, 229, 236-241, 243, 245, 246
聖母　51, 140, 154, 166, 179

セガーレン（M. Segalen）　217, 220, 221, 223
接頭辞　63, 76, 77, 102, 118, 119
折半小作　86, 218, 229
接尾辞　63-71, 73, 75-78, 88, 102, 253, 254, 260
専業化　117-119, 247, 256
洗礼　13-15, 21, 22, 29, 31, 46, 51, 99, 142
　——簿　46, 132, 140, 145, 155, 186
　——名　13, 15, 44, 51, 88, 102, 139, 142, 144
総近交係数 F_{IT}　→近交係数
双系　43, 61, 62, 85, 101, 103, 140, 169, 182, 191, 198, 199, 201, 208, 231, 254-256
　——制　43, 104, 198, 200, 201, 216, 231, 259
相続　3, 45, 48, 55, 56, 59, 79-83, 86, 88, 94, 97-99, 101, 103-105, 109, 114, 124, 132, 134, 188-191, 194-196, 198, 199, 201, 208, 214, 222, 227, 239, 246, 249, 257, 258
　——慣行　49, 107, 231
　——権　85, 86, 131, 137, 199, 200, 255, 257, 258
属格父称　→父称
祖父の名　31, 45-47, 87
村内婚　229, 230, 232

タ　行

対抗宗教改革　141, 158, 162, 172
第二要素　54-56, 63, 64, 81, 82, 87, 91, 101, 107, 121, 126, 130, 131, 134, 135, 142, 143, 153, 167, 187
代父（制）　28, 29, 45, 144
対立形質　2, 203, 204, 233, 244, 245, 257
単一姓　174-182, 186, 188, 192, 193, 195, 231, 246
男系　1, 14, 43, 44, 56, 60, 62, 86, 101-103, 135, 171, 182, 200, 258
　——意識　56, 95, 255
　——主義　86, 97, 103, 104, 134
誕生時余命　→寿命
男性率　213
父方（夫方）居住　82, 231
父方姓　1, 5, 100, 103, 104, 133, 169-171, 174, 177, 178, 182, 183, 186, 192, 196-198, 200, 201, 204, 239
地中海地域　23, 30, 218, 258
地名姓　60, 79, 104-112, 118, 180, 181, 183,

293

247, 248, 255
チャコン=ヒメネス（F. Chacón Jiménez）
　96, 132, 199, 200, 202, 208, 214, 217, 223, 231, 236
長子限嗣相続制　→マヨラスゴ
長子相続　60, 96, 97, 222, 226
直系家族　45, 48, 82, 98-100, 108, 111, 136, 214
ツィメルマン（M. Zimmermann）　38, 54, 55, 59, 63, 80, 82, 93, 105, 106, 113, 117, 120, 123, 130
通婚圏　210, 230-232, 236
ディエス=メルコン（G. Díez Melcón）　6, 24, 57, 58, 59, 63-68, 70, 71, 74, 77, 86, 88-93, 111, 115, 120, 131
出稼ぎ　213, 230　→移民
テクノニム　135
テレサ・デ=アビラ　154, 173
伝統名　17, 32, 34, 36, 37, 40-42, 50, 51, 70, 127, 128, 151
デンドログラム　237
電話帳　111, 176, 204, 218, 234, 245, 248, 257
ドゥエロ河　8, 9, 12, 18, 25, 79, 83, 84, 109, 110, 119
同盟の再連携　216, 217
特免　207-213, 220-222, 225, 258
都市（化）　2, 36, 54, 55, 60, 62, 86, 88, 96, 101, 103, 112, 113, 115, 116, 118, 119, 125, 126, 129, 142, 190, 195, 196, 204, 220, 232, 235, 239, 242, 248, 253, 256
トスカーナ　14, 15, 25, 31, 44, 51, 53, 63, 65, 77, 86-88, 101, 126, 140
土地所有　60, 112, 201
　──農　86, 88, 108, 222, 223
　女性の──　103, 132, 200
トーテム　43
ト=フィゲラス（Ll. To Figueras）　30, 35, 38, 39, 48, 49, 51, 53, 80-82, 86, 104-106, 115, 117, 120, 122, 127, 131, 132, 136, 198, 229, 232
ドミンゲス=オルティス（A. Domínguez Ortiz）
　171, 173, 174, 186, 256
トリエント公会議　→公会議
奴隷　30, 31, 85, 90, 102
ドン（Don）　100, 117, 140, 162, 188, 196

ナ 行

内婚　195, 216, 217, 229-232, 236, 258
内陸部（半島の）　215, 240, 242, 243
ナダル（J. Nadal）　53, 213, 223, 238-240, 241, 243-245
ナバラ　6, 8, 10-12, 25, 34-37, 41, 42, 47, 49-51, 64, 65, 68, 72-74, 78-82, 84, 91, 92, 99, 103, 106-108, 111, 120, 122, 123, 125, 127, 130, 137, 139, 146, 153-155, 160, 161, 164, 165, 175, 192, 195, 211, 214, 215, 218, 223, 244, 249, 255, 259
ナポリ　14, 17, 51, 56, 87, 110, 121, 126, 143, 160, 232, 242
ナポレオン（民）法典　136, 197, 222
南仏　29, 33, 38, 39, 53, 61, 78, 80, 81, 84, 94, 102, 103, 116, 126, 127, 132, 143, 238, 239, 254, 255
西ゴート　5, 6, 15, 17, 18, 26, 38, 62, 78, 79, 132
　──王国　16
　──法　85, 103, 132, 217
西半分（半島の）　8, 35-37, 39, 42, 50-52, 59, 64, 84, 98, 104, 111, 115, 122-127, 238, 239, 243-245, 254, 255, 257
ニスバ形容詞　66, 78
入植　12, 25, 36, 37, 42, 51, 57, 80, 83, 84, 110, 117, 119, 176, 177, 237, 253
二要素（命名法）　8, 11, 43, 54, 55, 62, 63, 65, 73, 79, 82, 83, 88, 104, 108, 109, 111, 120-133, 253, 254
農業　82, 119, 229, 231, 236, 241, 256, 257
　──革命　2, 119
農民　27, 30, 39, 45, 55, 80-84, 99, 106, 108, 111, 112, 117, 119, 136, 191, 223, 257
ノルマン　29, 44, 118, 125
　──語　76
　──征服　76, 125
ノルマンディ　28, 60, 61, 83, 112, 207, 220, 223, 254

ハ 行

配偶子　204, 233
バスク　6, 10, 25, 34, 36, 37, 41, 42, 49, 50, 66, 68, 72, 73, 75, 79, 89, 99, 103, 106, 108, 111, 122, 123, 137, 146, 154, 175, 191, 192, 195, 210, 214-216, 218, 223, 237, 239, 243, 244,

索　引　295

249, 252, 259
バセリア　99, 108, 111
ハッタライト　203, 224
母方　43, 85, 97, 103, 170-172, 177-179, 181-183, 186, 187, 189, 192, 196, 198, 204, 231, 248-250
——居住　107, 136, 137, 231, 239, 244
——姓　99, 101, 103, 104, 133, 170, 171, 174, 177, 178, 182, 183, 186, 196-198, 200, 201, 204
ハーリヒ（D. Herlihy）　63, 120, 152
バルス（A. Valls）　202-204, 207, 213, 214, 228, 230, 231, 233-235
バルセロナ　35, 38, 39, 42, 79, 80, 82, 127, 133, 154, 235
パンミクシア　203
ビエルソ域　8, 21, 30, 31, 57, 82, 114, 123, 230
東半分（半島の）　8, 25, 37, 42, 50, 51, 59, 104, 109, 123, 238-240, 244, 259
ビッグデータ　2, 176, 257
ピレネー　11, 19, 25, 35, 36, 42, 78, 115, 122, 125, 126, 138, 231, 235, 236, 239
Fitz　60, 76
filius　38, 56-63, 65, 66, 73, 77, 78, 88, 112, 113, 126, 254, 259
フィレンツェ　14, 46, 47, 51, 88, 101, 126, 131, 134, 142, 154, 221
夫婦家族　→核家族
夫婦別姓　85, 104, 132, 135, 256
フォロ　82, 99-101, 213, 255
複合名　63, 138-140, 142-144, 147-151, 153, 156, 160, 161, 164-166
複姓　96, 105-109, 111, 114, 174-177, 181, 182, 186, 188, 192, 193, 195-197, 246, 249
父系／男系　14, 56, 59, 61, 62, 88, 99, 106, 132, 133, 169, 171, 178, 186, 198, 200, 201, 204, 253, 255, 256
——修復　136
——制　44, 45, 53, 61, 199, 200, 254, 256, 259
父称　23, 47, 54, 56-58, 60, 62-71, 73-102, 104-114, 118, 119, 124-126, 131-133, 143, 175-177, 180, 181, 183, 187, 188, 238, 245-250, 253-256, 258, 259
　主格——　63, 65, 73, 81, 82, 87, 91, 92, 143, 175, 245
　属格——　64, 65, 81, 82, 91-93, 99, 175

——の化石化　69, 70, 93-101, 104, 114, 175, 238, 246, 255, 259
——の連鎖　60, 87, 88, 101
フダイサンテ（隠れユダヤ教徒）　155, 172, 177, 181-185, 187, 196
不分割相続　48, 214, 217
ブーラン（M. Bourin）　3, 4, 7, 13, 14, 21, 22, 26, 29, 32, 33, 38, 44, 48, 49, 53, 54, 63, 83, 112, 121-123, 125, 128, 130, 135, 252
フランク王国　38, 43
フランス　3, 9, 11, 12, 15, 17, 19, 22, 23, 28, 29, 33-35, 38, 39, 42, 45-47, 51-53, 56, 59, 61, 63, 76, 78, 81, 94, 96, 97, 101, 103, 105, 106, 109, 111, 112, 115, 118, 126, 130, 132-137, 139, 140, 142-145, 154, 165, 169, 189, 197, 204, 207, 212, 217-225, 227-229, 236-239, 243, 254, 256, 258-260
——移民　11, 12, 17, 36, 231, 236, 238, 239, 244
——革命　222
——人（フランコ）　3, 11, 25, 36, 60, 124, 176, 197, 238, 239
ブルゴーニュ　22, 52, 53, 56, 60, 130, 134, 143, 223
ブルターニュ　60, 61, 110, 125, 217, 227
ブルボン朝　145, 193, 259
プロヴァンス　94, 135, 239
ブロック（M. Bloch）　98
フロンティア　254, 258
分割相続　48, 214, 217, 256
平均近親婚係数（α）　203, 207, 216, 234, 235
平民騎士　26, 27
ペスト　51, 53, 97, 152, 221, 242
ベセイロ＝ピタ（I. Beceiro Pita）　62, 77, 95-97, 178, 188, 199, 207
別名　→偽名
Pedro　18, 19, 22, 25, 31-35, 37, 40, 41, 47, 89, 97, 128-130, 147-151, 153, 176, 185, 188, 195
ベネズエラ　238, 247
ペレス＝モレダ（V. Pérez Moreda）　242-245
傍系　188, 200, 208
封建制　2, 14, 16, 23, 26-29, 45, 53-55, 59, 60, 83, 94, 98, 104, 105, 109, 111, 117, 123, 128, 132, 133, 199, 200, 246, 254-256
法定遺留分　134
母系　14, 99, 103, 104, 137, 198, 240
——制　137

母称　102-104
José / Joseph　42, 139-141, 145, 147-150, 151, 153-156, 158-161, 163, 164, 166, 185, 188, 196, 250
補足要素　54-57, 59, 61, 62, 102, 109, 112, 123, 129, 131, 254
j（ホタ）の発音　15, 140, 141
ボトル・ネック現象　244, 245
ポルトガル　3, 5, 8, 9, 12, 17, 18, 28, 37, 44, 54, 67, 70, 72, 84, 86, 110, 111, 116, 123-125, 129, 131, 133, 145, 146, 152, 155, 162, 165, 169, 177, 182-184, 189, 204, 207, 224, 236, 238, 259
ボローニャ　53, 55, 102, 103, 115, 174, 179, 242

マ 行

孫　31, 45, 94, 136, 137, 172, 184, 195
マジョルカ　94, 134, 137
又イトコ　202, 213, 215, 217, 227
——婚　209-211, 213-216, 219-221, 235
Manuel　42, 117, 139, 145, 147-151, 153, 154, 160, 162-167, 180, 196
マヨラスゴ　44, 95-97, 99, 103, 108, 188-192, 194-197, 199, 200, 207, 208, 215, 249, 255, 256
María　23, 36, 37, 42, 47, 49-52, 114, 129, 130, 139, 140, 142, 161, 162, 164-167, 174, 183-185
——名の忌避　51, 52, 140
マリア　23, 24, 50, 51, 129, 139, 140, 154, 157, 162, 165-167
——崇拝（信仰）　23, 24, 50-52, 139, 154, 163-166
——の別名　52, 140, 166-168
マルティネス＝ソペナ（P. Martínez Sopena）　2, 3, 6, 8, 10, 11, 13, 16, 18-21, 23-26, 32, 33, 35, 36, 40, 41, 49, 50, 73, 80, 83, 85, 89, 95, 98, 111, 114, 120, 123, 124, 130, 132, 162, 175, 246
マンス　112
ミッテラウアー（M. Mitterauer）　13, 16, 23, 28-30, 120, 260
ミトコンドリア　240
身分制議会　→コルテス
民事婚　219
無原罪　166, 167

——教義　167
——の御宿り　167
婿　136, 137, 192, 196
ムラディ　16, 78
ムリーリョ　157, 158, 167
命名革命　7, 8, 54, 83, 105, 251-253, 259, 260
名誉　53, 85, 86, 172, 173, 187, 189, 221, 222
メッツァドリア　→折半小作
モサラベ　15, 16, 30, 31, 45, 57, 59
モレナ（J.-P. Molénat）　95, 96, 99, 117, 188, 195
紋章　96, 97
文盲　158, 163

ヤ 行

屋号　99, 111, 137　→家(の)名
遺言　55, 137, 194, 218
ユダヤ人　55, 85, 141, 155, 171, 172, 178, 179, 186
ヨセフ　154-161, 163
ヨハネ　15, 22, 157

ラ・ワ行

ラストヴォ島　233, 234
ラテン　6, 7, 26, 41, 43, 70, 88, 91, 126, 152
——語　18, 39, 58-60, 62, 66, 76, 77, 90, 108, 114, 122, 254
——名　6, 21, 22, 26, 31, 38, 69, 70, 88, 90, 91, 141, 246
ラテン・アメリカ　169, 198, 241, 247
ラペサ（R. Lapesa）　15, 66, 73, 75, 77, 140, 141, 159
ランダム近交係数 F_{ST}　→近交係数
リヴィ＝バッチ（M. Livi Bacci）　224, 241
リエバナ域　8, 26, 39-41, 49, 50, 83, 89, 98, 110, 114, 123, 128, 175, 190, 191, 230, 232
リオハ域　11, 18, 19, 37, 51, 73, 81, 108, 123, 124, 160
リネージ　5, 14, 44, 56, 61, 62, 79, 80, 87, 88, 94-98, 100, 101, 103, 105, 107, 109, 112, 174, 188, 189, 232, 255
リバス＝キンタス（E. Rivas Quintas）　21, 23, 30, 31, 58, 59, 63-71, 74, 77, 78, 82, 86, 89-93, 113, 114, 116, 131, 139,
領主　14, 29-31, 39, 44, 55, 82-85, 97, 100, 103, 106, 108, 109, 112, 124, 125, 130, 176, 178, 239, 246, 255

良臣（*Bonusvassallus*）　29
累積死亡危機係数　242-244
レヴィ＝ストロース（C. Lévi-Strauss）　1, 45, 87
レオン　6, 8-12, 18, 19, 22-24, 27, 28, 30, 31, 33, 39-41, 49, 50, 57, 58, 65, 68, 71, 72, 75, 79, 82-85, 91, 92, 95, 97, 110, 111, 117, 123-125, 128, 132, 141, 164, 210, 213, 217, 218, 223, 237, 242, 243, 245, 249, 250
レコンキスタ　24, 25, 27, 31, 36, 42, 48, 75, 80, 109, 124, 129, 173, 237, 253

レメンサ農民　106
煉獄　14
ローマ　5, 6, 12, 14, 26, 34, 44, 51, 56, 58, 86, 88, 90, 91, 101, 115, 118, 124, 131, 142, 152, 167, 211, 212, 234, 237
ロマネスク　24, 50, 51
ロマンス語　6, 15, 16, 27, 28, 30, 35, 37, 39, 59, 60, 70, 114, 255
Y染色体　1, 240
ワクフ　191

《著者紹介》
芝　紘子
しば　ひろこ

スペイン社会史・家族史研究
1966 年　津田塾大学学芸学部英文科（アメリカ研究コース）卒業
1970〜74 年　マドリー・コンプルテンセ大学留学
2005 年　博士（文化史学）
著　作　『近代ヨーロッパの探究 2：家族』（共著，ミネルヴァ書房，1998 年）
　　　　『スペインの社会・家族・心性——中世盛期に源をもとめて』（ミネルヴァ書房，2001 年）
　　　　『地中海世界の〈名誉〉観念——スペイン文化の一断章』（岩波書店，2010 年）
　　　　"Acusado androcentrismo en la España moderna : un análisis desde el punto de vista de género"（*Ímago Crítica. Revista Antropológica y Comunicación*, 2013）ほか論文多数
翻　訳　デュフルク『イスラーム治下のヨーロッパ［衝突と共存の歴史］』（共訳，藤原書店，1997 年）ほか
　　　　ギルモア『攻撃の人類学——ことば・まなざし・セクシュアリティ』（藤原書店，1998 年）

歴史人名学序説

2018 年 7 月 10 日　初版第 1 刷発行

定価はカバーに表示しています

著　者　芝　　紘　子
発行者　金　山　弥　平

発行所　一般財団法人　名古屋大学出版会
〒 464-0814　名古屋市千種区不老町 1 名古屋大学構内
電話 (052)781-5027／FAX (052)781-0697

ⓒ Hiroko SHIBA, 2018　　　　　　　　　　　　　　Printed in Japan
印刷・製本 ㈱太洋社　　　　　　　　　　　ISBN978-4-8158-0912-6
乱丁・落丁はお取替えいたします。

JCOPY〈出版者著作権管理機構　委託出版物〉
本書の全部または一部を無断で複製（コピーを含む）することは，著作権法上での例外を除き，禁じられています。本書からの複製を希望される場合は，そのつど事前に出版者著作権管理機構 (Tel：03-3513-6969, FAX：03-3513-6979, e-mail：info@jcopy.or.jp) の許諾を受けてください。

マリア・ロサ・メノカル著／足立孝訳		
寛容の文化	A5・336 頁	
—ムスリム，ユダヤ人，キリスト教徒の中世スペイン—	本体 3,800 円	
松森奈津子著		
野蛮から秩序へ	A5・392 頁	
—インディアス問題とサラマンカ学派—	本体 5,000 円	
牛島信明著		
スペイン古典文学史	A5・430 頁	
	本体 4,500 円	
牛島信明編訳		
スペイン黄金世紀演劇集	A5・522 頁	
	本体 6,000 円	
ペドロ・カルデロン・デ・ラ・バルカ著／佐竹謙一訳		
カルデロン演劇集	A5・516 頁	
	本体 6,600 円	
岡田裕成・齋藤晃著		
南米キリスト教美術とコロニアリズム	菊・494 頁	
	本体 6,600 円	
佐藤彰一・池上俊一・高山博編		
西洋中世史研究入門［増補改訂版］	四六・414 頁	
	本体 3,600 円	
小杉泰・林佳世子・東長靖編		
イスラーム世界研究マニュアル	A5・600 頁	
	本体 3,800 円	